MITI DELLO SPOR

16

Aiutaci a raccogliere notizie, foto e documenti sul ciclismo femminile, inviandoli all'indirizzo: donneinbicicletta@virgilio.it.

Con il patrocinio
PROVINCIA DI TREVISO

redazione e impaginazione: giuliano boraso
grafica: vanessa collavino

prima edizione: febbraio 2020

via cesare beccaria, 17 – 30026 portogruaro (ve)
tel. 0421.74475 – fax 0421.280065
www.ediciclo.it
ufficio.stampa@ediciclo.it

ISBN 978-88-6549-318-2

Antonella Stelitano

Donne in bicicletta

Una finestra sulla storia del ciclismo femminile in Italia

edicicloeditore

A mio padre, che mi ha insegnato le cose più importanti della vita,
compreso andare in bicicletta.

Indice

Presentazione

Donne in bicicletta è sicuramente un contributo alla storia del ciclismo femminile e, più in generale, alla storia dello sport, delle donne e della loro emancipazione in Italia. Nonostante ancora si stenti a inserirlo in un ambito culturale più ampio di quello della competizione o del *ludus*, lo sport (con una particolare menzione per il ciclismo) ha infatti contribuito in maniera determinante alla costruzione della nostra identità nazionale. E anche se gli studiosi del settore ne hanno ampiamente parlato, non sempre l'hanno fatto ponendo attenzione al ruolo in questo processo dello sport femminile, quando invece esso presenta un valore aggiunto: aver contribuito alla crescita, alla modernizzazione, alla presa di coscienza e al riconoscimento sociale della metà della nostra popolazione.

La recente storiografia ha iniziato ad accorgersene, ma per quanto si voglia fare un discorso paritario (anche per non incorrere in pregiudizi "all'inverso"), risalta una maggiore sensibilità e profondità di analisi del fenomeno sportivo se a scriverne sono delle donne. Nei loro studi non si parla mai di "rovescio della medaglia" alludendo allo sport nella sua declinazione femminile, né si indugia sugli aspetti estetici, esaltanti o carenti che siano, piuttosto si evitano sconfinamenti nel gossip, a volte sconcertante in alcuni scritti maschili. Il loro linguaggio è nella maggior parte dei casi sensibile e attento, mai distratto o superficiale, perché la scrittura femminile la si riconosce, anche se si parla di sport, e questo libro lo testimonia ampiamente, dedicando un intero capitolo (dal titolo significativo ma delicato e formulato quasi in punta dei piedi: "Ma delle donne chi scrive?") all'analisi critica sulla maggioranza maschile dei giornalisti sportivi, con una loro particolare visione dunque che ben si evidenzia nella comunicazione spesso settoriale.

Antonella Stelitano conosce bene la storia del ciclismo, ne ha già scritto in ricerche che si basano sugli archivi e che hanno avvalorato la tesi che lo sport è elemento essenziale della storia a ogni latitudine, e quindi anche nella nostra, e che è strumento di completezza della persona, uomini e donne che siano.

Per lei il passo al ciclismo femminile è stato facile ma non troppo. Facile se si considerano gli incarichi di settore ricoperti e gli studi firmati, ma allo stesso tempo difficile, vista la quasi assoluta mancanza delle fonti da cui attingere per la storia del ciclismo femminile. Uno storico che voglia difatti indagare in Italia sullo sport ha a propria disposizione quasi esclusivamente la pubblicistica, in particolare i giornali d'epoca e i documenti di qualche sparuto esempio virtuoso di società o federazione sportiva che abbia saputo salvaguardare in archivio la propria storia, ovvero le carte, le immagini, gli oggetti che la raccontano. Quello degli archivi sportivi è, infatti, un settore fortemente deficitario in Italia, più che all'estero, nonostante i reiterati tentativi di coinvolgimento delle istituzioni cui in Italia è stato affidato il compito della gestione dello sport, con la conseguenza di una sorta di voluto o costretto oblio della storia, per trascuratezza, scelta politica o semplicemente per un'immatura superficialità nei confronti dei variegati aspetti della cultura nel particolare momento storico che attraversiamo. E si sa: lo sport è specchio della società.

Per quanto manchino archivi specifici sul ciclismo femminile, o meglio, non si conosca se non frammentariamente l'esistenza di documentazione al riguardo, più o meno curata (e anche in questo *Donne in bicicletta* è fonte di rivelazioni), tuttavia la tematica della bicicletta è la prima che sia stata affrontata dagli studi sulla donna, ancora limitatamente in Italia ma soprattutto all'estero. L'utilizzo della bicicletta è difatti l'attività sportiva, o comunque di movimento, che per prima ha fatto percepire alle donne la possibilità di uscire dal "guscio" familiare, protettivo ma spesso anche riduttivo della libertà personale, che le ha sempre in qualche modo limitate. La bicicletta compare subito da protagonista nella storia delle donne, aprendo il varco allo sport. Istruzione obbligatoria, lavoro extrafamiliare e sport sono difatti i tre importanti strumenti emancipatori nella storia della donna, per il loro averla aiutata a uscire di casa, a muoversi liberamente frequentando persone diverse da quelle del circolo familiare, con anche la scoperta di una possibile equiparazione tra classi sociali. Perché se per prime sono le donne delle classi più agiate ad avvicinarsi allo sport, o meglio alle attività di *loisir*, di tempo libero (e tra queste vanno comprese le passeggiate nei parchi e quelle extraurbane in bicicletta), le prime anche ad andare a scuola o ad avere un pedagogo in casa, le prime ad affiancare padri e mariti al lavoro, in breve corso di tempo anche le donne dei ceti meno agiati, con l'obbligo dell'istruzione elementare e la necessità del lavoro nei campi o in fabbrica e dunque lontano da casa, hanno avuto la possibilità di scoprire il senso di libertà e di piacevole serenità derivante dalla pratica sportiva. All'interno di questa, l'andare in bicicletta, accanto all'atletica leggera e all'escursionismo anche in montagna, è una tipologia di sport che per prima ha coinvolto donne di ogni classe sociale, mentre equitazione, tennis, scherma, tiro con l'arco, golf, hockey, basket sono specialità che, diffuse rapidamente all'estero, in Italia arrivano di riflesso e solo in alcuni ambiti più ristretti (circoli privati, scuole e case private). Come periodo storico parliamo della fine dell'Ottocento e del primo Novecento, la Belle Époque, con date in fondo vicine a quelle dello sport degli uomini.

La bicicletta aggiunge un tassello alla storia dello sport femminile che, per quanto in salita, ha mantenuto nel tempo un passo tenace e costante perché, e questo testo lo spiega molto bene, le donne si sono rese conto del senso di libertà, autonomia ed emancipazione che ne ricavavano grazie a un loro manifestarsi concreto: l'abbandono del busto, con il quale sarebbe certamente stato impossibile andare in bicicletta. Quale esperienza più liberatoria poteva esserci rispetto all'affrancarsi da quello che si può definire un vero e proprio strumento di tortura, il busto a stecche di balena, nonché dai gonnelloni plurimi, dalla pesantezza e dall'ingombro di alcune stoffe, per andare alla conquista delle gonne-pantalone prima, poi delle calzamaglie e infine dei pantaloni tout court? Quello che ai nostri giorni può sembrare un'ovvia scelta di vestiario, nella Belle Époque deve essere apparsa come un vero e proprio inno alla libertà.

La bicicletta e la sua applicazione sportiva, il ciclismo, con le ulteriori rivendicazioni di autonomia e di emancipazione per la donna, costituiscono dunque la scelta felice di questo libro che, partendo dalla sua prima "tappa", vuole essere un primo tassello per una storia organica dello sport delle donne. Certamente il passaggio dall'andare in bici per diletto, o per necessità di spostarsi, allo sport del ciclismo non è stato breve né agevole per le donne italiane, che solo dopo la Grande Guerra, nel 1919, videro abolire la legge che decretava l'autorità maritale, e che avrebbero dovuto aspettare il 1945 per il diritto di voto, il 1963 per avere accesso a tutti i concorsi pubblici, il 1965 per entrare in magistratura, il 1981 per vedere finalmente abrogate le disposizioni sul delitto d'onore dopo la riforma del diritto di famiglia del 1975.

Antonella Stelitano deve essersi chiesta come sintetizzare in un testo questo complesso percorso, con tutte le sue sfumature, se vogliamo, tipicamente femminili: la necessità di conciliare gli impegni familiari, la cura dei figli, la scarsa considerazione da parte del mondo sportivo prevalentemente di stampo maschile, fatto da uomini per uomini. La soluzione è stata brillante e Antonella ha trovato una chiave molto interessante per entrare nel complesso mondo dello sport femminile, in particolare in quello del ciclismo, una specialità conosciuta e studiata prevalentemente al maschile: quella di far parlare direttamente le donne, le sportive, attraverso interviste da lei condotte in modo garbato e intelligente, sensibile, che mettono in risalto difficoltà, impedimenti, ma anche gioie e soddisfazioni della "professione", o meglio, come scrive, del "mestiere" del ciclista donna. Un argomento, quello del professionismo sportivo del settore femminile, che la Stelitano, esperta di diritti umani e di dirigenza, affronta con ampiezza. Attraverso gli eventi raccontati, non sono poche le problematiche dello sport (e non solo del ciclismo) femminile che traspaiono, talvolta ponendo interrogativi la cui risposta è lasciata al lettore e all'esperienza di ognuno, stimolando in questo modo un dibattito e approfondimenti futuri.

Se uno degli obiettivi di questa ricerca, densa di nomi, gare, trofei, tutti elementi ricchi di interesse per il lettore e preziosi per lo studioso, specie in assenza di archivi, si diceva, se uno degli obiettivi è quello della descrizione dei caratteri dello sport femminile qui simboleggiato da una sua parte, il ciclismo, ci sembra sia stato pienamente raggiunto. Impegno, sacrificio, senso dell'etica e del fair play, gioia e soddisfazione, consapevolezza di sé e affermazione personale, conoscenza dei limiti, cura dell'estetica, tutto questo risalta dalle storie delle numerose cicliste di cui si racconta, a ben vedere testimonianze esemplari dei valori intrinsechi dello sport propriamente detto. Di quello sport che si vorrebbe fosse l'unico a essere praticato, e in questa visione il ciclismo femminile appare non solo come un significativo paradigma storico dell'emancipazione della donna, ma anche una metafora evidente dei valori dello sport. Senza dimenticare che la Federazione italiana di ciclismo tra i suoi vicepresidenti, dal 2013 ha una donna, Daniela Isetti, che con altre due colleghe compare anche nell'organigramma della Federazione internazionale, conferma importante di questa storia.

Angela Teja
Società Italiana di Storia dello Sport

Prefazione

Leggendo *Donne in bicicletta* si prende coscienza di qualcosa di straordinario: l'emancipazione delle donne corre su due ruote.

I fatti che Antonella Stelitano racconta sono solo una piccola parte delle tante storie di donne che, attraverso la bicicletta e il ciclismo, hanno combattuto per il riconoscimento dei propri diritti.

Quanto accadeva in Europa agli albori del ciclismo eroico e classico, lo scetticismo se non addirittura l'ostracismo che le donne incontravano nella loro voglia di fare questo sport è lo stesso che vivono ancora oggi tante altre donne in molte parti del mondo. Mi viene in mente, per esempio, quanto raccontato nel cortometraggio *Afghan Cycles*, della regista Sarah Menzies, che narra la vita di cinque cicliste afgane, le difficoltà che hanno incontrato per seguire la loro passione, la loro lotta per poter essere libere. In tante parti del mondo, praticare questo sport rappresenta ancora una sfida all'oppressione e ai pregiudizi.

La bicicletta è un mezzo di trasporto economico ed efficace che assume un valore vitale soprattutto nei paesi emergenti: utile per andare a scuola, per approvvigionarsi, per andare al lavoro. Siccome nella maggior parte dei casi è la donna che ha l'onere di tutte queste incombenze, la bicicletta diventa la sua migliore alleata.

Mi sembra, tutto ciò, in perfetta sintonia con quanto raccontato da Antonella, la quale riesce a disegnare un quadro fedele della crescita dello sport femminile nel nostro paese, visto il profondo valore sociale che il ciclismo rappresenta e che va ben oltre i confini del semplice esercizio fisico.

Per chi, come il sottoscritto, è chiamato a rappresentare un movimento sportivo che fa dell'agonismo il fine ultimo, questo libro ricorda inoltre l'incredibile numero di successi e medaglie che il settore femminile ha contribuito a conquistare. Un crescendo che dalla prima medaglia internazionale di una ciclista italiana (1968) ha portato il settore a conquistare, oggi, circa la metà delle medaglie della federazione, diventando così uno degli "asset" strategici della nostra attività, per qualità e quantità dei risultati, per l'interesse che è in grado di generare e per i valori che esprime. Ed è questa sicuramente una delle soddisfazioni maggiori per una delle federazioni più gloriose e vincenti d'Italia.

Renato Di Rocco
presidente della Federazione Ciclistica Italiana

Introduzione

Qualcuno una volta ha scritto che in un semplice telaio con due ruote si può leggere la storia della donna meglio che in tanti trattati.

Questo libro nasce proprio con l'intenzione di raccontare il rapporto tra donne e bicicletta nel nostro paese, tenendo a mente che non si tratta solo di una vicenda sportiva, perché i chilometri percorsi da tante *ragazze sprint* hanno consentito di fare molta strada anche nel cammino dell'emancipazione, che forse ancora oggi non si è completamente realizzato.

Si potrebbe pensare che l'idea di questo libro sia di una donna, ma non è così. In verità è venuta a un uomo. All'inizio del 2018, Ivano Corbanese, vicepresidente del Comitato regionale Veneto della Federciclismo, mi ha suggerito di raccontare le imprese di quelle atlete che, superando mille difficoltà, ieri come oggi, si sono misurate in questo sport, ottenendo risultati straordinari al pari dei colleghi uomini, ma delle quali poco si è parlato e si parla. A volte nemmeno si conoscono i loro nomi.

Quell'idea, nata come sfida, ha subito preso forma, grazie all'aiuto indispensabile di tante protagoniste del passato e del presente che si sono messe a disposizione e si sono raccontate rendendomi partecipe delle loro vite straordinarie. Dalla prima all'ultima ciclista incontrata, tutte hanno accolto con entusiasmo l'idea di contribuire a questo libro e lo hanno fatto con dovizia di particolari, e con la stessa emozione di quando molte di loro, anche più di mezzo secolo fa, gareggiavano. Sono donne che sanno di avere una marcia in più e lo hanno dimostrato anche collaborando con entusiasmo e serietà a questa fatica. A tutte loro va il mio più sentito grazie.

Oltre alle fonti orali, dirette e indirette, questo libro ha dovuto poggiare anche su una ricerca d'archivio che non è stata affatto facile. Al ciclismo femminile non solo non sono stati dedicati molti libri, ma nemmeno molte ricerche o articoli di giornale. Inoltre, troppo spesso anche gli archivi personali e delle società (come pure quelli della Federciclismo) si sono persi nel tempo, tra traslochi, esigenze di spazio e rivoluzioni tecnologiche. Altre volte i documenti si sono rovinati o sono stati semplicemente buttati, segnale anche questo dello scarso interesse verso il ciclismo femminile. Per tale ragione questa storia non ha la pretesa di essere completa, ma solo di contribuire alla ricostruzione della grande avventura del ciclismo femminile italiano. Sono anche consapevole di non aver citato tutte le protagoniste e me ne scuso, come pure di aver dedicato più attenzione alle atlete vissute in anni in cui per loro non c'era alcuna visibilità. Tuttavia, questo mi sembrava in qualche modo dovuto, considerando che per le campionesse di oggi basta *googlare* un po' per conoscere tutto di loro.

Il mio auspicio, oggi, è che tutte coloro che non si sono trovate in questo libro, o che hanno conservato ritagli di giornale, foto o riviste in cui si parla di ciclismo femminile, vadano a pescare nei loro archivi, e poi mi scrivano, magari inviandomi la loro storia e le loro fotografie. In questo modo potremo integrare insieme questa fatica, magari con una successiva edizione più completa, ricostruendo anche quei dati che è stato fin qui impossibile trovare.

Questa è al tempo stesso una preghiera rivolta a chi ha la responsabilità di custodire i nostri archivi e di preservare quelle fonti che altrimenti andrebbero perdute per sempre, problema che nello sport, purtroppo, si è già presentato troppe volte in passato. La cultura sportiva di un paese, a mio parere, si misura non solo in medaglie, ma anche nella custodia della propria storia.

Anche per questo non posso che ringraziare sentitamente tutti coloro che si sono messi a disposizione e mi hanno aiutato. In primo luogo la Federciclismo, con l'appoggio immediato del suo presidente Renato di Rocco, della vicepresidente Daniela Isetti, dei Comitati del Veneto e di Treviso, e di Luigina Sponchiado. Ringrazio i tanti dirigenti di società ciclistiche femminili, che hanno condiviso con me il loro bagaglio di ricordi e di esperienze. Non posso citare tutti, ma in questa sede voglio ricordare Maurizio Fabretto, Brunello Fanini, Lucio Rigato e Giuseppe Rivolta.

Per la parte di ricostruzione storica è stato fondamentale l'aiuto di un gruppo di amici: Alejandro Mario Dieguez, il cui contributo per la ricerca negli archivi centrali è stato superlativo, come pure la sua puntuale rilettura del testo; i membri della Società Italiana di Storia dello Sport, che mi hanno messo a disposizione notizie e testi dei loro archivi personali; Germano Bisigato, che mi ha messo a disposizione la sua preziosa collezione di libri e documenti sul ciclismo; Paolo Mannini, Cristina Favero, Silvia Trevisan e gli amici giornalisti Maurizio Nicita de *La Gazzetta dello Sport* e Massimo Bolognini de *Il Gazzettino.*

Per l'importante apporto dato nell'individuazione dei materiali fotografici un grazie di cuore va innanzitutto all'Associazione Il Caffè-Gazzettino dello Sport di Molinella di Budrio, premurosa custode di un patrimonio documentale degli anni 1948-50 che costituisce un *unicum* in Italia e che, se non fosse stato per i soci dell'associazione e per la famiglia di Augusta Fornasari, forse sarebbe andato perduto per sempre. Ringrazio anche Leonardo Arrighi per il supporto dato nella ricerca, così come fondamentale è stata anche la collaborazione del FAST-Foto Archivio Storico Trevigiano della Provincia di Treviso, che ha messo a disposizione i propri materiali e offerto il patrocinio a questo lavoro. Grazie, inoltre, a tutti coloro che mi hanno fornito immagini tratte dai propri archivi personali: la famiglia Isetti, il Centro Sportivo Italiano, l'Archivio dell'Istituto Storico di Modena e molte campionesse e dirigenti del passato.

Voglio rivolgere un pensiero, infine, alla grande campionessa Fabiana Luperini, perché il suo «ma chi te l'ha fatto fare?» è stato per me un pungolo per completare un'impresa che sembrava impossibile.

Lavorare a questo volume è stata un'esperienza umana bellissima, perché ho sempre avuto intorno a me campionesse del passato e del presente che mi hanno spinto, ogni giorno di più, a credere in questo progetto e a adoperarmi perché venisse alla luce.

Questo libro, dunque, non può che essere dedicato a coloro che sfidando difficoltà, fatica e sacrifici, spesso senza gratificazioni e a volte subendo anche insulti, sono sfrecciate via dritte fino al traguardo.

Se oggi molte giovani atlete possono contare su una squadra, uno sponsor, un allenatore, un preparatore atletico e un calendario di gare, lo devono a quelle coraggiose pioniere.

Il percorso è ancora lungo e sicuramente non facile, ma sono certa che, come le loro colleghe del secolo scorso, neanche loro si arrenderanno al motto *testa bassa e pedalare*.

Antonella Stelitano

DONNE IN BICICLETTA

1

Gli albori: bici sì, bici no

L'idea che una donna potesse andare in bicicletta ha sollevato da subito un certo stupore, al pari di quello generato dalla vista di un prete che osasse cavalcare le due ruote e che per questo motivo, alla fine dell'Ottocento, era anche passibile di scomunica.[1]

Se la Chiesa manifestava i propri dubbi circa l'opportunità per il clero di usare questo stravagante nuovo mezzo di locomozione, le stesse obiezioni venivano rivolte da più parti anche verso l'uso della bicicletta da parte delle donne, e con identiche motivazioni: i movimenti non composti, necessari per guidare e muovere il biciclo; il problema dell'abbigliamento, con tonaca o gonnella che andava a infilarsi pericolosamente tra i raggi delle ruote; e un certo non so che di rivoluzionario, che minacciava di cambiare in modo repentino usi e costumi, incentivando una maggiore libertà negli spostamenti e… chissà cos'altro.

L'ostilità verso il nuovo mezzo era inoltre motivata sia da problemi di ordine pubblico, per la pericolosità delle biciclette sulle strade (non mancarono a fine Ottocento ordinanze e divieti in varie città d'Italia), sia da fantasiose teorie che ne collegavano l'uso all'insorgere di malattie, deformazioni e altri sorprendenti pericoli.

Il mondo maschile fu abbastanza coeso nell'esprimere i propri dubbi sull'uso della bicicletta da parte delle donne, le quali, invece, ne compresero presto il potenziale come strumento di emancipazione: «La bicicletta divenne non solo un sintomo di progresso generale ma anche del nuovo ruolo a cui ambivano le donne».[2]

Non è un caso, infatti, se Susan Brownell Anthony,[3] pioniera dei diritti civili e del movimento per l'emancipazione della donna negli Stati Uniti, nel 1896 dichiarò che andare in bicicletta era stata l'attività che aveva contribuito all'emancipazione della donna più di qualsiasi altra cosa al mondo. Parole che, più di un secolo dopo, sono state scelte come incipit per il dossier delle Nazioni Unite dedicato alla donna e allo sport.[4]

Amelie Rother, giornalista e pioniera del ciclismo femminile in Germania, nel 1897 scriveva: «Se non fosse stato inventato un veicolo che ci permettesse di pedalare con le nostre gonne lunghe, non avremmo mai raggiunto i risultati odierni».[5] Per le donne, infatti, la bicicletta significava: «Mai più treni persi o affollati tram a cavalli! In piena libertà e autonomia si può decidere fino all'ultimo quando e dove arrivare».[6]

Un pensiero speciale per questo nuovo mezzo lo esprime anche la femminista americana Frances Willard, che nel 1893 sale per la prima volta su una bicicletta (una Gladys), affermando: «Chi riesce a padroneggiare una bestia come la mia Gladys può padroneggiare anche la propria vita, nella stessa identica maniera».[7]

Al di là della pericolosità dei primi velocipedi,[8] il cui uso richiedeva non poche doti acrobatiche, l'idea che una donna potesse andare in bicicletta creava generalmente atteggiamenti di sospetto e condanna, al pari di altre attività fisiche e sportive nelle quali le donne cominciavano a cimentarsi.[9] Il primo quesito era semplice: «Debbono anche le donne fare della ginnastica? Come gli uomini? Le differenze sessuali impongono norme speciali? Vi sono speciali scopi da raggiungere? Non c'è pericolo che la donna, con l'esercizio fisico, perda quella grazia femminile che tanto l'adorna e che è giusto che essa abbia?».[10]

In genere, la risposta era che per le donne «ci vuole della ginnastica buona, sana e… femminile; senza calzoni, senza atletismo e soprattutto senza far concorrenza a quella che fanno gli uomini».[11]

L'atteggiamento nei confronti delle donne che praticavano uno sport era, infatti, caratterizzato da una forte discriminazione e da stereotipi che le volevano troppo deboli, delicate o comunque inadatte a questo genere di attività. Considerazioni che non appartengono a tempi troppo lontani, visto che discipline come la maratona, il salto con gli sci o il pugilato (tanto per citare solo alcuni esempi) sono entrati nel programma dei Giochi olimpici solo di recente, proprio per queste stesse ragioni.

È doveroso ricordare che lo stesso barone Pierre de Coubertin, fondatore delle Olimpiadi moderne, restò sempre fermamente contrario alla partecipazione delle donne.[12] Riferendosi allo sport, arrivò a dire: «Questo scompiglio non è fatto per le donne. Esso non giova mai loro. Se esse vogliono affrontarlo, che avvenga nel loro privato».[13]

Ogni attività fisica, dunque, era da considerarsi riservata ai soli *gentlemen* e destinata a formare la nuova classe dirigente. Per questo non poteva che essere declinata al maschile, perché maschili erano le virtù che esaltava, come era nelle corde della società del tempo. De Coubertin per tutta la sua vita non cambiò idea.[14] Era contrario nel 1928, data di ingresso ufficiale delle donne ai Giochi olimpici, e lo sarebbe stato anche poco prima della morte, nel 1937, quando dichiarò che «il solo vero eroe olimpico, l'ho sempre detto, è l'individuo maschio adulto».[15]

Se, dunque, un generale atteggiamento di sospetto era poco incline ad appoggiare la diffusione dello sport tra le donne, in materia di bicicletta i dubbi erano ancora minori: il ciclismo era tra gli sport meno indicati al mondo femminile.

L'*Almanacco dello Sport* del 1914 a questo proposito recita: «Non amiamo la donna che corre in bicicletta e la donna che discende nel tappeto a combattere in lotta aperta di muscoli ignudi, ma adoriamo tutti gli sports dove la donna vi appare ancora donna».[16] Anche l'*Almanacco della donna italiana* si esprime sull'argomento: «Il ciclismo per la donna non può essere accolto che nella forma turistica, e anche in questa non converrà passare limiti molto modesti e soprattutto non lanciarsi mai a prove di lunga resistenza».[17]

Così la pensa anche il cronista del *Corriere della Sera* che il 31 luglio 1896 riporta la cronaca delle attività che si svolgevano in un famoso parco parigino, definendo le nuove sportive con l'appellativo "il terzo sesso".[18] Il giornalista scrive che «la bicicletta regna e sgoverna», riferendosi al fatto che l'uso dei velocipedi stava scalzando altre attività, occupando (o meglio invadendo) buona parte del parco. Ma ciò su cui si accanisce, non lesinando di esprimere tutta la sua disapprovazione al riguardo, è la scena riferita a un gruppo di ragazze che seguono una lezione per imparare ad andare in velocipede. Riferendosi a una di queste, un po' più robusta delle altre, il cronista suppone che «si sia data alla bicicletta nella speranza di perdere un po' di quella grazia di Dio che le fu elargita con troppa abbondanza». E prosegue confrontando le giovani donne in sella ai velocipedi alle raffinate amazzoni che cavalcano nello stesso parco: «È curioso spiare sul volto delle amazzoni in quale conto esse tengano le donne che scorrono in bicicletta. Anche quando non sono altezzose, pel solo motivo dell'eccelsa sella le amazzoni guardano le altre dall'alto in basso. La signora o signorina che tiene con una mano le redini, coll'altra il frustino e siede trionfalmente sopra qualche cosa di animato e semovente, guarderà con occhio pietoso e talvolta sprezzante la biciclista ricurva, appoggiata ai rigidi manubri del cavallo meccanico».

Per il cronista era d'obbligo prestare attenzione al pericolo che correvano: «Tutte le donne che dall'infanzia abusano dei giuochi riservati ai rispettivi fratelli e cugini: giuoco del pallone, remo, ascensioni smoderate e perfino il grazioso trastullo della bicicletta, quando supera i limiti permessi alle forze femminili, le quali non dovrebbero mai, in cambio del vigore, cedere una parte anche minima della natia grazia. Certi esercizi del corpo, anche praticati tutti i giorni, ma senza abuso, abbelliranno di più le ragazze già belle. Il cavallo e la scherma sono tutt'altro che distruttori della bellezza plastica. Così dicasi della bicicletta, a condizione però che il professore ciclista abbia continuamente sulle labbra l'ingiunzione di don Bartolo a Rosina: "Perché mai la testa bassa? State ritta come me"». Concludeva poi il suo lungo articolo con una chiara esortazione: «L'immaginazione nostra, i nostri sogni rimangono fedeli alla bellezza muliebre, sia essa una apparizione languida o vaporosa, o la famosa concertazione di forme ben riempite. Eroine o *demoiselles de magazin*, donne di alto ingegno o soubrettes, signorine, maritate, vedove, siate pura a vostra scelta o alternativamente angeli o demoni, ma siate donne!».

Anche un giornale sportivo come *La Gazzetta dello Sport*, fondato nel 1896, il 12 ottobre di quello stesso anno, a proposito di ciclismo femminile, così si esprime: «Una benedizione per quelle ragazze che, schiave delle convenzionalità sociali e della moda, sono divenute veri fardelli di fibre nervose, pronti a esplodere alla minima provocazione». Per queste ragazze non convenzionali lo sport non poteva che far bene; ma questo, in qualche modo, sottintendeva il suo essere ancora una volta adatto alle ragazze più irrequiete.

Se poi si considera che, oltre a essere poco adatta al portamento di una giovane donna, la bicicletta necessitava anche di un abbigliamento appropriato, che in questo caso significava indossare dei calzoni o qualcosa di molto simile, le ragioni del disappunto aumentavano, contribuendo a esaltare l'immagine rivoluzionaria delle donne che la utilizzavano.

L'abbigliamento e l'abilità del gesto atletico esibito in pubblico esprimevano dunque un momento di emancipazione che valeva più di tante parole e che la società del tempo non era pronta ad accettare: l'uso della bicicletta «incarnava appieno il prototipo della "donna nuova", senza inibizioni, indipendente e autonoma, in grado di tener testa – per audacia e coraggio – a tanti uomini».[19]

Maria Ward, che nel 1886 dà alle stampe il volume *The Common Sense of Bicycling: Bicycling for Ladies*, sottolinea addirittura come l'indipendenza di una donna si misura anche dalla sua capacità di riparare i guasti del mezzo da sola, giacché non ci voleva poi un'abilità tanto diversa da quella che il gentil sesso sperimentava quotidianamente in altre più femminili attività di cucito. È lei a ribadire che ogni donna che sia in grado di usare un ago o una forbice può tranquillamente usare bene anche altri strumenti. Era perciò molto importante per una ciclista conoscere anche tutte le parti della propria bicicletta, sapere qual era la loro funzione ed essere in grado di ripararla.[20] Come fa notare Claudia Cavallaro,[21] nel testo della Ward si resta colpiti «dalla modernità con cui il discorso viene affrontato. Ward scrive raramente la parola "donna", per il resto si rivolge sempre a un neutrale "bicyclist"».

Il rational costume

Nel presentare alcuni dati sulla diffusione del ciclismo femminile in Francia, un articolo apparso sul *Corriere della Sera* l'8 luglio 1896 mette in evidenza che «le donne cicliste rappresentano un ventesimo della cifra totale; vi sono dunque 8.000 cicliste in Francia. La statistica non dice quante abbiano adottato il *rational costume*».[22]

Si comprende subito quanto la pratica ciclistica non fosse disgiunta dall'attenzione prestata al nuovo abbigliamento richiesto. In questo caso, il cronista si riferisce al rational costume, ovvero a un vestiario comodo e razionale, come indicava il termine stesso, che prevedeva nuovi capi, adatti ai movimenti delle donne che desideravano passare in bicicletta qualche ora del loro tempo libero. Nulla a che fare con corsetti, stecche, sottogonne, sbuffi, strascichi, pizzi e cappellini.

Il dibattito sull'abbigliamento delle cicliste è da subito piuttosto acceso e non privo di connotati morali, giacché fino ad allora l'abito della donna era considerato «una corazza a salvaguardia della sua castità»[23] ed era destinato a giocare «un ruolo non secondario come strumento di emancipazione e di liberazione del corpo femminile».[24]

Se ne era cominciato a parlare negli Stati Uniti e in Inghilterra, sulla scia delle iniziative di alcune paladine dei diritti delle donne come Amelia Bloomer. La Bloomer aveva fondato la rivista femminile *The Lily*, che nel 1851 promuoveva l'idea di un abbigliamento più adatto alle donne sportive, grazie all'uso di pantaloni larghi e lunghi fino alle caviglie, chiusi in fondo e sormontati da un abito corto. Anche altri giornali dell'epoca si interessavano all'argomento: l'*Englishwoman's Domestic Magazine*, il periodico italiano *Corriere delle dame*, il *Times* e il *New York Times* affrontano tutti il tema relativo alla nuova moda.[25]

Nel 1881 viene addirittura fondata l'associazione The Rational Dress Society, finalizzata a promuovere l'uso di un abbigliamento più comodo e meno costoso per il tempo libero delle donne, introducendo gonne-pantalone per le attività sportive e, in particolar modo, per la bicicletta.[26] Fautrice della nuova iniziativa è Lady

Harberton, ricordata anche per un curioso episodio. Durante una gita in bicicletta da Londra al villaggio di Ockham nel Surrey, si era vista negare la possibilità di pranzare in un locale del luogo solo perché indossava il cosiddetto *Bloomer Costume*, ovvero l'abbigliamento da bicicletta: un paio di pantaloni alla turca indossati sotto un ampio abito al ginocchio.[27] La Harberton, ritenendo che fosse stato leso un suo diritto, si era rivolta alla corte del Cyclist Touring Club, che le diede ragione: il suo abito da viaggio non doveva essere motivo di discriminazione.

Di un modello di abito simile a quello indossato dalla Harberton si parla anche nell'edizione del 13 marzo 1869 della rivista *Illuminated Western World*,[28] che pubblica un disegno del *Velocipede Belle*: il grazioso abito proposto alle cicliste è formato da un pantalone chiuso sopra la caviglia e sormontato da un'ampia gonna.

Per risolvere autorevolmente il dilemma dell'abbigliamento più consono da indossare c'è addirittura chi scomoda un disegno di Michelangelo (la raffigurazione della Fortuna, ovvero una donna che cavalca una ruota cinta da un telo in vita).[29]

La verità è che anche se la parola "pantalone" risultava impronunciabile per molti benpensanti, nei primi del Novecento andare in bicicletta era già diventato una vera e propria moda, difficile da frenare, che imponeva cambiamenti anche nel costume: «Insieme al tennis il ciclismo è l'ultimo grido tra le dame di inizio secolo. La donna in bicicletta è libertà, velocità, spregiudicatezza, quasi un involontario manifesto futurista. A colpi di pedale cadono molti tabù, e le più coraggiose si permettono addirittura i primi trasgressivi pantaloni alla zuava che avevano il duplice pregio di far gridare allo scandalo e di non entrare nei raggi delle ruote».[30]

Come è avvenuto di recente per consentire alle atlete musulmane di gareggiare in occasione dei Giochi olimpici di Londra nel 2012,[31] così, all'alba del secolo scorso, veniva introdotto un vero e proprio dress code in merito all'abbigliamento femminile da usare in bicicletta, con la differenza che allora, dopo l'abito razionale, alcune donne cominciavano a trovare più comodi i pantaloni da uomo, alimentando così critiche e perplessità.

Nel 1894, il dottor Andrea Galante pubblica a Milano il *Manuale del ciclista*, in cui scrive: «Il costume ha una grande importanza per le signore che si dedicano al ciclismo, anzi, può ben dirsi che un abbigliamento semplice, corretto e distinto è condizione essenziale perché una donna possa montare in velocipede. Per le signore si sono costruite macchine apposite per cui esse non debbono inforcare il velocipede come gli uomini; è tolta quindi la necessità per le signore cicliste di adottare un costume maschile altrettanto ridicolo quanto poco conveniente. Il trovare un costume comodo e al tempo stesso corretto ed elegante non è certo cosa facile».[32]

La premura sull'argomento dell'autore è tale da voler riproporre addirittura istruzioni e disegni per poter realizzare un costume "semplice ed elegante", secondo il modello che aveva vinto un concorso organizzato dal Veloce-Sport di Bordeaux: «Si prende una gonnella di stoffa e rotonda (ciò è importante) la quale cada a un centimetro circa dal suolo. Si guarnisce il fondo di essa di tanti occhielli fatti a mano in modo che passandovi un cordoncino venga a chiudersi come un sacco. Da ogni lato si lascieranno otto o dieci centimetri pel passaggio della gamba. Fra gli occhielli si fa passare un cordoncino munito di puntali di metallo che impedisce alla gonna di allargarsi – ma in questo modo l'abito verrebbe a cadere fra le gambe e non istarebbe bene. Perciò sul bordo davanti si cucisce un cordone che viene annodato alla vita passando dietro e tirando perciò la sottana. [...] Arrivando in città si toglie il cordoncino e l'abito cade naturalmente ai piedi. L'abito per le signore sarà di stoffa leggiera e morbidissima. [...] L'eleganza e il buon gusto della signora si rivelerà anche nella scelta del costume e del colore meglio adatto (grigio o marrone chiaro)».[33]

L'anno dopo, la *Gazzetta Ciclistica* del 17 gennaio 1895, raccontando le gesta di Miss Londonderry, «coraggiosa e originale Americana» che nel 1894 aveva intrapreso un viaggio in bicicletta partendo da Boston, sottolinea che la ciclista ha «venticinque anni ed è secca come un palo! Nel suo costume di biciclettista non presenta alcuna di quelle linee che rivelano la donna. A prima vista potrebbe benissimo esser presa per un uomo», anche se l'autore dell'articolo riconosceva che «non si spiega come possa trovare tanta resistenza».[34]

Miss Londonderry, sposata e madre di tre figli, aveva compiuto il giro del mondo in bicicletta realizzando l'impresa straordinaria di percorrere 15.455 chilometri. Nonostante questo, la stampa si soffermò più sul suo abbigliamento che sulle sue doti atletiche.

Nel 1896, un cronista del *Fieramosca*,[35] giornale del popolo, riporta il resoconto di una gara femminile su pista, riferendo che «appena le corritrici, in eleganti costumi mascolini, si presentarono sulle biciclette nella pista, un vero fremito si sentì nella folla e all'indirizzo delle cicliste non mancarono purtroppo, cosa deplorevole, dei frizzi poco corretti». Lo stesso giornale descrive «il costumino nero» o «l'abito rosa» delle cicliste ma, soprattutto, conclude la cronaca sottolineando come, appena finita la gara, il pubblico si sia riversato in pista «ed una parte di esso tenne un contegno… un po' troppo allegro».

Resta traccia che, nel 1897, si sia svolto addirittura un Congresso in pantaloni,[36] organizzato a Oxford dalle velocipediste del tempo per attirare l'attenzione sull'argomento. Venne persino redatto un *Vademecum delle velocipediste*, che dispensava innumerevoli consigli, tra i quali quello di indossare i pantaloni senza sentirsi impacciate: «Cercate di comportarvi come se indossaste il vostro abito di tutti i giorni».[37]

In Italia, il dibattito sull'abbigliamento delle biciclettiste è stimolato da alcuni articoli pubblicati sulle riviste *Gazzetta Ciclistica* e *L'illustrazione ciclistica*, che recano la firma di giornaliste donne, probabilmente le prime croniste delle due ruote. A quel tempo si va affermando un vero e proprio stile per la donna ciclista, che comprende un abbigliamento specifico: giacca stretta in vita, camicetta magari con cravattino, gonna abbastanza scura per nascondere eventuali macchie recate dalla pedalata, ma non troppo, per non far notare la polvere delle strade che a quei tempi non erano asfaltate. La gonna poteva essere sostituita da larghi calzoni alla zuava, da indossare con sopra un gonnellino. Le calze dovevano essere rigorosamente nere o comunque molto scure, e ai piedi era consigliato uno stivaletto a tacco basso. Ovviamente, era obbligatorio indossare dei guanti per proteggere le mani della fanciulla. Per completare l'abbigliamento si consigliava poi un bel cappello, ampio abbastanza per proteggere la pelle e gli occhi dal sole.

In quei tempi, il vestiario delle cicliste è argomento così attuale che qualcuno si è inventato persino una sorta di regolamento in versi:[38]

I – Non corsetto porterai ma soltanto un bel bustino
II – Giarrettiera non avrai: reggicalze di nastrino
III – Brache a sbuffo indosserai sotto un corto vestitino
IV – Paltò e cuffia sceglierai, velo e guanti per benino
V – Di vestirti eviterai come un uomo o un damerino
VI – Poi scarpette calzerai, che dian aria al tuo piedino
VII – Sul manubrio fisserai, per la sosta, il giacchettino
VIII – Sì addobbata spingerai senza fretta, pian pianino
IX – Ogni giorno tu farai poche leghe di cammino
X – D'un gran sonno dormirai fino al prossimo mattino

La *Gazzetta Ciclistica* del 4 agosto 1897 dedica una riflessione all'abbigliamento delle cicliste, in particolar modo al "pantalone ciclistico".[39] Nell'articolo, firmato dalla cronista Lea, si comprende come il tema del vestiario sia strettamente collegato a quello dell'emancipazione: «Non soltanto la moda, la vanità femminile si occupano di questa parte del vestiario muliebre, ma una questione più alta lo assume e lo studia e lo fa trionfare sopra ogni altro tipo di costume come quello che avrà maggiore influenza sullo spirito della donna, come uno degli organi che le apriranno la via della libertà. In Francia i femministi ne parlano anche più seriamente di quanto a prima vista paia che il soggetto sia degno di grave considerazione. E la famosa Madame "Astié de Valsayre" interpellata se *le costume ciclyste puisse modifier les moeurs au point de vue moral et hater l'émancipation femminile* (ovvero, se l'abbigliamento della ciclista possa influenzare la morale e sostenere la battaglia per l'emancipazione femminile), essa risponde, senza esitare: *oui et sur toute la ligne*. Io non credo che si debba associarsi in tutta la sua incommensurabile estensione all'entusiasmo col quale la signora Astié de Valsayre si fa apostolo del pantalone per la donna, che secondo lei, dovrebbe sempre indossarlo rigettando ormai la gonna come un vecchiume poiché a me pare, e forse a molti altri parrà bene che la donna mantenga questo rifugio ancora per qualche secolo, visto che nonostante il progresso, per qualche secolo ancora essa si troverà costretta a dovervi mettere a riparo il maggiore inconveniente estetico della maternità, e per lunga sequela d'anni forse essa avrà imperfezioni che le sarà grato mascherare e l'età farà strage delle sue bellezze; ma applaudiamo con slancio all'uso del pantalone per la donna nel campo ciclistico, poiché l'avere spesso più libertà di movimenti, le darà grazia e disinvoltura maggiori ed anche al temperamento di lei generalmente mite ed incerto, darà un impulso che potrà giovarle oltre che nelle gite ciclistiche, anche nei passi così gravi e difficili della vita. Credetelo, non sarà male che esca talvolta la donna da quel viluppo di stracci eleganti che fasciandola ed ingombrandola ne fanno un grazioso giocattolo, impicciolendone troppo spesso così anche lo spirito e gli ideali, i quali hanno bisogno delle larghe linee per volare e mantenersi in alto».

L'attualità del tema porta a riprendere l'argomento anche nel numero del 13 ottobre 1897. La stessa giornalista scrive: «Il costume svelto, quasi maschile per le signore è, come disse Madame Astié de Valsayre, l'alba della emancipazione muliebre e vale ad improntare di un carattere forte e solido la donna. Sarebbe, dunque, una stonatura se la signora che se ne va spigliata sulle ruote, indossando camiciotto e pantalone tornasse alla timidezza della femminuccia in gonnelle, se smontasse dalla bicicletta per la dimostrazione avversa che le hanno fatto in Inghilterra. Forse, lassù, avranno avuto ragione ad accogliere e salutare coi fischi il passaggio delle intrepide che volevano far trionfare il pantalone sulla sottana, perché fra le brume settentrionali ci par di scorgere di qua tante figurine un po' troppo deficienti, un po' troppo meccaniche, ed anche un po' troppo mature per questo genere di Sport [...] il pantalone e il camiciotto sono i tipi che meglio si adattino alla ginnastica della bicicletta e che valgano a dare maggior grazia alla donna. Le belle, già, sono sempre tali e nulla potrà toglier loro quella grazia naturale che ferma l'occhio e spesso fa per contrapposto prender la corsa al cervello, e quelle che non lo sono o almeno abbisognano dell'aiuto dell'abbigliamento per spiccare o per... sparire, troveranno nel costume tipico ciclistico la giusta misura che darà l'equilibrio al loro valore estetico. Oh! Se ognuna potesse vedere sé stessa come gli altri la vedono, correre in gonna leggera sul velocipede in assoluta balia del vento, come sarebbe grata al pantalone sgonfiante, allo stivaletto alto che senza mostrare con crudezza la forma di tutta la gamba, ne danno con grazia libera tutta l'eleganza delle curve! Non sempre è bello vedere tutto ciò che è bello, ma lo è assai più l'indovinarlo. E poi, chi ci dice che quei fischi non fossero lo sfogo della gelosia?».[40]

Il tema dei fischi e degli epiteti rivolti alle donne cicliste è un'altra costante di questo periodo e, purtroppo, non cesserà in breve tempo. Nel 1899 interviene sull'argomento la *Rivista mensile del Touring Club Italiano*, pubblicando una poesia che «invita la donna ciclista a non farsi sgomentare dalle risa e dai lazzi dei maschi e dei perbenisti»,[41] che continuavano a giudicare sconveniente per una donna avventurarsi sulle due ruote.

In tema di abbigliamento si nota inoltre la grande influenza della moda francese, come testimonia un articolo apparso il 6 dicembre 1894 sulla rivista *La Illustrazione Ciclistica*: «A Parigi le signore che montano a bicicletta e, ve lo ripeto, sono innumerevoli, indossano i grandi calzoni zuavi; una cosa peraltro devo rimarcare: questi vestiti ciclistici sono fatti meravigliosamente e mentre sono a calzari restano colla vera parvenza di gonne anche stando in sella e ciò per la forma che hanno e per la ricchezza delle loro ampie pieghe scendenti con eleganza estrema sino al polpaccio della gamba. Ho visto usare moltissimo degli stivaletti alla polacca molto alti ed ho visto di gran moda le calze dette niker booker ossia calze a colori di genere e tipo tutt'affatto inglese. Come abbigliamento superiore si veggono dei cappelli assolutamente mascolini, così i giubboncini fatti a spencer ed una infinita varietà di piccoli collié in piume. Sapete qual è la pettinatura di gran moda per le signore? È difficile dirla, ma mi pare che la si possa definire così: non essere pettinate affatto. I capelli trattenuti leggerissimamente sulla nuca, si allargano enormemente in guisa che, osservando di dietro, non si scorge altro che un ammasso di capelli sui quali un sapiente ferro ha fatto dolcemente passare una diligente ondulazione. Ma qui non siamo più nel ciclismo, questo l'ho potuto specialmente osservare al teatro dell'Opera e là si cantava l'*Otello*, che è ben diversa cosa dal ciclismo».[42]

L'accostamento con il teatro non è insolito. Qualcuno fa anche notare che, nei luoghi di spettacolo, l'abbigliamento delle attrici è talvolta ben più scandaloso di quello delle cicliste: «"La bicicletta per le signore! Dio che indecenza" ho sentito più volte ripetere da gente che inorridiva a tanta simpatica vista, e che, come l'angelo bianco, immacolato del pudore, si copriva il volto colle mani. Notate che quella gente va nei teatri; si trova a delle rappresentazioni dove le nudità permesse ed accettate come eleganza suprema nei palchi, combinate poi colle nudità inferiori volute dal corpo di ballo del palcoscenico, mettono lì una donna tale e quale Dio l'ha creata; ci sono dei veli, leggieri, vaporosi, trasparenti sì, dei veli che dicono niente… cioè no, dicono molto; ma nessuno, nemmeno per ombra, si sogna di fare un rimarco là, dove ci sarebbe tutto un mondo da criticare. Le scollacciature delle signore risalgono ad epoca molto lontana. Vi fu un tempo in cui si emanarono editti in proposito; in cui dal pulpito tonava la voce di un sacerdote minacciando la dannazione eterna; e si credeva così di mettere un freno alle esposizioni di nudità che certe volte trascendevano davvero fino all'indecenza. Ma le dame di quei tempi che, come l'antica progenitrice del Paradiso terrestre, volevano mangiare il frutto, tanto più gustoso dacché era proibito, giocavano a chi mostrava di più; alla legge severa, trovarono un amenissimo inganno. Agli editti si contrappose l'argomento convincentissimo delle usanze; e prime fra tutte le dame di Corte mostravano ridendo gli aguzzi dentini, ai rigori di quella legge inutile, perché nessuno la seguiva. Nelle pratiche divine poi, davanti al confessore, in chiesa durante il pio raccoglimento di una predica, si portavano con loro sciarpe, veli, qualcosa infine che le coprisse per la circostanza; salvo poi a scoprirsi più che potevano appena uscite di là, appena l'ultimo rintocco della campana annunciava ai fedeli che la devota cerimonia era finita. Ci trovava nessuno a ridire in tutto ciò? Nessuno. Io mi ricordo che una quindicina d'anni orsono, io allora (credetemi sulla parola, lettrici gentili) ero quasi ancora una bambina; ma mi ricordo che le signore portavano degli abiti così stretti, così attillati, così aderenti alla persona, che il passo diventava difficilissimo, e si camminava a passini, così come tante pupattole – tuttavia, il solo movimento della gamba metteva in mostra delle forme desiderabili qualche volta, anzi, il più delle volte, perché le signore, sicure di se stesse, stringevano a più non posso; si sa che di illuse ve ne sono sempre al mondo; capitava pure, ma ad onor del vero poco sovente, di vedere che stringevano e stringevano anche quelle che, poverette, avrebbero dovuto invece allargare i vestiti in conformità delle loro forme. – La moda voleva così – e la moda venne accettata caldamente, a pieni voti; e l'occhio si abituò tanto, che nessuno arrivava più a comprendere quanta... procacità la sovrana dell'eleganza aveva voluto dare alle donnine che ardono incensi al suo altare. E forse era perché la moda lo imponeva che nessuno ci trovava a ridire? Ammettiamo pure che la bicicletta sia una moda; perché non seguirla allora come si seguono, si adottano tutte le altre possibili ed impossibili che siano? Perché avere degli scrupoli per mostrare... che cosa poi infine? Naturalmente anche l'abito deve essere razionale – le gonne lunghe non vanno assolutamente – fate dei calzoni molto larghi, a sbuffi, che si chiudano appena sotto il ginocchio; sovrapponete ad essi una blouse che scenda a pieghe un palmo più in su; mettete delle calze inglesi o delle uose che arrivino fin sotto allo sbuffo del calzone, chiuse ai lati da piccoli bottoni di madreperla – stringete la vita con cintura elastica – un cappellino bizzarro ed una veletta che vi salvi dai baci troppo crudi e bruschi del vento, e avrete trasformata la vostra figurina nella più elegante ciclista del mondo. Forse, vedendovi così, cadrebbero in ginocchio davanti a voi i vostri cerberi. – Chissà? Vi consiglierebbero allora forse di fare quanto sino a quel momento vi avevano negato... Ed è allora naturalmente che ci si impuntiglia, non si vuole più, ci si lascia convincere un bel pezzo, ci si vendica delle ripulse prime, fino a quando viene la preghiera, la supplica, l'esortazione, fino a quando si accorda come favore supremo, quanto era stato prima per noi un occulto, ardentissimo desiderio... Gentili lettrici, vi indovino? Ci diranno astute, civette, che so io? Ma del resto tutto è giustificato quando il fine corona l'opera, credetemi. Coraggio dunque, perché siamo tutte cicliste nell'anima, coraggio, sappiate volere con ogni mezzo, sia pure; ciò è in facoltà vostra, e ognuna di voi conosce il tallone d'Achille di chi l'attornia – volere di donna è volere di Dio – e coloro che negano, che denigrano il ciclismo femminile io credo che il tempo ce li mostrerà prostrati nella polvere, adorando la rapida, fulminea apparizione degli angeli... angeli davvero, perché la bicicletta avrà dato loro le ali».[43]

Concludiamo la riflessione sul tema dell'abbigliamento con una frase presa dalla rivista *La Illustrazione Ciclistica* del marzo 1895: «L'argomento è importantissimo, poiché una graziosa silhouette può conquistare alla bicicletta cento signore e l'estetica appagata tener loro luogo di cento articoli».[44]

Donne in bicicletta: obiezioni mediche e morali

Le obiezioni rispetto all'uso della bicicletta da parte delle donne comprendevano, oltre al tema dell'abbigliamento, anche considerazioni di ordine medico, che peraltro si aggiungevano alla pericolosità *tout court* dell'impiego di quei primi modelli.

Il dibattito riguardava entrambi i sessi. Si riteneva, infatti, che la bicicletta potesse causare: affaticamento, palpitazioni, respirazione anomala, insano calo di peso, malattie infettive, disturbi al cuore, danni ai polmoni, infiammazioni agli occhi con pericolo di cecità, e una violenta pressione su alcune parti del cervello con conseguente intorpidimento della mente.[45]

Per le donne la lista delle malattie si allungava, perché si aggiungevano rischi e pericolosi effetti collaterali che avrebbero potuto generare complicanze per future maternità a causa di accumulo di sangue negli organi del bacino, ingrossamento dei muscoli della stessa area, insorgenza di malattie alle ovaie, amenorrea, dismenorrea, ulcere.[46]

Il congresso medico italiano del 1897 aveva sconsigliato l'uso del mezzo, e il tema della salute era stato posto in evidenza anche sulla rivista *La Bicicletta*, sia con riferimento all'uso del velocipede da parte delle donne («il sellino poteva danneggiare gli organi genitali?»[47]), sia rispetto a problematiche più ampie («il pedale poteva forse provocare la deformità del piede?»[48]).

Nel 1888 il dottor Tissié dichiara addirittura che «le cicliste possono abortire e rischiano la sterilità non essendo la donna che "un utero circondato da altri organi". Si arriva persino a descrivere che è pericoloso salire su un velocipede dopo un rapporto sessuale».[49] Della stessa idea è anche il dottor Ludovic O'Followel che agli inizi del Novecento pubblica il volume *Bicyclette et organes genitaux*. In Italia, Paolo Mantegazza, nell'*Enciclopedia Igienica Popolare* del 1861, sentenzia: «Le figlie di Eva non montino mai in velocipede se vogliono conciliare igiene e moralità».[50] Vi era, inoltre, anche una buona schiera di medici che sostenevano «la sconvenienza delle donne in bicicletta, perché lo sfregamento della sella può procurare "soddisfacimenti genitali, sensazioni voluttuose"».[51] In questo caso c'era chi era convinto che simili donne sarebbero state comunque riconoscibili dall'aspetto, perché anche l'abbigliamento e il portamento sarebbero stati rivelatori di «immondi vizi».

La produzione del sellino Christy, appositamente progettato per le signore, intendeva evitare proprio la possibilità di questa pratica, giacché venne ideato pensando alla fisicità femminile, scongiurando così il pericolo che il sellino provocasse una qualsiasi forma di pressione su zone delicate.[52] A questo proposito la *Rivista mensile del Touring Club Italiano*, nel 1899, precisa che «non vi dev'essere alcuna erezione della sella sul davanti capace in certi casi di venire al contatto col perineo o cogli organi genitali».[53]

Nel suo *Eccessi ed esagerazioni sportive* (1910), Felice Gambazzi afferma che il ciclismo può causare nelle donne «segni di debolezza cardiaca e con essi qualche volta anche il terribile morbo che si chiama etisia (tisi)». Il London College of Surgeons era intervenuto per dire che la bicicletta poteva causare ernie o crampi,[54] mentre padre Agostino Gemelli, nel suo già citato *La educazione fisica della donna*, esortava a una certa cautela perché «la donna ha caratteri anatomici, fisiologici, psicologici per i quali si differenzia dall'uomo, caratteri che sono in relazione alla grande missione alla quale Iddio l'ha chiamata: la maternità; tali differenze dicono a noi che non tutta la ginnastica, non tutta la educazione fisica che facciamo fare all'uomo valgono anche per le donne».[55] Non ultimo, un pericolo per la salute delle prime donne cicliste dipendeva anche dal fatto che venivano sovente prese di mira «da colpi di bastone e sassate».[56]

A quelle mediche si aggiungevano poi un corollario di obiezioni per così dire estetiche. A detta di molti, andare in bicicletta rendeva la donna eccessivamente muscolosa e sgraziata: «Hai mai visto qualcosa di più ripugnante, odioso, meschino dello spettacolo offerto da una pedalatrice ansimante, paonazza, con gli occhi arrossati dalla polvere? [...] Il velocipede [...] fa rinsecchire e rendere spigolosi questi esseri che della donna non hanno ormai più nulla».[57]

Fortunatamente, c'era anche qualche voce fuori dal coro. Nel 1880, la signora Egeria, redattrice della rivista *L'Illustrazione velocipedistica italiana*, cura una rubrica per signore nella quale si esprime in favore dell'uso della bicicletta. Nello stesso giornale, si dà conto anche dell'appello lanciato da una giovane seguace, che presenta il nuovo mezzo come un valido contributo alla salute femminile: «Giovinette e signore, non avversate l'uso del velocipede, fatevene invece promotrici, bandendo i pregiudizi ingiusti; invece di un monile o di un gioiello prezioso, fatevi regalare dal papà o dallo sposo un bel bicicletto, magari a 2 posti. Questo sarà un oggetto utile che vi ridonerà salute e appetito».[58]

Qualche anno dopo, nel 1894, la rivista *La Bicicletta* riconosce che «il velocipedismo femminile è in pieno trionfo. Un trionfo ottenuto a prezzo di grandi battaglie contro i pregiudizi e la moda [...]. Il velocipedismo femminile rimarrà negli usi, [...] gli inventori [...] metteranno in commercio delle selle speciali munite di tutti i perfezionamenti perché le signore possano liberamente pedalare senza tema di ledere nessun organo anche delicatissimo».[59]

Ma ci sono anche uomini che credono così fortemente nei benefici della bicicletta da mettere su due ruote tutta la famiglia. Così è per Zefferino Perini, armaiolo di Pola, in Istria, «il quale pedaleggia, fa pedaleggiare la moglie, e tutti i suoi figli o figlie, dai quattro anni in avanti; e con tutta la famiglia compie notevoli gite. Ha pure un bambino di undici mesi, il quale, a dir la verità, non va ancora in bicicletta, ma ha però, [...] già fatta conoscenza coi manubri. Il signor Perini ha preso come motto della sua casa: "Volete la salute? Andate in bicicletta!"».[60]

Sempre dalle colonne della *Rivista mensile del Touring Club Italiano*, un avvocato di Roma si schiera a favore dell'uso della bicicletta da parte della propria consorte, relazionando con un lungo articolo di oltre due pagine sul magnifico viaggio compiuto lungo le vie dell'Italia insieme alla sua gentile signora. Partono da Roma il 4 agosto 1901, per poi toccare Viterbo, Orvieto, Siena, Firenze, Bologna, Ferrara, Adria, Chioggia, Venezia, Primolano, Levico, Trento, Rovereto, Sirmione, Brescia, Bergamo, Lecco, Como, Lugano, Locarno e Milano, da dove rientrano in treno a Roma. Al di là dell'originalità e della lunghezza del viaggio, il protagonista scrive: «Consiglierei ai coniugi, senza prole o con prole ciclistica, un giro simile, perché s'immagazzina tanta aria, tanto moto, o tanta salute da bastare per tutto l'anno e si coltiva la mente, imparando a conoscere questa nostra bella Italia, ben diversa da quella intravista dai finestrini d'un vagone. Ed è così, io credo, che la bicicletta potrà apportare dei vantaggi grandissimi. [...] Un mezzo comodo, economico, e rapido di locomozione, non una macchina d'acrobatismo, essa deve servire come mezzo allo scopo di esercitare il corpo, non per recarsi fuori di porta a bere il tradizionale litro».[61]

Nonostante qualche marito ben disposto, però, in generale andare in bicicletta restava «una tendenza poco in sintonia con usi e costumi tradizionalmente femminili, [...] un incedere a una altrettanto deprecata nuova moda del secolo: il femminismo».[62]

La donna che osasse cimentarsi in questo nuovo sport era da biasimare così tanto che, nel 1897, un giornale tedesco scrive addirittura che «gli uomini preferiscono restar celibi piuttosto che passare la loro vita accanto a una pedalatrice».[63] E se proprio non era possibile evitare che una giovinetta di buona famiglia si invaghisse di questo nuovo mezzo, ecco che c'era subito chi offriva dei servizi specifici per evitare che, uscendo da sola, potesse incorrere nel rischio di eccessivi pettegolezzi, offese e anche ingiurie. A fine Ottocento nasce per questo l'associazione Chaperon Cyclist, che nel 1896 pubblica sulle riviste *The Queen* e *The Lady's Newspaper* un annuncio in cui propone un «servizio di donne di buona famiglia per condurre le signore durante l'escursione in bicicletta».[64]

La diffusione di questo nuovo mezzo tra le donne conosce alterni momenti di fortuna. Se nel 1888 la Federazione ginnastica di Roma aveva istituito il Comitato femminile allo scopo di diffondere l'educazione fisica tra le donne, proponendo anche giri e gare in bicicletta, solo qualche anno dopo, nel 1894, l'Unione velocipedistica italiana (Uvi) proibisce le competizioni femminili. E all'estero le cose non vanno molto meglio. In Germania, a Stoccarda, una palestra femminile viene chiusa proprio perché si insegnava alle donne ad andare in bicicletta,[65] mentre alla richiesta di aprire le iscrizioni alle donne, l'Associazione velocipedisti tedeschi aveva risposto che «la partecipazione delle donne è deleteria per lo spirito e squalificante per uno sport riservato solo agli uomini».[66]

Anche oltreoceano la bicicletta non è ben vista se usata da donne e giovani ragazze, benché già nel 1869 a New York fosse stata aperta la prima scuola per aspiranti velocipediste. Il 9 giugno 1895 l'autorevole *The Washington Post* denuncia e condanna senza mezzi termini l'uso della bicicletta da parte delle donne, invocando addirittura l'intervento del clero americano, al quale viene chiesto di fare in modo che l'uso di questo mezzo venga proibito alle ragazze perché le rende eccessivamente mascoline e addirittura ne incoraggia l'immoralità: la bicicletta, quando usata dalle donne, rappresenta un «male non necessario» del paese, che non poteva più essere tollerato e incoraggiato.

In Italia le critiche non mancano. *La Gazzetta di Venezia* del primo gennaio 1894 pubblica l'articolo di un cronista assai preoccupato per questa nuova moda: «Le signore dunque andranno in tandem ma voi, mariti gelosi, guardatevi da queste ruote di metallo, sostituite la naturale locomozione della vostra metà: il velocipedismo è un'invenzione infernale che in un attimo pone una grande distanza tra il marito e la moglie come il pattinaggio, altro genere di sport, non è che la legalizzazione dell'abbracciamento. E poi col tandem è facile cadere, e son cadute pericolose quelle, perché la donna torna in piedi sì, ma molto spesso casca, come suol dirsi, dalla padella nella brace, anzi nelle braccia».

Nello stesso anno appaiono una serie di articoli sulla rivista *La Illustrazione Ciclistica* che affrontano l'argomento da diverse angolazioni. Un raffronto tra la situazione francese e quella italiana è proposto nell'edizione del 6 dicembre 1894, quando viene pubblicata una lettera aperta che Eliso dalle Roncaglie indirizza alla contessa Elena Spierati: «Oh come vorrei che voi, mia buona amica, foste qui a constatare quanta sia la possanza del ciclismo di questo paese e specialmente a che altezza sia il ciclismo femminile parigino. [...] Qui il ciclismo femminile ha preso un enorme sviluppo. Per formarsene una pallida idea bisogna andare al Bois de Boulogne in un pomeriggio dai dolci tepori autunnali. È una folla turbinante di belle signore, severe nei loro elegantissimi costumi sportivi, e fra il turbinio non è raro conoscere, senza essere molto pratico delle locali abitudini, il passaggio rapido di cicliste allegre, molto allegre e soprattutto libere. Quello che è veramente meraviglioso si è la indifferenza con cui tutto passa e la infinita libertà che ognuno individualmente vi gode. Ecco una caratteristica vera di un grande paese. A Parigi è in gran voga il tandem: tuttavia io non potrei consigliarlo alle gentili signore italiane: qui le strade delle passeggiate sono assolutamente più belle delle nostre, qui si corre sempre sovra un fondo che pare una pista di cemento: si fanno così dei chilometri e delle ore di passeggiata senza provare nessuna scossa, né fatica alcuna. Questa fortuna è certa che non la si trova tanto facilmente da noi. Capisco che potrebbe essere di moda per le signore il tandem a Firenze colla splendida sua passeggiata alle Cascine, ma non saprei se possa essere utile per Milano e per tutti gli altri centri italiani, eccezion fatta di qualche parte del Veneto, perché non bisogna dimenticarsi mai che il tandem è una macchina molto più difficile specialmente per le strade cattive».[67]

Nel marzo dell'anno successivo si torna a discutere di donne e bicicletta sulle colonne della stessa rivista. Egle, la cronista, non ha dubbi sull'opportunità che il gentil sesso si dedichi a questo nuovo sport: «Da vera figlia d'Eva, alla quale si dice che Dio avesse dati tutti i difetti e tutte le virtù, avrei una curiosità matta di sapere che cosa penserebbero le nostre bisavole se, ritornate oggi in questo nostro povero mondo, vedessero le attuali signore librarsi agili, leggiere e svelte sulle moderne biciclette. Non so, ma mi pare che quelle nostre antenate che si facevano portare in lettiga, e che pure avevano i loro trionfi, suscitando desideri e fomentando incendi, tutte quelle dame severe, alle quali i cavalieri s'inginocchiavano davanti sospirando la grazia di un baciamano, resterebbero ben sorprese, ben attonite se visitando l'odierna Esposizione ciclistica vedessero la falange di signore giovani, belle ed eleganti correre impavide sul loro bicicletto, noncuranti degli sguardi fissi sulle loro personcine e dei motti di simpatia lanciati al loro indirizzo dalla non meno numerosa legione del così detto sesso forte che le sta ad ammirare. Che cosa direbbero, quale sarebbe il concetto delle nostre antenate? Ritornerebbero esse alle loro lettighe, o preferirebbero il progresso, l'evoluzione del tempo, che fa sedere la donna in bicicletta e dà ad essa l'aria libera e pura che sferza il volto e lo rende più bello, più animato, leggiadro e fresco, della freschezza e leggiadria dei fiori? La donna, checché si dica, è sempre stata una calda fautrice del progresso; intelligente e fine, ha subito compreso che il progresso doveva frangere le catene della sua schiavitù, ed innalzarla per quanto l'uomo col suo egoismo l'aveva abbassata; restando donna, molto donna anzi, conservando tutta la sua civetteria, irradiando col suo fascino tutto quanto la circonda, capì che la nuova invenzione sarebbe stato un trionfo per la sua grazia, per la sua eleganza – e il trionfo fu pieno, indiscutibile, aggiungendo anzi uno chârme maggiore al gentil sesso, quello della salute e della forza fisica. Siamo franche, lettrici gentili; le donnine pallide, anemiche, ed isteriche hanno fatto il loro tempo; l'aureola di poesia che le circondava non poteva essere di lunga durata – oh Dio! come... amare eternamente una donnina eternamente nervosa, malata ed eterea? Oh si! Ritornino pure le gravi matrone, le antiche e severe dame colle loro lettighe; noi diremo loro, ed al bisogno proveremo coi fatti, che fa bene, tanto bene una corsa viva, di volata in bicicletta che fa bere a larghi sorsi l'aria salubre e pura, che dilata i nostri polmoni stretti, serrati dall'aria dei semi-oscuri salotti, inebriante e profumata sì, ma viziata sempre, e intanto che si corre, che si vola così, i pensieri fuggono, volano via con noi lontano, lontano, per orizzonti sconfinati dove la donna è libera, sola, indipendente, dove non vi sono né pregiudizi, né ubbie, né falsi pudori; dove le ipocrisie non hanno ragione di essere, e intanto che la mente vaga negli azzurri immensi, infiniti del pensiero, si libra nelle elettrizzanti ma dolci fantasmagorie dei sogni, il corpo riceve la salute, la energia, la vita, rendendo più care, più adorabili le nostre signore, e giustificando il noto proverbio: mens sana in corpore sano».[68]

Il dibattito, dunque, è aperto e sul tema interviene anche la *Gazzetta Ciclistica* che nel 1897 informa i suoi lettori che le donne in bicicletta «si mostrano senza vergogna per la città»[69]. La *Rivista mensile del Touring Club Italiano*, dal canto suo, pubblica nel 1901 la lettera del signor Egidio Fontana, console del Touring a Monza, che scrive da Göteborg (Svezia) per segnalare di aver notato che in quel paese «il sesso femminile profitta largamente della bicicletta; e soprattutto la classe delle contabili e delle commesse di commercio, numerosissime in questi paesi, se ne serve utilmente e praticamente per portarsi dalla propria casa all'ufficio, non meno che per le altre commissioni inerenti al proprio impiego o per le utili passeggiate sportive domenicali. La notizia per sé stessa non ha neppure il merito di essere nuova; ma non mi sembra privo di interesse che il Touring Club ne tragga occasione per insistere maggiormente a mezzo della *Rivista* perché anch'esso da noi – il sesso gentile così intelligente in tante utili iniziative – si accosti assai più che non abbia fatto finora al ciclismo. Occorre soprattutto combattere il falso quanto dannoso concetto invalso presso la grande massa (specie fra le madri) che, più per ignoranza che per malignità, è proclive a qualificare male la signorina ciclista, mentre è ovvio osservare che le cicliste corrono minor pericolo per la loro moralità andando in bicicletta, che non stando in contatto colla folla del marciapiede».[70]

Se poi al posto della bicicletta si usava il tandem, anche qui qualche accortezza era d'obbligo: «Quando sopra lo stesso tandem viaggiano assieme un signore ed una signora, quella deve stare davanti o di dietro? [...] Dopo avere esposte le ragioni che militano per l'uno o per l'altro metodo [...] la signora nei tandem deve prender posto sul sellino anteriore».[71]

Le prime sfide

A lanciare la moda della bicicletta sono inizialmente le donne nobili, che erano anche quelle che se ne potevano permettere l'acquisto. Per loro si tratta di un vezzo di modernità, di uno status symbol. La usano inizialmente: le duchesse di Genova e d'Aosta, la regina di Napoli, la principessa del Portogallo,[72] la contessa Talleyrand-Périgord, la contessa Divonne-Laforet, la contessa Della Gherardesca, la contessa Fischer D'Aramont, la contessa Bastoni Rondinelli, la contessa Cambray-Digny.[73] La stessa regina Vittoria aveva acquistato due modelli di Tricycle e li usava nei giardini di Buckingham Palace.

In Italia, la regina Margherita era solita fare lunghe pedalate nel parco di Monza, e ne è così entusiasta che nel 1902 è la prima componente di casa Savoia a iscriversi al Touring Club Ciclistico Italiano, dopo che nel 1895 ne aveva accolto i soci al termine della corsa Milano-Roma. Per lei Edoardo Bianchi aveva realizzato una bicicletta speciale, consona a una regina, dotata di copricatena in cristallo e di manopole di avorio. Comprese nella fornitura anche una serie di dodici lezioni private da parte dello stesso Bianchi, che aveva avviato la sua attività nel 1885 a Milano. Al termine del breve corso, la regina era diventata una ciclista provetta: «Essa pedala allegramente e con perfetta disinvoltura, ed ha convinto molte sue dame».[74]

Tra le donne illustri che vanno in bicicletta c'è anche la scienziata Marie Curie, che aveva fatto il viaggio di nozze nell'Île de France girando su questo mezzo con il marito Pierre.[75] Tante altre donne, normalissime, in quegli anni prendono la bicicletta con il marito per compiere imprese straordinarie per l'epoca, come la già citata coppia di coniugi che, agli inizi del Novecento, percorre ben 1.400 chilometri in giro per l'Italia in sella alle due ruote.[76] I fatti dimostrano che molte di queste pioniere non erano donne qualsiasi. La torinese Ernestina Prola (classe 1876), per esempio, moglie di un ingegnere, è la prima donna italiana a prendere la patente, nel 1907; Emma Strada (classe 1884), figlia di un ingegnere, è la prima donna italiana a laurearsi (a pieni voti) in ingegneria civile, nel 1908 al Politecnico di Torino. Due chiari esempi di donne emancipate.

Per tornare all'estero, la belga Hélène Dutrieux (1877-1961), che nel 1895 stabilisce il record dell'ora percorrendo 39,190 chilometri, è stata anche una delle prime donne ad aver ottenuto la licenza di volo e la prima ad aver volato per più di un'ora.[77] Ma è proprio il ciclismo che la Dutrieux sceglie come professione, correndo per la squadra della Simpson Lever Chain e vincendo i mondiali di velocità su pista (1897 e 1898), il Grand Prix d'Europe e la Corsa dei 12 giorni a Londra (1899), tanto che il re del Belgio Leopoldo II le conferisce la Croce di Sant'Andrea per i suoi successi sportivi. Chiude la carriera cimentandosi in esibizioni e spettacoli acrobatici, che cominciano a diffondersi a partire dalla seconda metà dell'Ottocento.

La diffusione del nuovo mezzo favorisce anche l'organizzazione di eventi riservati alle signore. Non vi è certezza di quando sia stata effettuata la prima gara ciclistica aperta alle donne, anche se già il 19 dicembre 1868 la rivista *Harper's Weekly* pubblica l'immagine di una gara femminile in velocipede che si era tenuta a Bordeaux un mese prima ed era stata seguita da migliaia di spettatori.[78]

Molto nota è la partecipazione di una donna inglese alla prima edizione della Parigi-Rouen (123 km), che si corre il 7 novembre

1869.[79] Iscrittasi con lo pseudonimo di Miss America, la concorrente taglia il traguardo solo il giorno successivo all'arrivo del vincitore, perché si era fermata a 16 chilometri dall'arrivo, per trascorrere la notte. Si classifica al ventinovesimo posto e completa il tragitto scortata da due ciclisti: Taboureaur e Turner. Quest'ultimo diventerà poi suo marito. Con lei pare ci fossero al via altre cinque o sei donne, su un totale di oltre un centinaio di partenti, ma sembra che nessuna di loro sia giunta al traguardo.[80]

Nello stesso anno, si corre una gara femminile anche a Charleroi, in Belgio, paese che segue la Francia quanto a diffusione del velocipedismo tra il gentil sesso. La corsa è vinta da Thérèse Dens. Le donne gareggiano anche al Prater di Vienna e in Gran Bretagna, dove si tiene una corsa della lunghezza di 1.264 km e della durata di dodici giorni. In Germania, la prima competizione femminile ufficiale si svolge il 24 settembre 1893 nel quartiere Halensee di Berlino. Tre anni dopo, il 17 agosto 1896, a Ostenda (Belgio) si ha notizia del primo Campionato mondiale di ciclismo femminile, vinto dalla belga Hélène Dutrieux, che aveva promosso le sue abilità ciclistiche con una tournée che aveva toccato anche varie città italiane.

Nel 1869 viene aperto a New York un Gimnaciclidium for ladies and gentlemen, equipaggiato anche con modelli destinati al pubblico femminile.[81] A Parigi, presso il Bois de Boulogne (un ippodromo che poteva contenere oltre 15.000 spettatori), a partire dal 1868 si tengono regolarmente esibizioni di donne in bicicletta, che nelle stampe dell'epoca sono raffigurate con capelli al vento e pantaloni aderenti.[82] In città la bicicletta è di gran moda, tanto che l'ippodromo è considerato «il primo luogo ove le nuove amazzoni si mostrarono [...] agli occhi del pubblico in bicicletta e in costumi che sono un che di mezzo tra l'abito muliebre e il maschile».[83]

In termini numerici, alla fine dell'Ottocento in Germania si contano ben 18 club ciclistici per signore, mentre a Parigi le cicliste sono circa cinquemila.

In Italia, l'Unione velocipedista aveva proibito alle società affiliate di includere nei programmi gare riservate alle donne,[84] ma nonostante le limitazioni le attività non si fermarono del tutto. Nel 1898, per esempio, il giornale *Fieramosca* cita la cronaca di una gara su pista che si era svolta a Firenze: «Entrarono in gara Armando Ferroni e Elvira Lorini, Alessandro Ferrario e Zozet Montefalco (seducentissima), Luigi Pontecchi e Adelina Vigo. Nelle prime due coppie l'uomo monta la parte anteriore e la donna quella posteriore del tandem, la terza in modo inverso. La corsa riuscì molto interessante...».[85]

Di Firenze era Vittoria Ghedini, che nel 1897 gareggia a Vienna insieme al corridore toscano Lanfranchi in una gara di tandem misto;[86] lo stesso Lanfranchi poi, secondo l'edizione del 17 gennaio 1897 della *Allgemeine Sport-Zeitung*, gareggia anche con una certa signorina Gaetana, classificandosi al secondo posto in un'altra gara di tandem. Anche la già citata Elvira Lorini era solita cimentarsi in coppia con uomini, nel corso di gare di tandem che si svolgevano a Firenze a fine Ottocento.

Rispetto alle pedalate di svago, però, le competizioni agonistiche erano tutt'altra cosa. A prendervi parte non erano donne di nobili origini, bensì ragazze di umile provenienza, che in qualche modo rifiutavano il modello di donna-madre e angelo del focolare, senza per questo impegnarsi in prima persona all'interno di movimenti femministi. La loro fu una rivoluzione pacifica, data con l'esempio. Pensiamo alla fioraia Adelina Vigo, «una brunettina giovane e agile, svelta e simpatica»,[87] che «in tandem con Caminada fece il record di km 39,630»,[88] o all'attrice Rina di Montefalco.[89] Entrambe partecipano a gare su pista all'Arena e al Trotter di Milano, mentre a Torino «in piazza d'Armi e al parco del Valentino, gareggiano Giuseppina Carignano, Anna Gilardini, Maria Milano (che chiede invano di partecipare al Giro d'Italia) e l'emiliana Alfonsina Morini Strada».[90]

La più nota, ma non per le imprese ciclistiche, è Lina Cavalieri, che come la Vigo si forma al Trotter di piazza Dorio. La Cavalieri è passata alla storia per essere stata una delle attrici e cantanti liriche italiane più note degli inizi del Novecento, e il suo esempio testimonia esattamente lo spirito rivoluzionario con cui le donne si avvicinavano alla bicicletta.

Lina Cavalieri proveniva da una modesta famiglia di Viterbo ed era arrivata a Roma in cerca di occupazione. Vendeva fiori e cantava sulla scalinata di Trinità dei Monti, fino al giorno in cui qualcuno la nota e la fa debuttare in un caffè-concerto. Da lì ha inizio una carriera in ascesa costante, durante la quale, in pochi anni, la Cavalieri conquista i principali teatri del mondo. Cantante, attrice, regista, amica di Gabriele D'Annunzio ed Enrico Caruso, si favoleggia abbia avuto ben 840 proposte di matrimonio, oltre ai matrimoni e ai divorzi che collezionò. Una donna emancipata, rivoluzionaria, coraggiosa, poco incline a adattarsi allo spirito del tempo.

Nel 1893 decide di salire su una bicicletta e di dedicarsi anche alle gare, forse per attirare l'attenzione del pubblico sportivo e non. La scelta le dà indubbiamente molta notorietà anche se, secondo alcuni, «quello delle due ruote fu per la Cavalieri un sincero diletto sportivo che l'accompagnò anche negli anni successivi e la portò a correre e a vincere la corsa a tappe Roma-Torino e ancora, nel 1899, a sfidare la campionessa belga mademoiselle Hélène Dutrieux».[91] E quando raggiunse una fama indiscussa, «Lina Cavalieri sconcertò Parigi e si fece "scoprire" dai suoi ammiratori mentre correva vezzosamente per il Bois de Boulogne su un velocipede color rosso fuoco, polpacci e caviglie in bella vista, il volto graziosamente arrossato dallo sforzo».[92]

Lina Cavalieri è la perfetta rappresentazione del modello di *ciclista-soubrette* diffusosi oltralpe, dove aveva riscosso un buon successo con artiste come Cléo de Mérode e mademoiselle Blockette, grazie alle esibizioni in locali famosi tra cui il Moulin Rouge. Come la Cavalieri, anche l'attrice Tina di Lorenzo passa dai teatri ai velodromi: «La valente e graziosissima Tina di Lorenzo, per mutare i trionfi della platea teatrale – cui pel suo impegno è da lungo troppo tempo abituata – si è inscritta come socia effettiva nel Biciclettisti Club di Torino. Ed ora – dicesi – vuol provare a cimentarsi sui velodromi come intrepida corritrice. Augurii alla vezzosa donzella, che speriamo di veder presto incoronata di mirto, nelle future gare ciclistiche».[93]

In questo periodo si ha notizia di una «riunione di corse» per donne, seguita da un folto pubblico, che si svolge il 27 agosto 1895 al velodromo di Cabourg, il cui resoconto compare sulle pagine della *Gazzetta Ciclistica* del 12 settembre successivo. Il cronista riferisce di una «splendida signorina» olandese, trionfatrice della giornata, che «ebbe il premio d'onore destinato al più elegante costume», precisando che tutte le donne presenti avevano «macchine ornate di fiori e di nastri» e che «una questua fatta dalle signore cicliste facenti parte del Comitato pei poveri di Cabourg ha fruttato lire 1.000».[94]

La stessa rivista, nel numero del 21 luglio 1897, nella rubrica "Le signore e la bicicletta" racconta di una gita «caratteristicamente femminile» che si era svolta a Marino.[95] I partecipanti sono solo otto, tre uomini e cinque donne, partiti a notte fonda da Roma. Con dovizia di particolari, la cronista, che si firma Lea, si sofferma a descrivere paesaggi e soste ristoratrici di una gara che alla fine consisteva solo in una sfida sulla via principale di Marino per una volata finale: «Tale era la gara ad imitazione delle corse a cavalli liberi che sono il divertimento di moda a Marino».

La cronista, che scrive in prima persona svelando la sua passione ciclistica, riferisce: «Di noi cinque, una vestiva un costume bianco, un'altra nero, una era bigia, una rosso sangue, e l'ultima in celeste pallido. Tutte col pantalone alla greca, camiciotto, berretto di lana, secondo il codice dell'igiene e dell'estetica. I nostri compagni erano un valente campione della Camera, che fu ammesso alla gita solo dopo formale dichiarazione di avere votato contro la tassa de' Velocipedi, un medico e un assicuratore. Essi erano il Giurì che doveva giudicarci. Volete sapere l'esito della gara? Furbe ed esperte assai tutte quante, abbiamo incominciato con calma, fingendo noncuranza e stanchezza, poi ci siamo messe alla corsa e… nonostante la curva della strada e la pendenza, andando quasi sempre in fila, però discoste (ché la via Vittorio Emanuele è larga a Marino più che non sia il corso a Roma) siamo arrivate tutte insieme, tanto vicine alla meta e fra noi, che il Giurì non sapeva in coscienza a chi assegnare il primo posto. E dopo mature riflessioni ha dichiarato vincitrice la Bianca perché giunta al largo. E la gara è stata coronata da batter di mani, da risate, e da una buona colazione improvvisata in mezzo ai castagni e benedetta dagli spruzzi del vino bianco di quello che è il più ridente de li castelli romani… Noi anzi riteniamo che non possa esser vera allegria e vero piacere là dove il gentile sesso non vi è rappresentato».

Oltre alle scampagnate, vi era anche chi cercava di organizzare delle vere e proprie corse: «In casa del signor Edoardo Banfi, presidente dell'Unione Verbanese di Arona, si riunirono alcuni rappresentanti delle società ciclistiche di Milano, per stabilire le basi di una corsa novità. Dopo vari progetti si ideò una gara di resistenza Milano-Arona (km 68) per corridori… maschi e Gallarate-Arona (km 28) per corridori… femmine. Premi importanti dell'Unione Verbanese, oggetti artistici, doni di giornali e società, medaglie, ecc. ecc. L'officina Carpani di Milano già studia speciali soggetti artistici. Terremo informati i nostri lettori sullo svolgimento di questa gara ciclistica che, prima nel genere, sarà di una curiosità massima. La data sarebbe fissata all'8 settembre».[96]

L'argomento gare desta l'attenzione dell'*Illustrazione Ciclistica.* Una cronista che si firma Mammola affronta questo tema dando per scontata la diffusione delle competizioni femminili: «Nel vostro pregiato giornale ho letto più di un accenno, o meglio, più d'un augurio pel riaprirsi della prossima stagione ciclistica. Eliso delle Roncaglie ha fatto saggie [sic] raccomandazioni agli iniziatori delle corse su strada, altri hanno formulato voti per la buona riuscita di queste, augurando ai corridori che stanno allenandosi al nostro Trotter propizia la stella dei trionfi ciclistici, ma nessun accenno, nessun voto pel rifiorire del ciclismo femminile. Credete forse che le donne si siano disilluse del pedale, o aspettate di vederle scendere in campo più forti, più serene, più balde di prima? La seconda ipotesi è la più plausibile e certo la stagione ciclistica che sta per riaprirsi troverà la donna ciclista più forte di prima e se è possibile più sicura di sé che per lo passato. Saluto col pensiero le gentili cicliste dell'estate scorsa; le rivedo passare rapide e belle come una visione gentile e m'auguro che l'esempio loro trovi tante seguaci. Ormai non sarebbe più il caso di discutere se il ciclismo convenga o no alla donna; le oppositrici sono e saranno sempre poche donne intransigenti, per le quali una gamba scoperta lede la pubblica moralità. Quanto ad una signora di spirito avrà sempre una parola di simpatia per la donna, che sfidando i pregiudizi comuni, monta una bicicletta. E di fatto perché rifuggire da questo esercizio? Quante volte non ci siamo fermati, direi quasi stupiti davanti a certe scultorie amazzoni che, tranquille ed impavide, stringendo nella piccola mano la briglia, passano rapide, sicure di sé, noncuranti d'ogni pericolo, liete direi quasi dell'audacia loro? Quante volte sulla riva d'un mare o d'un lago, abbiamo seguito con sguardo di compiacenza una fragile lancetta che due braccia nivee fa correre veloce sull'onda? Alle signore che si dedicano dunque all'equitazione, al remo, alla caccia, al nuoto, nessuno grida la croce addosso: ora perché fare la guerra alla bicicletta, che offre alla donna un velocissimo mezzo di trasporto, che può portarla in poche ore là dove il dovere, l'affetto, l'amicizia può chiamarla improvvisamente? Senza accorgermene sto quasi disputando sull'opportunità del ciclismo femminile, mentre volevo solo parlarne…».[97]

Nel numero successivo, la stessa rivista pubblica un articolo firmato da Egle, che si intitola "Volere è potere". L'esortazione che la cronista fa dalle colonne del giornale sembra un manifesto di protesta ed emancipazione a tutti gli effetti: «Una "Mammola" gentile, in un articolo che vide la luce nell'ultimo numero dell'*Illustrazione Ciclistica*, dice che nessun accenno, nessun voto, venne fatto fin ora pel ciclismo femminile. La "Mammola" ha ragione, perché è vero che, pubblicamente almeno, l'entusiasmo non arriva certo al parossismo, ma i voti si fanno, i desideri sono vivi, irrefrenabili certe volte; le signore, tutte o quasi, hanno il desiderio di montare una bicicletta, ma molte, troppe volte anzi, manca loro il coraggio di mostrarsi ardite nel volere; non sanno vincere, non le proprie, ma le ritrosie degli altri, di chi le circonda, di chi, usufruendo anche di diritti, sia pure legali, legittimi, mette tanto di veto a tutto ciò che può mostrare una forma più o meno spiccata, intravista, di donna».[98]

Tra le cicliste italiane di questi anni c'è Maria Forzani, specialista delle corse su strada. Nell'edizione della *Cronaca Prealpina* del 28 agosto 1893, si riferisce di una gara che si sarebbe svolta il giorno prima sul tragitto Milano-Varese, alla quale avevano partecipato 190 ciclisti, fra i quali anche qualche valorosa donna, come la stessa Forzani e Teresa Ciocca, delle quali, tuttavia, si sa solo che arrivarono al traguardo e che, forse, la prima si era classificata al centocinquantesimo posto.[99] La Forzani vince poi la Milano-Varese nel 1896. Nata a Lugo di Romagna, aveva sposato un ciclista (tradizione che, come vedremo, si manterrà anche negli anni successivi) e la sua popolarità è tale da farle guadagnare la prima pagina della rivista *La Bicicletta*:[100] «La Forzani fu uno dei pochi casi di donne che si dedicarono a gare ciclistiche su strada, mentre molte delle cicliste che troviamo citate nelle cronache dell'epoca gareggiavano su pista, cioè si esibivano in spazi circoscritti per il cui ingresso si pagava un biglietto. Si trattò dunque per la maggior parte di sportive pagate per le loro esibizioni. Spesso già in partenza erano donne di spettacolo».[101]

Il collegamento tra il mondo dello spettacolo e la bicicletta, come abbiamo già accennato, non era insolito. Le prime competizioni erano spesso più simili a esibizioni o spettacoli, in cui le cicliste erano un po' atlete e un po' attrici. Spesso indossavano abiti aderenti e succinti per l'epoca e si cimentavano in corse, acrobazie e varie stravaganti esibizioni. Si parlava, in quegli anni, di *ciclismo acrobatico*, una disciplina in cui le esibizioni richiedevano doti di equilibrismo e agilità. Ma non mancano anche esempi importanti, come quello di due spettacoli presso il Teatro della Scala di Milano, in cui «la reginetta a due ruote riuscì a conquistare il palcoscenico delle opere del maestro Romualdo Marenco una prima volta nel 1881, nella rappresentazione del grande ballo Excelsior, e di nuovo, qualche anno più tardi, all'interno del ballo Sport (1896), con le ballerine che entravano in scena sul finale proprio pedalando su due ruote».[102]

Tornando alle cicliste di questi anni, va segnalata Alessandrina Maffi, soprannominata "la biciclettista di ferro", molto attiva tra il 1893 e il 1897. La Maffi è una specialista della pista che corre anche su strada, partecipando (e piazzandosi bene) alla Milano-Salsomaggiore del 1894,[103] alla Milano-Parigi, alla Milano-Lodi-Crema e alla Milano-Roma. Di lei fa cenno il settimanale torinese *La Stampa sportiva* il 4 maggio 1902,[104] nella cronaca di un convegno degli Audax a Cremona, al quale erano convenute le "falangi ciclistiche" delle principali sezioni d'Italia e dove «la squadra milanese giunse la prima numerosissima con due signore». Nel dare riscontro del banchetto che aveva visto la partecipazione di oltre 110 commensali, il cronista riporta la presenza della sezione milanese al tavolo d'onore del presidente, che sedeva «tra la coraggiosa Audax Sig.a Alessandra Maffi, e la neo-Audax Sig.a Rivolta».

Altri nomi che ricorrono in questi anni sono: Bruna Bonetti di Bologna, Lucia Borsetti di Budrio (Bo), Vittoria Sambri di Ferrara, Bambina Alfieri, Antonietta Gilardini, Maria Valsecchi, Angela Gremo di Vernato (Bi), una certa Ricci e una Bersonetti di cui non si conoscono i nomi di battesimo. Si sa anche che, a Verona, una certa Jole Milani della frazione di San Michele Extra «nel 1908 vinse a Lonigo e a Padova».[105]

Fu senz'altro una novità anche la timida presenza delle prime giornaliste sportive che si occupano di ciclismo. La figura più interessante è fuori di dubbio quella di Lina Rioni, che nell'estate del 1906 scrive per *La Gazzetta dello Sport* come corrispondente da Roma, occupandosi di ciclismo e di altre discipline.[106] I suoi articoli sono scritti bene, sono divertenti e non mancano di commenti e guizzi poetici,[107] secondo uno stile "a tutto tondo" che caratterizzerà anche l'approccio di molte croniste che, dopo di lei, si sono occupate di questo sport.

Tra le testimonianze del periodo si trova traccia di manifestazioni ciclistiche per donne che «vennero organizzate per la prima volta a Genova nel 1894. Sempre nello stesso anno a Firenze all'Eden festival trovano spazio corse femminili»[108] che riscuotono un certo seguito di pubblico.

Talvolta le società ginnastiche locali organizzano veri e propri corsi di ciclismo riservati alle donne. Accade a Trieste come a Torino, e si tratta, più che di avviamento allo sport, di insegnare ad andare in bicicletta e a tenere una corretta postura. Il giornale torinese *La Stampa*, nel 1895, pubblicizza una di queste scuole per signore, che offre alle ragazze uno spazio, un'istruttrice e persino una toilette riservate solo a loro, lontano dagli sguardi dei maschi.[109]

Anche a Trento le donne vanno in bicicletta. Nel 1907 «una medaglia d'argento viene assegnata a titolo di incoraggiamento a

Maria Tosca, prima donna del trentino che ebbe l'ardire di intraprendere pubblicamente l'attività ciclistica».[110] Oltre a lei, altre due cicliste pare si siano iscritte, in quegli anni, al Veloce Club Trentino e una terza al Gs Libertà e Fratellanza di Pietramurata di Trento.[111]

Anche a Torino si svolgono gare ciclistiche riservate alle donne. In questi casi la cronaca giornalistica riserva commenti che non sempre hanno a che fare con la prestazione sportiva. Il *Corriere della Sera* del 3 ottobre 1910 riporta, affiancate, la notizia del Giro delle Alpi Orobie, organizzato dall'Unione Sportiva Lucchese, e quella di una gara a Torino che intitola: "Ventidue donne in gara. Verso il traguardo con gli uomini".[112] Mentre il primo articolo descrive con dovizia di particolari sportivi la corsa, la gara delle donne è descritta con altro stile e contenuti: «A Torino abbiamo avuto anche una corsa ciclistica riservata alle donne. La bizzarra iniziativa è dovuta all'Unione Sportiva e si è svolta sul circuito dei laghi di Avigliana. Alla barriera di Francia, ove era il traguardo di partenza, si è radunata molta folla, specialmente di uomini e di donne del popolo. Venticinque erano le iscritte fra cui due, dicesi, di Bruxelles: Luisa Cloquette e Virginia Collard, che però non si presentarono. Mancò anche all'appello una pedalatrice che erasi iscritta colle sigle C.A. Lo stato civile della mancata ciclista restò così ignoto anche agli stessi organizzatori della corsa. La partenza è risultata alquanto difficile, non per l'irrequietezza delle 22 concorrenti, le quali erano tranquillamente e comodamente in sella sostenute da altri giovanotti di buona volontà, quanto per la irrequietezza del pubblico, che faceva ressa attorno al gruppo, impedendo ad una mezza dozzina di cinematografisti di ritrarre la scena della partenza, la quale scena non ha rappresentato motivo di compiacimenti estetici. Quasi tutte montavano biciclette maschili. Parecchie delle concorrenti avevano macchine nuovissime da corsa, gentile omaggio di case costruttrici. Delle 22 pedalatrici poche, pochissime, potevano ritenersi campioni di bellezza. Qualche concorrente era anche di età indefinibile. Dal lato dei costumi, il gruppo delle partenti ha lasciato altrettanto a desiderare. Tutte erano in calzoni e giubbettini d'ogni foggia, d'ogni dimensione, d'ogni colore, con calze lunghe e scarpe di tutte le forme. Predominava il tipo scarpe scalcagnate. Al via dello starter è partita anche una falange tumultuosa di velocipedisti e velocipedastri, i quali hanno seguito tutta la corsa misti al gruppo femminile in una confusione enorme. A cinque o sei metri dal traguardo di partenza si è verificato il primo incidente. Il gruppo delle partenti, per scansare l'automobile di una casa cinematografica, ha dovuto serrare e stringersi. È avvenuta una collisione indiavolata, accompagnata da una sinfonia acuta di grida e di proteste. Sette od otto concorrenti sono stramazzate al suolo. Le più giovani e meno contuse, data un'occhiata alla propria bicicletta, sono risalite in sella: le altre hanno dovuto ricorrere all'aiuto dei corridori maschi fuori gara. Una sola certa Carmine Coppo, di proporzioni giunoniche, ha avuto la macchina guasta, e, quello che è peggio, anche i connotati. Il sangue ha cominciato a rigarle il faccione biondo e rotondo. Essa non voleva rassegnarsi alla sua disgrazia e voleva continuare la corsa; ma quando vide la sua macchina colla forcella irrimediabilmente spezzata, infilò il braccio di una guardia municipale e si diresse verso una farmacia seguita da un codazzo di curiosi. La Carmine singhiozzava convulsamente lungo il cammino non tanto per le ferite, quanto per il dolore di non poter partecipare alla corsa sulla quale aveva fondato molte speranze. Il pubblico faceva eco ai singhiozzi della ragazza con risate e frizzi poco sportivi. La favorita – se può passare questo termine – era certa Milano, una brunetta minuscola tutta nervi la quale verso Rivoli cominciò a distanziare le compagne di qualche centinaio di metri seguita da certa Gremo. Ad Avigliana le due cicliste giungono prime salutate da un vero getto di fiori della folla. Vengono poi a qualche minuto di distanza, tra il polverio accecante, altre 10 o 12 cicliste. Alla salita di Trana la Gremo e la Milano ottengono un nuovo successo di ammirazione. Esse sono seguite da un centinaio di ciclisti … Ad un certo punto avviene un nuovo accavallamento di macchine, ma questa volta la peggio tocca agli uomini. Sette od otto rimangono feriti e mezza dozzina di macchine sono rese inservibili. Il fratello della Milano, che aveva assistito la sorella sino a Trana, è tra i feriti. Egli ha riportato la frattura del braccio destro e contusioni al torace. […] Il traguardo di arrivo era stato posto alla barriera di Orbassano, dove il pubblico è affluito assai numeroso. Un impresario aveva innalzato delle tribune. All'ultimo chilometro la Milano ha incominciato ad accelerare seguita dalla Gremo, la quale all'arrivo appare stanca e comincia a rallentare. La Milano arriva così prima, con un vantaggio di una ventina di metri».

Il cronista riporta, quindi, l'ordine di arrivo: al primo posto Maria Milano di Rovara Milanese, che aveva percorso i 50 chilometri in poco più di un'ora e 36 minuti. La Milano è una delle cicliste più note del momento, tanto che l'*Almanacco dello Sport* del 1914 di lei scrive che fu una delle poche «discese in vero campo di gara... qualcuna n'ebbe una breve fama: Maria Milano più di tutte».[113]

Nella gara torinese, la Milano giunge all'arrivo seguita da Angela Gremo di Vernato (Biella), Maria Valsecchi di Torino, Adelaide Ostengo di Torino, Antonietta Gilardini di Torino, Maria Abbellagno di Moncalieri, Giuseppina Carignano di Torino, Ludovica Laurenti di Castaglione di Piemonte, Ermelinda Beltramino di Torino e Bambina Alfieri di Tradate. L'articolo si conclude così: «A distanza di pochi minuti l'una dall'altra sono arrivate anche le altre concorrenti che giunsero sudate, impolverate, semi sfinite ma giunsero».

Un mese dopo, il 16 novembre 1910, la *Cronaca Prealpina* riferisce di una Corsa delle signorine, indetta dal Club Varietas sul percorso di 23 chilometri Busto-Lonate-Gallarate-Busto. Al via risultano dieci cicliste e al traguardo molti spettatori, accorsi per vedere «le coraggiose signorine, che affrontavano freddo e fatiche per dimostrare che anch'esse avevano dei garretti da poter competere cogli uomini».

A Milano, nel 1910, si svolge un regolare «campionato italiano per giovinette»,[114] vinto da Maria Milano. A questa gara partecipano atlete come Maria Abellonio e Camilla Gariglio di Moncalieri, Adelaide Ostegno di Torino, Carolina Zoli di Forlì. Il cronista non manca di segnalare che «una corsa di donne insegnerà molte cose soprattutto agli uomini»,[115] ma tralascia di darci altre spiegazioni in merito.

In questi anni è molto famosa Antonietta Gilardini, classe 1886, originaria di Maggiora, in provincia di Novara, terra che nel dopoguerra regalerà campioni come "Ciclone" Piemontesi e "Giuanin" Vallazza. La Gilardini, che si appassiona al ciclismo fin da bambina, è una «donna rude, di poche parole, provvista di un fisico notevole, dotata di spiccata muscolatura, tenace, determinata, era molto più adatta alle corse lunghe, di durata e di fatica, che a quelle brevi e di sprint».[116] Viene iscritta da alcuni amici alla società Ausonia di Milano e gareggia con tutte le migliori cicliste del tempo: Maria Valsecchi e Angiolina Randone, entrambe di Torino, Vittoria Sambri di Ferrara, Lucia Borsetti, Bruna Bonetti di Bologna, Bambina Alfieri di Tradate, Angela Gremo, Vittoria Bertoni e Edvige Cornalba di Milano.

Resta traccia di una sua partecipazione a una gara alle Cascine di Firenze, che si tiene il 30 luglio 1911. Si tratta di una prova di resistenza sui 50 chilometri, corsa in una pista di terra battuta e organizzata dal Comitato Sportivo Fiorentino. La gara è vinta da Lucia Borsetti, davanti a Valsecchi e Sambri, mentre Antonietta si classifica al quarto posto e, dietro di lei, si piazzano la Randone e la Bonetti. Di alcune partecipanti non si conosce il nome, giacché «per timore legato alle possibili conseguenze della partecipazione ad una tale gara "scandalosa" per il decoro personale, vollero tenere nascosta ed anonima la propria identità».[117]

Pochi giorni dopo, l'11 agosto, al velodromo di Firenze, la Gilardini stabilisce il record dell'ora: 33,873 km. Continua a gareggiare fino allo scoppio della Prima guerra mondiale, poi smette. Muore nel 1969, a ottantatré anni. Dei suoi cimeli non resta quasi nulla, salvo poche cose salvate da una nipote, perché bruciò tutti i ricordi delle sue imprese sportive nel camino della sua casa di Maggiora. In un mercatino è stata rinvenuta una simpatica cartolina che reca il timbro postale del 5 agosto 1922 e che la raffigura in sella alla sua bicicletta. Antonietta, di suo pugno, scrive alla società sportiva di Forlì, chiedendo spiegazioni su come mai la società non avesse risposto al suo telegramma e non fosse stata invitata a una riunione che si era tenuta alcune settimane prima, augurandosi di essere invitata la prossima volta. Anche questa intraprendenza era davvero insolita per quei tempi e ci dà conto del carattere di queste donne.

Il fatto che la Gilardini avesse realizzato il suo record a Firenze testimonia, ancora una volta, quanto importante fosse il ciclismo in questa città. In quegli anni vi erano molte nobildonne che sceglievano il parco cittadino per le loro passeggiate ciclistiche. Le prime, alla fine del secolo, erano state le contesse Talleyrand-Périgord, Divonne-Laforet, Della Gherardesca, Fischer-D'Aramont, Bastogi Rondinelli e Cambray-Digny, mentre all'Arena nazionale si cimentava Miss Victoria, con spettacoli di acrobazia in bicicletta che le valsero anche un premio da parte del Club dei Velocipedisti Fiorentini.[118]

Anche a Novara si svolge una corsa ciclistica per signorine sulla "pista sociale velocipedistica" del Prato della Fiera. Nel circuito di 20 chilometri si cimentano 6 concorrenti. La vittoria va alla Alfieri, davanti a Vittoria Bertoni e Edvige Cornalba. Altri nomi di questi anni sono quelli di Gina Profeti di Castelfiorentino, della trentina Maria Costa (che partecipò alla gara Trento-Calliano e ritorno, organizzata dal Club Forti e Veloci nel 1925, arrivando nona) e di Violetta Pini di La Spezia.

Sulla pista troviamo Olivia Grande, che il 12 ottobre 1937, a soli diciassette anni, a Milano fa il record dell'ora (34,366 km). La giovanissima ciclista, allenata da Giovanni Gerbi,[119] è ritratta in fotografia nel *Littorale della Domenica*, in sella alla sua bicicletta e sorretta da alcuni giovanotti. Il cronista di lei non scrive molto, salvo precisare che: «Il signore che sorregge la graziosa campionessa è riuscito, grazie ai suoi poderosi muscoli, a vincere una terribile competizione accesasi tra i numerosi aspiranti al sellino della signorina. Il fiero ragazzetto a destra, nella lotta di poc'anzi, è riuscito a conquistare l'ambito casco della ragazza. Altri ammiratori attorniano la campionessa. Il primo a sinistra ha addirittura... perduto la testa».[120] Olivia chiude la carriera esibendosi nel muro della morte ai luna park.

Mentre in Italia alle prime cicliste sono riservate rare e timide cronache, ben diversa è la descrizione che, qualche anno dopo, Arnaldo Fraccaroli fa delle cicliste olandesi dalle colonne del *Corriere della Sera*.[121] Il 25 giugno 1922, nella rubrica *Lettere vagabonde* dedica un articolo alla città di Copenaghen, mettendo in luce la graziosità delle ragazze locali: «Un trillare continuo di campanelli di bicicletta, uno sfilare incessante di cicliste che passano via rapide, alte sulla macchina sottile, occhi azzurri e capelli biondi d'un biondo pallido, figurine flessuose, giacchettine rosse, gialle, bianche, sottanelle senza molti riguardi, sottili caviglie. Costumini leggeri: lei non sa quanto costi la stoffa in questi tempi, e poi comincia anche a fare tanto caldo! [...] Quando per le strade si allenta e finisce la sfilata delle cicliste, vuol dire che tutti gli uffici, gli studi, le banche, i magazzini, sono aperti».

Una visione, dunque, completamente diversa della donna ciclista, che era anche una donna lavoratrice, emancipata, che non si faceva problemi a pedalare in gonnella. Conferma come l'uso della bicicletta variasse a seconda della cultura del paese e in qualche modo fosse, prima che un fatto sportivo, un fatto culturale legato al processo di emancipazione della donna.

Nascono le bici da donna...

Il movimento delle *pedalatrici* diventa, negli anni, sempre più rilevante, aiutato anche da quelle modifiche tecniche che rendono il mezzo più sicuro, e dal decollo della produzione industriale (spesso con la riconversione di fabbriche meccaniche) che ne permette l'abbassamento del prezzo.

Queste condizioni agevolano la diffusione della bicicletta anche come mezzo per le classi lavoratrici, che la impiegano per recarsi al lavoro o, per determinate categorie (postini, garzoni, ecc.), per facilitare il lavoro stesso. Inoltre, il nuovo mezzo si proponeva come valida alternativa al calesse e al più costoso cavallo, che oltre a mangiare doveva essere anche adeguatamente strigliato e accudito.

Per rendere meno sconveniente l'uso della bicicletta tra il pubblico femminile (e, possiamo immaginare, anche per aumentarne le vendite), i costruttori tentarono da subito di trovare soluzioni più consone all'etichetta e al buon costume, cominciando così a progettare e a proporre modelli di tricicli, più stabili e meno pericolosi delle due ruote.[122]

Il primo, nel 1819, si deve all'inventiva del barone von Drais (da cui prende il nome la "draisina", uno dei primi bicicli), che propose una tre ruote dotata di un sellino per far accomodare meglio le donne. Tra il 1870 e il 1890 sono ben 57 le marche di bicicli e tricicli depositate.[123] Tra questi modelli vi era il Pilentum, che era manovrato da una manovella, e vari tipi di bicicli come l'Otto-Safety Bicycle, con il sellino collocato tra le due ruote, oltre a vari modelli più somiglianti a passeggini, dove la donna veniva trasportata da un uomo, o bicicli che avevano entrambi i pedali dallo stesso lato. Seguono la Michauline, che aveva un sellino da signora, la Thos Sparrow, con ruota piccola anteriore e sellino, la Psycho Ladies' Bicycle, antesignana della bicicletta da donna, e la Rover.

Uno speciale modello di bicicletta per signora è ideato da Denis Johnson e pubblicizzato dal giornale *Liverpool Mercury*.[124] La principale differenza con la bicicletta allora in uso consisteva nella presenza di una barra orizzontale che univa le due ruote in basso (e non in alto) in modo da far stare più comode le signore e far scivolare elegantemente il drappeggio dell'abito. Questa e altre soluzioni non ebbero, tuttavia, grande successo.

Il maggiore contributo alla diffusione del nuovo mezzo viene invece dall'invenzione della trasmissione a catena, che permettendo di ridurre la dimensione delle ruote rese più controllabile il mezzo e più composti i movimenti del ciclista. Ciò garantiva anche minori rischi per la sicurezza sia di chi usava il biciclo, sia del pubblico e dei passanti. Anche altri miglioramenti tecnici hanno concorso alla sua affermazione: le gomme piene, l'invenzione dei pedali, l'abbassamento dell'altezza del velocipede. Tutte queste migliorie resero il mezzo più sicuro e maneggevole anche dalle signore.

Sull'argomento il *Manuale del ciclista* propone una riflessione che esprime bene il sentire del tempo: «Fra i molti modelli di macchina per signora, quelli più consoni sono sicuramente i velocipedi a telaio aperto, vale a dire che il tubo superiore del telaio è soppresso e rimpiazzato da uno che allunga il tubo inferiore o lo rinforza. Quest'ultimo tipo, che permette alla ciclista di portare la gonna, presenta più facilità nel montare in sella; è sufficiente per salirvi, passare una gamba davanti della sella, nel vuoto del telaio. Ma queste macchine, sicuramente, a parità di peso, sono meno solide delle altre e non consigliabili quindi pel turismo. Inoltre il credere che l'equilibrio si ottenga meglio con tali velocipedi sarebbe un errore grossolano, giacché succede esattamente il contrario. Quanto al manubrio di tali biciclette, dovrà essere diritto o poco ricurvo, con le manopole all'altezza della sella o, meglio, un po' più alte. Anche il tandem, già apprezzato dagli uomini per la superiorità della sua velocità, costituisce il mezzo più grazioso di associarsi una signora in un'escursione ciclistica. Vi sono tandems a semplice e a doppia direzione. Per condurre una signora è preferibile il tandem a doppia direzione, perché permette all'uomo di cedere alla sua compagna, anche s'ella non è capacissima di guidare, il posto anteriore, da cui si può godere maggiormente il paesaggio».[125]

Per la cronaca è giusto ricordare che, agli inizi del Novecento, il costo di una bicicletta equivaleva al salario medio di 300-400 giornate lavorative di un operaio, senza contare la tassa di circolazione obbligatoria (10 lire per una bicicletta singola e 15 lire per un tandem), che permetteva di ottenere un bollo da apporre al telaio, pena una sanzione pecuniaria.

La crescente diffusione e il progresso tecnologico permisero *in primis* l'abbassamento dei prezzi di questo nuovo mezzo. Alla vigilia della Prima guerra mondiale, i costi erano scesi a circa 200 lire, ovvero l'equivalente di 100 giornate lavorative. Merito di un progressivo e costante aumento della produzione, che anche in Italia vede il fiorire di numerose fabbriche di biciclette, tra le quali: Prinetti & Stucchi (1874), Bianchi (1885), Olympia (1893), Torpado (1895), Dei (1896), Maino (1896), Legnano (1902), Lygie (1905), Taurus (1906), Wilier Triestina (1906), Atala (1908), Carnielli (1909), Ganna (1912), Gloria (1922).

All'alba del nuovo secolo, la bicicletta si conferma un mezzo in espansione tale che molti che rifiutavano il ciclismo come sport e la bicicletta come strumento di svago, ne individuarono le potenzialità per agevolare gli spostamenti da e verso il luogo di lavoro delle classi operaie, per tenere i collegamenti tra le fabbriche occupate e per promuovere le attività sindacali. Un uso definito quasi "sovversivo" della bicicletta, che ne testimonia comunque la più ampia e meno elitaria diffusione.

È in questo periodo che vengono creati, soprattutto in Emilia Romagna (terra che, come vedremo, manterrà una forte vocazione al ciclismo, compreso quello femminile), i primi circoli di "ciclisti rossi", impegnati in sfilate in occasione del Primo maggio, in competizioni con squadre ciclistiche, ma anche in gite e persino in concorsi ciclistici floreali. Tra loro non molte erano le donne, visto che si ha notizia della costituzione di una sola squadra ciclistica femminile socialista, nel 1912 a Ravenna.[126]

Ciclismo, donne, fiori

Nonostante le migliorie tecniche, le donne continuavano a non essere benviste in sella a una bicicletta; figuriamoci se era pensabile trovarne qualcuna tra i dirigenti sportivi dell'epoca. Talvolta è possibile rilevare una presenza femminile negli atti costitutivi delle associazioni velocipedistiche, ma si tratta di una presenza più di facciata che di sostanza, coerente alla tradizione di assegnare alla donna il ruolo di madrina, senza farle ricoprire alcun ruolo operativo. Ad esempio, lo statuto del Circolo Velocipedistico di Napoli recita: «Le signore sono iscritte come aggregate, ma dall'elenco dei soci anche degli anni successivi non se ne conta nessuna».[127]

Anche negli statuti del Veloce Club di Trento del 1890 e dell'Unione Ginnastica di Trieste era prevista la presenza di signore e signorine, probabilmente riferita alle familiari dei soci, ma non vi è traccia certa che, al di là della previsione, ve ne fossero realmente. Nella maggior parte dei casi, le donne «di solito formalmente ammesse ai club, erano tuttavia quasi sempre escluse per statuto dal ricoprire cariche sociali»:[128] restavano, insomma, una sorta di "grazioso accessorio" da relegare, al massimo, a ruoli di assistenza o di segreteria, ma nulla di più.

C'era addirittura chi contestava anche questo tipo di presenza. Nel 1886, dalle colonne della rivista *Velocipedesport* è lanciata la raccomandazione di non permettere alle donne «la loro intromissione nelle attività amministrative di un club o di una società, e tantomeno la loro partecipazione alle feste e alle manifestazioni ufficiali».[129]

Quale fosse il ruolo che si riteneva più adatto alle donne cicliste in Italia si intuisce da un articolo apparso il 19 maggio 1902 sul *Corriere della Sera* dal titolo "Ciclismo, donne, fiori".[130] Nella città di Ferrara, vi è scritto, si contano più di 5.000 possessori di biciclette, per una media di uno ogni diciassette abitanti: «Qui le signore e signorine cicliste si contano a centinaia» racconta il cronista, che spiega come questa circostanza fortunata avesse fatto balenare al Touring Club – che a Ferrara stava organizzando il Convegno turistico nazionale – l'idea che le donne cicliste fossero chiamate ad aprire l'appuntamento, facendolo di fatto diventare «il primo convegno ciclistico femminile d'Italia». All'appello rispondono soprattutto Romagna, Lombardia e Veneto, inviando a Ferrara varie squadre di ciclisti, e «quasi ogni squadra contava anche alcune cicliste».[131] Leggiamo che la parte più solenne della festa «consiste nella presentazione e consegna dello stendardo del ciclismo femminile. Sullo stendardo si vede [...] una figura di donna recante la bandiera del Touring. Nella fascia superiore è ricamato lo stemma di Ferrara, e vi sono i campi per gli stemmi delle città nelle quali sarà successivamente tenuto il convegno ciclistico femminile. Lo stendardo [...] porta le seguenti parole: "Affidato alle donne d'Italia sventoli questo vessillo ciclistico per tutte le nostre terre, simbolo di gentilezza protettrice, emblema augurale". Di tenere il discorso inaugurale fu incaricata la marchesa Maria Maiocchi Plattis di Cento, la quale, assai più che come valente ciclista, è nota come gentile scrittrice. [...] Nell'attiguo giardino si svolse poi il pittoresco corteo delle biciclette adorne di fiori».

Una presenza che pare, insomma, più formale che sportiva.

Così accade anche in molti altri raduni ciclistici, come quello che si tiene l'8 settembre 1901 a Vicenza, in una «mattinata splendida [...] tutta sfolgorante di sole o di luce, con un purissimo cielo incantevole, e le strade bianche, lisce, levigate come meglio non si

[...] avrebbe potuto sperare».[132] Qui scopriamo che l'evento più importante della giornata è rappresentato dalla sfilata delle biciclette infiorate, tra le quali spicca quella della «signorina Piovan con una grande stella in fiori con la scritta T.C.I.: che tenta di gareggiare in freschezza e vivacità con la sua portairiot, le signorine Sartori con una targa con la scritta SALUTI» e alcune «bellissime bambine». Il corteo «sfila per la bellissima via riscuotendo applausi specialmente al passaggio delle numerosissime squadre di Valdagno, della quale fanno parte molte signorine».

Il loro ruolo appare, ancora una volta, puramente estetico, in linea con la preoccupazione di preservare il ruolo tradizionale della donna, destinata ai doveri domestici. Anche il movimento sportivo cattolico in Italia sostenne questo tipo di preoccupazioni riferite soprattutto «all'abbigliamento da gara, alle esibizioni delle atlete in pubblico in abiti succinti, allo sviluppo di una muscolatura troppo accentuata e non consona alla grazia e all'armonia del corpo femminile, alla pratica degli sport considerati virili, perfino ai rischi che l'attività sportiva in generale potesse danneggiare gli organi riproduttivi».[133]

Ancora nel 1941, il vescovo di Lodi Pietro Calchi Novati lancia un grido d'allarme, etichettando come «ributtante e indecente lo spettacolo delle donne in bicicletta mentre il vento giuoca tra le attillate e cortissime sottanelle».[134] La Chiesa era dunque intenzionata a preservare una distinzione tra l'educazione impartita ai due sessi, anche quella sportiva.[135]

Gli stessi ciclisti dell'epoca pare non nutrissero grandi apprezzamenti verso le loro colleghe. È il caso di campioni come Alfredo Binda, vincitore di cinque Giri d'Italia e tre Campionati mondiali, che nei confronti delle cicliste non nascondeva il proprio disappunto: «Senz'altro sono avverso al ciclismo femminile. Sta bene il turismo... più in là no! Lo sport ciclistico non è adatto alle donne; non è certamente elegante vedere una signorina sudata, senza grazia, spingere rudemente la macchina ballonzolando sui pedali. Su questo punto sono certo di avere concorde la maggioranza dei tecnici e degli sportivi. [...] Personalmente non ho mai approvato che le donne gareggino in bici e una volta ad un congresso internazionale dedicato al ciclismo chiesi la parola per esprimere tutto il mio disappunto contro quelle federazioni che avevano incluso nel proprio calendario stagionale di gare anche quelle di ciclismo femminile! Avevo concluso il mio intervento con questa frase: *Les hommes en vélo et les femme dans la cuisine*».[136]

Le cose per le donne cambiano in parte in epoca fascista. La loro educazione comprende ora anche quella sportiva, pur con le doverose distinzioni legate alla loro speciale missione di madri. Il regime prende molto sul serio il suo impegno verso lo sport, organizzando corsi e fondando l'Accademia di Orvieto, destinata a formare le educatrici sportive. Tutto ciò si inseriva nel progetto di usare lo sport come strumento di inquadramento e di controllo delle masse. E qui erano, ovviamente, comprese anche le donne, il cui compito era quello di sviluppare un fisico sano e robusto per poter garantire la salute delle future generazioni.

Va detto, tuttavia, che il regime aveva con il ciclismo un rapporto tiepido,[137] nel senso che, tra gli sport che meglio garantivano il rafforzamento morale e fisico dei giovani, non era in testa alle preferenze: «La leggenda vuole che la maglia rosa non piacesse a Mussolini. Rosa, colore per lui troppo femminile, poco adatto ad esaltare l'uomo ed i mitici giganti della strada. In realtà non esistono prove concrete. Mussolini del resto non ha mai amato troppo il ciclismo, pensava avesse vita breve, schiacciato dai motori».[138]

Naturalmente anche il ciclismo femminile non sfuggiva a questa regola e l'idea di una squadra di donne cicliste viene descritta sulle colonne dello *Sport Fascista* del luglio 1940 come una «dimostrazione evidente di gusti molto perversi» che «fortunatamente è... caduta nel ridicolo».

Ciò non impedirà «a onor del vero, che la stampa del Ventennio documenti di frequente il funzionamento di staffette ciclistiche nell'ambito delle attività organizzate».[139] Il riferimento è in particolare all'azione dell'Opera Nazionale Dopolavoro, che permise di accogliere molte donne e giovani ragazze al suo interno, offrendo loro attività ricreative ed escursionistiche.

Donne in bicicletta si vedono anche alle sfilate del regime. Un esempio, nel 1939, si ha a Roma, in occasione dell'Adunata delle

Donne Fasciste che richiama oltre 75.000 partecipanti. L'onore di chiudere il corteo venne assegnato alle Giovani fasciste cicliste e automobiliste.[140]

Questo genere di raduni non riguardava solo la capitale. A Castelfranco Veneto, in provincia di Treviso, nel 1940 si tenne una manifestazione di giovani donne fasciste che sfilarono ordinate in sella alla loro bicicletta, recando al centro, appeso in un cestino in bella vista, un cartello in cui campeggiava la scritta W IL DUCE.[141]

Se il regime intendeva sottolineare l'importanza delle donne per l'avvenire del paese e dell'impero, quando si parlava di cicliste, però, i tempi non sembravano mai maturi per un cambiamento radicale del comune sentire popolare. Lo conferma anche l'ordinanza che il 28 agosto 1940 viene emessa dal prefetto di Udine, rivolta a colpire le cicliste «troppo succinte»[142] che circolavano in città sollevando cori di proteste. Riferisce il cronista che il prefetto, «constatato che si vedono transitare in provincia, soprattutto in bicicletta, giovani donne in tenuta troppo libera e succinta e perciò contrastante con la decenza e la pubblica moralità, ordina che sia vietato circolare o comunque mostrarsi in pubblico, in costume da bagno, in mutandine o in calzoncini troppo corti». Le contravventrici sarebbero state condannate «con l'arresto fino a tre mesi e con l'ammenda di lire 2.000».

Qualche mese dopo il *Corriere della Sera* torna ad affrontare il tema, stavolta in modo più obiettivo: «A proposito degli scapaccioni distribuiti energicamente l'altro giorno da talune ragazze ai giovinastri che le avevamo insolentite, mentre passavano in bicicletta: ci si scrive per notare che in certi casi le cicliste non vestite come e quanto occorre giustificano le irrisioni. Non ci risulta che, per l'episodio narrato l'altro giorno, l'origine dell'incidente consistesse nell'abbigliamento delle ragazze, ma se anche così fosse, è ovvio che vi sono altri mezzi per combattere la scarsa pudicizia nella terra della gentilezza e della cavalleria, prima di staffilare le donne con ingiurie plateali».[143]

Il rapporto con le donne che vanno in bicicletta resta, dunque, un tema sensibile e spesso motivo di scherno, come appare in un articolo pubblicato sempre dal *Corriere* il 5 maggio 1941.[144] Il cronista racconta l'amore e la dedizione con cui un uomo insegna ad andare in bicicletta alla moglie e alla figlia. Il bravo padre e marito aveva per prima cosa acquistato due bici nuove per le sue donne (pagando ben 1.400 lire) e poi aveva cominciato a dar loro delle lezioni. La figlia diciassettenne apprendeva rapidamente, mentre la madre, «alla quale nuoceva un poco la leggera pinguetudine», faceva più fatica. Il racconto si conclude con l'apparizione di due baldi giovanotti, che con la scusa di aiutare e consigliare le due donne, riuscivano a sottrarre loro le nuove fiammanti biciclette, allontanandosi di corsa. Episodio che il malcapitato marito aveva commentato con la frase «avete visto come si fa?», in qualche modo limitandosi a elogiare le capacità ginniche dei due ladri e facendo anche intendere al lettore che un uomo che decide di acquistare delle biciclette per moglie e figlia e di insegnar loro a usarle, non doveva poi essere un campione di arguzia.

L'immagine della ciclista nell'arte

Un tema interessante e nuovo come quello della bicicletta non poteva sfuggire agli artisti dell'epoca, che la raffigurano nelle loro opere, confermando quanto essa fosse percepita non solo come nuovo mezzo di locomozione, ma piuttosto come simbolo destinato a modificare la società dell'epoca. Naturalmente non mancano anche le rappresentazioni della donna ciclista.

Un ambito nel quale se ne riscontra sovente la presenza è quello della cartellonistica dell'epoca. Non solo il manifesto pubblicitario, nella sua forma moderna, ha un momento di grande successo proprio in contemporanea al diffondersi dell'uso della bicicletta, alla fine dell'Ottocento, ma personaggi come Jules Chéret, uno dei precursori della moderna stampa pubblicitaria, per le loro raffigurazioni scelgono soprattutto soggetti femminili, sottolineando il primato dell'immagine sul testo.

Ecco che allora, a partire dalla fine del Diciannovesimo secolo, la bicicletta fa «irruzione nel repertorio iconografico del cartellonismo internazionale»[145] dove, più che in altre forme d'arte, non manca la rappresentazione delle donne in sella al nuovo mezzo. Basta scorrere gli archivi del Museo Nazionale Collezione Salce di Treviso, primo museo italiano della pubblicità che raccoglie circa 25.000 manifesti, per accorgersi che vi sono essenzialmente due modi di rappresentare la donna in bicicletta: uno elegante e raffinato, che propone l'immagine graziosa e talvolta vezzosa di gentili signorine di buona famiglia che indossano sì il *rational costume* ma mantenendo un aggraziato contegno, sottolineato da qualche pizzo, un cappellino alla moda, un guanto e dei riccioli in ordine che la pedalata non scompiglia. L'altro più sfrontato, in cui le donne sono tratteggiate in abbigliamento e atteggiamento meno composti, più frivoli e spavaldi: donne indipendenti, moderne ma anche un po' civettuole.

In questo caso il modello di donna si avvicina molto a quello raffigurato in una stampa satirica del 1819, in cui Isaac Robert Cruikshank raffigura una corsa di biciclette a Oxford. Vi si possono riconoscere personaggi rubizzi dalle pose scomposte e donnine portate in sella avvinghiate al loro cavaliere e ben poco aggraziate. Una raffigurazione volutamente ridicola e volgare.[146]

Giovanni Battista Carpanetto,[147] pittore torinese paesaggista e ritrattista, quando si dedica alla cartellonistica raffigura procaci donne seminude e così anche molti suoi colleghi: Jean de Paleologue ("Pal"), Ferdinand Mifliez ("Misti"), Gino Boccasile, Albert Guillaume, Adolphe Willette, Chéret, Toulouse-Lautrec, George Bottini, Eduard Vuillard e Jacques Villon.

Il binomio donna-bicicletta «divenne un vero e proprio stereotipo della cartellonistica pubblicitaria di inizio Novecento. [...] Un messaggio che era rivolto sia agli uomini, che si presumevano attratti dalle immagini eleganti e a volte ammiccanti delle belle cicliste, sia alle donne stesse, che precocemente l'industria pubblicitaria intuì potessero rappresentare uno dei bacini di mercato su cui fare maggiormente leva».[148]

In tema di cartellonistica e rappresentazione della donna in bicicletta, la Francia la fa da padrona in questi anni. Qui «la donna diviene subito protagonista in questo nuovo sport al punto di impersonificare la Francia su due ruote con tanto di bandiera in mano raffigurata in un celebre manifesto pubblicitario di Chéret. Alla fatica dello sport si unisce la grazia, la leggiadria, la bella presenza, messe in risalto dalle abili doti di un redattore su *Le Monde Illustré*, *Le Figaro Illustré*, *Paris Illustré*, *Le Petit Journal*, *Le Petit Parisien*, *La Mode*, e nelle numerose testate giornalistiche che le dedicano copertine e ampi servizi. La "ciclista" non perde occasione per mostrarsi con un manubrio fra le mani ed un sorriso ammiccante. La bicicletta ha vinto la sfida e, se in gonnella, è garanzia di maggior successo non solo presso i parigini ma soprattutto nella rinnovata mentalità che va spavalda verso il futuro».[149]

Tra i pittori, Jean Béraud «non si fa scrupolo di raffigurare alcune rappresentanti del gentil sesso sul nuovo mezzo di trasporto, anche se questo può creare qualche imbarazzo a cominciare dall'abbigliamento fatto di gonne larghe, corsetti soffocanti e cappellini voluminosi».[150]

Maurice Betinet raffigura Blanche d'Antigny con la bicicletta: «La ciclista che non sorride è dipinta con indosso dei pantaloni alla zuava sotto un abito corto e sta in piedi in una strada di campagna, con una mano sul manubrio e l'altra lungo il corpo con un fazzoletto. Il volto serio e l'immobilità della scena conferiscono dignità sia alla modella sia alla bicicletta».[151] Anche Federico Zandomeneghi, pittore nato a Venezia nel 1841 e poi trasferitosi a Parigi, nelle sue opere *In bicicletta* (1895) e *Incontro in bicicletta* (1896) raffigura donne vestite alla moda, moderne ed eleganti.[152]

Nemmeno il cinematografo trascura il nuovo fenomeno. Nel 1910 il milanese Luca Comerio gira *Corsa ciclistica femminile*, un film nel quale appaiono la Forzani e la Maffi.[153] Con la sua Comerio Films aveva prodotto diversi documentari su argomenti di cronaca e attualità, e la bicicletta era certamente un argomento non trascurabile.

Sensibili al tema sono anche il mondo della poesia e della canzone. Nella poesia *Le due strade* (1907), Guido Gozzano descrive la ciclista signorina Grazia, con la preoccupazione di vederla da sola, senza un cavaliere al suo fianco, che la scorti nella sua uscita in bicicletta:

> *[...] Ci venne incontro; scese. «Signora! Sono Grazia!»*
> *sorrise nella grazia dell'abito scozzese.*

«Graziella, la bambina?» – «Mi riconosce ancora?»
«Ma certo!» E la Signora baciò la Signorina.
La piccola Graziella! Diciott'anni? Di già?
La Mamma come sta? E ti sei fatta bella!
«La piccola Graziella, così cattiva e ingorda!...»
«Signora, si ricorda quelli anni?» – «E così bella
vai senza cavalieri in bicicletta?».

Tommaso Cannizzaro, in *A Giovinetta ciclista* (1903), sottolinea sia l'aspetto dell'abbigliamento (corto abito nero), sia quello del portamento fiero della ciclista:

Sul tuo ferreo corsiero
tu come spada ritta
per via lunga e dritta,
in corto abito nero
passi, con piglio altiero
ne la tenebra fitta
quasi rapida slitta,
come dardo leggiero.
Erta passi ed immota
senz'ombra di fatica
sulla sottile ruota
sognar fai chi ti vede
di qualche fata antica
da l'aligero piede
e crede
a un miraggio divino
del vento vespertino.

Bicicletta protagonista anche qualche anno dopo nella poesia di Giorgio Caproni intitolata *Scandalo:*

Per una bicicletta azzurra
Livorno come sussurra!
Come s'unisce al brusio

dei raggi, il mormorio!
Annina sbucata all'angolo
ha alimentato lo scandalo.
Ma quando mai s'era vista
in giro, una ciclista?

Anche il poeta Giuseppe Malattia della Vallata, a fine secolo, dedica una lirica alla bicicletta. Sono evidenti i simboli di modernità e indipendenza che il nuovo mezzo evoca, con un riferimento anche all'utenza femminile:

Lettori quanto è bello montare in bicicletta,
valicar monti e piani, e poi salir la vetta.
E contemplare in alto questo protervo mondo
sì triste per certuni, per altri sì giocondo.
Giocondo è per quei tali che possono montare
sulle due ruote, e celeri, volar, sempre volare.
Trionfo è dello spirito, sopra della materia
e quell'abbondanza, sopra della miseria...
[...]
Ma or lasciamo il lotto, parliamo del biciclo
che di sua maggior gloria, quasi ha raggiunto il cielo
e da qui a pochi anni, oltre che le donnine
andranno in bicicletta persino le galline
e i gatti voleranno sulle famose ruote
e sol cammineranno, quei delle tasche vuote.

Non mancano nemmeno gli scrittori in prosa che si esprimono a favore del nuovo mezzo. Émile Zola, in *Parigi*, scrive: «Se un giorno avrò una figlia, la metterò in sella a una bicicletta già a dieci anni, perché impari subito come deve comportarsi nella vita». Ciò, infatti, avrebbe permesso di distinguerla subito da quelle ragazze che le madri hanno educato tenendole sempre attaccate alle loro gonne, e che crescono avendo paura di tutto, senza coraggio, senza spirito di iniziativa, a differenza di una bambina a cui si dà una bicicletta e la si lascia libera di andare da sola anche sulla strada.

Il tema non sfugge neanche ai seguaci del nuovo movimento artistico italiano fondato nel 1909 da Filippo Tommaso Marinetti: il Futurismo. Del resto, come avrebbe potuto disinteressarsi a un mezzo così rivoluzionario un movimento che basava la propria concezione estetica sul dinamismo, sul culto della modernità e della tecnica?

Tuttavia, anche se «le biciclette e le motociclette sono divine»,[154] Marinetti non sembra incline a sostenere il ciclismo femminile, giacché, come preciserà lui stesso, il suo movimento vuole «combattere contro il moralismo, il femminismo e contro ogni viltà opportunistica o utilitaria». Prova ne sia che in tutti i quadri di artisti esponenti del Futurismo – da Umberto Boccioni[155] a Mario Sironi[156] a Fortunato Depero[157] – il ciclista resta sempre raffigurato come un uomo. I futuristi restano dunque fedeli «all'idea di ciclismo maschile, conquistatore».[158] In altre parole, anche coloro che si proclamavano moderni avevano le loro remore sul ciclismo femminile.

Ancora anni dopo, nel 1930, il *Corriere della Sera*[159] pubblica un saggio critico sul poeta Giuseppe Villaroel, riportando una frase tratta dalla sua poesia *Meriggio*, in cui è sintetizzato il comune sentire dell'epoca nei confronti della donna ciclista:

> *Dentro i cortili si affacciano ignare e felici le donne*
> *bianche le braccia*
> *con vesti leggere e discinte.*
> *E per le vie, al grido di sirene dileguano,*
> *spesso intraviste*
> *le nudità di tutte le allegre cicliste.*

Parole come "allegre", "discinte" e "nudità" contengono già un giudizio morale.

Note del capitolo 1

1 Per un approfondimento si rinvia a A. Stelitano, Q. Bortolato e A.M. Dieguez, *Bicicletta, società e Chiesa ai tempi di Pio X*, Edizioni San Liberale, Treviso 2013.

2 Testo originale: «The bicycle became a symbol not only of general progress but also of the new roles that women were demanding», in G. Ortalli, *Women, progress and the bicycle in Belle Époque France*, in *Ludica*, Fondazione Benetton Studi e Ricerche, Treviso, nn. 17-18 (2011-2012), p. 117.

3 Susan Brownell Anthony (1820-1906) è stata una paladina delle battaglie per l'emancipazione delle donne.

4 Nazioni Unite, *Women 2000 and beyond*, ECOSOC, New York 2007, p. 2.

5 G. Maierhof e K. Schröder, *Ma dove vai bellezza in bicicletta?*, La Tartaruga Edizioni, Milano 1993, p. 7.

6 https://www.swissinfo.ch/ita/in-bicicletta-alla-conquista-del-diritto-di-voto/3032280. Ultimo accesso: marzo 2018.

7 Maierhof e Schröder, *op. cit.*, p. 131.

8 Nel 1894, la *Rivista Velocipedistica* pubblica un decalogo di raccomandazioni dell'avvocato Vincenzo Monaco, utili a chi si accingeva ad acquistare e usare il nuovo mezzo: evitare strade troppo polverose, rallentare agli incroci, non mollare mai il manubrio in corsa, dotarsi di un campanello, fare attenzione quando si incrociano cani, cavalli e persone.

9 Un'indagine statistica del 1865 sulla ginnastica in Italia rilevava che, su 17.980 allievi delle scuole di ginnastica, le donne erano solo 57. Vedi *Gazzetta Ufficiale del Regno d'Italia*, 7 luglio 1865.

10 Padre A. Gemelli, *La educazione fisica della donna*, in *Fiamma Viva*, rivista della gioventù femminile, anno III, fascicolo 6, giugno 1923, pp. 345-346.

11 *Ibidem*.

12 Sull'argomento si rinvia ad A. Stelitano, *La tutela dei diritti delle donne nello sport*, in J. Tognon e A. Stelitano, *Sport, Unione Europea e Diritti Umani. Il fenomeno sportivo e le sue funzioni nelle normative comunitarie e internazionali*, Cleup, Padova 2011, pp. 265-277.

13 A. Lombardo, *Pierre de Coubertin,* Rai-Eri, Roma 2000, p. 270.

14 *Ivi*, p. 269.

15 S. Jacomuzzi, *Storia delle Olimpiadi*, Einaudi, Torino 1976, p. 56.

16 *Almanacco dello Sport. La vita sportiva dell'Italia e dell'estero in tutte le sue manifestazioni*, anno I, Bemporad & Figlio, Firenze, 1914, p. 61.

17 P. Facchinetti, *Gli anni ruggenti di Alfonsina Strada. Il romanzo dell'unica donna che ha corso il Giro d'Italia assieme agli uomini,* Ediciclo editore, Portogruaro 2004, p. 49.

18 *Corriere della Sera*, 30-31 luglio 1869, p. 1.

19 A. Fiorin, *Pedalando sull'acqua. Cento anni di ciclismo a Venezia.* Ediciclo editore, Portogruaro 2009, p. 19.

20 M.E. Ward, *Bicycling for ladies*, Read Books Ltd, Redditch 2003, capitolo III: *Women and Tools.*

21 http://www.softrevolutionzine.org. Ultimo accesso: giugno 2018.

22 *Corriere della Sera*, 8 luglio 1896, p. 3.

23 La frase di Eduard Benz (1900) è riportata in Maierhof e Schröder, *op. cit.*, p. 59.

24 Lombardo, *op. cit.*, p. 132.

25 Cfr. Ortalli, *op. cit.*, p. 117.

26 http://www.viv-it.org. Ultimo accesso: giugno 2018.

27 Ortalli, *op. cit.*, p. 117.

28 D.V. Herlihy, *Bicycle. The History*, Yale University Press, New Haven and London 2004, p. 118.

29 Maierhof e Schröder, *op. cit.*, p. 12.

30 *Sport, vestiti e libertà: la lunga corsa delle donne*, Repubblica.it, 27 giugno 2001.

31 A partire dall'edizione 2012 dei Giochi olimpici, il Cio ha imposto la presenza di una donna in ogni delegazione. Per la prima volta hanno partecipato anche atlete provenienti da alcuni paesi di religione musulmana, mettendo in luce i problemi relativi al *dress code*.

32 A. Galante, *Manuale del ciclista*, Ulrico Hoepli editore, Milano 1894, pp. 68-70.

33 *Ibidem.*

34 *Gazzetta Ciclistica*, anno II, n. 3, 17 gennaio 1895, p. 29.

35 *Fieramosca*, Firenze, 10 agosto 1894.

36 Maierhof e Schröder, *op. cit.*, p. 66.

37 *Ivi*, p. 68.

38 Riportato in S. Jacomuzzi, *Gli sports*, vol. III, Utet, Torino 1965, pp. 205-206.

39 *Gazzetta Ciclistica*, 4 agosto 1897, p. 310.

40 *Gazzetta Ciclistica,* 13 ottobre 1897, p. 408.

41 S. Pivato, L. Veri e N. Cangi (a cura di), *In bicicletta. Memorie sull'Italia a due ruote,* il Mulino, Bologna 2009, p. 14.

42 *La Illustrazione Ciclistica,* 6 dicembre 1894, pp. 751-752.

43 *La Illustrazione Ciclistica*, 4-5 aprile 1895, pp. 187-188.

44 *La Illustrazione Ciclistica*, 28-29 marzo 1895, pp. 173-174.

45 Maierhof e Schröder, *op. cit.*, pp. 39-41.

46 *Ivi*, p. 41.

47 F. Samaritani, *Bicicletta o Bicicletto?*, in www.repubblicaletteraria.it. Ultimo accesso: giugno 2018.

48 *Ibidem.*

49 D. Marchesini, B. Mazzi e R. Spada, *Pàlmer, borraccia e via! Storia e leggende della bicicletta e del ciclismo*, Ediciclo editore, Portogruaro 2001, p. 70.

50 *Ibidem.*

51 Pivato, Veri e Cangi (a cura di), *op. cit.*, p. 15. Su queste posizioni l'autrice cita anche E. Weber, *La Francia "fin du siècle"*, il Mulino, Bologna 1990, pp. 238-239.

52 Un'immagine pubblicitaria del sellino Christy è pubblicata in M. Cionfoli, *Pedalare controvento, il ciclismo femminile nella storia*, Marcianum Press, Venezia 2013, p. 73. In essa è riportato: «It yelds most in the center. Under weight of rider it hollows out like a chair. No pressure on sensitive parts of the body» («Più piegato verso il centro, sotto il peso del cavaliere è comodo come una sedia. Nessuna pressione è esercitata sulle parti sensibili del corpo»).

53 *Rivista mensile del Touring Club Italiano*, marzo 1899, p. 11.

54 Herlihy, *op. cit.*, p. 38.

55 Gemelli, *op. cit.*, p. 346.

56 Maierhof e Schröder, *op. cit.*, p. 7.

57 *Ivi*, p. 44.

58 Cionfoli, *op. cit.*, p. 26.

59 *La Bicicletta*, 23-26 ottobre 1894.

60 *Rivista mensile del Touring Club Italiano*, settembre 1901, p. 272.

61 *Rivista mensile del Touring Club Italiano*, novembre 1901, pp. 324-326.

62 S. Pivato, *La bicicletta e il sol dell'avvenire*, riportato in A. Fiorin (a cura di), *Parole a pedali*, Ediciclo editore, Portogruaro 2013, p. 65.

63 Maierhof e Schröder, *op. cit.*, p. 99.

64 Cionfoli, *op. cit.*, p. 38.

65 Maierhof e Schröder, *op. cit.*, p. 17.

66 *Ivi*, p. 81.

67 *La Illustrazione Ciclistica,* 6 dicembre 1894, p. 751-752. La lettera, datata Parigi 26 novembre, è la risposta a una missiva apparsa sulla stessa rivista.

68 *La Illustrazione Ciclistica,* 28-29 marzo 1895, p. 173.

69 *Gazzetta Ciclistica*, 14 luglio 1897, p. 274.

70 *Rivista mensile del Touring Club Italiano*, anno VII, n. 7, luglio 1901, p. 208.

71 *Rivista mensile del Touring Club Italiano*, anno VII, n. 9, settembre 1901, p. 272.

72 C. Gregori, voce "Ciclismo", in www.treccani.it. Ultimo accesso: giugno 2019.

73 C. Gregori, *aBiCi. L'alfabeto e la storia della bicicletta. Museo Toni Bevilacqua di Sergio Sanvido*, EditVallardi, Cassina de Pecchi (Mi) 2010, p. 61.

74 *Gazzetta Ciclistica*, 11 dicembre 1895, p. 668.

75 Lo riporta Eva Curie in *Vita della signora Curie*, Mondadori, Milano 1988.

76 *Rivista mensile del Touring Club Italiano*, anno VII, settembre 1901, p. 272.

77 R. Dineen, *Ciclopedia. Guida infografica al ciclismo*, Il Castello, Cornaredo (Mi) 2017, p. 78.

78 Herlihy, *op. cit.*, p. 100.

79 Gregori, voce "Ciclismo", in www.treccani.it. Ultimo accesso: agosto 2019.

80 Maierhof e Schröder, *op. cit.*, p. 115 e Cionfoli, *op. cit.*, p. 76. Secondo queste fonti, le donne sono: Nicole M., Mademoiselle A.D., Madame E., Mesdemoiselles Olga e Fatma di Bordeaux e Miss America. Gregori, *op. cit.*, p. 31. Si veda la voce "Ciclismo" in www.treccani.it. Ultimo accesso: agosto 2019.

81 Maierhof e Schröder, *op. cit.*, p. 116

82 *Ivi*, p. 137.

83 T. Pilker, *Il gioco e lo sport nelle arti pittoriche. Dalle origini all'Ottocento*, Giropress, Roma 2011, p. 187.

84 Marchesini, Mazzi e Spada, *op. cit.*, p. 69.

85 *Fieramosca*, Firenze, anno XIV, n. 221, 10 agosto 1894.

86 A. Capanni e F. Cervellati, *Dal velocipedismo a Gino Bartali*, Provincia di Firenze, 1998, p. 181.

87 *Ibidem.*

88 *Ibidem.*

89 http://www.treccani.it. Ultimo accesso: giugno 2018.

90 *Ibidem.*

91 Calendario dedicato a Lina Cavalieri in: http://www.comune.onano.vt.it/img/calendario2014.pdf. Ultimo accesso: agosto 2018.

92 P. Facchinetti, *Tour de France 1903. La nascita della Grande Boucle*, Ediciclo editore, Portogruaro 2003, p. 27.

93 *La Illustrazione Ciclistica*, 11 ottobre 1894.

94 *Gazzetta Ciclistica*, 12 settembre 1895, p. 535.

95 *Gazzetta Ciclistica*, 21 luglio 1897, p. 288.

96 *La Illustrazione Ciclistica*, 10 maggio 1894, p. 277.

97 *La Illustrazione Ciclistica*, 28-29 marzo 1895, pp. 173-174.

98 *La Illustrazione Ciclistica*, 4-5 aprile 1895, pp. 187-188.

99 Cionfoli, *op. cit.*, p. 98.

100 *La Bicicletta*, 7-8 agosto 1894.

101 A. Teja, *Dalla ginnastica allo sport femminile in Italia tra Ottocento e Novecento*, in *Rivista Olimpia*, nn. 2-3 dicembre-giugno 2017-2018. Ultimo accesso: aprile 2018.

102 E. Belloni, *Quando si andava in velocipede. Storia della mobilità ciclistica in Italia (1870-1955)*, Franco Angeli, Milano 2019, p. 66.

103 http://www.treccani.it. Ultimo accesso: giugno 2019.

104 *La Stampa Sportiva*, 4 maggio 1902, p. 3.

105 R. Puliero, *Ciclismo a Verona*, Comune di Verona e Cierre Edizioni, Verona 1998, p. 17.

106 Si segnalano i seguenti articoli pubblicati sulla *Gazzetta dello Sport*: "L'attività ciclistica di Roma. L'opera benefica dell'U.V.I.", 16 luglio 1906, p. 2; "L'attività ciclistica di Roma", 20 luglio 1906, p. 2; "Campionato Italiano Ciclistico di Resistenza", 7 settembre 1906, p. 3.

107 *La Gazzetta dello Sport* aveva avuto, già nel 1896, anno di fondazione del giornale, una donna tra i suoi cronisti. Si trattava di una certa Naema, che firmava la rubrica *Divagazioni sportive femminili.* Rosanna Marani, invece, fu la prima donna inviata al Giro d'Italia da questa testata, per la quale cominciò a collaborare nel 1973.

108 Cionfoli, *op. cit.*, p. 99.

109 *La Stampa*, 15 maggio 1895.

110 Cionfoli, *op. cit.*, p. 107.

111 *Ibidem.*

112 *Corriere della Sera*, 3 ottobre 1910, p. 4.

113 *Almanacco dello Sport. La vita sportiva dell'Italia e dell'estero in tutte le sue manifestazioni*, anno I, Bemporad & Figlio, Firenze 1914, p. 61.

114 "L'amazzone su due ruote", in *Vie Nuove,* n. 38, 1959, pp. 24-25.

115 Cionfoli, *op. cit.*, p. 109.

116 https://digilander.libero.it/PercorrereMaggiora/lumaigha_009.pdf. Ultimo accesso: giugno 2018; G. Capra, *Antonietta Gilardini pioniera del ciclismo*, in *Novara mon amour*, ZEN iniziative, 2011, p. 12.

117 Cionfoli, *op. cit.*, p. 109.

118 *Ivi*, pp. 27-28.

119 Giovanni Gerbi è stato un campione di ciclismo. Ha partecipato al primo Giro d'Italia, al Tour del France e ad altre importanti competizioni.

120 *Littorale della domenica*, 15 novembre 1942, p. 2.

121 *Corriere della Sera*, 25 giugno 1922, p. 3.

122 Esiste un modellino di bambola su triciclo prodotto in Francia nel 1869. Cfr. Herlihy, *op. cit.*, p. 82.

123 Maierhof e Schröder, *op. cit.*, p. 25.

124 Herlihy, *op. cit.*, pp. 37-38.

125 Cionfoli, *op. cit.*, pp. 55-56.

126 F. Fabrizio, *Fuoco di bellezza. La formazione del sistema sportivo nazionale italiano 1861-1914*, Sedizioni, Milano 2013, p. 191.

127 V. Verratti, *Società sportive e tessuto civile in Italia. Una storia istituzionale*, Bradipolibri editore, Torino 2012, p. 41.

128 Belloni, *op. cit.*, p. 45.

129 Maierhof e Schröder, *op. cit.*, p. 82.

130 *Corriere della Sera*, 19-20 maggio 1902, p. 2.

131 Le squadre provenivano da: Ancona, Argenta, Badia, Bassano del Grappa, Bologna, Borgosandonnino, Castrocaro, Cervia, Conselve, Chioggia, Copparo, Este, Faenza, Firenze, Forlì, Guastalla, Malalbergo, Milano, Modena, Monselice, Montagnana, Padova, Pieve, Portomaggiore, Reggio, Rovigo, San Felice sul Panaro, San Vito d'Asolo, Sermide, Treversetolo, Verona, Venezia, Vicenza.

132 *Rivista mensile del Touring Club Italiano*, anno VII, n. 10, ottobre 1901, p. 304.

133 L. Demofonti, *Il movimento sportivo cattolico in Italia fra Ottocento e Novecento*, in *Studi Storici*, anno 51, n. 3, (luglio-settembre 2010), pp. 651-689. Fondazione Istituto Gramsci, https://www.jstor.org/stable/41057589. Ultimo accesso: 12 settembre 2018.

134 Riportato in *Corriere della Sera*, 13 marzo 2016, p. 7.

135 Sull'argomento si rinvia a A. Stelitano, A.M. Dieguez e Q. Bortolato (a cura di), *I papi e lo sport. Oltre un secolo di incontri e interventi da San Pio X a papa Francesco*, Libreria Editrice Vaticana, Città del Vaticano 2015, pp. 24-54.

136 Cionfoli, *op. cit.*, p. 16.

137 N. Canella e S. Giuntini (a cura di), *Sport e Fascismo*, Franco Angeli, Milano 2009, p. 87.

138 B. Conti, *100 storie del Giro 1909-2009,* Graphot editrice, Torino 2008, p. 34.

139 *Ibidem.*

140 *Corriere della Sera*, 28 maggio 1939, p. 1.

141 Foto riportata in A. Ceron (a cura di), *La famiglia trevigiana. Una storia per immagini*, vol. 2: *Grande Guerra e fascismo*, Finegil Editoriale Spa, Pioltello (Mi) 2008, foto n. 164.

142 *Corriere della Sera,* 29 agosto 1940, p. 2.

143 *Corriere della Sera,* 29 ottobre 1940, p. XXXI.

144 *Corriere della Sera,* 5 maggio 1941, p. 5.

145 *Due ruote cento manifesti*, catalogo della mostra organizzata dal comune di Treviso al museo Bailo (20 giugno-6 ottobre 1985), Ed. Società Industrie Tipografiche Sas, Dosson di Casier (Tv) 1985, p. 14.

146 Herlihy, *op. cit.*, p. 49.

147 *Ivi*, p. 43.

148 Belloni, *op. cit.*, p. 53.

149 C. Nissirio (a cura di), *Parigi in bicicletta. Paris en Vélo*, catalogo realizzato in occasione della mostra celebrativa per i 110 anni del Tour de France al Museo parigino di Roma, Tipografia Ceccarelli, Acquapendente 2013, pp. 6-7.

150 Pilker, *op. cit.,* pp. 194-195; *Chalet delle bicyclette in Bois de Boulogne*, 1900, olio su tela, Musée de l'Ile-de-France, Sceaux.

151 Pilker, *op.cit.,* p. 183.

152 *Ivi,* pp. 188-189.

153 Marchesini, Mazzi e Spada, *op. cit.*, p. 75.

154 *La nuova religione morale della velocità* (1916).

155 Si veda l'opera *Dinamismo di un ciclista* (1912).

156 Si vedano le due opere intitolate *Il ciclista* (1916-1917).

157 Si vedano le opere *Ciclista* (1922), *Ciclisti (1922)* e *Ciclista attraverso la città* (1945).

158 http://www.cittaconquistatrice.it/la-maledizione-ciclistica-di-filippo-tommaso-marinetti. Ultimo accesso: luglio 2019.

159 *Corriere della Sera*, 5 aprile 1930, p. 3.

2

Le eroine tra le due guerre

La pioniera: Alfonsina Strada, la donna che sfidò il Giro d'Italia

Chi nasce sotto il segno dei Pesci si dice sappia ben conciliare fantasia e senso pratico. E di certo queste doti non mancavano ad Alfonsa Rosa Maria Morini,[1] nata il 16 marzo 1891 a Riolo di Castelfranco Emilia (Mo). A differenza di altre donne illustri nate lo stesso giorno, quali Caroline Lucretia Herschel (1750), pioniera nel campo dell'astronomia e della matematica, o Marie-Madeleine Pioche de la Vergne, alias Madame de La Fayette (1634), inventrice del romanzo moderno, Alfonsa Rosa Maria era destinata a passare alla storia come "la regina della pedivella", altrimenti nota anche come "il diavolo in gonnella", "l'irraggiungibile pistard", "la donna canguro" o "la corritrice", quando per lei non si usavano aggettivi meno rispettosi quali: "matta", "stravagante" o "indecente".

Il suo nome, ricordato con il diminutivo di Alfonsina e il cognome del primo marito, Luigi Strada, resta in ogni caso quello di una pioniera del ciclismo femminile in Italia. Aveva cominciato ad andare in bicicletta all'età di dieci anni, quando il padre, un bracciante che si arrangiava svolgendo lavori saltuari nelle campagne emiliane, ne aveva recuperata una dal dottore del paese, barattandola, si dice, con qualche gallina e qualche lavoretto. Si trattava di una bicicletta vecchia e malconcia, che il medico aveva ceduto passando a un nuovo modello, più funzionale alla necessità di raggiungere velocemente i suoi pazienti sparpagliati nelle campagne emiliane.

Per la giovane Alfonsina, nata e cresciuta in una famiglia povera di campagna, costretta a lavorare fin da piccola per aiutare in casa, l'incontro con quella bicicletta fu amore a prima vista. Anche se si trattava di un pesante rottame, se ne appassionò subito: correva e volava sullo sterrato, tra le buche e la polvere, ma soprattutto volava sopra tutte le critiche e i musi storti di chi la vedeva sfrecciare in giro per le campagne, definendola con un corollario di epiteti tra cui primeggiano quello di "matta" e "diavolo in gonnella".

Era così brava, Alfonsina, e tanta era la sua passione che cominciò di nascosto ad andare a vedere le gare nei paesi vicini, spingendosi fino a Bologna. E subito dopo le venne anche voglia di partecipare a quelle gare, talvolta fingendosi un maschio. Qualche gara, poi, cominciò anche a vincerla. In palio c'erano premi sostanziosi: galline, salami, vari generi alimentari, anche un maialino vivo, che all'epoca valeva quasi una fortuna per una famiglia. Ma che fare con quei premi quando a casa hai detto che uscivi per andare a messa? La famiglia, com'era normale per l'epoca, non condivideva la passione della figlia, che intanto aveva imparato il dignitosissimo mestiere di sarta, molto più consono a una ragazza. Ma la passione di Alfonsina è grande, e il suo nome comincia a girare tra stupore, curiosità e un mare di critiche da parte di coloro che condannavano simili generi di atletismo sportivo e di promiscuità con gli uomini.

Nel 1907 Alfonsina decide di trasferirsi a Torino, città dove le competizioni ciclistiche sono ormai diffuse anche tra donne. Tutta la settimana lavora come sarta e la domenica si cimenta in qualche gara, esordendo anche nella pista. Le grandi città, del resto, sono altra cosa rispetto alla campagna: qui di biciclette se ne vedono molte e per una donna che ne inforca una è più facile passare inosservata, o almeno non attirare eccessive critiche. Del resto, alla fine dell'Ottocento si contavano già oltre 4.000 biciclette a Milano (che diventano più di 6.500 alla vigilia del nuovo secolo), a Roma 4.000 e a Torino 5.000.[2] Qui di gare se ne corrono tutte le domeniche, al parco del Valentino o in piazza d'Armi, e c'è sempre «una gran folla a vedere le gare delle donne: uomini soli, appassionati di ciclismo, ragazzotti in calore e anche dame della buona società».[3]

Alfonsina a Torino è più a suo agio. Partecipa anche al *cross country* a Stupinigi, dove si destreggia bene tra i colleghi maschi. Tra le sue avversarie c'è Giuseppina Carignano, all'epoca già molto nota. Quando Alfonsina riesce a batterla guadagna anche il titolo di "miglior ciclista italiana". Aveva già cominciato a farsi notare quando, nel 1909, Carlo Messori, recordman nel 1900 sui 500 metri, poi diventato suo consigliere per affinare la tecnica sulla pista, la convince a partecipare al Grand Prix di San Pietroburgo, dove la giovane ciclista non passa inosservata nemmeno agli occhi dello zar Nicola II, dal quale riceve una medaglia.[4]

Nel 1911, a Moncalieri, a soli vent'anni, stabilisce il record mondiale di velocità femminile, fermando il cronometro a 37,192 km/h e battendo così il primato che da otto anni apparteneva alla francese Louise Roger. Anche se all'epoca i primati femminili non erano ufficiali, il suo tempo è comunque passato alla storia, insieme a quello di Olivia Grande del 1937.

Il 1911 è anche l'anno del suo trasferimento a Milano, dove il ciclismo stava vivendo un momento molto positivo, culminato nell'avvio di grandi classiche come la Milano-Sanremo, la Milano-Mantova e, due anni prima, il Giro d'Italia. Alfonsina si mantiene facendo lavori di sartoria e mettendo da parte qualche premio in denaro, che racimola partecipando a corse ed esibizioni. È ormai chiaro che la bicicletta è il suo futuro. A Milano si trasferisce insieme a Luigi Strada, anche lui un tipo anticonvenzionale: meccanico e cesellatore di professione, un po' artista, ma soprattutto appassionato di biciclette che monta, smonta e aggiusta nel suo negozio. Luigi condivide *in toto* con Alfonsina la passione per il ciclismo. Diventa il suo allenatore, la accompagna a tutte le gare e, nel 1915, la sposa.[5] Come dono di nozze le regala una bicicletta nuova fiammante, con il manubrio ricurvo. Una bici da gara. Una bici competitiva.

Il nome di Alfonsina all'epoca era noto anche all'estero. Già dal 1912, infatti, il giornalista Fabio Orlandini, corrispondente da Parigi della *Gazzetta dello Sport*, aveva raccomandato Alfonsina ad alcuni impresari francesi perché la mettessero sotto contratto per gareggiare su pista. Così, negli anni seguenti, la ciclista italiana corre nei principali velodromi francesi. A Parigi, ad esempio, si esibisce nel Vélodrome Buffalo, costruito nel 1893, che inizialmente ospitava un circo da cui prese il nome e che era destinato a passare alla storia perché da qui prese il via l'usanza di suonare una campanella per indicare l'ultimo giro della corsa.

Alfonsina non disdegnava apparizioni anche al Vélodrome d'Hiver,[6] impianto capace di ospitare oltre 17.000 spettatori, inaugurato nel 1910 per soddisfare la richiesta di spettacoli ciclistici sempre più apprezzati dalla popolazione. Per queste esibizioni non era insolito che la ciclista italiana ricevesse dei premi particolari, come una busta contenente ben 15 lire che raccontò di aver ricevuto nel 1910 dalla principessa di una casa reale.[7] Né mancava agli appuntamenti del velodromo Parco dei Principi, costruito nel 1897 con uno sviluppo di 666 metri.

In quelle piste Alfonsina è una star. Anche grazie a queste competizioni, la sua popolarità cresce a tal punto che, nel 1917, chiede di poter disputare il Giro di Lombardia, sfidando così, per la prima volta in una gara ufficiale, i colleghi maschi. A quei tempi qualcuno si era già accorto di quanto Alfonsina fosse «una donna straordinaria che non pedalava poi mica tanto male. Correva in calzoncini e maglia nera per conto di una casa produttrice di tubolari la quale, attraverso lei, si faceva pubblicità. Era sempre puntuale ai raduni di partenza anche se aveva passato la notte insonne negli scomodi letti degli alberghetti di quarta categoria per risparmiare. Ma quante cadute, poveretta! A volte la fatica la faceva afflosciare; allora andava giù come se non avesse più uno scheletro».[8]

È vero, Alfonsina talvolta cadeva, ma non mollava mai. Il Giro di Lombardia, nato nel 1905 e all'epoca definito addirittura il "mondiale d'autunno", costituiva per lei una grande occasione. Nonostante la guerra in corso, la gara non si era mai fermata e continuava, ogni volta, a variare parzialmente il proprio percorso, ma senza scordarsi mai di passare davanti al santuario della Madonna del Ghisallo, protettrice dei ciclisti.[9]

Di fronte alla richiesta della Strada, l'organizzatore Armando Cougnet, considerando che nel regolamento non c'era scritto che alle donne fosse proibito partecipare, decise di accettare l'iscrizione. In realtà altre ragioni ne avevano influenzato la decisione. Era il 4 novembre 1917, pochi giorni dopo la battaglia di Caporetto. I partenti non erano più gli oltre 350 dell'edizione del 1909. La guerra aveva assottigliato molto le fila dei ciclisti, e forse l'iscrizione di Alfonsina fu accettata anche per questa ragione, o forse semplicemente perché avrebbe rappresentato un motivo di distrazione dai problemi del conflitto bellico. Dei 44 partecipanti schierati sulla linea di partenza a Milano, Alfonsina è l'unica donna, e tra i suoi rivali c'è anche Costante Girardengo, uno dei pochi campioni dell'epoca che sovente si complimentava con lei.

Il percorso, lungo 204 chilometri, si snoda tra le città di Milano, Varese, Como, Lecco e Monza, per poi tornare a Milano. La cronaca della corsa riporta la testimonianza del ciclista Eberardo Pavesi: «A metà gara cinque corridori avevano sorpreso il gruppo e se l'erano filata via. Io, in compagnia di alcuni altri, tentai di andare a prenderli, ma quelli pedalavano come folli, allora decidemmo di desistere, tanto ormai tutto sembrava già deciso. D'improvviso sentimmo un fruscio alle nostre spalle. Mi voltai e vidi che era Alfonsina. Ce l'aveva fatta a sganciarsi dal plotone e ora pedalava leggera come se fosse stata in pista. Mi si mise a fianco e cominciò a dirmi con una voce piagnucolosa: "Dai, Pavesi, andiamo a prendere quelli che sono davanti". "Ma sei matta, Alfonsina" le risposi io. "Abbiamo già provato e non c'è niente da fare". "Allora" continuò lei "quando arriviamo tirami la volata; fammi un piacere". Sbuffando fui costretto a prometterle che l'avrei fatto. Mi aveva convinto che la mia fama non ne sarebbe uscita pregiudicata. Poco prima del traguardo fummo assorbiti dal gruppo, ma io volli mantenere la mia promessa a quella donna straordinaria. Mi impegnai a fondo un chilometro prima dello striscione e lei mi teneva la ruota con una facilità incredibile. Diedi uno strappone e allora si staccò. Con un grido m'indusse a rallentare. Ai cinquanta metri mi feci da parte, afferrai il sellino della sua bicicletta e la sospinsi fra due ali di gente entusiasta non so se per il mio gesto cavalleresco o per altro. Fatto sta che in quel Giro di Lombardia Alfonsina Strada si piazzò trentesima, precedendo un corridore non proprio disprezzabile come il sottoscritto».[10]

Alfonsina aveva tagliato il traguardo con un'ora e mezza di ritardo dal vincitore (a cui erano andate 300 lire di premio), ma era pur sempre arrivata, mentre altri 20 si erano ritirati. Di lei si limitarono a scrivere: «Un tipo un po' strano, sempre vestita da uomo, fuori corsa con dei pantaloni alla zuava piuttosto ampi, con i capelli neri tagliati corti, senza ombra di trucco».[11]

Questa partecipazione aveva convinto ancor di più Alfonsina delle sue capacità e così, l'anno dopo, si iscrive nuovamente al Giro di Lombardia, e anche stavolta non sfigura, portando a compimento la gara: arriva ventunesima su 36 partenti, a 23' dal vincitore.

Nel 1924 tenta il grande salto: il Giro d'Italia. Mai una donna era riuscita prima nell'impresa. Mai a una donna fu permesso di farlo dopo. Alfonsina resta l'unica ciclista donna del Giro, anche se circola qualche voce su presunte partecipazioni di atlete come Violetta Pini e Maria Milano. Secondo l'Unione Veterani dello Sport di La Spezia, ad esempio, la Pini «nel 1925 partecipò al Giro d'Italia con gli uomini, e risulta che morì a soli ventidue anni nel 1927: purtroppo si sono perse le tracce delle sue imprese sportive».[12] Dati che non è stato possibile confermare non avendo rintracciato alcun documento ufficiale in cui la ciclista viene citata; è più plausibile che fosse entrata in un gruppo di partecipanti alla corsa durante una tappa, come accadeva sovente in quegli anni. Lo stesso pare avesse fatto Maria Milano, la cui richiesta di poter disputare il Giro è attestata, ma venne respinta.

Su Alfonsina Strada invece dubbi non ce ne sono. Lei, nella sua decisione, portò tutto lo spirito anticonformista, e in qualche modo coraggioso e rivoluzionario, che già la sua divisa di gara esprimeva senza bisogno di parole: pantaloncini corti, calzettoni abbassati, maglia a mezza manica, capelli corti. Niente di femminile, niente di vezzoso: uno scandalo per l'epoca.

Sotto ogni punto di vista, «la bicicletta con Alfonsina Strada divenne coraggio, anticonformismo, tenacia, parità di diritti, pensiero e azione, avventura, fortuna e disperazione».[13] Poteva una tale sfida non essere lanciata nella corsa più amata?

Ad aiutare Alfonsina nell'impresa fu anche una circostanza favorevole. Quell'anno, infatti, alcune squadre importanti avevano avvisato gli organizzatori del Giro che si sarebbero iscritte solo previo pagamento di un ingaggio in denaro, e poiché la loro richiesta venne rispedita al mittente preferirono boicottare la manifestazione, che dunque aveva bisogno di reclutare altri atleti. Doveva pur sempre trattarsi di buoni ciclisti, certo, di atleti che con le loro imprese non facessero sentire la nostalgia degli assenti, capaci pertanto di tenere desta l'attenzione sulla gara, che rischiava altrimenti di diventare una competizione di basso profilo. L'organizzazione decise pertanto di aprire le iscrizioni anche a corridori che gareggiavano senza una squadra, prevedendo tre categorie: Dilettanti, Junior e Fuori classe. Alfonsina Strada, fornita di regolare licenza dell'Unione velocipedistica italiana, venne iscritta nella categoria Dilettanti con chiaro intento promozionale. Per lei si trattava di un'occasione da non perdere, mentre gli organizzatori speravano che far gareggiare una donna potesse assolvere alla necessità di mantenere l'attenzione sulla corsa, spostandola dalle defezioni subite.

Quanto pesò il fattore spettacolarità in questa scelta non lo sapremo mai, ma quel che è certo è che si trattò di una scelta fin da subito contestata dai "puristi" del Giro e da tutti coloro che osteggiavano in generale l'idea di vedere una donna in bicicletta: «I contrari temevano che quella ragazza avrebbe finito per far definire una pagliacciata quell'edizione del Giro, ma soprattutto avevano paura che sarebbe andata incontro a un disastro fisico che l'avrebbe segnata per la vita. "Tutti avevano il fucile spianato" raccontò poi Colombo a Rino Negri della *Gazzetta*, "pronti a spararmi se all'Alfonsina fosse successo qualcosa di grave"».[14]

Poiché l'evento era organizzato dalla *Gazzetta dello Sport*, per convalidare l'iscrizione servì l'approvazione del direttore Emilio Colombo e dell'amministratore Armando Cougnet. Il nome di Alfonsina non apparve subito, né furono fatti annunci preliminari sulla presenza di una donna al Giro. E quando, alla vigilia della partenza, sul quotidiano rosa fu pubblicato l'elenco completo dei ciclisti iscritti, sotto il numero 72 apparve solo il nome di un Alfonsin Strada. Refuso accidentale o voluto? Chissà. Quel che è certo è che anche il *Resto del Carlino*, il giornale della sua Bologna, riportò il nome sbagliato, Alfonsino Strada,[15] immaginando forse che non potesse trattarsi che di un uomo. Così fu fino alla partenza, quando fu svelato finalmente il mistero: Alfonsin, in verità, era una donna.

Il Giro di quell'anno partiva il 10 maggio e si chiudeva il primo giugno, dopo essersi sviluppato lungo un percorso di 3.618 chilometri, frazionati in 12 tappe. Gli organizzatori si sarebbero fatti carico di vitto e alloggio dei concorrenti, oltre a tutti i problemi logistici e organizzativi. La corsa già all'epoca si metteva in moto con una vera e propria dispensa al seguito: «600 polli, 750 kg di carne, 50 kg di burro, 720 uova, 4.800 banane, 4.800 tra mele e arance, 500 kg di marmellata, 300 kg di biscotti, 120 kg di cioccolata, 500 flaconi di zabaglione, 2.000 bottigliette di acqua minerale».[16] Gli iscritti erano 108, anche se i partenti furono solo 90.

L'idea di percorrere oltre 3.600 chilometri in bicicletta costituiva già di per sé una sfida che si preannunciava durissima. Del resto, all'epoca il semplice andare in bicicletta era già di per sé un'impresa eroica, se non altro perché le strade non erano asfaltate: buche, polvere, fango, sterrato e fossati erano la normalità. Le biciclette poi erano autentiche zavorre: pesavano dai venti chili in su e non erano certo paragonabili a quelle di oggi. Chi partiva doveva portare con sé anche i tubolari di riserva, gli attrezzi per riparare eventuali guasti e cibo a sufficienza per reggere ore e ore di fatica. Una tappa poteva durare anche più di dieci ore. Niente ammiraglie, niente integratori o barrette energetiche, niente abbigliamento tecnico. Se pioveva ti bagnavi, se avevi caldo ti spogliavi, se la bici si rompeva dovevi aggiustarla, se ti ferivi dovevi medicarti. E tutto da solo.

Per Alfonsina, bici da uomo e pantaloni alla zuava, l'impresa si prospettava ancora più dura: unica donna presente in un ambiente di soli uomini, per lei non ci sarebbe stata alcuna differenza. Avrebbe dovuto occuparsi della sua bicicletta come tutti gli altri. Avrebbe portato con sé gli attrezzi, come il resto dei suoi colleghi. Si sarebbe arrangiata con il vestiario, come tutti i suoi compagni. E anche lei «nella bisaccia del maglione teneva una spugnetta umida che si passava sulle ferite dopo ogni caduta».[17]

Ma non era certo tipo da spaventarsi o mollare alla prima difficoltà, e non lo fece. Chi la seguì all'epoca, di lei ricorda che «portava i capelli molto corti in modo da non avere la briga di pettinarseli. Ormai per noi era diventata un'abitudine vedercela fra i piedi. Ma c'era qualche novellino che credeva di poter scherzare con Alfonsina. Bastavano due parole dette al momento buono e lo sguardo dei corridori più seri per metterlo a posto. Correva nella categoria "isolati", perciò non poteva fare conto su una Casa, né su un'assistenza organizzata. Mi pare che la bicicletta fosse di sua proprietà, che l'avesse comperata col ricavato di qualche gara femminile. Durante ogni tappa i massaggiatori designavano, a turno, chi tra loro avrebbe dovuto prendersi cura, alla sera, delle gambe di Alfonsina. Prima massaggiavano tutti i loro atleti, poi facevano un salto da colei che i giornali avevano cominciato a chiamare "la corridora". Una passata e via. Spesso accadeva che potessero interessarsi di lei soltanto ad ora tarda. Persino per fare il bagno doveva aspettare che tutti fossero a letto».[18]

Giorno dopo giorno, sudore, fatiche e incidenti avrebbero potuto minare la realizzazione della sua impresa, ma lei arrivava sempre. In ritardo, ma arrivava. Quei ritardi aumentavano tappa dopo tappa, come la fatica e il dolore fisico, ma Alfonsina era sempre lì: ogni giorno sulla linea di partenza e ogni sera su quella dell'arrivo. E più pedalava, più la sua popolarità aumentava. Ali di folla attendevano il suo passaggio, chi per curiosità, chi per incitarla, qualcuno per denigrarla: «Ehi, ragazzi, toccatemi quel che volete, ma non la macchina!» sembra fosse la sua frase più famosa, rimasta ai posteri dopo essere stata annotata da un giornalista.[19]

Lo stupore intorno a questa ragazza era cominciato il giorno della partenza, quando si era presentata puntuale a Porta Ticinese, in perfetta tenuta mascolina. Viene accolta con curiosità dal pubblico e la notizia di una donna al Giro si diffonde in fretta, attraendo molta gente lungo tutto il percorso.

Alfonsina arriva in fondo alla prima tappa – Milano-Genova, di 300 chilometri – con 2h 28' e 26" di distacco dal vincitore, ma lasciando indietro molti avversari: settantaquattresima su 90 partecipanti. Quella sera dorme «nel magnifico albergo popolare in circonvallazione a mare», dove i ciclisti possono riposarsi in linde stanzette pagando tre lire a notte.[20]

La seconda tappa, di 308 chilometri, è la Genova-Firenze. Partenza all'alba, alle 4.40. Cinque corridori danno forfait. Si rompono sterzi e manubri, si registrano forature e cadute. Qualcuno si ritira, sopraffatto dai dolori. La media è di 24-25 km/h. Al traguardo arrivano in 65 e Alfonsina sconta 2h 6' e 5" di ritardo sul vincitore, piazzandosi al cinquantaseiesimo posto.[21] A Firenze i ciclisti dormono su brandine militari collocate in un teatrino parrocchiale.[22]

La terza tappa parte da Firenze in direzione Roma: 284 chilometri. Al via sono rimasti in 62 su 67 qualificati. Il *Corriere della Sera* del 14 maggio riferisce: «Molta folla stamattina a Porta Romana per la partenza della terza tappa del Giro d'Italia. Si apprende il ritiro di Linari, di Berni e del triestino Schalg. Il pubblico applaude Gay e Aymo; è fatta segno anche a vivi applausi da parte della folla Alfonsina Strada. Alle 5.20 lo starter dà il segnale della partenza e il numeroso gruppo si avvia per la strada polverosa seguito per buon tratto da numerosi ciclisti».[23] Durante la tappa si ritirano Belloni, Ferrari e Aymo, ma come riferisce il cronista «la corsa può offrire ancora degli aspetti interessanti per la combattività dei giovani elementi».[24] Del resto anche la prima pagina della *Gazzetta dello Sport* di quel 14 maggio aveva sottolineato come, nonostante i ritiri eccellenti, «gli uomini nuovi che si dimostrano valorosi sono in numero notevole». Si parla di andature sorprendenti, a tratti superiori ai 32 km/h: «Se la gara ci avvince e ci esalta è appunto perché i suoi partecipanti, nella quasi totalità e in proporzione ai singoli valori, superano ogni più ottimistica previsione».[25] Dunque, un Giro di livello, come si sperava alla vigilia, e non un Giro di serie B: «Il dodicesimo Giro d'Italia conferma l'impressione del migliorato grado di forma dei minori *routiers*».[26]

A Firenze è ormai evidente che «il dodicesimo Giro d'Italia appassiona le folle. Anche ieri, ovunque e a qualunque ora, malgrado la giornata feriale, la folla ha offerto uno spettacolo che non è più nuovo ma che conforta sempre. Vi è per Alfonsina Strada, ad esempio, un interessamento morboso. Questa corritrice è davvero degna di ammirazione. Batte gli uomini! In senso sportivo, il fatto è sorprendente. In un Giro d'Italia ciclistico la cosa è più che sorprendente. Intanto "Alfonsina" è all'ordine del giorno. È cercata, scortata, applaudita. Sul percorso tutti chiedono di lei. All'arrivo la coprono di fiori e le offrono ospitalità e regali. Lungo la via la gente la scorta e la applaude... Benché contusa la Strada ripartirà».[27]

Altri, invece, sono gli atleti che non ripartiranno. A fianco dell'articolo che presenta la tappa con dovizia di particolari e nomi, *La Gazzetta dello Sport* ne dedica un altro al ricevimento che si tiene a Palazzo Vecchio, nel Salone dei Cinquecento, in onore dei protagonisti del Giro. Ad accoglierli è il sindaco, l'avvocato Antonio Garbasso, «che si compiaceva di stringer loro la mano e offrire un rinfresco».[28] Ma la star dell'evento è solo una, Alfonsina: «Accolta da un applauso, ormai agli applausi si è abituata e come fa presto una donna, giunse anche Alfonsina Strada, che pur senza troppo commuoversi accolse un bel mazzo di rose galantemente offertole, con un vermouth, una tartina e non so quanti dolci, dall'on. Capanni. In sole due tappe la popolarità di questa donnina si è fatta più grande di quella di tutti i campioni assenti messi insieme. Lungo tutto il percorso della Genova-Firenze non si è sentito che chiedere: c'è Alfonsina? viene? passa? arriva? A mortificazione dei valorosi che si contendono la vittoria finale, è proprio così. È inutile, tira più un capello di donna che cento pedalate di Girardengo e di Brunero. Che costoro non abbiano voluto correre nell'odierna prova intuendo questo pericolo? C'è da crederlo. L'attenzione, l'attesa, la curiosità delle folle non è stata tanto per coloro che erano in testa, quanto per colei che veniva in coda. A Rapallo, a La Spezia, a Massa, a Lucca, a San Marcello, a Pistoia, in ogni borgo, in ogni paesetto, ai margini di tutte le faticose strade, gli occhi scrutavano il passaggio dei singoli corridori per iscoprire Alfonsina – *tout court* – così. E costei, modesta in tanta gloria, continuava a pedalare tra gli applausi, le grida festose, gli incoraggiamenti, solo preoccupata di raggiungere la meta. Le dicevano: Forza, Alfonsina. I primi non sono avanti che di cinque minuti! La tenace donnina rideva, ben consapevole che i cinque minuti si erano già moltiplicati per sei o per dodici e che si sarebbero moltiplicati anche per ventiquattro. Non importa, pur di essere nel tempo massimo. La sua ambizione, il suo proposito è quello di compiere la corsa, non di vincere traguardi. Ripeto, se ci riesce, sarà sempre per lei una gran bella vittoria. Bologna, che vanta tante donne piene di grazia e di virtù, dovrà in tal caso annoverare tra le sue concittadine anche un'eroina. Una donna che mantiene la parola data non è roba di tutti i giorni né di tutte le epoche. D'altronde a quale scopo, per quale vanità sforzarsi di arrivare un paio d'ore prima? Alfonsina non contende la palma a nessuno, vuol solo dimostrare che anche il sesso debole può compiere quello che compie il sesso forte. Che sia un'avanguardista del femminismo che dà prova della sua capacità per reclamare più forte il diritto al voto amministrativo e politico? Dunque, arrivare prima perché, se tutti i maschi meno uno arrivano dopo, minuto od ora più o meno? Tanto ormai il calore più intenso degli applausi è per lei e il pubblico, come quello di ieri al velodromo fiorentino, ha avuto la costanza di attenderla per tributarglieli. Ad ogni squillo di tromba annunziante un arrivo la folla delle tribune e del prato si agitava tutta gridando: È Alfonsina! È Alfonsina! Finalmente il 56°, fu quello, e l'ingresso in pista di questa fragile creatura, che pur non tradisce lo sforzo, venne salutato da un'interminabile ovazione. Ripeto, la cronaca è questa e non si muta. C'è già da sentire i ritornelli e le canzoncine a base di Alfonsina. I toscani non ci mettono né sale né pepe. I primi spunti si sono già sentiti in vetta a Piastre, dopo San Marcello, dove c'è una sorgente d'acqua freschissima, come la vena poetica di queste popolazioni…».[29]

A Firenze, dunque, la popolarità di questa ciclista è già alle stelle. La tappa successiva, Firenze-Roma, è movimentata da distacchi e ricongiungimenti, salite, forature, soste per il cambio del rapporto. Alla fine, 60 corridori giungono al traguardo entro il tempo massimo:[30] «Tra essi, al 57° posto, è pure Alfonsina Strada, la corritrice che, partita per il Giro semplicemente senza pretese, non si aspettava certo di diventare l'eroina della corsa».[31] La sua popolarità aumenta chilometro dopo chilometro: «A Roma venne a farle visita anche un ufficiale del re Vittorio Emanuele III, con un ricco premio in quattrini…».[32]

In queste prime tre giornate la media della corsa è alta: circa 26 km/h, non poco considerando le condizioni delle strade. Anche la quarta tappa, la Roma-Napoli, si corre a una media superiore ai 25 km/h. La giornata è mite, ma funestata da un percorso molto accidentato sul finale. Si parte da Roma alle 6.55. Tra i 56 corridori schierati sulla linea di partenza «naturalmente anche Alfonsina Strada, cui ieri i romani fecero onori di casa entusiastici regalandole persino una tenuta da corsa nuova fiammante».[33] Non tutti completano i 249,3 chilometri della tappa, si registrano tre ritiri. Alfonsina è penultima, a 2h 21' e 4" dal vincitore, ma il pubblico l'attende all'arrivo e la festeggia come fosse lei il campione del giorno: osannata e omaggiata con regali di ogni sorta.

La quinta tappa si corre da Potenza a Taranto ed è preceduta da uno spostamento in treno da Napoli a Potenza. L'organizzazione del Giro si premura che la signora Strada viaggi in una carrozza per sole donne. Il giorno successivo si parte da Potenza alle 6.55. Alcuni corridori non si sono svegliati in tempo e raggiungono il gruppo con qualche ora di ritardo, tentando di rientrare in corsa. Forature e guasti alla catena impongono altri ritiri, mentre il cronista sottolinea come gli atleti avevano dovuto riempire le borracce di alluminio con l'acqua, essendo impossibile lo scambio con quelle già piene a causa di un deragliamento del treno che doveva portarle da Matera.

La Potenza-Taranto una tappa di 265 chilometri, etichettata come molto dura nonostante non sia lunghissima: «La temperatura non è stata molto calda, ma la strada, coi suoi saliscendi continui e il suo fondo polveroso seminato di grossi ciottoli, ha imposto ai corridori una fatica snervante. Attraverso la Basilicata ed in Puglia la popolazione ha fatto alla carovana del Giro accoglienze molto festose».[34]

Alfonsina arriva terz'ultima, con tre ore di ritardo sul primo. Altri corridori, senza più forza per proseguire, si ritirano. La sua partecipazione, intanto, deve fare i conti ogni giorno con qualche aspetto legato all'insolita convivenza con una carovana di soli uomini: «Durante le corse accade che i corridori siano soggetti, come dire, a necessità fisiologiche che soddisfano senza scendere di sella. Alfonsina Strada lo sapeva bene e, per non mettere in imbarazzo i suoi compagni di gara, si lasciava staccare frenando e pedalando lentamente fin che… tutto non fosse passato. Per il resto era come uno di noi, in tutto e per tutto. Durante quel Giro d'Italia non l'ho mai veduta indossare un abito femminile. Nei giorni di riposo si metteva un paio di calzoni alla zuava, un maglione ed un berrettino sportivo inglese ed andava in giro per la città che ci ospitava da sola, sempre da sola. A volte si sedeva al nostro tavolo e le piaceva se, per complimento, le dicevamo che si era comportata bene. Mangiava poco e ci sono dei corridori che possono dire di aver potuto superare tremende crisi di fame grazie ai bocconi passati loro da Alfonsina. E lei arrivava sfinita».[35]

La sesta tappa, Taranto-Foggia, è dura: «nove ore di corsa sulle più brutte strade d'Italia»,[36] caratterizzate da un «polverone alto e denso»,[37] da «un'arsura asfissiante».[38] «La partenza da Taranto è data alle 7.25. La marcia è subito difficile. Un alto strato di polvere maschera la superficie tormentata della strada e nasconde persino grossi ciottoli, contro i quali urtano violentemente le ruote delle biciclette e delle automobili. Molte sono perciò le cadute, i pedali contorti, i raggi spezzati, le catene saltate».[39]

Alfonsina è lì, non si risparmia e il pubblico l'attende, la sostiene: «A Fasano gli sportivi indigeni consegnano ai passeggeri di un'automobile una coppa per Alfonsina Strada, segno della loro ammirazione per la coraggiosa e tenace corritrice».[40]

I 230 chilometri vengono percorsi alla media di 25 km/h. Anche in questa tappa si registrano ritiri eccellenti, come quello di Adriano Zanaga, terzo nella classifica generale. Alfonsina arriva quarantanovesima e ultima, con il tempo di 11h 49' e 22". È stremata. Era caduta, si era rialzata e aveva proseguito nonostante tutto. Intanto dei 90 che erano partiti ben 41 si erano già ritirati.

La tappa successiva è la Foggia-L'Aquila. Si superano i 300 chilometri, inerpicandosi sui monti d'Abruzzo, con salite fino ai 1.300 metri dell'altopiano dei Cinquemiglia. L'appennnino abruzzese presenta subito difficoltà gravi per i ciclisti, tanto che Federico Gay perde il primo posto in classifica generale. Sulla linea di partenza, alle 4.20 del mattino, sono 46 i superstiti del Giro e il vincitore impiega oltre dodici ore per arrivare. Alfonsina quindici, quarantatreesima e ultima con il tempo di 15h 34' e 17". La gente l'aspetta con trepidazione: «A L'Aquila gli appassionati fecero una colletta e le offrirono 500 lire, una somma enorme per quei giorni. E lei andò alle Poste e fece due misteriosi vaglia, uno indirizzato ad un manicomio e l'altro ad un collegio di suore. Si venne poi a sapere che in quel manicomio di Lombardia viveva senza speranza suo marito, Luigi Strada. E che fra le suore studiava la figlia di una sua sorella emigrata in Francia, una figlia che in tanti poi erroneamente vollero attribuirle».[41]

Dopo una giornata di riposo, si parte per l'ottava tappa: L'Aquila-Perugia, di 295 chilometri. Per Alfonsina alla stanchezza si aggiunge la rottura del manubrio (che, si dice, sostituisce con un pezzo di manico di scopa). Arriva al traguardo fuori tempo massimo (dopo quattro ore) e per regolamento andrebbe esclusa. Già nella tappa precedente, però, l'organizzazione era stata clemente con i colleghi Luigi Aperlo e Antonio Cividini, arrivati fuori tempo massimo, ma ammessi *sub judice* in attesa delle decisioni dell'U-vi. Perché mai non potevano esserlo anche con lei? Qualcuno si muove in sua difesa. La corsa si era svolta sotto il diluvio, lei forse era anche caduta, forse si era ferita, aveva rotto il manubrio…

La verità è che Alfonsina era diventata troppo popolare per essere mandata a casa. Tutti la volevano vedere, l'attendevano al traguardo, volevano la sua foto autografata, scommettevano sui suoi piazzamenti. Qualcuno faceva collette per sostenere la sua corsa. Lei aveva già intascato più di un vaglia postale oltre a fiori, medaglie e regali. Conoscono le sue imprese il re, Mussolini e D'Annunzio. Come si poteva mandarla a casa? Si arriva perciò a un compromesso: le sarebbe stato consentito di concludere la corsa, ma fuori classifica, assicurandole vitto, alloggio e assistenza (da parte del direttore della *Gazzetta dello Sport*). Le viene comunque ordinato che, una volta arrivata in albergo, avrebbe potuto lavarsi solo dopo che tutti i ciclisti fossero andati a letto, mentre per quanto riguardava il massaggiatore, avrebbe dovuto ogni volta cercare qualcuno disposto a prendersi cura di lei.

Nelle tappe successive Alfonsina non si perde d'animo. La nona frazione la riporta verso casa: Perugia-Bologna, 280 chilometri, partenza alle sei del mattino. La pioggia appesantisce il percorso e le difficoltà del tragitto non sfuggono all'attento cronista del *Corriere della Sera*, che sentenzia come, per giungere al traguardo, occorresse «dare sfoggio di doti di fondo e grande volontà».[42]

Federico Gay, tra i favoriti per la vittoria finale, ha un guasto al freno e mentre è intento a risolvere il problema, «all'inizio della salita si vide sorpassato anche da Alfonsina Strada».[43] Chilometro dopo chilometro, fatica dopo fatica, Alfonsina prosegue, togliendosi la soddisfazione di chiudere la tappa davanti ad ali di folla e ai suoi stessi familiari, che stavolta vengono ad applaudirla. Quella sera Alfonsina riposa a casa sua, forse per restare in famiglia o forse perché i suoi 33 compagni rimasti in gara sono ospitati in spaziose camerate della Divisione militare.

La pioggia, sottile e insistente, fa da corollario alla partenza della tappa successiva, la decima, da Bologna a Fiume, di ben 414 chilometri. Partenza a mezzanotte e tre quarti: «Dietro la macchina della giuria si sono incolonnati i corridori fatti segno ad applausi particolarmente calorosi all'indirizzo di Gay e di Alfonsina Strada che, per quanto fuori gara, continua la corsa».[44] Ormai «la presenza di Alfonsina portò ai bordi delle strade il gentil sesso e si può dire, senza tema di smentita, che la Strada avrebbe potuto banchettare tutti i giorni, perché ovunque le veniva offerto di fermarsi a prendere qualcosa che la ristorasse e la rinforzasse. Cartelli, fiori, striscioni, erano per lei che si ostinava a fare quello che facevano gli uomini».[45]

Alla tappa di Fiume Alfonsina giunge con 25 minuti di ritardo: «Ma la gente l'aveva aspettata, voleva vedere quel fenomeno di donna la quale, benché fosse fuori tempo massimo fino dalla tappa dell'Aquila, aveva voluto continuare impavida a pedalare. Appena entrò in pista, ciondolando, le saltarono addosso a decine per farle festa. Lei era tutta un'escoriazione alle gambe ed alle braccia e piangeva, poverina, piangeva e gridava che la lasciassero stare che le si scrostavano le ferite».[46]

Anche a Fiume non mancano, oltre agli applausi, le concrete manifestazioni di affetto. Alfonsina riceve mazzi di fiori, due stelle d'oro (una dagli Arditi Ferrovieri e una dalla S.S. Olimpia) e il ricavato di altre sottoscrizioni a suo favore, che ormai erano una costante.

La curiosità di questa tappa è che per la prima volta la Strada parla della sua vita privata e confida all'inviato del *Guerin Sportivo* la necessità di correre per poter aiutare un marito in manicomio e una nipote in collegio: «Sono una donna, è vero. E può darsi che non sia molto estetica e graziosa una donna che corre in bicicletta.

Vede come sono ridotta? Non sono mai stata bella; ora sono… un mostro. Ma che dovevo fare? La puttana? Ho un marito al manicomio che devo aiutare; ho una bimba in collegio… Ho le gambe buone, i pubblici di tutta Italia… mi trattano con entusiasmo. Non sono pentita. Ho avuto delle amarezze, qualcuno mi ha schernita; ma io sono soddisfatta e so di aver fatto bene».[47]

Durante la tappa successiva, da Fiume a Verona lungo 366 chilometri, la mattina presto i ciclisti transitano per Trieste, e «alle 6.20 assai applaudita passa Alfonsina Strada».[48] I ciclisti sono rimasti in 30, più i tre fuori gara, e la tappa appare monotona e stanca. Si marcia a una media di 20 km/h, nel corso di una mattinata calda e lungo strade al solito polverose. La carovana attraversa Trieste, Monfalcone, Palmanova e Treviso. A Vicenza quasi tutti i corridori sono ancora insieme, «e con essi persino Alfonsina Strada che compie il Giro ormai fuori gara»,[49] ma è sempre lì. Non molla. E non mollerà fino alla fine.

L'ultima tappa, il 2 giugno, è la Verona-Milano: 313 chilometri che portano i corridori sul traguardo del velodromo Sempione. Alla meta il gruppo dei 30 superstiti giunge compatto, al termine di una frazione piatta, che non registra fughe, scaramucce o altri episodi degni di nota. Dal punto di vista tecnico, qualche cronista registra che «il Giro di quest'anno sarà ricordato per l'applicazione che in esso venne fatta per la prima volta del criterio della corsa strettamente individuale colla soppressione, cioè, della cosiddetta tattica della squadra. Le varie forme di collaborazionismo dei gregari al successo della marca e del campione maggiore non poterono manifestarsi apertamente in questo Giro e tutte le volte che di esse si ebbe menzione, la giuria provvide a punire i colpevoli».[50]

In realtà, l'edizione del Giro d'Italia di quell'anno è destinata a passare alla storia come l'unica alla quale abbia gareggiato una donna. Il comportamento di Alfonsina è encomiabile: «Si deve dire che appena due volte giunse ultima di tappa, e che soltanto in una giornata fu fanalino di coda nella teorica classifica generale. A Perugia, a due terzi della corsa… in una classifica non ufficiale Alfonsina era a quel punto quarantunesima, con un ritardo di 21h, 14' e 57" dal primo».[51]

A Giro ormai concluso, Emilio Colombo di lei scrive: «La Strada ha dato prova di non avere eguali nella storia del ciclismo, per quanto sarebbe augurabile che essa trovasse ragione di gareggiare con avversari del proprio sesso».[52]

Per la cronaca, quel Giro lo vince Giuseppe Enrici. Al traguardo dell'ultima tappa, dei 108 iscritti e dei 90 partiti ne sono arrivati solo 30. Alfonsina chiude al trentunesimo posto, fuori classifica, e si dice che questa partecipazione le sia valsa 50.000 lire,[53] raccolte attraverso varie donazioni innescate dalla sua grande popolarità. Una casa di tubolari le aveva invece assicurato vitto e alloggio e «un premio di 200 lire».[54] Correva per passione e per necessità: «Non aveva nessuna delle ambizioni che fanno della donna una femmina scaltra. Non credo neppure che si sia mai guardata allo specchio».[55]

In quel Giro d'Italia Alfonsina aveva dimostrato, soprattutto a sé stessa, e a tutto il mondo dello sport e non solo, che una donna era stata in grado di compiere un'impresa che sembrava fino a quel momento impossibile. Aveva corso e sofferto come i suoi colleghi uomini, ma a differenza di molti di loro non aveva mai mollato. Non si era ritirata. Non aveva vinto la corsa, ma aveva vinto la sfida: «Fu, questo, un capolavoro di coraggio e di volontà. Dodici tappe e 3.618 chilometri: nessuna donna prima di lei si era mai avventurata in un'impresa del genere, tra uomini che non erano certo avvezzi a delicatezze e che la fatica, su strade affogate di polvere e fango, rendeva pesantemente sgarbati».[56]

Di lei hanno scritto in molti, spesso mettendo in evidenza più le sue caratteristiche fisiche che atletiche: «Robusta e non bella, Alfonsina Strada era considerata dai corridori una specie di portafortuna»,[57] e ancora: «Le gambe di Alfonsina non avevano nulla di femminile. La lunga pratica della bicicletta le aveva rese grosse e potenti. Quando non correva, la Strada raramente indossava abiti femminili. Preferiva i calzoni alla zuava ed i maglioni».[58]

Il 3 giugno, il giorno dopo la chiusura del XII Giro d'Italia, a differenze di quel che dicono le cronache Alfonsina non è per nulla distrutta, perché partecipa a una riunione ciclistica al velodromo Libertas di Firenze, con Girardengo, Linari e altri corridori importanti. Il suo nome viene citato tra quelli più illustri presenti alla manifestazione, la sua fama la precede.[59]

Dieci giorni dopo Alfonsina partecipa a un'altra riunione ciclistica, questa volta in programma al velodromo di Padova. Gareggia nella specialità "Giro d'Italia in pista", ovvero 12 traguardi intermedi da tagliare lungo 39 chilometri, nella quale Girardengo e Linari la fanno da padroni. Non vince alcuna frazione, ma nella classifica finale è citata con questa nota: «Ha terminato questa veloce corsa doppiata di un solo giro».[60]

La partecipazione al Giro d'Italia del 1924 è destinata a restare un episodio unico nella carriera di Alfonsina. L'anno dopo, infatti, non le permisero di iscriversi, come non permisero più a nessuna donna di parteciparvi. Negli anni seguenti, Alfonsina Strada gareggia in altre corse contro gli uomini e si esibisce in luoghi come circhi, fiere e teatri. Si lancia con la bici giù da un trampolino di 12-15 metri, pedala nel giro della morte, si cimenta in esibizioni sui rulli o nei varietà. Del resto il ciclismo femminile non è considerato un vero sport, ma più un'esibizione, e Alfonsina sfrutta il suo momento di popolarità anche all'estero, in Spagna, in Francia (dove è soprannominata "la Lisette italiana"), in Grecia e in Lussemburgo. Alfonsina è una donna emancipata e senza paura: viaggia da sola, organizza la sua vita (il marito, ricoverato da tempo in manicomio, muore nel 1942), gestisce la sua immagine e i suoi guadagni. Inizia, in questi anni, il suo sodalizio con Carlo Messori, ex ciclista e velocista di rango, che ai suoi tempi era stato uno dei migliori corridori su pista, insieme con Mori e Moretti ("I tre M della velocità"). Con Messori, uomo grande e grosso che sfiora i due metri di altezza, Alfonsina gira l'Italia e l'Europa per esibizioni che la rendono famosa. Nel 1934 partecipa al primo Campionato del mondo femminile di ciclismo su pista, che si svolge a Bruxelles il 16 settembre, su un circuito di 2.500 metri da compiere 40 volte. Gareggia con i colori della Montmatre Sportif e arriva quindicesima.

Nel 1937, a Parigi, batte la campionessa francese Eliane Robin e l'anno dopo, a quarantasette anni, stabilisce a Longchamp il record dell'ora femminile con 35,280 chilometri, e a Saint-Germain il primato mondiale femminile delle 12 ore, con 325 chilometri percorsi. Per il regolamento del tempo non le fu mai permesso di partecipare ai Campionati del mondo maschili, anche se qualcuno era convinto che non avrebbe sfigurato, visto che in pista riusciva spesso a tenere testa anche a Ottavio Bottecchia.

Nel 1939 Alfonsina torna a Milano e con i guadagni compra una casa. La sua vita, anche quella privata, non smette mai di intrecciarsi con il ciclismo, neanche dopo il ritiro dalle corse. Nel 1950, dopo la morte del marito, sposa Carlo Messori e con lui apre un negozio di biciclette con annessa un'officina di riparazioni: «Nessuno come lei sapeva rappezzare quell'esile nastro di seta che congiunge il battistrada di gomma alla cerniera del cerchione. Era una maga che riusciva con la pazienza e la passione a far rivivere quella scassata anima della bicicletta che era il tubolare, bene pressoché introvabile durante la guerra».[61]

Nel 1953 rimane vedova per la seconda volta e continua a gestire da sola il negozio, ad andare in bicicletta e a seguire le corse ciclistiche. Si preoccupa di insegnare ai ragazzi come aggiustare le biciclette, dando consigli anche sulle tecniche di allenamento. Con il ciclismo non si era arricchita, anche se si vociferava che in casa avesse molti premi preziosi e doni ricevuti nel corso della carriera: «Aveva collane, braccialetti, medaglie, persino un diadema che si metteva in capo il sabato grasso. Avrà avuto un chilo d'oro».[62]

Si dice che grandi campioni come Coppi, Bartali e Magni, quando capitavano a Milano, andassero volentieri a salutarla nel suo negozio. Molti per lei avevano parole di stima: da Cougnet a Giardini, Colombo, Cattaneo, Lattuada, Girardengo e tanti altri.

Alla fine della carriera aveva vinto 36 gare gareggiando contro gli uomini, l'ultima delle quali, una gara di vecchie glorie organizzata a Nova Milanese nel 1956, a sessantacinque anni. Oltre alle due ruote, che l'avevano vista sfidare il mondo, Alfonsina viaggiava anche in sella a una moto Guzzi, fedele all'immagine di donna intraprendente capace di rompere gli schemi della cultura del periodo. Il 13 settembre 1959, a sessantotto anni, appena rientrata con la sua moto da una trasferta per assistere alla Tre Valli Varesine, muore stroncata da una crisi cardiaca, cadendo riversa sulla moto che aveva appena parcheggiato.

Alfonsina è seppellita nel cimitero di Cusano Milanino. Sulla sua tomba è stata collocata una bicicletta di bronzo. La sua vecchia bicicletta, invece, è conservata al Ghisallo Cycling Museum, nei pressi dell'omonimo santuario sopra Bellagio, tra le biciclette che hanno fatto la storia del ciclismo.

Oltre ad aver scritto una pagina importante di questa storia, con la sua vita Alfonsina ha ispirato scrittori, giornalisti, fotografi, cantanti e artisti. «Alfonsina era in contatto con una voce interiore che la spingeva ad andare oltre le barriere di genere e sociali. Aveva una dote innata: la capacità di far fronte a ostacoli, l'autostima, la convinzione di essere capace di raggiungere gli obiettivi che si prefissava. Era perseverante, risoluta, indipendente e piena di passione» ha raccontato Ilona Kamps, fotoreporter olandese che la storia di Alfonsina l'ha resa un libro: *Alfonsina, Cycling is my life*.[63]

«A guardarla in quelle foto sbiadite in bianco e nero, in sella alla sua bicicletta in pantaloncini corti, non ha nulla a che spartire con le misure e le silhouette delle sportive dei nostri giorni. Piccola e muscolosa, capelli corti e capricciosi intorno un viso paffuto con un sorriso appena accennato» ha scritto Rita Celi sulla *Repubblica* del 9 ottobre 2010. «Alfonsina Strada, bolognese, classe 1891, è stata una "suffragetta" delle cicliste».[64]

A lei i Têtes de Bois hanno dedicato una canzone, *Alfonsina e la bici*, di cui una strofa recita:

Alfonsina arriverà comunque vada
Alfonsina, Alfonsina Strada
Alfonsina arriverà comunque vada
Alfonsina, Alfonsina Strada
Dove c'era Alfonsina ormai c'è una zona wi-fi
e con gli occhi l'ho cercata tra le stelle
quelle che a Milano non puoi più vedere…

La canzone è inserita nell'album *Goodbike*, dal quale è stato tratto anche un video con protagonista Margherita Hack, che in un'officina maneggia attrezzi, manubri, catene e telai.

Molti sono anche gli spettacoli ispirati a lei. Tra questi *Finisce per A*, una storia di Eugenio Sideri andata in scena la prima volta alla Biblioteca Casa del Parco, a Roma, nell'ambito della festa "W la bici", e poi portata in giro per l'Italia. Più di recente, le è stato dedicato lo spettacolo *Ruote Rosa*, scritto e diretto da Carmen Pellegrinelli, che tra ironia e poesia racconta a suo modo una storia originale: «Quella di Alfonsina è una storia anti-eroica, fatta di entusiasmo, fatica e grande spinta ideale. Con la sua vita ha raccontato due forti passioni: la bicicletta e la libertà dagli stereotipi di genere. È successo quasi cento anni fa, ma ancora oggi ne abbiamo bisogno. Se una donna riesce a conquistare uno spazio pubblico, non lo fa mai solo per sé».[65]

In occasione della partenza del Giro d'Italia 2010 da Amsterdam, è stata pubblicata l'edizione olandese del libro *Gli anni ruggenti di Alfonsina Strada*, mentre *Ruote rosa. Storia di Alfonsina Morini Strada, ciclista* è il titolo dell'ultimo spettacolo messo in scena, nell'ambito delle iniziative collaterali al Giro Rosa 2019, da Michele Eynard e Federica Molteni della compagnia Luna e Gnac di Bergamo.

La sua è la storia di una donna che resterà per sempre un simbolo per tutto il ciclismo femminile: «Alfonsina Strada non avrà un posto nell'albo d'oro del ciclismo che, per presunzione e per tradizione, è attività maschile: il suo nome dice poco già adesso ai giovani corridori, figuriamoci fra qualche anno. Ma non è un nome senza significato nella grande eloquenza umana dello sport, poiché è stato portato da una donna in un tempo nel quale anche la bicicletta serviva alla protesta delle femministe. Ma forse Alfonsina correva solo per passione; il che, dopotutto, è più nobile».[66]

E c'è anche chi, alla sua morte, ha scritto: «In fondo, il movimento femminista italiano deve pure qualche cosa a questa Alfonsina Strada, a questa robusta signora di sessantotto anni, dai capelli candidi, che, in una botteguccia di via Varesina a Milano, campava l'esistenza riparando tubolari di biciclette ai corridori che non hanno ancora raggiunto la gloria e che è morta di schianto per la fatica di pigiare sul pedale d'avviamento della sua grossa motocicletta. Il femminismo italiano non ha creduto di fare di questa donna la sua bandiera, contraltare latino agli isterismi inglesi della Pankhurst e delle sue seguaci. Peccato, ché la bonaria polemica velocipedistica di Alfonsina avrebbe giovato più di tutte le battaglie intellettualistiche sull'emancipazione della donna».[67]

Partigiane (e non solo) in bicicletta

Se il periodo fascista aveva in qualche modo contribuito a sdoganare l'immagine della donna sportiva, va riconosciuto che l'impiego delle biciclette da parte delle giovani della Resistenza contribuì non poco a diffondere un'immagine diversa della donna ciclista. In occasione del 70° anniversario della Liberazione, l'Unione italiana sport per tutti (Uisp) e l'Unione donne italiane (Udi) hanno realizzato il documentario *Le ragazze del '43 e la bicicletta* per raccontare il contributo dato dalle staffette partigiane: «Le donne nella Resistenza erano in gran parte giovani e giovanissime e per il loro impegno hanno usato i mezzi semplici e poveri che avevano a disposizione, come la bicicletta. Questa, proibita come pericolosa dai nazisti, rimane il simbolo dell'impegno di una nuova generazione di uomini e di donne per la libertà del nostro paese, e aiuta a comprendere il coraggio e la generosità di quella storia».[68]

La bicicletta è stata uno dei mezzi più utilizzati dall'attività clandestina, in cui erano impiegate soprattutto ragazze molto giovani, per destare meno sospetti. Queste facevano da collegamento tra le varie formazioni partigiane, trasmettendo ordini, informazioni, armi, munizioni ed esplosivi. Portavano anche cibo e medicinali a chi ne aveva bisogno, e aiutavano le famiglie in difficoltà e i parenti dei deceduti. L'impegno delle staffette aiutò a far diffondere l'immagine di un uso della bicicletta diverso da quello legato al tempo libero, alle gare, alle gite spensierate, e in aggiunta stemperava l'idea che l'uso delle due ruote da parte di una donna fosse moralmente sconveniente.

La bicicletta, che era già stata usata come strumento di propaganda per portare più velocemente ordini e messaggi durante i primi scioperi, vede ora diffondersi un suo «uso politico»[69] e le donne ne sono le protagoniste. È così importante il loro ruolo che «la maggior parte dei racconti che si soffermano sugli eventi della Resistenza sono scritti da donne. Quasi a voler riscattare quella misoginia diffusa che fin dall'origine accompagna il rapporto tra donne e bicicletta, [...] la bicicletta diventa uno strumento di riscatto: vuoi grazie alla partecipazione alla Resistenza, vuoi attraverso un senso di sfida lanciato a padri e mariti diffidenti, vuoi attraverso le gare che le donne intraprendono con i maschi».[70]

Tra le donne della Resistenza vi erano quelle che avevano aderito ai Gruppi di difesa della donna, formati da donne antifasciste alla fine del 1943:[71] «Ogni volta si trattava di superare quattro o cinque posti di blocco [...] per mesi avanti e indietro Modena-Bologna: 40 chilometri in bicicletta ogni volta con il brutto tempo, la pioggia, la neve, i mitragliamenti in una campagna dilaniata dalle rappresaglie partigiane e dai rastrellamenti tedeschi».[72]

C'erano le staffette delle brigate comuniste, che facevano la spola tra Cortina d'Ampezzo e il Cadore; c'era la milanese Onorina Brambilla, nome di battaglia Sandra,[73] reclutata a neanche vent'anni, che con la sua bellezza e il suo sorriso dava meno nell'occhio mentre trasportava, sulla sua bici azzurro mare, esplosivo e informazioni a Milano, fino al giorno della sua deportazione. C'erano tante, tantissime donne, molte rimaste sconosciute, altre che hanno lasciato la loro testimonianza, come Marisa Rodano, Lidia Menapace, Luciana Romoli, Tina Costa, Liliana e Lina Cecchi, Didala Ghilarducci, Tiziana Bonazzola detta Bianca, Bianca Diodati, Jenny Wiegmann Mucchi, Stellina Vecchio detta Lalla, Anna Gentili detta Lidia, Gina Bianchi detta Lia, uccisa dai tedeschi il giorno della Liberazione. C'era Anna Maria Enriques Agnoletti, che curava i contatti tra i gruppi partigiani di Firenze, tradita, incarcerata e torturata per una settimana, senza mai tradire i suoi compagni. Viene fucilata il 12 giugno 1944, a Cecina.

Ci sono donne come Cesarina Veneri, che racconta di quando da Carraie, passando per Faenza, aveva raggiunto la Toscana: «Non so quanti chilometri percorremmo, so solo che partimmo all'alba e pedalammo fino alle 16 circa. Ero distrutta, anche perché avevo il copertone forato e continuamente dovevo fermarmi a gonfiarlo».[74]

O di quella volta che venne fermata da una pattuglia di tedeschi, ma «fortunatamente una folata di vento mi sollevò completamente la gonna, scoprendomi le gambe. I soldati si misero a ridere, guardando compiaciuti».[75] E così ebbe salva la vita.

C'è il racconto di Zelinda Resca, staffetta portaordini, che trasportava armi e munizioni nascoste in capienti borse, dove venivano poi posate patate o cipolle per coprire il loro vero contenuto. Quando una partigiana veniva fermata, «anche se veniva colta da una speciale tremarella, sfoggiava un grande ed accattivante sorriso, *che a quell'età era una cosa bella*».[76] E, intanto, pedalava perché «nel nostro lavoro di staffetta, la bicicletta era indispensabile, altrimenti bisognava andare a piedi».[77]

C'era Maria Pagani, nome di battaglia Ebe. C'era Francesca Meneghin di Vittorio Veneto, che davanti al presidente della Repubblica, in occasione della celebrazione del 25 aprile 2019, ha ricordato i suoi trascorsi di staffetta partigiana in bicicletta insieme a Tina Anselmi, sottolineando che senza quelle donne la lotta si sarebbe probabilmente prolungata. C'era Maria Assunta Fonda, casalinga piemontese, che racconta come fosse indispensabile mettere tutta la forza possibile sulle gambe quando si udivano i rumori delle camionette tedesche in avvicinamento, «pedalando su sentieri impossibili fra cespugli e rovi»;[78] ed Ester Maimeri, adolescente arruolata come staffetta partigiana in Val d'Ossola, scelta perché, a differenza delle coetanee che stavano a casa, era l'unica ragazza che di solito girava su due ruote. Il padre dirigeva uno stabilimento chimico e lei possedeva una fiammante bicicletta argentata e indossava giacca a vento e pantaloni da sci. Dava così tanto nell'occhio che nessuno immaginava potesse essere una staffetta partigiana: «Vado veloce, i chilometri da fare sono tanti fino a quasi Omegna e poi su, per la valle, e il tempo è poco. Prima che si faccia buio devo già essere a Pieve. Per fortuna sono ben allenata, i sessanta e più chilometri da fare tra andata e ritorno non mi spaventano... quando la strada è troppo ripida e le gomme slittano, scendo e spingo la bicicletta. Ho la gola arsa, sogno caraffe di acqua fresca».[79]

Ed è sempre Ester a raccontare di quando, per sfuggire ai

tedeschi, avrebbe dovuto raggiungere la Val d'Ossola attraversando le montagne: «Guardo i monti che si snodano verso quella valle. Sono coperti di alta neve bianca, nessun riparo, nemmeno i radi alberi spogli lo offrono. È un'impresa pazzesca, impossibile; saremo un bersaglio visibile e se anche non ci ammazzano loro, fare quella traversata di giorno, nella neve alta, nel gelo, senza viveri, senza l'adeguata attrezzatura… impossibile, difficile uscirne vivi».[80] Così decide di buttarsi a capofitto nella discesa, mentre i tedeschi le sparano addosso: «Sento fischiare le pallottole, sento un colpo che mi fa sbandare e risuonare la bicicletta, forse un sasso o un pezzo di ghiaccio schizzato su. Mollo i freni e mi scapicollo giù… Altro che prudenza! Vado giù a ruota libera, ormai toccare i freni vorrebbe dire un volo sicuro. Scendo come una pazza per quella impossibile strada gelata. La paura fa novanta? Altro che novanta, per me fa cent'ottanta, duecento, mille!».[81] Corre finché la bici non si blocca perché, tra la ruota posteriore e il parafango, si è formato uno spesso strato di ghiaccio.

La scrittrice e giornalista Miriam Mafai, che partecipa alla Resistenza antifascista a Roma, in *Pane nero* ricorda queste staffette partigiane: «A ogni posto di blocco la ragazza scende dalla bicicletta, si avvicina tranquillamente, scherza persino con i militi, se necessario scambia qualche parola in più, va a bere un caffè. Importante è passare, evitare la perquisizione stessa nulla più che uno scherzo, un'occhiata rapida con la quale si verificherà che in effetti nella sporta c'è l'uva o il carbone o dei panni o delle patate».

Renata Viganò, scrittrice con un passato di partigiana nelle valli di Comacchio, nel suo romanzo *L'Agnese va a morire* (1949) descrive le difficoltà negli spostamenti di queste donne: «La strada fu molto difficile e pesante, l'Agnese dovette scendere spesso per portare a mano la bicicletta che s'arenava nel fango. Fece poi tutto a piedi il tratto nei campi dietro l'argine per evitare il ponte. S'avvicinò traballando sulla passerella, e prese la bicicletta in spalla. A metà credette di cadere nel fiume, le assi oscillavano, e la corrente rapida sotto di lei faceva girare la testa. Riuscì a stare dritta, a raggiungere la riva; trascinò ancora la bicicletta su per la salita dura dell'argine, poi giù dall'altra parte».

La bicicletta divenne un mezzo così sovversivo che a partire dal febbraio del 1944 vennero emanati diversi bandi per impedirne la circolazione nelle ore di coprifuoco, pena l'arresto. Altre volte, pur non essendo impegnate nella Resistenza, molte giovani si trovavano nella necessità di dover usare questo mezzo come strumento per la sopravvivenza in tempi di guerra. La scrittrice Giuliana Pistoso ha raccontato che, durante la Seconda guerra mondiale, quando le fonti di sopravvivenza venivano a cessare, «prendevo la bicicletta e giravo per la campagna bussando ai casolari. Ci andavo io perché né i miei genitori né i nonni sapevano andare in bicicletta e per giunta non erano "moderni"; io invece sì, lo ero».[82]

È dunque inevitabile che in questi anni l'immagine della donna ciclista cambi, agevolata dall'impegno che aveva messo il regime fascista a diffondere l'educazione fisica e lo sport «in modo capillare, tanto tra le donne quanto tra gli uomini».[83]

Nel 1942 sulla rivista *Littorale della domenica* compare un articolo che si intitola "Storia romanzata del ciclismo femminile", dove si legge: «Pochissime [...] le donne che non si siano cimentate nella non troppo difficile arte del reggersi in equilibrio su due ruote. E anche quelle poche non tarderanno ad aderire entusiasticamente al movimento ciclistico. [...] Siamo in pieno femminismo [...]. Le donne bussano a tutte le porte dello sport ed esigono gli stessi diritti dell'uomo anche in campo agonistico. [...] Lo stupido mondo non vuol capire la bellezza e la poesia dell'agonismo ciclistico femminile. È inutile, quindi, che tu mediti di seguire le orme di Alfonsina Strada. Un ingiusto regolamento ti lascia al di là dei suoi cancelli di ferro. Bisogna rassegnarsi. Cicloturismo, quello sì. Lunghe passeggiate, magari in compagnia...».[84]

E al cicloturismo appartiene l'impresa fuori dal comune della rodigina Canzianilla Gasparetto, che negli anni Quaranta, insieme alle sorelle Virginia e Pia, con una bicicletta da donna e indossando una gonna pantalone, percorre 750 chilometri nelle Dolomiti attraverso il passo Tre Croci, il passo Giau e altre impegnative salite, per il semplice gusto dell'avventura.[85] Sicuramente una pioniera nel campo dei viaggi, anticipando quanto molte donne dopo di lei decideranno di fare in sella a una bicicletta.

Nel secondo dopoguerra un grande contributo alla diffusione delle due ruote tra le donne venne anche dalle lavoratrici. La bicicletta è, infatti, uno strumento di lavoro, il mezzo di trasporto funzionale alla ricostruzione del paese. Operai, garzoni, postini, lavoratori delle campagne la usano quotidianamente, e per ciascuno di loro il possesso di una bicicletta garantisce maggiori possibilità di occupazione perché permette trasferimenti più rapidi, in autonomia, sulla base degli orari di fabbriche e uffici. Inoltre, la bicicletta è un mezzo che diventa sempre più accessibile in termine di costi. Non è più un bene esclusivo delle classi agiate, ma di tutti, un bene democratico in grado di rispondere al crescente bisogno di mobilità. Anche i nuovi modelli forniscono un aiuto in tal senso. Non dimentichiamo che la bicicletta è stata un mezzo utilizzato anche durante la guerra, e che a tal fine erano state apportate numerose migliorie tecniche per renderla più leggera e maneggevole. Ora, l'accresciuta produzione ne determina il contenimento dei costi, l'abbassamento dei prezzi e l'aumento delle vendite.

Tale incremento del mercato venne favorito anche dall'abolizione della tassa di circolazione in vigore fino al 1938.[86] Se nel 1922 si registravano 1.849.272 biciclette, nel 1941 queste erano salite a cinque milioni;[87] nel 1948 erano sette milioni e il dato, salvo un'oscillazione di un milione di mezzi tra il 1950 e il 1953, resta pressoché stabile fino al 1956.[88]

In questo periodo storico anche le donne sono chiamate a dare il loro contributo alla ricostruzione del paese, e rientrano perciò a pieno titolo tra coloro che possiedono una due ruote. Fuori dalle fabbriche, le rastrelliere piene di biciclette sono il segno di una nuova vitalità produttiva, e il coro di campanelli diventa ben presto il suono che segue quello della sirena di fine turno.

Vedere una donna in sella a una bicicletta non scandalizza più come una volta. Ne è prova anche il testo di una delle canzoni più famose dell'epoca, *Bellezze in bicicletta*, composta nel 1951 da Marcello Marchesi su musiche di Giovanni D'Anzi:

Ma dove vai bellezza in bicicletta
così di fretta pedalando con ardor
le gambe snelle, tornite e belle
m'hanno già messo la passione dentro il cuor.
Ma dove vai con i capelli al vento
col cuor contento e col sorriso incantator
se tu lo vuoi o prima o poi
arriveremo al traguardo dell'amor

Nel testo si respira decisamente un clima diverso rispetto al passato. L'immagine della donna a cavallo delle due ruote è descritta con aggettivi come "bellezza", "ardor", "gambe tornite e belle", "capelli al vento", "cuor contento", "sorriso incantator". Si ritrae la bellezza della donna, che resta tale anche quando va in bicicletta, senza abbruttimenti, né parole di condanna.

Note del capitolo 2

1 Su Alfonsina Strada si consigliano: G. Celati, *Storia della corridora e del suo innamorato*, in *Narratori delle pianure*, Feltrinelli, Milano 1985; Facchinetti, *Gli anni ruggenti di Alfonsina Strada*, cit.; R. Rodolfi, *Alfonsina Strada (1891-1959)*, in M. Canella, S. Giuntini e I. Granata (a cura di), *Donna e sport*, Franco Angeli, Milano 2019, pp. 189-216; A. Ferrente e A. Satta con i Têtes de Bois, *Alfonsina e la bici*, in *Goodbike*, Ala Bianca Records, Modena 2010; S. Massini, *Un quaderno rosa*, Il Dondolo, Modena 2017; B. Conti, *Le donne dei campioni. Le grandi storie d'amore degli assi del ciclismo, gli scandali, i drammi*, Ed. Eco Sport, 2008; M. Franzelli, *Il Giro d'Italia. Dai pionieri agli anni d'oro*, Feltrinelli, Milano 2013; M. Castellani, "La prima donna del ciclismo", in *Avvenire*, 13 settembre 2009; T. Percivale, *Più veloce del vento*, Edizioni EL, Trieste 2016; "Alfonsina Morini: pioniera delle due ruote", radiomarconi.com; profilo biografico sul sito del Museo del ciclismo (museociclismo.it); approfondimento biografico sul sito Loccidentale.it; Alfonsina Strada, su Sitodelciclismo.net; A. Satta, *Una donna chiamata Strada*, in www.ediciclo.it; profilo biografico sull'*Enciclopedia delle donne* online (http://www.enciclopediadelledonne.it/biografie/alfonsina-morini-strada). Si veda anche il sito a lei dedicato www.alfonsinastrada.com.

2 Franzelli, *Il Giro d'Italia. Dai pionieri agli anni d'oro*, cit.

3 Facchinetti, *Gli anni ruggenti di Alfonsina Strada*, cit., p. 31.

4 http://www.treccani.it. Ultimo accesso: giugno 2018.

5 Il matrimonio è stato celebrato il 24 ottobre 1915.

6 Un impianto tristemente passato alla storia quando, il 16 luglio 1942, la polizia di Vichy fece un rastrellamento di oltre 2.500 uomini, 5.000 donne e 3.000 bambini ebrei, che furono in parte trasferiti nel campo di detenzione di Drancy; 7.000 furono rinchiusi per cinque giorni nel Velodromo d'Inverno fino al trasferimento nei campi di transito francesi.

7 *Oggi*, 24 settembre 1959, p. 29.

8 Testimonianza di Eberardo Pavesi raccolta da *Visto*, 3 ottobre 1959, p. 45.

9 Dal 13 ottobre 1949, la Beata Vergine del Ghisallo è la santa patrona dei ciclisti per decisione di papa Pio XII. Vedi Stelitano, Dieguez e Bortolato (a cura di), *op. cit.*, p. 66.

10 Testimonianza di Eberardo Pavesi, cit., pp. 44-45.

11 *Ivi*, p. 41.

12 https://www.unvsnews.it/L-UNVS-SPEZZINA-AL-GIRO-D-ITALIA.htm. Ultimo accesso: dicembre 2018.

13 A. Satta, in http://revolucionyhumanismo.blogspot.com/2012/07/alfonsina.html. Ultimo accesso: giugno 2018.

14 Facchinetti, *Gli anni ruggenti di Alfonsina Strada*, cit., p. 16.

15 https://www.loccidentale.it/articoli/105316/quella-matta-di-alfonsina-che-voleva-vincere-il-giro-ditalia. Ultimo accesso: giugno 2018.

16 *La Gazzetta dello Sport*, 10 maggio 1980, p. 23.

17 Testimonianza di Eberardo Pavesi, cit., p. 45.

18 *Ibidem.*

19 *Ibidem.*

20 *La Gazzetta dello Sport*, 10 maggio 1924, p. 23.

21 *Corriere della Sera*, 13 maggio 1924, p. 2.

22 *La Gazzetta dello Sport*, 10 maggio 1924, p. 23.

23 *Corriere della Sera*, 14 maggio 1924, p. 6.

24 *Corriere della Sera*, 15 maggio 1924, p. 4.

25 *La Gazzetta dello Sport*, 14 maggio 1924, p. 1.

26 *Ibidem.*

27 *Ibidem.*

28 *Ibidem.*

29 *La Gazzetta dello Sport*, 14 maggio 1924, p. 1.

30 Alfonsina arriva con 2h 33' e 38" di ritardo.

31 *Corriere della Sera*, 15 maggio 1924, p. 4.

32 Conti, *op. cit.*, p. 30.

33 *Corriere della Sera*, 17 maggio 1924, p. 5.

34 *Corriere della Sera*, 19 maggio 1924.

35 Testimonianza di Eberardo Pavesi, cit., p. 45.

36 *Corriere della Sera*, 21 maggio 1924, p. 2.

37 *Ibidem.*

38 *Ibidem.*

39 *Ibidem.*

40 *Ibidem.*

41 Conti, *op. cit.*, p. 30.

42 *Corriere della Sera*, 27 maggio 1924, p. 4.

43 *Ibidem.*

44 *Corriere della Sera*, 28 maggio 1924, p. 6.

45 *La Gazzetta dello Sport*, 10 maggio 1924, p. 25.

46 Testimonianza di Eberardo Pavesi, cit., p. 45.

47 Citazione riportata in Rodolfi, *op. cit.*, p. 209.

48 *Corriere della Sera*, 30 maggio 1924, p. 7.

49 *Ibidem.*

50 *Corriere della Sera*, 2 giugno 1924, p. 2.

51 G.P. Ormezzano, *Storia del ciclismo*, Longanesi, Milano 1985, p. 72.

52 Facchinetti, *Gli anni ruggenti di Alfonsina Strada*, cit., p. 18.

53 *Ivi*, p. 92.

54 Testimonianza di Eberardo Pavesi, cit., p. 45.

55 *Ibidem.*

56 "I Campioni le tiravano la volata", in *Visto*, 3 ottobre 1959, p. 45.

57 *Ivi*, p. 44.

58 *Ibidem.*

59 *Corriere della Sera*, 4 giugno 1924, p. 6.

60 *Corriere della Sera*, 14 giugno 1924, p. 5.

61 Parole di Gian Mario Dossena, riportate in Cionfoli, *op. cit.*, pp. 85-86.

62 *Oggi*, 24 settembre 1959, p. 29.

63 http://ladradibiciclette.it/artista-recupera-il-mito-di-alfonsina-strada. Ultimo accesso: giugno 2018.

64 http://www.repubblica.it/spettacoli-e-cultura/2010/10/09/news/alfonsina_e_la_bici-7781474. Ultimo accesso: giugno 2018.

65 https://www.iodonna.it/attualita/eventi-e-mostre/2018/05/12/ruote-rosa-per-paola-gianotti. Ultimo accesso: giugno 2018.

66 *Visto*, 3 ottobre 1959, p. 45.

67 *Ivi*, p. 44.

68 Video scaricabile da: http://www.uisp.it/nazionale/pagina/le-ragazze-del-43-e-la-bicicletta

69 Pivato, *In bicicletta*…, in Fiorin (a cura di), *op. cit.*, p. 17.

70 *Ivi*, p. 18.

71 M. Mafai, *Pane nero. Donne e vita quotidiana nella seconda guerra mondiale*, Mondadori, Milano 1987; Uisp-Udi, *Le ragazze del '43 e la bicicletta*, documentario realizzato in occasione del 70° della Liberazione; http://www.uisp.it/nazionale/pagina/le-ragazze-del-43-e-la-bicicletta-uisp-e-udi-celebrano-le-donne-che-lottarono-per-la-liberazione; http://www.coopfirenze.it/informatori/notizie/resistenza-in-bicicletta. Ultimo accesso: giugno 2019.

72 https://ilmanifesto.it/biciclette-partigiane-unarma-potente-contro-il-nazifascismo. Ultimo accesso: giugno 2018.

73 O. Brambilla Pesce, *Il pane bianco*, Arterigere-Chiarotto editore, Varese 2010.

74 Pivato, *In bicicletta*…, in Fiorin (a cura di), *op. cit.*, p. 73.

75 *Ibidem.*

76 *Ivi*, p. 87.

77 *Ivi*, p. 88.

78 *Ivi*, p. 100.

79 *Ivi*, p. 110.

80 *Ivi*, p. 111.

81 *Ivi*, p. 112.

82 Intervista rilasciata a *Leggere Donna*, n. 39 del 1992, citato in Fiorin (a cura di), *op. cit.*, p. 59. La Pistoso, laureata in legge e scrittrice, fondò nel 1981 a Verona la Essedue edizioni, una delle più importanti case editrici femministe italiane.

83 P. Ferrara, *La "donna nuova" del fascismo e lo sport*, in Giuntini e Canella (a cura di), *op. cit.*, p. 209.

84 *Littorale della domenica*, 15 novembre 1942, p. 2.

85 A lei e a Margherita Hack, nel 2007, è stata dedicata la prima edizione di Ciclomundi, festival del viaggio in bicicletta che si tiene a Portogruaro (Ve): https://www.fiabbari.it/ciclomundi-prima-edizione-baciata-dal-successo.

86 La tassa serviva a finanziare l'Opera Nazionale Balilla, che chiude nel 1937. Successivamente lo Stato garantisce copiosi finanziamenti alla Gioventù Italiana del Littorio.

87 Belloni, *op. cit.*, p. 137.

88 *Ivi*, p. 188.

3

Dal dopoguerra alla svolta degli anni Sessanta

La Uisp e la Corsa al mare

Una delle prime notizie sul ciclismo femminile che appare nel dopoguerra è pubblicata sul *Corriere dello Sport* del 28 maggio 1945 e riporta i risultati di una riunione ciclistica ospitata presso il motovelodromo Appio. A scendere in pista in questa occasione sono, infatti, anche delle donne che partecipano alla gara di inseguimento femminile, percorrendo quattro giri. La classifica finale vede al primo posto Fernanda Nasetti in 2' e 53" e al secondo Vanda Riccardi in 2' e 59". Il cronista aggiunge: «La prima riunione su pista a carattere popolare ha avuto un successo dei migliori. Folla da non dire e risultati eccellenti. La partecipazione (gratuita) degli "assi" Leoni, Bartali, Chiappini e Berlocchi ha permesso al pubblico di assistere a gare impegnative e di alto interesse».[1]

In questi anni si segnala la milanese Pierina Comotti, che nel 1947 stabilisce il record dell'ora (mai però omologato) al velodromo Vigorelli di Milano, percorrendo 35,467 chilometri. La Comotti fa parte di quella schiera di cicliste che avevano perlopiù abbracciato l'uso della bicicletta per necessità lavorative o per trascorsi partigiani. Anche lei si cimenterà nell'attività agonistica organizzata nel primo dopoguerra dalla Uisp, impegnata in un progetto di promozione del ciclismo femminile in Italia.

La Uisp era stata fondata nel 1948 come proposta di sport popolare che in qualche modo si poneva in alternativa a quella del neonato Centro sportivo italiano, fondato nel 1944 per volere di Pio XII. Già dal 1946 organizzava il Gran premio della Liberazione, riservato agli uomini, tuttora il più classico e antico degli eventi sportivi presenti nel calendario nazionale dell'organizzazione. In quello stesso anno, recependo le aperture verso le donne[2] che erano venute dal Fronte della gioventù,[3] la Uisp decide di investire attenzione e impegno anche a sostegno del ciclismo femminile, proponendo in Italia le prime vere attività rivolte alle donne: «Le manifestazioni di maggior rilievo sono la prima Corsa al mare di ciclismo femminile in luglio, i primi campionati nazionali dello sport popolare in settembre e, sempre in settembre, il primo Campionato italiano di ciclismo femminile».[4]

Tra tutte, la Corsa al mare è sicuramente la più importante e può considerarsi la prima vera competizione a tappe riservata alle donne mai disputata in Italia. La prima edizione si tiene nell'estate 1948, con partenza da piazza Maggiore a Bologna il 22 luglio. Risultano iscritte 75 cicliste, ma solo 68 si presentano alla partenza, tutte ragazze di età compresa tra i diciotto e i ventisei anni. Il percorso è costituito da quattro tappe, che collegano la via più breve da Bologna a Rimini. La particolarità della corsa è rappresentata dall'obbligo di usare biciclette da turismo anziché da corsa.

La prima tappa, 33 chilometri da Bologna a Imola, è vinta da Jella Menozzi, tesserata per i colori dell'Ari Rivalta, che era fuggita staccando le inseguitrici a Castel San Pietro. La ciclista reggiana, fin dalle prime battute della corsa, non pare avere rivali. Vince, infatti, questa volta in volata, anche la seconda tappa, da Imola a Forlì, alla media di 38,470 km/h, quindi la terza, 37 chilometri da Forlì a Cesena, e anche la quarta e ultima, la Cesenatico-Rimini di 27 chilometri. Alla fine percorre, con una bici da turismo, i 124 chilometri della corsa alla media di 34,138 km/h.

Dietro di lei, al traguardo arrivano altre 40 cicliste, tra le quali, nell'ordine: Giovanna Beltrami di Modena, Rossana Poli dell'Usc Biacchese e Lidia Ridolfi di Bologna, la Meazza di Pavia e le Comotti di Milano. Tra le atlete presenti c'erano anche Benvenuta Macchi, che per gareggiare aveva dovuto lasciare il lavoro, Flora Pedrini e Irene Perseguiti. La classifica finale a squadre (tutte amatoriali) vedeva nell'ordine: Cral Ducati, Cimatti, Testi, Us Cooperatori, Usc Biacchese, Ari Bologna e Ari Reggio Emilia.

Per questa corsa, che era stata organizzata dalla Uisp insieme al giornale *Il Progresso d'Italia*, le ragazze potevano utilizzare solo bici proprie e non avevano assistenza. A rendere interessante la competizione era non solo l'idea di mettere in piedi una corsa ben organizzata e dedicata solo alle donne, ma anche la presenza di premi in denaro. Alla vincitrice di tappa andavano 3.000 lire (lo stipendio medio mensile di un operaio dell'epoca era all'incirca dieci volte tanto[5]), 2.000 lire alla seconda classificata e via via a scendere, fino alle 300 lire previste per il dodicesimo posto.

Alla vincitrice della corsa, invece, andava un premio di 10.000 lire, oltre a una vacanza al mare di dieci giorni e a una medaglia d'argento. Premi e coppe andavano anche alle cicliste classificate dal secondo posto in poi, comprese le squadre. C'erano poi premi alle maglie e altri offerti da varie ditte, una novità assoluta per quegli anni. È interessante ricordare che le ragazze che si erano cimentate nella corsa avevano estrazione sociale diversa: contadine, commesse, impiegate, mondine. Per la gran parte di loro, la bicicletta era il mezzo normalmente usato per recarsi al lavoro.

Quella prima corsa non rappresentò solo una kermesse sportiva, perché «la Corsa al mare non si chiuderà al termine delle sue quattro tappe. Culminerà nella proclamazione – in perfetto stile mondano dell'epoca – della stellina del ciclismo italiano: riferiscono le cronache giornalistiche che il 25 luglio alla Casina del Bosco di Rimini, a mezzanotte, la giuria si riunì e mentre le partecipanti alla Corsa al mare si esibivano sulla pista in un lento fox, dopo lunga discussione elesse con 37 punti su 49 la ragazza-ciclista Nara Mazzanti, alla quale fu offerta una bellissima stella d'argento, dono della locale Azienda autonoma di soggiorno».[6]

Grazie ai premi e alla visibilità garantita anche dal *Progresso d'Italia*, questo evento resta il più importante per il ciclismo femminile del primo dopoguerra, in virtù di una popolarità alla quale le donne non erano abituate. Gli aggettivi usati per descriverle, una volta tanto, appaiono meno maschilisti di quelli usati un tempo: le nostre girine, le corridore all'opera, le signore della strada, le corsare della strada, le gagliarde concorrenti, le nostre meravigliose bambine terribili, le spietate primatiste, le madonne del pedale, gli angeli del manubrio, i cherubini della moltiplica.[7]

Tuttavia, c'era ancora chi esortava queste cicliste a «non dimenticare d'essere donne giovani e belle. Le grosse fatiche non si addicono al fascino d'una pur fiorente e rigogliosa esuberanza femminile [...] sul traguardo il loro sorriso sarà ancora malioso e non ci ricorderà la misera smorfia di Alfonsina Strada. [...] Pensiamo che lo sport ciclistico possa essere praticato dalle belle rappresentanti del sesso gentile, ma contenuto in limiti tali che la fatica non distrugga l'armonia ed il sorriso che noi in una giovane bella creatura soprattutto amiamo».[8]

Come scrisse la stampa dell'epoca, la prima Corsa al mare «ebbe un successo clamoroso, quale nessun ottimista avrebbe potuto sperare e rappresentò la nascita in Italia del ciclismo femminile, già cresciuto ed affermatosi in altre nazioni».[9]

Con queste positive premesse, l'anno successivo si disputa la seconda edizione della corsa, il cui itinerario è allungato fino a Pesaro. Le concorrenti sono meno numerose «ma assai più agguerrite e scaltrite nel difficile mestiere delle corse ciclistiche».[10] Si iscrivono in 66 e tra loro è presente anche una squadra francese. La novità rispetto all'edizione precedente consiste nella possibilità di usare le biciclette da corsa.

La prima tappa, di 46 chilometri, consiste in un largo giro intorno a Imola, che si conclude nel campo sportivo. Al traguardo arrivano nell'ordine: Menozzi, Marzola e Nadal. La media supera i 35 km/h. La seconda tappa, lunga 56 chilometri, da Imola a Forlì, registra l'incidente della Marzola, che cade al traguardo di Forlì a causa di una «troppo esuberante spettatrice», venendo comunque classificata prima a pari merito con la Menozzi. La terza tappa, Forlì-Cesena di 50 chilometri, è vinta in volata da Augusta Fornasari, davanti a Menozzi e Romanini, alla media di 33,3 km/h. La quarta frazione è brevissima: 9 chilometri su strada da Cervia a Cesenatico, a cui si aggiunge un circuito di 1.500 metri da percorrere dieci volte. All'arrivo giungono nell'ordine: Menozzi, Levaggi e De Franceschi, alla media di 32,7 km/h. La frazione Cesenatico-Ferrara vede il trionfo dell'atleta di casa, Marzola, davanti a Menozzi, Fornasari e Romanini, a una media di 31,370 km/h. Nell'ultima tappa, da Cattolica a Pesaro, le atlete percorrono 47 chilometri: 17 su strada e 30 su circuito. La frazione è particolarmente combattuta: scatta all'attacco la francese Renucci, inseguita da Fornasari, Menozzi, Nadal, Dominissini e Marzola. All'arrivo la spunta la friulana Dominissini, davanti a Fornasari, Renucci e Nadal, alla media di 35,8 km/h.

Nella classifica finale la vittoria va alla Fornasari davanti a Dominissini, Renucci, Nadal, Menozzi e Marzola. Augusta Fornasari,[11] classe 1921, detta "la corridora" e "la diavola rossa", aveva già vinto in carriera due campionati italiani Uisp: a Modena nel 1948 e a Voghera nel 1949. Figlia dei gestori di un'osteria di Molinella vicino Budrio (Bo), era stata staffetta partigiana durante la guerra, attiva nella 4ª Brigata Venturoli Garibaldi: «Ella aveva il compito di fornire agli altri membri della Resistenza il cibo necessario. Partiva da Mezzolara e arrivava in bicicletta dopo un paio d'ore a Pianoro, dove si trovava una squadra di partigiani. Durante il lungo tragitto le è capitato però di essere fermata dai tedeschi. Essi, avendo notato le sue regolari uscite in bicicletta, si insospettirono. Una volta le chiesero dove volesse recarsi puntualmente ogni giorno. Lei prontamente tutte le volte rispondeva loro che si stava allenando per una gara ciclistica. Era infatti molto conosciuta per aver vinto numerose competizioni ciclistiche»[12].

Nella seconda edizione della Corsa al mare (1949) la Fornasari, tesserata per i colori del Pedale Mezzolarese, era riuscita solo all'ultima tappa, la Cattolica-Pesaro di 46 chilometri, ad avere la meglio sulla Menozzi, staccandola sul finale.

Augusta Fornasari fu l'emblema del ciclismo femminile di quegli anni e proseguì la sua attività sia in Italia che all'estero. Nel suo palmarès le vittorie non mancano: trionfa ai Campionati italiani su strada nel 1948, percorrendo 60 chilometri alla media di 38 km/h; vince la seconda Corsa al mare, percorrendo 230 chilometri alla media di 34 km/h; si aggiudica la prima prova del Campionato annuale a Voghera alla media di 37 km/h, mentre nei Tricolori su pista viene sconfitta a Fiorenzuola d'Adda, il 15 settembre 1949, lasciando il titolo italiano alla diciannovenne ligure Anna Levaggi.[13] Sui giornali il suo nome è motivo di attrazione, come testimonia un ritaglio del 15 maggio 1949[14] che pubblicizza una gara femminile su un circuito di 35 chilometri, con partenza dalla Casa del popolo di Pescarola. Nell'annuncio si precisa che «parteciperanno la campiona italiana Fornasari, la vincitrice della Corsa al mare Jella Menozzi, la campiona ferrarese Marzola e le squadre al completo del Progresso d'Italia Ducati e Biacchese. Ricchi premi».

La Fornasari partecipa anche ad almeno due edizioni del Festival mondiale della gioventù: nel 1952, quando con lei ci sono anche la Menozzi e la Rossi, e nel 1953, quando si distingue arrivando quinta nella gara dei 500 metri cronometro. Nella sua collezione di fotografie non mancano anche le immagini (che purtroppo non recano una didascalia) in cui è immortalata in sella alla sua bicicletta mentre si lancia in discesa o è impegnata in uno sprint al traguardo, o è insieme a gruppi di tifosi e di altre colleghe cicliste. In uno di questi scatti è insieme a un gruppo di orientali, schierati sotto striscioni e cartelli scritti con ideogrammi, anche se purtroppo non è stato possibile ricostruire la circostanza in cui la foto è stata scattata. Molte altre foto la ritraggono nei paesi stranieri in cui era stata chiamata a gareggiare: Romania, Polonia, Russia.

Tra le cicliste del periodo ne troviamo alcune tesserate per la Ducati: Vittorina Marzola di Ferrara, Jella Menozzi di Reggio Emilia, Albertina Pasin di Bologna, Pietra Spaggiari di Reggio Emilia, Marta Barbieri di San Giovanni in Persiceto. Vi sono poi Linda Zuffi, Rosalinda Medri, Silvana Borrioni di Imola, Luisa Pasin di Bologna. Tutte si iscrivono alla terza edizione della Corsa al mare, in programma dall'1 al 6 agosto 1950, abbinata al GP Liquigas. Erano attese anche le atlete dell'Association Sportif du Travail di Parigi, mentre si lamentava l'assenza di Ida Renucci, impegnata in una tournée negli Stati Uniti.

Il ciclismo femminile di questi anni sembra vivere una grande ascesa, come testimonia il cronista Giuseppe Cardile sul *Progresso d'Italia*, tracciando il bilancio di tre mesi di «fervida attività» che conta ben 44 gare e 818 partecipanti. Nell'articolo viene sottolineata l'importanza di quanto fatto, nella consapevolezza che «sarebbe più esatto affermare che la prima Corsa al mare abbia rappresentato – oltre che l'inizio della stagione – l'atto di nascita in Italia del ciclismo femminile inteso come vero e proprio sport. In effetti prima di quella data sporadici tentativi e sporadiche manifestazioni avevano avuto luogo qua e là, ma si trattava più che altro di slegate esibizioni cui partecipavano poche ragazze solitarie innamorate della bicicletta e delle emozioni che essa sa dare. Il clamoroso successo ottenuto dalla grande gara a tappe col suo inimitabile fascino, l'altissimo numero di partecipanti e l'impulso che tale prima corsa ha saputo diffondere nelle giovani generazioni femminili amanti dello sport hanno fatto sì che da allora le ragazze cicliste siano diventate da sparuto manipolo centurie, e non solo in Emilia ma in tutti i centri vivi e progrediti d'Italia. Così che con orgoglio possiamo affermare che dall'idea e dalla passione di un piccolo nucleo di sportivi progressisti, un nuovo panorama – fino allora riservato alla Russia, alla Francia e a poche altre nazioni – si è aperto con vasti orizzonti allo sport italiano».[15]

Il cronista ricorda anche come quasi tutte le partecipanti a quella prima Corsa al mare «hanno nelle successive prove affinato le loro qualità, terminando l'attività in splendenti condizioni fisiche: alcune come la Beltrami, la Rodolfi, la Carini, la Bastia, la Rabbi, la Pedridi, la Pavignani, la Tibaldi, la Poli si sono mostrate più adatte alle gare lunghe ed impegnative che non a quelle brevi: altre come la Pasini, la Ottaviani, la Macchiavelli, la Barbieri hanno invece qualità nelle prove brevi e veloci».

In questa descrizione ciò che colpisce è il soffermarsi sulle qualità atletiche delle cicliste e non sulle loro caratteristiche fisiche o sul lavoro che facevano, o lo stato di famiglia. Sono, insomma, trattate da vere sportive e non da donne prestate allo sport.

I nomi di cicliste che appaiono nell'articolo sono davvero tanti: Gunetti, Binarelli, Cesari, Meazza, Marzola, Franceschi, Arbizzani, Baldi, Vancini, Zanetti, Turrini, Pizzoli, Tioli, Tozzola, Alfea Romanini «freccia volante della compagnia e campionessa italiana su pista», l'«instancabile e tenace» Stagni, gli «ottimi elementi» Monari e Spaggiari, e ancora: Perdoni, Pallotti, Zuffi, Tagliazzucchi, Sabatini, Beghini, Gamberini, Lorenzini, Nobili, Vernelli, Panuzzi, Pizzoli, Costanzini, Stagni, Monari, Vernelli, Pallotti. Riferendosi a tutte, il cronista aggiunge che «hanno contribuito alla magnifica nascita ed all'irresistibile progredire del nuovo sport. Le centurie di praticanti oggi diventeranno legioni nella ventura primavera, grazie pure a una più curata organizzazione della branca agonistica che nella stagione appena conclusasi non è stata perfetta com'è di tutte le cose cresciute troppo in fretta e con grande prepotenza. I mesi invernali saranno utili, appunto, per creare le basi di una nuova, forte e vitalissima organizzazione sportiva. Se quest'anno si sono gettate le basi per il ciclismo femminile, la prossima stagione rappresenterà la sua piena affermazione, garantita dal successo in campo internazionale della "II Corsa al mare" alla quale parteciperanno rappresentanti di tutta Europa e dai Campionati mondiali che per la prima volta diverranno concreta realtà».

In un altro ritaglio di stampa del Fondo Fornasari, anche questo probabilmente preso dal *Progresso d'Italia* e datato a mano «Bologna 17/7/1950», si dedica un approfondimento al tema del ciclismo femminile in prossimità della terza edizione della Corsa al mare, ricostruendo le motivazioni che avevano spinto alla nascita di quella manifestazione: «La "Corsa al mare" nacque due anni or sono allorché da più parti ci giunsero accorati appelli di sportive che, anziché dedicarsi ad altre attività agonistiche, preferivano saltare sul sellino di una bicicletta e divorar chilometri pedalando. Si trattava di sparute pattuglie sparse su tutta la penisola, da Milano a Torino, da Genova a Roma, a Ferrara».

Ma la parentesi del ciclismo femminile all'interno della Uisp, come velocemente si era affermata, altrettanto velocemente era destinata a chiudersi. Passa, infatti, come una meteora, per poi scomparire senza una motivazione ufficiale.

Anche all'estero il ciclismo femminile vive una stagione di alti e bassi. Ne è una testimonianza la storia della britannica Eileen Sheridan (classe 1923), che negli anni Cinquanta diventa famosa per aver battuto ben ventuno record della Women's Road Records Association, e per aver scatenato un dibattito sulla stampa nazionale che riguardava il movimento ciclistico femminile nel suo complesso, mettendo in luce il problema dell'equità dei compensi. La Sheridan partiva dal suo esempio di atleta, ingaggiata nel 1951 con un contratto triennale dalla ditta Hercules Cycle and Motor Company per testare i suoi prodotti e battere i record a distanza da luogo a luogo, così da mettere in luce le differenze di trattamento con i suoi colleghi. Anche nel suo caso, la bravura non le risparmia le critiche. In un cinegiornale del 1956, il narratore non manca di sottolineare come fosse così brava da riuscire a far fronte ai suoi doveri domestici e a trovare il tempo per diventare una ciclista professionista, concludendo che non c'era da stupirsi se vinceva le gare, giacché doveva tornare a casa in tempo per occuparsi delle faccende domestiche.[16]

Anna Maria Ortese, un'intrusa al Giro d'Italia

All'indomani della Seconda guerra mondiale, l'Italia si era trovata a ricostruire non solo il proprio assetto economico, ma anche quello dello sport nazionale, reduce da un ventennio completamente in mano al regime. È il periodo in cui assistiamo alla rinascita del Comitato olimpico nazionale italiano (Coni) e al sorgere di svariate organizzazioni che si occupano di sport, tra le quali il Centro sportivo italiano (Csi, 1944), il Centro nazionale sportivo libertas (1945) e l'Unione italiana sport per tutti (Uisp, 1948).

In questo clima di ripresa e fervore, il ciclismo resta uno sport tra i più popolari e seguiti, complice il fatto che non si doveva pagare un biglietto per assistere alle gare che si svolgono sulle strade del paese, accompagnate da ali di folla festante, pronta a incitare i propri beniamini. Anche durante la guerra, infatti, l'Italia aveva avuto i suoi campioni e i suoi simboli, che, neanche a dirlo, erano tutti al maschile.

Ora, anche se alle donne era stato finalmente concesso il diritto di voto, ciò non significava che una reale parità con gli uomini fosse stata raggiunta, men che meno nello sport. A titolo di esempio, basti ricordare che nella squadra italiana che partecipa ai Giochi olimpici di Londra del 1948 le donne sono solo 13 su 182 partecipanti (7,1 per cento), e a Roma, nel 1960, sono 34 su 280, raggiungendo così a malapena la soglia del 12,1 per cento.[17]

Nel ciclismo le cose andavano anche peggio, dal momento che dominava un atteggiamento di totale disinteresse verso le cicliste, a tratti persino di ostilità. Desta scandalo anche la presenza di una donna cronista al seguito del 38° Giro d'Italia del 1955, vinto da Fiorenzo Magni. È la scrittrice Anna Maria Ortese,[18] romana, classe 1914, che ottiene un passaggio sulla Bedford bianca rossa e blu di Vasco Pratolini, inviato del *Nuovo Corriere* di Firenze,[19] e insieme a lui segue il Giro come tanti altri scrittori – Achille Campanile, Alfonso Gatto, Dino Buzzati, Giovanni Testori, Roberto Roversi, Orio Vergani, Indro Montanelli, Gianni Brera, Bruno Raschi, Mario Fossati – avevano fatto prima e faranno dopo di lei.

Viaggiatrice e amante dei reportage, la Ortese è una donna emancipata per il suo tempo. Con la "Dama Bianca" Giulia Occhini, compagna di Fausto Coppi, e Janine, moglie di Jacques Anquetil, è una delle donne pioniere del Giro o, come la definì Sergio Zavoli, la «prima donna clandestina della repubblica delle lettere ciclistiche».[20]

Del resto clandestina lo fu davvero, dal momento che il regolamento del Giro d'Italia impediva espressamente la presenza nella carovana di donne e minorenni, giornaliste comprese. La Ortese si intrufola al Giro ben camuffata e vestita da uomo: pantaloni e camicie che non lasciano trasparire la sua femminilità, un cappello ben calato sugli occhi, niente trucco. Nel 1955 scrive per *Epoca* e di quel Giro lascia tre lunghi articoli, raccolti nel volume *La lente scura. Scritti di viaggio*.[21]

I suoi lavori sono molto diversi da quelli degli altri giornalisti al seguito della corsa.[22] In primo luogo perché non scriveva per un quotidiano, e dunque non aveva la necessità di riportare la cronaca dettagliata di ogni tappa. In secondo luogo perché ciò che la affascina del Giro non sono i risultati agonistici, quanto i luoghi, le persone, la storia della corsa, gli stati d'animo.[23] Una visione a tuttotondo dell'universo del Giro d'Italia. Forse è anche per questo che le descrizioni che fa nei suoi reportage sono considerate tra le più belle della storia di questa corsa: «E tutti, al passaggio del Giro, come mossi da un vento, si piegavano avanti, e in quell'attimo si udivano risa di gioia e grida e voci che chiamavano con amore, e incitavano, e subito dopo niente: come un film vive solo in quell'attimo che attraversa lo schermo, quel muro diventava umano solo nel tempo che era illuminato dal Giro. Poi ritornava muro, vento, memoria».[24]

Per la Ortese l'esperienza al Giro fu importante: «Quel maggio fu il più straordinario, il più affascinante e anche il primo e l'ultimo maggio dell'infanzia perché chiunque parta con il Giro diventa, per un mese, bambino; e se poi parte col Giro al seguito del suo amore, diventa un re-bambino»[25], ricordando che a quell'esperienza c'era arrivata per seguire il suo compagno, che all'epoca era ancora segreto: Marco Venturi, cronista dell'*Unità*.

La Ortese scrive comunque di un evento al maschile, mentre sulle donne cicliste del dopoguerra, come pure dei decenni successivi, non restano molte tracce, se non in qualche raro articolo di quotidiano o negli archivi personali di alcune delle pioniere delle due ruote.

Arrivano i mondiali delle ragazze sprint!

L'anno della svolta per il ciclismo femminile è il 1958 quando, a Reims, si tiene per la prima volta un Campionato del mondo femminile, in coincidenza con i Campionati mondiali dilettanti. L'Uci, fino all'anno prima, aveva sempre respinto le richieste di creare una vera e propria competizione iridata riservata alle donne. Paesi come la Francia, l'Inghilterra, l'Unione Sovietica e la Cecoslovacchia avevano tentato già nel 1957 di ottenere una manifestazione iridata per le donne, ma senza successo.

Riviste di settore come l'*Equipe* avevano commentato favorevolmente il mancato gradimento espresso dal massimo organismo ciclistico internazionale: «Il buon senso ha trionfato, quindi le donne non avranno i loro Campionati del mondo; dovranno accontentarsi delle gare già esistenti e del cicloturismo, che corrisponde molto meglio alle loro possibilità muscolari e fisiologiche».[26]

Tuttavia, solo un anno dopo l'Uci aveva dovuto cedere alle pressioni (soprattutto di Unione Sovietica, Belgio e Gran Bretagna e di poche altre nazioni che svolgevano attività femminile), e anche le donne avrebbero avuto il loro appuntamento iridato, anche se per il momento l'Italia non aveva una squadra femminile. Avrebbe partecipato quell'anno con la sola compagine maschile.

A questo proposito il *Corriere della Sera*, che dedica un bell'articolo all'evento, sottolinea che al primo appuntamento iridato femminile l'Italia non sarebbe stata presente, mentre vi sarebbero state le squadre di Russia, Francia, Inghilterra e Belgio: «Non sappiamo proprio che cosa esse siano capaci di fare, e soltanto la gara ce lo dirà. Certo, però, che da persone degne di fede abbiamo sentito raccontare questo piccolo, divertente episodio. Sul circuito, mentre una ciclista russa pedalava, le è arrivato alle spalle il nostro Moser, che avendo riconosciuto in lei una concorrente, le ha gridato scherzosamente "Allez!" ed è scattato, invitando la sovietica a fare altrettanto. Ebbene, la ciclista russa è scattata a sua volta e ha piantato in asso Moser. Da questo si può capire che le donne ormai vanno forte anche in bicicletta, almeno quelle sovietiche».[27]

L'Italia femminile non sarà presente neanche ai tre mondiali successivi: quello del 1959 in Olanda, quello del 1960 in Germania e quello del 1961 in Svizzera. Bisogna attendere il 1962 per vedere per la prima volta le azzurre alla competizione iridata. A determinare la svolta è il fatto che in quell'anno i mondiali si sarebbero tenuti proprio in Italia: le prove a cronometro e in linea sono previste a Roncadelle (Bs) e a Salò (Bs), mentre quelle in pista si sarebbero svolte al velodromo Vigorelli di Milano.

Quattro le gare in programma, con due novità: la prova cronosquadre dei dilettanti e la prova in linea delle donne. Ma c'è un problema: in Italia non esiste una nazionale femminile di ciclismo, così bisogna correre ai ripari, consentendo il tesseramento alle donne per scongiurare la figuraccia di organizzare un mondiale senza la propria nazionale.

In vista di questo appuntamento, l'Uvi,[28] con decreto ufficiale del 20 dicembre 1961, aveva deliberato che anche le donne dovevano considerarsi sotto la sua egida. Il ciclismo femminile veniva così riconosciuto a livello agonistico, ma bisognava anche pensare a formare una squadra, un programma di gare e, in seguito, un Campionato italiano.

In quel primo anno le gare femminili in programma sono davvero poche: il 29 luglio a Roncadelle (Bs), il 26 agosto a Fornaci (Bs) e, dopo i mondiali, a Spalto San Marco (Bs), Sarmato (Pc) e al Ghisallo (Bs), per finire il 17 ottobre con una gara a Stradella (Pv), che chiude la prima stagione ufficiale del ciclismo femminile italiano. Tutte le atlete venivano dai pochi club allora esistenti: Gs Erbitter, Giambellino, Gs Faema Sarmato (la prima società femminile d'Italia), Excelsior, As Brescia, Genova e Amatori Parma. Nonostante l'esiguo calendario di gare, era finalmente arrivato il momento della svolta: da una fase "pionieristica" si passava a una fase "ufficiale" del ciclismo femminile italiano.

I Campionati mondiali di Salò del 1962 prevedono una sola gara per le donne: la prova in linea su una distanza di 64 chilometri. L'Italia mette rapidamente in campo la sua squadra: Paola Scotti di Piacenza, Rosa Vitari di Voghera, Giuditta Longari di Cremona, Maria Cressari di Castel Mella (Bs), Elisabetta Maffeis di Cene (Bg) e Florinda Parenti, "la belga", di Reggio Emilia. La partecipazione delle italiane è a dir poco improvvisata, come ricorda Giuditta Longari: «Ai mondiali ci mandarono senza neanche una tuta: solo una maglietta e un pantaloncino da indossare il giorno della gara. Quando Piano, che gareggiava nella squadra maschile, mi ha visto uscire in bicicletta con addosso un paio di normali pantaloni, mi ha prestato una tuta delle sue. Quel mondiale era così: allo sbaraglio. A Salò siamo arrivate dopo aver fatto solo una gara e ci siamo rese conto subito che l'unica che sapeva stare in bicicletta era Florinda Parenti, che in Belgio correva in una squadra ciclistica. Era esperta e molto brava. Sfortunatamente è caduta. Io sono riuscita a fare il primo giro in testa, poi sono rimasta indietro, ma ho finito la gara e per me quello fu un successo».[29]

A dare il via alla gara è il presidente dell'Uci Adriano Rodoni. È il primo settembre e le azzurre hanno davanti a loro un percorso da ripetere cinque volte. La corsa è dominata dalle cicliste belghe, che realizzano una tripletta con Marie-Rose Gaillard, Yvonne Reyndes e Marie-Thérèse Naessens. L'Italia non sale sul podio. Paola Scotti, dopo tre dei cinque giri previsti, cade e deve ritirarsi. Stessa sorte anche per Elisabetta Maffeis, mentre Florinda Parenti, nonostante una caduta, chiude al diciassettesimo posto ed è la prima delle italiane; dopo di lei si piazzano Maria Cressari (ventunesima), Rosa Vitari, che era anche lei caduta ma aveva completato il percorso (ventiquattresima), e Giuditta Longari (ventinovesima). Alla fine, di 31 atlete al via ne arrivano 29.

Se il Belgio domina quei mondiali, anche l'Italia , si diceva, ha la sua "belga" in squadra. È Florinda Parenti, nata a Reggio Emilia nel 1943 ed emigrata all'età di due anni a La Bouverie, nella provincia vallona dell'Hainault, dove il padre lavora come minatore. Florinda ama andare in bicicletta, nonostante il parere contrario dei genitori e persino del fratello, ciclista pure lui. Nel 1958 è tesserata per la locale AC Montoise, prima di essere reclutata dall'Unione velocipedistica italiana in vista proprio dei mondiali di Salò.

La storia di Florinda è una di quelle che meritano di essere raccontate. Già il nome, Florinda, è un inno alla gioia, con quella *r* nel mezzo che si inerpica come una salita. E di salite e discese Florinda, concentrato di vitalità e di energia pura, ne ha fatte tante.

Nasce che l'Italia è in guerra. Cresce in Belgio e torna in Italia da guerriera, senza paura, dopo aver sfidato tutto e tutti, luoghi comuni e brontolii della famiglia. Alle prime gare in Belgio partecipa di nascosto: si muove in treno o si fa aiutare da qualche amica. Quando la chiamano dall'Italia, ha già un diploma in tasca e un lavoro. È giovanissima, ha diciannove anni, ma è una veterana. La convocazione in azzurro per i Campionati mondiali di Salò rappresenta per lei la realizzazione di un sogno.

Il primo contatto è del 7 maggio 1962, su carta intestata dell'Uvi.[30] Il segretario generale Rodolfo Magnani le scrive direttamente in francese, dicendole di essere a conoscenza che Florinda possiede la tessera di ciclista *amateur* numero 36 dell'Uci, rilasciata il 21 marzo 1962,[31] e che sa «*que vous avez la passion de la bicyclette et que vous êtes bien quotée dans ce sport*». Ciò basta, a quanto pare, per invitarla a considerare l'idea di partecipare, con i colori italiani, ai mondiali che si sarebbero svolti proprio in Italia. In questa prima lettera, Magnani chiede all'atleta di fargli avere risposta in tempi rapidi, ricordando che la sua accettazione avrebbe imposto l'abbandono della sua società, la belga Alliance Cycliste Montoise.

Florinda risponde sì il 14 maggio, a stretto giro di posta. Il 27 Magnani le invia la conferma:[32] l'Uvi, le scrive, ha deciso di convocarla per i Campionati mondiali e la invita in Italia a partire dal mese di agosto, «*bien entendu entièrement a nos frais*». Prima, però, è necessario che Florinda ottenga dalla federazione belga un nullaosta che ne permetta il tesseramento in Italia. Come le altre ragazze convocate in maglia azzurra, anche Florinda inizia in estate la preparazione, che prevede la partecipazione ad alcune gare.

Dopo l'esperienza di Salò Florinda decide di restare in Italia e va a vivere a Parma, dai nonni, per inseguire il sogno di fare la ciclista. Un sogno difficile da realizzare: «Mia nonna m'impediva persino di uscire sul balcone con le braghe corte,» racconta «figuratevi quando dovevo uscire in bicicletta!».[33] È un problema, anche perché «durante la settimana lavoravo in una ditta che produceva tubi di plastica ed era veramente difficile trovare il tempo per gli allenamenti. Poi, la domenica, si andava a correre».[34]

Pioniera in tutti i sensi, racconta di come non solo la nonna ma anche i genitori non vedessero di buon occhio la sua passione: «Questo era il clima del tempo. Basti pensare che quando andai dal medico belga a chiedere il certificato di idoneità fisica all'attività sportiva, mi chiese per che sport, e quando dissi per il ciclismo non mi rilasciò il certificato. Si rifiutò dicendo che non era uno sport per donne, elencando dei rischi per la mia futura capacità di fare figli!».[35]

Anche sul lavoro non andò meglio: «Lavoravo come operaia a Piacenza e il mio principale vide il mio nome in un ordine d'arrivo, sulla *Gazzetta dello Sport.* Così mi licenziò in tronco: una ciclista era fonte di vergogna. Ma io ero orgogliosa di esserlo e non mi arresi».[36] Quanto alle gare: «Si prendevano anche insulti, a volte pesanti. Abbiamo dovuto combattere contro certi pregiudizi dei tifosi per via della mentalità di quei tempi, ma anche contro la federazione, che non ha mai voluto riconoscere al movimento femminile una propria identità; anzi, spesso ha addirittura osteggiato la partecipazione ai Campionati mondiali e solo quando questi si svolgevano in Italia riesumava la nazionale femminile».[37]

Fisico filiforme, grande temperamento e veloce sui pedali, nella sua carriera Florinda vince due campionati italiani, uno su strada (1965) e uno nell'inseguimento su pista (1966). Debutta in Italia con la maglia del Velo Club Mons, prima di vestire i colori della Faema Sarmato, della Termozeta e dell'Us Cremasca. Gareggia finché si sposa, nel 1966, dopo aver collezionato 140 vittorie.

In Italia il 1962 non è stato solo l'anno dei primi mondiali a cui ha partecipato una squadra femminile nazionale, ma anche quello in cui è nata la prima squadra ciclistica femminile. Si tratta della Faema Sarmato, che oltre ad aver arruolato Florinda Parenti, schierava tra le sue fila anche la prima atleta italiana tesserata dall'Uvi: Paola Scotti.[38] Era stata proprio lei ad aggiudicarsi la gara di preparazione al mondiale, disputata il 29 luglio a Roncadelle.

Come Alfonsina Strada, anche Paola Scotti viene dalla campagna, in particolare da Borgonovo Valtidone, in provincia di Piacenza, dove nasce nel 1944. Ultima di cinque figli, Paola cresce in una cascina all'interno di una golena del Po, nel comune di Sarmato, e anche per lei la bicicletta diventa subito una passione. La usa ogni giorno per andare a scuola a Castel San Giovanni e non passa inosservata. A notarla è Renato Ginofero, la cui famiglia gestisce una trattoria lungo la Via Emilia. Ginofero osserva Paola quando passa: oltre alla grazia e alle lunghe trecce castane, riconosce nella sua pedalata la potenzialità di una campionessa. La segue, la avvicina e le propone di far parte di una squadra di ciclismo tutta al femminile. Non sappiamo se la famiglia sollevò obiezioni al riguardo, ma è chiaro che Paola colse al volo questa opportunità.

Così Ginofero, un passato da ciclista e un presente da direttore di squadre professionistiche, partendo da lei mette insieme il Gs Faema Sarmato, primo team femminile ufficialmente costituito in Italia e iscritto all'Uvi dal 1962. Renato Ginofero è il direttore sportivo, Lino Bravi il presidente e Eugenio Curtoni il suo vice. La divisa è biancorossa e la prima maglia è quella di Paola Scotti. Dopo di lei entrano in squadra Lucia Zeni, Agnese e Raffaella Beretta, Loredana Maserati, Annamaria Santini, Rosa Vitari e Florinda Parenti.

Come già detto, il primo Campionato mondiale di Paola finisce male, perché dopo tre giri cade e deve ritirarsi. Ma l'anno dopo festeggia la conquista della maglia tricolore, tagliando il traguardo di Castel San Giovanni davanti a Florinda Parenti e ad Annamaria

Santini, e diventando, a solo diciannove anni, la prima campionessa d'Italia. A fine anno è prima nella classifica di merito che viene compilata: chiude a 670 punti, davanti a Florinda Parenti (641 punti) e a Giuditta Longari (628 punti).

Nel 1964 Paola passa alla Fbe, ma la sua carriera sarà breve. Nel 1965 una grave forma di meningite la costringe al ritiro. Dopo undici giorni di coma e quattro mesi di ospedale, Paola guarisce e resta nel mondo del ciclismo come giudice di gara e dirigente. Nel 1990, a soli quarantasei anni, scompare prematuramente, lasciando al mondo del ciclismo italiano i suoi primati e il ricordo del suo sorriso.

Oltre al Gs Faema Sarmato, una delle prime compagini femminili che nascono in questi anni è il Gs Tre Risotti, che prende il nome dal ristorante che sponsorizza questa squadra di "ragazze sprint", come venivano chiamate all'epoca le cicliste italiane. È curioso notare come per le prime squadre il legame con un bar, una trattoria o un ristorante sia ricorrente. Spesso si tratta di un'attività di famiglia, altre volte di un luogo di aggregazione in cui si ritrovano gli amici del ciclismo.

Il Gs Tre Risotti viene costituito il 18 ottobre 1969 e, curiosamente, lo stesso giorno di cinque anni dopo cesserà di operare. Artefice di questo progetto, per l'epoca nuovo e ambizioso, è Pino Santolin, che arruola come capitano la bergamasca Elisabetta Maffeis. Classe 1947 e originaria di Cene (Bg), la Maffeis passa alla storia per il tricolore conquistato nel 1966 e per aver disputato ben sei Campionati mondiali. Nel 1970, all'appuntamento iridato di Leicester, lei e il fratello Giuseppe saranno i primi fratelli della storia a gareggiare nella medesima edizione di un mondiale su strada.

Elisabetta cresce in una famiglia di ciclisti: il padre è un appassionato, i fratelli corrono in bicicletta. Anche la sorella Tina avrebbe voluto imitarli, ma si dice che la madre si fosse opposta: che almeno una delle sue figlie si tenesse lontana dalla due ruote!

Nonostante la bicicletta fosse nel Dna di famiglia, gli inizi di Elisabetta non sono facili. Giuseppe Moneta, fiduciario provinciale della Federciclismo di Bergamo, cerca di dissuaderla dal suo intento, ma la ragazza non demorde. Nel 1964 veste la maglia del Gs Granfort Bergamo, formazione del fratello Giuseppe, passa poi alla Pedale Trevigliese (dal 1966 al 1968), al Gs Eliplast di Canonica sul Lambro (Mb) e, dal 1969 al 1971, è la capitana del Gs Tre Risotti fino al passaggio, nel 1972, alla Cbm di Varese. Il suo fisico filiforme e le grandi doti di scalatrice le permettono di vincere diverse gare, ma Elisabetta, per tutti Lisy, passa alla storia anche «per le sue lunghe e affusolate "leve" che le valsero il titolo delle più belle gambe del ciclismo italiano».[39]

Veste la maglia azzurra dal 1966 al 1972, centrando un settimo posto ai Campionati mondiali di Brno nell'allora Cecoslovacchia del 1969, mentre l'anno dopo, a Leicester, una caduta nella volata finale le impedisce di coronare il sogno di medaglia. I suoi successi non la mettono al riparo da critiche: «Quando si andava a correre si prendevano anche insulti: a volte pesanti, altre volte qualcuno si limitava a gridare "andate a fare la calzetta"».[40]

In quegli anni la Maffeis è in squadra con altre giovanissime: la ventenne Dolores Farris, la diciassettenne Franca Squizzato e la ventunenne Raffaella "Lella" Micheletti, classe 1947, di Bisuschio (Va). La Micheletti poco dopo passa alla Baby Terraneo, prima di fare una cosa completamente nuova per l'epoca: fondare una società tutta sua, che chiama Gruppo Sportivo Micheletti. Dalla Cbm passa alla Baby Terraneo anche la varesotta Mariateresa Baronchelli, riserva ai mondiali di Gap, che dopo due stagioni (1972-1973) nella società di Casciago, cambia club. Purtroppo, però, nel dicembre 1973 ha un brutto incidente e deve lasciare l'attività agonistica. I suoi ricordi li ha raccolti in un volumetto intitolato *La Bartalina*, che racconta la sua storia di donna e di ciclista. Una cosa colpisce del suo racconto, quando scrive: «Un'altra molla che mi spingeva ad impegnarmi così profondamente era che cominciavo a intravedere gli aspetti "sociali" della mia attività sportiva. Intanto, facevo qualcosa di diverso delle solite cose che facevano le ragazze della mia età e già questo mi conferiva una certa singolarità. Quando dicevo alle persone che non mi conoscevano che correvo in bicicletta, questo suscitava sempre un certo stupore, una curiosità che mi gratificava. In casa, i miei genitori non volevano che uscissi per andare al cinema, a ballare, come facevano le mie amiche. La bicicletta, le corse, erano il mio lasciapassare verso quella vita di relazioni e di contatti sociali che altrimenti non avrei potuto conquistare».

Come la Baronchelli, anche un'altra atleta aveva cominciato giovanissima. Giuseppina Bianchini, originaria di Cavona (Va), approda alla Tre Risotti a soli quindici anni ed esordisce al Campionato italiano nella vicina Oggiona. In bicicletta sale dopo aver visto correre la Maffeis ed è sostenuta dal padre, che è il suo primo tifoso. Vince un titolo italiano under 18, poi passa alla Cbm. Per il ciclismo, il sogno della sua vita, lascia anche la scuola e, si dice, non vuole fidanzati, per evitare distrazioni. La bici è al primo posto. Alfonsina Strada il suo mito. Per allenarsi percorre una media di diecimila chilometri l'anno.

Viene da Spresiano, alle porte di Treviso, Angela Marchesin, classe 1947. Nel 1965 è stata la prima donna a essere tesserata nel Veneto, ed è stata anche la prima (e pare unica) tesserata della storica Uc Trevigiani, fondata nel 1913. Il suo primo risultato è un quindicesimo posto ai Campionati italiani nel 1967 che si svolgono a Novara. L'anno dopo, nell'edizione di Como, taglia il traguardo settima, con il gruppo delle dodici fuggitive guidate dalla Tartagni, mentre nel 1970 è terza. Con la maglia azzurra partecipa ai Campionati mondiali di Imola nel 1968 e di Brno nel 1969 (mentre a Leicester, nel 1970, è tra le riserve). Angela, la «sartina di Spresiano, si allena andando a lavorare dal suo paese a Treviso, una dozzina di chilometri andata e altrettanti a tornare».[41] Di lei il giornalista trevigiano Giorgio Garatti all'epoca scriveva: «Avviata allo sport del pedale dall'Uc Trevigiani e passata nel 1966 in forza alla Vittadello. Prima ciclista azzurra della Marca, la Marchesin ha avuto nel 1968 il grande onore di difendere i colori dell'Italia nel Campionato del mondo di ciclismo femminile su strada ad Imola piazzandosi ventiseiesima (su 43 concorrenti). Angela Marchesin è stata prescelta per i due mondiali grazie alle sue significative prestazioni (ad Albenga ha mancato per un soffio l'affermazione) nelle maggiori gare nazionali, quasi sempre entro il settimo posto».[42]

Lo stesso giornalista le dedica una citazione anche nel volume *Sports e giochi nella Marca Trevigiana*,[43] citandola tra gli azzurri del ciclismo che avevano onorato quella terra nel 1968. Da sottolineare che nello stesso volume è citata anche la «ciclista in gonnella Daniela Rovere»,[44] che aveva partecipato a una cronoscalata per ragazzi a Col San Martino (Tv), risultando l'unica donna in gara. Tornando alla Marchesin, il settimanale della Diocesi di Treviso *La vita del popolo*, nell'edizione del 6 settembre 1970, scrive che Angela «deve considerarsi un'antesignana del ciclismo femminile italiano avendolo abbracciato sin da giovincella, agli inizi, quando ancora gli italiani guardavano con sospetto le forti e temerarie ragazze che osavano avventurarsi sulla bicicletta».

La storia di Angela – «un tipino svelto e ben deciso a farsi valere. Un tipino modesto e senza grilli per il capo che sa farsi rispettare da tutti in gara e fuori. E da tutti sa farsi voler bene»[45] – somiglia a quella di molte cicliste di quegli anni: «Nel 1964 telefonai a tutte le società sportive di Treviso per avere il tesseramento, ma solo l'Uc Trevigiani mi diede retta. Dovette firmare mio padre perché ero minorenne, ma i dirigenti della squadra non credevano che facessi sul serio. Fatto sta che nel 1965 ricevetti la mia bella tessera e andai a comprarmi la bicicletta, le scarpette, il casco, i calzini bianchi e i pantaloncini. La società, infatti, mi diede solo la maglietta che dovevo indossare solo alle gare e non per gli allenamenti. Le prime competizioni le feci con i cicloamatori di Villorba, che mi fecero una seconda tessera a mia insaputa. La mia prima uscita fu a Bologna. Si percorreva la salita di Castel. Era la prima volta che vedevano una ragazza in bicicletta e tutti scommisero che avrei fatto la salita a piedi. I curiosi che si assiepavano lungo il pendio erano tanti, io percorsi tutta la salita in bici e quando giunsi in cima, ammirando la pianura che si estendeva sotto di me, chiesi: "Ma dov'è la salita?". Quel giorno c'era anche il professor Petrucci, che aveva vinto l'ultima Sanremo. Fu lui, qualche tempo dopo, a invitarmi a correre a Terni, promettendo che, se avessi accettato, avrebbe organizzato una corsa per ragazze. Ovviamente accettai e quella fu la mia prima vera gara. Quell'anno partecipai ad altre due corse a invito: una a Sondrio e una a Ceparana La Spezia. In quest'ultima mi staccai dal gruppo per seguire una belga, ma qualcuno ci diede una spinta, io caddi, cambiai ruota, rientrai negli ultimi chilometri e mi ordinarono di restare nelle file. Si era formata una coalizione tutta lombarda contro di me: mi dicevano che ero veneta e che non avrei mai vinto una corsa, ma io continuavo ad allenarmi e a gareggiare, spesso con gli uomini. Come accadde a una cronometro in cui mi trovai a essere l'unica donna in mezzo a 130 uomini: partenza da Giavera del Montello, passando per Montebelluna, Ciano del Montello, Panoramica e rientro a Giavera. Arrivai sesta. A quella gara era presente un dirigente della Vittadello, che mi tesserò per il suo team. Era il 1966. Il mio passaggio non fu rapido, perché la Trevigiani non voleva dare il nullaosta, dovetti fare una bella litigata per ottenerlo! Con la Vittadello corsi tre anni: mi diedero una bicicletta e tutto quello che serviva per correre, pagandomi anche tutte le spese, sia a me che a mio fratello, perché non volevano che mi muovessi da sola visto che ero ancora minorenne. Corsi con questa squadra nel 1967 e nel 1968 e riuscii a partecipare al mio primo mondiale a Imola. Ero diventata la mascotte della squadra dei professionisti perché quando era possibile viaggiavo con loro in auto. Con noi correva anche Antonia Simeoni, che aveva vinto il Campionato regionale del Veneto. Nel 1969 passai alla Tognana Pinarello. Mi ricordo che mi mandavano un autista a prendermi. Fu una stagione buona. Arrivai settima al Campionato italiano e partecipai ai Campionati mondiali di Brno. Alla vigilia di quel mondiale dovevamo spedire la bicicletta con le ruote di scorta e ci volevano i tubolari nuovi, ma la Pinarello me ne diede solo uno, come se la bici avesse una ruota sola! Il secondo me lo portarono i ragazzi, altrimenti avrei dovuto comperarmelo! Poi imparai anche ad aggiustarmeli da sola, i tubolari. Erano sempre così usurati che il meccanico a cui li portavo decise di insegnarmi a farlo in autonomia. Nel 1970 arrivai prima in due gare, ma i giudici non mi assegnarono la vittoria. Qualche atleta ebbe il coraggio di recarsi dai giudici a protestare, ma io non potevo reclamare perché non avevo un direttore sportivo. Nel 1970, a ventitré anni, approdai alla Tre Risotti, con il compito di aiutare la Maffeis e la Michieletti. Vinsi la mia prima corsa e arrivai terza ai Campionati italiani di Merano. Ricordo bene quella gara. Ero scattata a un chilometro dall'arrivo e poi ai 500 metri. Volevo assolutamente vincere e tentai l'impresa, ma mi dovetti accontentare del terzo posto. Quell'anno avrei dovuto anche partecipare ai mondiali in Inghilterra, ma il telegramma con la convocazione non giunse mai. Invitarono la Maffeis e la Cressari».[46]

Per quella mancata partecipazione le critiche non si fecero attendere. La Marchesin lamentò di essere stata sacrificata per fare posto alle atlete più in vista del momento, senza però considerare che, probabilmente, la più in forma era proprio lei. Per Angela, inoltre, le delusioni non erano finite: «Dopo i mondiali ricordo una gara in cui avrei dovuto aiutare la Maffeis a vincere, ma prima di partire la società di Pino Santolin mi disse che avrei avuto carta bianca, che avrei potuto fare quello che volevo. Così corsi tutta la gara in fuga da sola e vinsi per distacco. Andare in fuga era una mia caratteristica. Spesso lo facevo con la Tartagni e la Maffeis, ma loro si fermavano sempre e quando gliene chiesi la ragione mi risposero che se arrivava una di loro andava bene, ma perdere contro di me non andava bene per niente. Per loro sarebbe stato come perdere l'identità di campionesse! Ed io ero pericolosa perché ero imprevedibile. Partecipai anche a un inseguimento su pista a Varese: tre giorni di corsa per un'ora al giorno. Arrivai quinta perché nemmeno sapevo che i tempi venivano cronometrati, così avevo rallentato perché ero indietro... Ricordo anche la prima gara che vinsi, al lago di Garda. La Simeoni, che aspettava un figlio, mi mise il numero e mi disse: "Corri per me e per mio figlio!". Il traguardo era in salita e all'ultimo giro ero in crisi, attardata. Poi sentii qualcuno gridare "vai e vinci!", così ritrovai lo slancio, rientrai nel gruppo e staccai tutte. Solo la Tartagni mi rimase a ruota, ma quando mi affiancò le dissi: "Oggi non passi!". Così vinsi la mia prima corsa! Quell'anno la Tartagni mi fece sapere che avevo fatto più punti di lei. Per la stagione 1971 mi preparai molto bene, ma l'11 febbraio ebbi un incidente in auto e, nonostante ci abbia provato per due anni, non riuscii più a tornare come prima. Nel 1972 partecipai al Campionato italiano, ma senza alcun risultato. Durante la gara caddi in discesa e non riuscii più a muovermi. Avevo la maglia infilzata in un palo di ferro e la gente non aveva neanche il coraggio di aiutarmi: pensava che fossi rimasta trafitta all'addome. Poi la società non mi inviò più la bicicletta e io smisi di correre».

Solo un infortunio ha costretto quest'atleta ad appendere la bicicletta al chiodo, dopo aver sempre difeso strenuamente la sua passione, anche davanti al datore di lavoro: «Il mio padrone non voleva che corressi in bicicletta perché a quei tempi si lavorava sette giorni su sette e io, per partecipare alle gare, dovevo assentarmi il sabato pomeriggio e la domenica. Così gli dissi che o mi lasciava andare o mi licenziavo, e siccome sul lavoro ero brava dovette accettare. Certo, non era facile lavorare tutta la settimana, smettere alle 12 del sabato e alle 12.20 prendere il treno. Poi si tornava il lunedì mattina per le sette e alle otto si era già al lavoro. Questa cosa era davvero dura! Come lo era sentirsi prendere in giro quando si era fuori in allenamento o alle gare. Ci dicevano di tornarcene a casa a fare la calza. E questo non lo dicevano solo i passanti o gli spettatori, ma anche qualche ciclista...».

Il Campionato italiano del 1970, che vale il bronzo alla Marchesin, è vinto da Giuditta Longari, cremonese di Gombito, classe 1939, che fino ad allora ai Tricolori su strada aveva vinto un bronzo e che della Tartagni era stata una delle principali rivali. La "Bitossi delle donne" o la "Merckx in gonnella", come la definì qualche giornalista dall'epoca, aveva cominciato a correre in bicicletta poco prima dei mondiali di Salò, grazie all'intuito dei suoi due fratelli, Oreste e Mario, anche loro ciclisti. Durante un allenamento avevano sentito dire che in occasione dei mondiali di Salò si sarebbe costituita una squadra femminile e allora perché non tentare con le loro sorelle, Giuditta e Lydia? Così le due Longari inforcano una bici, seguite qualche anno dopo anche da Carolina, la più piccola. «Tutto è iniziato così,» racconta Giuditta «un po' per scherzo. Ricordo bene che a quei tempi ci allenavamo la mattina presto, ma davvero molto presto, perché c'era anche un po' di vergogna nell'uscire in bicicletta con i pantaloncini corti... poi le cose, grazie al cielo, piano piano sono cambiate».[47]

In famiglia Giuditta viene subito sostenuta nella sua scelta, un po' perché la passione ciclistica accomuna tutti i suoi cari, un po' perché «mia mamma mi diceva sempre che quando uno non fa del male ad altri o a se stesso non ha nulla di che vergognarsi e può camminare a testa alta. Le gare della domenica erano un'occasione di gioia per tutta la famiglia!».

E la gioia aumentava quando arrivava anche qualche premio sostanzioso: «Una volta ho vinto una mortadella da 10 chili: che bello! Abbiamo mangiato mortadella per un bel po', senza nessun limite… che ricordi! Quelli del resto erano i premi che si vincevano. Una volta mia mamma mi ha chiesto di vincere un traguardo volante perché c'era in palio un bel portabiancheria! Io ero veloce e, anche se non correvo per i soldi, mi faceva piacere poter coprire almeno le spese; così, quando vedevo che c'era qualche traguardo volante con premi in denaro, puntavo a quelli. Potevano essere 500, 1.000, 3.000 lire, quanto bastava per coprire almeno le spese della benzina».

Giuditta, che in carriera veste le maglie del Gs Giambellino, del Gs Excelsior, del Gs Jasmine e dell'Uc Cremasca, abbandona l'agonismo nel 1971, alla vigilia dei Campionati italiani, dopo aver vinto un centinaio di corse e quattro maglie tricolori, tre su pista e una su strada. Il suo abbandono è frutto di una scelta dolorosa: «Non potevo più continuare così. Non accettavo il comportamento sleale di alcuni dirigenti, che volevano che le proprie atlete vincessero sempre, a tutti i costi, anche se questo comportava delle scorrettezze. Io per due volte me la sono vista brutta, specie nel 1969 quando mi sono svegliata all'ospedale. Ero convinta di aver vinto la gara, ricordavo una volata, ma a causa di una gomitata mi sono trovata a terra e ricoverata per trauma cranico. Ho visto la morte in faccia. Per me certi dirigenti hanno guastato il ciclismo femminile, per questo ho lasciato. Mi hanno supplicato di continuare perché quando ho annunciato il ritiro mancavano solo due settimane ai Tricolori, ma ho detto basta e non ho avuto ripensamenti. Correre era già un grande sacrificio e costava molta fatica, ma per me era sempre stato anche un piacere. Correre in quel modo, invece, toglieva tutto il piacere. Ho sofferto tanto, ma ora dico che è stato meglio così. Ho smesso all'apice della carriera, dopo aver vinto molte gare sia su pista che su strada. Oggi posso solo ricordare con gioia la mia esperienza di pioniera del ciclismo femminile italiano. Il ciclismo di oggi non è nemmeno paragonabile a quello dei nostri tempi. Io, ad esempio, non ho mai ricevuto una bicicletta dalla mia società. Me la sono comprata a rate con i soldi che guadagnavo lavorando. Adesso quella bici l'ho donata al museo del Ghisallo in occasione del mio ottantesimo compleanno. La bici da pista, invece, me la prestava Roberto Gramaglia e mi veniva messa a punto dal meccanico Peppino Magni, che era il meccanico della nazionale dilettanti. Quando finivo la gara gliela restituivo».

Nel primo gruppo di cicliste che si affacciano al panorama italiano degli anni Sessanta ci sono anche Agostina Falappi, Annamaria Santini, Lucia Zeni, Gianna Coldani, Agnese e Raffaella Beretta, Loredana Maserati e Graziella Dal Bello.

Classe 1942, friulana di Fontanafredda, in provincia di Pordenone, Graziella Dal Bello veste la maglia azzurra ai mondiali del 1966 che si svolgono in Germania, sia nella gara donne su strada al circuito di Nürburgring, sia in quelle su pista a Francoforte. In quella spedizione azzurra con lei c'erano anche Morena Tartagni, Silvana Gipponi, Giuditta Longari, Ivana Panzi, Elisabetta Maffeis, Florinda Parenti per la gara su strada; Maffeis e Parenti erano convocate anche per la pista.

Innumerevoli le vittorie e i piazzamenti della Dal Bello, che era anche considerata una delle più belle cicliste italiane, tanto da essere anche eletta "Miss Ragazza Sprint". Si dice che, traendo spunto dagli incitamenti dei suoi tifosi che ripetevano il suo nome, la fabbrica Carnielli avesse deciso di battezzare così una delle biciclette da donna più famose e vendute al mondo: la mitica Graziella, appunto[48]. La Dal Bello gareggia per sei anni prima di ritirarsi per sposarsi e fare la mamma.

Dopo l'esordio del ciclismo femminile ai mondiali, l'anno dopo, nel 1963, si disputa il primo Campionato italiano di ciclismo femminile su strada[49] dal cui esito si sarebbe scelto il gruppo delle azzurre per i mondiali in programma a Ronse (Belgio). Ma la partecipazione all'edizione iridata del 1962 non costituiva garanzia di impegno da parte dell'Uvi, che fa subito marcia indietro e, con 17 voti contrari e solo uno a favore (quello del comm. Raimondi), decide di lasciare a casa le donne, con scuse definite allora poco plausibili dagli addetti ai lavori. La principale era stata quella dell'ingente costo della spedizione, ma qui sia il patron della Faema comm. Valente sia il comm. Campagnolo si erano subito detti pronti ad accollarsi tutti i costi pur di mandare la squadra femminile italiana in Belgio.

Renato Ginofero, general manager della Faema Sarmato, fa il possibile per convincere il presidente Rodoni, ma senza successo. Dell'intera vicenda Florinda Parenti (che all'epoca non vedeva l'ora di correre in Belgio sulle strade che ben conosceva) conserva un articolo intitolato "Amarezza a Sarmato per la decisione dell'U. V.I." di un non meglio identificato giornale del 1963, che riporta con dovizia di particolari l'intera vicenda. Il giornalista, che si firma Ferretto, conclude l'articolo così: «Ora il ciclismo femminile sta attraversando indubbiamente un periodo critico; l'Uvi, che alla nascita di questa nuova attività l'aveva fortemente appoggiata, ora non sembra più propensa a continuare sulla strada intrapresa. Si sa che molti componenti la commissione sono contrari a questo genere di sport. Per ora non discutiamo le idee di questi signori ma almeno si abbia il coraggio di agire con sincerità».

Per la cronaca, il Campionato Italiano del 1963 si corre il 14 luglio, una data emblematica: la presa della Bastiglia, la Rivoluzione francese. Forse perché anche questa, nel suo piccolo, è una rivoluzione. L'organizzazione dell'evento è a cura del Gs Faema Sarmato e il circuito è tutto piacentino: Castel San Giovanni, Bettola di Sarmato, Borgonovo Valtidone, Castel San Giovanni. Quattro giri per un totale di 63 chilometri.

Gli spettatori non mancano e questa è una costante delle gare di questi anni, che riescono ad attirare sempre molto pubblico, anche se questo poi non influisce sulla visibilità di queste competizioni nella stampa. Per l'occasione si contano circa 25.000 spettatori, che arrivano anche da Milano. Non restano delusi. La media della gara è alta: 37,492 km/h. Paola Scotti va in fuga con Florinda Parenti, la ciclista più esperta della squadra. La Scotti però gioca in casa, quelle sono le sue strade, le ha percorse dieci, cento, mille volte. Le conosce a memoria. Con loro anche Annamaria Santini ed Evelina Bianchetti, una giovane che purtroppo sarebbe morta poche settimane dopo, travolta da un camion durante un allenamento. È il 3 ottobre 1963. Evelina ha solo diciotto anni e corre per il Pedale Bresciano. È la prima vittima della strada del ciclismo femminile.

Tra i premi in palio quell'anno c'è anche una coppa offerta dall'onorevole Giulio Andreotti,[50] presidente onorario della Società ciclistica sarmatese, da assegnare alla società che chiude al primo posto nella classifica generale.

La sfida per il titolo si decide in una volata fianco a fianco tra Paola Scotti, Florinda Parenti e Annamaria Santini. A prevalere è la Scotti, seguita da Parenti, Santini, Evelina Bianchetti, Giuditta Longari, Maria Cressari, Anna Simeoni, Lidia Longari, Grazia Bortolaso e Raffaella Beretta. Paola Scotti passa così alla storia per essere stata non solo la prima tesserata del ciclismo femminile nazionale, ma anche la prima campionessa italiana.

L'anno dopo, nel 1964, il Campionato italiano lo vince Maria (Mary) Cressari, che a Mariano Comense trionfa dopo una fuga di 50 chilometri, piazzandosi davanti a Scotti e Maffeis. Anche la Cressari, come Florinda Parenti, nasce nel 1943. Una generazione tosta. A casa il ciclismo era cosa normale, perché due dei suoi quattro fratelli, Enrico e Carlo, erano ciclisti di valore, tesserati per i colori della As Erbitter Gavardo del patron Leo De Luca. Anche se in famiglia il ciclismo non era un tabù, le è permesso allenarsi solo quando mamma Fiorina e papà Battista le consentono di assentarsi dal bar Alle Fornaci, a conduzione familiare. Bresciana, arriva anche lei al ciclismo nel 1962, cooptata in vista dei mondiali di Salò. «Gli organizzatori di Brescia volevano che una loro concittadina rappresentasse la città alla manifestazione, così si rivolsero a una famiglia nella quale il ciclismo era di casa. Venni scelta perché ero l'unica donna candidata e a me la bicicletta piacque subito, anche perché vinsi la prima gara a cui partecipai. Così l'anno dopo andai a Salò per i mondiali».[51]

Le doti di Maria emergono subito. Il 24 agosto 1962, all'esordio, vince la prima corsa della sua carriera a Fornaci, in provincia di Brescia. È la prima gara ufficiale del ciclismo femminile italiano. Mancano pochi giorni ai Campionati mondiali di Salò e la sua prestazione desta tanto scalpore da non passare inosservata al clan azzurro, al quale viene segnalata subito da Leo De Luca. Maria veste così la maglia azzurra nel primo di quelli che saranno i suoi nove mondiali, piazzandosi ventunesima. In quel primo anno di attività disputa cinque gare, ottenendo tre vittorie, un secondo e un quarto posto. Atleta eclettica, si alterna tra strada e pista, collezionando 143 vittorie in carriera. Vince anche quattro Tricolori su strada (1964, 1968, 1972, 1973) e due di inseguimento su pista (1973, 1974); inoltre ottiene due secondi posti su strada, nel 1969 e 1975.

Una parte della carriera la vive quando è già una donna sposata (dal 1965) e per giunta mamma di un bambino, nato l'anno successivo. Per questo i suoi soprannomi si sprecarono: "Mary supersprint", "Mammina volante", ma anche "Merckx in gonnella". Nel corso della sua carriera, lunga diciassette anni, veste i colori delle squadre Gs Erbitter, Fbe, Gs Pejo, Termozeta, Sc Marianese, Uc Cremasca, Jag Gazzoldo e Baby Terraneo.

Nel novembre del 1972, a Città del Messico, sulla pista del velodromo olimpico Augustín Melgar, Maria stabilisce il record dei 5, 10 e 20 chilometri. Poi, con 41,471 chilometri, supera il precedente primato dell'ora, che resisteva da quattordici anni. Due anni dopo, al Vigorelli di Milano, fa il record dei 100 chilometri su pista scoperta, nonostante una foratura che la costringe a una sosta di mezzo minuto.

Queste imprese smuovono la federazione: «Quando ha conquistato il record dell'ora in Messico i giornali hanno parlato di lei a lungo. Mary Cressari (e con lei la Tartagni e le altre della vecchia guardia) ha costretto qualcuno in federazione a prender nota dell'esistenza di un settore che da allora ha diritto di cittadinanza perché portatore di medaglie ai Campionati del mondo. Prima, quando i nostri baldi giovani non avevano rivali, c'era solo tempo di sorridere alle richieste delle donne. Di dirigenti pronti ad ammiccare, a sorridere ironici, una federazione dovrebbe potersi disfare».[52]

Nel 1977 la Cressari si frattura una clavicola, ma non molla. Si ritira solo due anni dopo, nel 1979, all'età di trentasei anni. Attende questa data «solo per far abrogare (e ci riuscì) il limite di età che allora era di trentacinque anni».[53]

Parlando della sua carriera, in un'intervista ha raccontato: «Non credo di aver fatto nulla di straordinario e vista anche la mia famiglia di origine era inevitabile mi appassionassi [al ciclismo] fino a farlo diventare la mia professione. Sono stata anche fortunata perché prima i familiari e successivamente mio marito Angelo non mi hanno mai creato problemi. Sono pure riuscita a far crescere mio figlio Ernesto e credo davvero di avere avuto tutto dalla vita».[54]

Dopo il ritiro dall'attività agonistica, Maria Cressari, medaglia d'oro del Coni al Valore atletico, resta legata al mondo del ciclismo come dirigente, pioniera anche in questo. Diventa, infatti, direttore sportivo della nazionale femminile per quattro anni, direttore tecnico della pista per due e anche commentatrice della Rai. In un'intervista rilasciata a *Brescia Oggi* in occasione del suo settantesimo compleanno, Maria confessa che le fa «naturalmente piacere che la gente si ricordi di me, vuol dire che ho lasciato qualcosa di buono».[55]

Il 23 giugno 2013, giorno del cinquantesimo anniversario del primo Campionato italiano femminile su strada del 1963, Maria dona la sua bicicletta al museo del Ghisallo.

In quegli anni, mentre si andava formando un primo gruppo di pioniere del ciclismo femminile, la Faema si ritira dal mondo delle corse. Nel 1964 Renato Ginofero crea due nuove squadre femminili: il Gs Termozeta di Castel San Giovanni, che arruola Florinda Parenti e Giuditta Longari, e il Gs Fogagnoli Belloni Elettrodomestici Sarmato, con Mary Cressari e Paola Scotti. Ed è proprio quest'ultima, il 13 agosto 1964, a vincere il Gran premio internazionale di Ceparana (Sp). Anche stavolta accorre un gran pubblico, quarantamila spettatori. Paola va in fuga solitaria, percorre 25 chilometri e taglia per prima il traguardo. Seconda è Elsy Jacobs, campionessa mondiale a Reims nel 1958, attardata di 1' e 30", terza la campionessa in carica del Belgio, Liliane Cleiren, staccata di 2' e 15". Nello stesso anno, la Scotti è seconda dietro la compagna di squadra Maria Cressari ai Campionati italiani che si svolgono a Mariano Comense.

L'anno successivo, però, una grave malattia la costringe a un lungo ricovero in ospedale, in conseguenza del quale, a soli ventun anni, decide di abbandonare l'attività agonistica. Paola Scotti appende la bicicletta al chiodo dopo aver vinto più di 30 corse e, soprattutto, dopo aver impresso il suo nome nella storia del ciclismo femminile italiano.[56]

Nel 1965 la maglia tricolore va a Florinda Parenti, che così si prende una rivincita dopo molti piazzamenti. L'anno successivo, invece, sarà il turno di Elisabetta Maffeis.

Anche se il Campionato italiano è ormai un appuntamento abituale nel calendario sportivo del ciclismo femminile, non gli viene riservata particolare attenzione da parte dei media. E quando questo accade, la cronaca si sofferma meno sugli aspetti sportivi e più su quelli personali o legati alle caratteristiche fisiche delle atlete. L'edizione di Mariano Comense vinta da Rosa D'Angelo trova poco spazio nelle pagine del *Corriere della Sera*, che descrive la gara come «corsa monotona fino al penultimo giro».[57] In primo piano, sopra la foto della vincitrice che indossa la maglia tricolore, campeggia una bella immagine di Maria Cressari in sella alla sua bicicletta, che saluta il figlioletto e titola: «Ciao, piccolo, ora la mamma va a pedalare»,[58] a conferma del fatto che la donna non veniva mai vista solo come atleta, al pari degli uomini, ma sempre sottolineando un suo ruolo preciso nella società del tempo.

L'autore dell'articolo, Claudio Benedetti, ritorna sulla singolarità della donna ciclista: «Non prendono la bicicletta per fare la spesa o la passeggiata di salute, ma per fare lo sport. E anche per trovare marito. Sono le donne cicliste: 57 tesserate alla federazione, 37 in gara oggi qui a Mariano Comense. Vi sono ragazze brutte, e altre graziose come le gemelle Maura e Gloria Strombolo, nate 15 anni fa a Rapallo, dove lavorano come stiratrici in una lavanderia. Sono chiamate le "sorelle Kessler" del ciclismo italiano e portano lunghe trecce nere che ondeggiano sotto il caschetto (obbligatorio) al vento della corsa. C'è anche una cantautrice, Edy Noto… Per esse si è scomodato – oltre al presidente dell'Uci Rodoni – un ministro, l'onorevole Virginio Bartinelli… E si sono scomodate le estetiste di una ditta milanese di cosmetici, per il "maquillage" e la "permanente" del dopo-corsa. Riusciranno a "ricostruire" il trucco sinistrato dalla fatica?».[59]

Quando il giornalista parla di Rosa D'Angelo, la vincitrice, la descrive come una donna «dal volto di ragazzaccio, ma bravissima, che ha vinto il titolo ed è – a soli trentun anni – una delle più anziane».[60] Non omette il cronista di specificare che l'atleta abruzzese, originaria di San Vito Chietino, è sposata dal 1962 con un uomo che conosce fin dalle scuole elementari e che è emigrata dall'Abruzzo per trovare lavoro in un'azienda di Seregno, mentre il marito si è sistemato in un'azienda di Mariano. Insomma, il giornalista, che poco ci dice delle qualità dell'atleta, ci tiene a precisare prima di tutto il suo ruolo di moglie e lavoratrice.

Anche *l'Unità* pubblica un articolo sull'evento sportivo, intitolato semplicemente: "Rosa D'Angelo è la ciclista più brava".[61] La testata si sofferma molto sulla cronaca della gara, descrivendo le atlete che si controllano a vicenda, che si lanciano in discese zigzaganti o che rispondono agli attacchi delle avversarie, e soprattutto l'azione potente della vincitrice che arriva al traguardo con duecento metri di vantaggio sulle inseguitrici. Una cronaca obiettiva e tecnica, quindi, che comunque si conclude con la solita precisazione d'obbligo: la D'Angelo «corre dal '63, è sposata dal '62, ha tre figli e vive a Mariano. Lavora come tranciatrice di legno».

Quando nel 1968 si corrono i mondiali di Imola, il *Corriere della Sera* titola: "La vivandiera italiana sbaglia il rapporto e la sarta olandese conquista il titolo".[62] Ancora una volta, dunque, non è l'identità sportiva delle atlete quello che le definisce: non la sprinter o la velocista, non la gregaria o la capitana della squadra, bensì la vivandiera e la sarta. Quel mondiale lo vince l'olandese Cornelia Haag ma l'incipit dell'articolo non cita le sue qualità di atleta: «Piccola, tracagnotta, olandese, il che vuol dire capelli biondi e sguardo chiaro, capelli lisci divisi da una vistosa scriminatura proprio al centro della testa, un filo di rossetto sulle labbra. [...] Diciamo la verità, il ciclismo femminile è sport tutt'altro che entusiasmante. Non si addice alle donne. Accartocciate in bicicletta, vorticando gambe fatte di muscoli turgidi, non sembrano più donne ma corridori mal riusciti. Nemmeno il fatto che sul petto le loro maglie siano rigonfie le fa distinguere dai loro colleghi uomini: anche i corridori infatti usano riempire con frutta e panini i grandi tasconi cuciti sul davanti delle maglie da corsa. Eppure vanno forte, eppure hanno anche strappato applausi, battimani che però ricordavano certi piccoli romantici circhi di famiglia, imperniati su nuclei familiari armati più di buona volontà e dell'urgenza di risolvere il quotidiano problema della pagnotta piuttosto che di senso artistico».

A Imola la migliore delle italiane è Morena Tartagni, che arriva terza e conquista così la prima medaglia iridata per l'Italia. Dietro di lei, le altre azzurre sono: dodicesima la Bosio, diciassettesima la Cressari e ventiseiesima la Marchesin. Nell'articolo si riferisce che «un passo avanti l'hanno fatto anche le italiane da tutti considerate le più inesperte del gruppo, forte di 43 concorrenti appartenenti a 13 paesi».

Le italiane approdate a questo mondiale erano 6, così descritte dalla stampa: «La Longari ventottenne cremonese che lavora a Milano in una fabbrica di lampadari, sposata»; Angela Marchesin, «ventunenne stiratrice trevigiana»; Maria Cressari, «venticinquenne mammina bresciana che ha sposato un ex corridore»; Elisabetta Maffeis, «ventunenne fidanzatissima magazziniera bergamasca»; Carla Bosio, «che a Bormagno di Sopra aiuta papà che gestisce un garage». Ma la descrizione che lascia maggiormente stupiti è quella riservata a Morena Tartagni: «Occhialuta [...], nata a Predappio diciannove anni fa ma abitante a Baranzane alla periferia di Milano dove gestisce una mensa. Per titoli è questa la nostra donna-ciclista numero uno, essendo lei campionessa italiana sia dell'inseguimento sia della strada. È salita sul podio con passo incerto. Dietro gli occhiali, uno sguardo dolce e commosso le imbelliva il faccino pulito. Le hanno appeso al collo la medaglia di bronzo. Quando è scesa da lassù ha detto: "Ho sbagliato rapporto. Ma un'altra volta farò meglio. Ne sono sicura". Proprio come un corridore vero». Già, proprio come un *corridore vero*.

Tra le novità dei mondiali femminili su strada di Imola (quelli su pista si svolsero a Roma), vi è l'introduzione dei controlli antidoping anche per le cicliste. Il problema del doping cominciava a diffondersi proprio in questi anni e, dopo alcuni episodi eclatanti, il Comitato olimpico internazionale (Cio) e l'Uci avevano deciso di prendere provvedimenti, sulla scia di quanto alcuni paesi avevano già fatto, introducendo leggi apposite come avvenuto in Belgio nel 1966.[63] L'introduzione di questo esame anche tra le donne voleva essere un segnale della volontà di uniformare il trattamento riservato agli atleti: «Nel ciclismo come in moltissimi altri sport, le donne hanno dapprima timidamente copiato i colleghi maschi: poi, passati i primi momenti di incertezza e timore, si sono completamente equiparate».[64]

A Imola le donne furono sottoposte a controlli antidoping sia prima, sia dopo la gara, ma non solo. Come riporta il *Corriere della Sera*, prima delle gare le cicliste, oltre all'antidoping, «saranno visitate per stabilire se presentano tutte le caratteristiche femminili. La partecipazione ai mondiali sarà quindi subordinata all'esame di accertamento del sesso».[65] Del resto, proprio nel 1968, a partire dai Giochi olimpici di Città del Messico, anche le atlete venivano sottoposte a una visita di questo tipo per verificare casi di femminilità dubbia o di ormoni modificati.[66] La nostra Paola Pigni, campionessa di atletica leggera, in un'intervista rilasciata per un docufilm su Messico 1968[67] ha descritto l'imbarazzo di quel nuovo obbligo, per il quale le atlete venivano ammassate in una stanza con solo la biancheria intima addosso. Di lì a poco, la visita sarebbe stata sostituita da accertamenti basati su prelievi di saliva ed esami del sangue.

L'edizione dei mondiali femminili su strada dopo Imola si tiene a Brno. Le italiane convocate sono Maria Cressari, Morena Tartagni, Giuditta Longari, Elisabetta Maffeis, Angela Marchesin, Carla Bosio, Raffaella Micheletti, Ivana Panzi e Maria Pecchenini. Nessuna medaglia arriva per l'Italia.

Nel frattempo, nonostante gli sforzi per dare dignità a questo sport al femminile, il numero di gare resta sempre limitato: nel 1968 sono solo 8 nel periodo compreso tra maggio e settembre, e su distanze tra i 48 e i 68 chilometri.[68] Il 21 settembre 1970 il *Corriere della Sera*[69] pubblica un articolo su una gara che si era svolta a Varese, intitolando: "Le cicliste nella dura cronoscalata inseguono il sogno di un corredo", specificando nell'occhiello che si tratta di «sartine, studentesse ed impiegate protagoniste in bicicletta». Solo più in basso si dà spazio alla cronaca sportiva, precisando che a imporsi è stata la Maffeis, con una media di 21 km/h. Per quanto riguarda i premi in palio, si tratta di «una camera da letto, una cucina scomponibile e un divano»,[70] ovvero quanto necessario per mettere su famiglia.

Del resto il mestiere della ciclista non esisteva. Si trattava solo di una parentesi, di un passatempo limitato nel tempo, prima di pensare a cose più serie, innanzitutto al matrimonio. Questo, infatti, era considerato l'obiettivo di tutte le donne, cicliste comprese, carine e no. A questo proposito, riferendosi alle cicliste, qualcuno aveva addirittura scritto: «Vi sono ragazze molto graziose... qualcuno le sposa».[71] Molte ragazze sprint dell'epoca erano giovanissime e già fidanzate, spesso con un ciclista o comunque con qualcuno vicino all'ambiente sportivo, che nulla aveva da obiettare sul passatempo della fidanzata, come conferma la ciclista trevigiana Lucia Pizzol: «I nostri mariti, i nostri fidanzati dovevano per forza venire dall'ambiente del ciclismo o amarlo molto. Non c'era alternativa perché noi donne cicliste non andavamo bene per gli altri uomini. Avevamo qualcosa in più, che chi non era dell'ambiente non poteva apprezzare. In altre parole, gli altri ci vedevano come "strane" perché eravamo più emancipate e indipendenti e questo incuteva timore negli uomini. Con i ciclisti era diverso perché avevamo qualcosa in comune, potevamo parlare insieme, allenarci insieme, trascorrere del tempo accomunati da una passione comune. Per questo abbiamo sposato tutte dei ciclisti o degli amanti del ciclismo».[72]

Gli esempi in tal senso non mancano. Nella squadra della famiglia Fanini, creata nel 1968 e diretta da Pietro Fanini: «In sella, fra le altre, la moglie dello stesso Pietro (Rosanna Paolinelli) e quella di Ivano (Mariapia Berti)».[73] Giuditta Longari sposa Carmine Ciardiello, ciclista che gareggia per nove anni tra i dilettanti e che confessa: «All'inizio anch'io ero contrario al ciclismo femminile, non lo consideravo adatto alle donne perché richiedeva una grande fatica poi, quando ho visto quanto impegno e sacrificio ci mettevano, mi sono ricreduto».[74] Elisabetta Maffeis è fidanzata con Mario Crippa, che era anche il suo direttore sportivo e che sposa nel 1973, lasciando il ciclismo. La stessa Maffeis in un'intervista racconta: «È proprio attraverso il ciclismo che realizzerò il mio progetto di sposarmi. Corro per la ditta di materie plastiche del mio fidanzato e di suo fratello, che è il presidente della fabbrica. Vede il nome scritto sulla maglia mia e delle mie compagne? Correrò ancora per due anni, poi mi sposerò».[75].

Anche la fiamminga Susanna Sohie, una delle prime straniere ingaggiate da un team italiano, rientra in Belgio dopo un paio di anni di attività per sposare il fidanzato, anche lui ciclista, chiudendo l'attività agonistica a soli ventiquattro anni.

Florinda Parenti nel 1966 sposa Ottaviano Marchesi, ex professionista che gareggiava nella squadra della Salvarani. Lo aveva conosciuto nel 1963, nel negozio di Bellini, che a quei tempi era il ritrovo dei ciclisti parmigiani, frequentato anche da Vittorio Adorni. Al futuro marito aveva promesso che, dopo il matrimonio, avrebbe lasciato le corse.

Sposare un collega ciclista era, dunque, una prassi alquanto comune. Se ne trova conferma anche nel già citato articolo del *Corriere della Sera*, che a margine della cronaca di un mondiale descrive così le componenti della squadra italiana: «La Longari, ventottenne cremonese che lavora a Milano in una fabbrica di lampadari, sposata»; Maria Cressari «venticinquenne mammina bresciana che ha sposato un ex corridore»; Elisabetta Maffeis, non ancora sposata ma «ventunenne fidanzatissima magazziniera bergamasca».[76] Maria Cressari, invece, non era solo sposata, ma anche mamma: «Per Maria Cressari la bicicletta è stata davvero il "veicolo" della felicità. È sposata e mamma di un bel maschietto, che tiene per un attimo in braccio e bacia prima di avviarsi alla partenza. [...] La Signora Maria Cressari in Savoldi, barista a Brescia, dove è nata il 27 dicembre 1943, ha cominciato a correre in bicicletta nel '62 conquistando il 2 agosto 1964, qui a Mariano, il titolo italiano delle stradiste. Il primo premio era una sontuosa camera da letto stile Chippendale. "Una cosa stupenda. Fu il colpo di grazia, a convincermi definitivamente per il matrimonio, se ve ne fosse stato bisogno. Ci dormo ancora. Nel 1965 ebbi un bambino e naturalmente smisi di correre, sia pure a malincuore. Ora è mio marito più di tutti che mi sprona a correre". La Cressari ha un corpo scultoreo, che la pratica sportiva e la figliolanza non hanno affatto guastato».[77]

Sposate o no, tutte queste ragazze sprint non erano abituate a stare con le mani in mano. Oltre alla bicicletta, erano impegnate nel quotidiano lavoro: in fabbrica, in negozio, come stiratrici, bariste, cameriere, impiegate. Una di loro, Edy Noto, era addirittura un'operaia-cantautrice-ciclista: «La Noto lavora dall'età di quindici anni in un cotonificio di Somaina Lomazzo. Vita grama, dalle

7 alle 9 ore al giorno. E la sera, nelle poche ore libere, via in sella (con il consenso della suora del convitto) per allenarsi in bicicletta. Inoltre, studia canto e compone canzoni. Ha composto e interpretato sin ora, con un certo successo, una ventina di canzoni "beat". L'ultima è "Dai, pedala insieme a noi" che dice: "Amica mia tu non sorridi, ti senti sola e non sai che fare, se vuoi venire a pedalare, con noi scoprirai la vera felicità"».[78]

La bicicletta dava la felicità a queste ragazze. Permetteva loro di evadere dal quotidiano, di misurarsi con un'attività che restava ancora declinata al maschile, di contribuire al processo di emancipazione della donna, perché molte si abituarono a poco a poco a viaggiare da sole, a stare fuori casa, a discutere di ingaggi e contratti con direttori sportivi e sponsor. Ma il processo sarà ancora lungo.

Il 21 settembre 1970, descrivendo una cronoscalata in provincia di Varese che si svolge tra ali di tifosi, con le cicliste che sfilano via rapide con «sotto il casco una massa di capelli biondi mossi dal vento», il cronista riferisce che «l'atleta che sale strattonando il manubrio è una ragazza, operaia in uno stabilimento durante la settimana, ciclista alla domenica. [...] La seguono una sartina, alcune casalinghe, studentesse, impiegate. Cronoscalata per donne oggi in Valcuvia a coronamento di una giornata di manifestazione femminista, con mostra di pittura, discorsi, premiazioni. E contestazione degli uomini, una contestazione che parte simbolicamente da Duno, il più piccolo paese d'Italia con le sue centoquaranta anime, quasi tutte di sesso femminile perché i maschi lavorano in Svizzera. Così Maffeis, Longari – gli astri del ciclismo femminile – contestano sui pedali Gimondi, Motta e compagni in un'atmosfera più di sagra paesana che di avvenimento sportivo con tutti i crismi della regolarità. Tanto di giurati, di cronometristi, di *suiveurs* ufficiali, nonché di meccanici e di direttori tecnici. In più, rispetto al ciclismo maschile, la muta dei padri, delle madri, dei fratelli, dei fidanzati».[79]

Il 1968 era passato e c'era qualche timido segnale di contestazione anche nel ciclismo, ma sempre sotto gli occhi vigili degli uomini di famiglia. Il giornalista chiede alle concorrenti perché corrano in bicicletta, ma la risposta che ottiene – «perché mi piace» – viene giudicata «nient'altro che una frase fatta. C'è chi corre per farsi il corredo, chi per scansare il turno in fabbrica, chi per aiutare i genitori. Non per divertimento, ma per soldi: il ciclismo, di uomini o donne, è fatica troppo dura perché possa essere un gioco. Ogni domenica una cinquantina di ragazzotte dai grossi polpacci, radunate nelle file di una decina di società sportive, si danno battaglia nelle corse in linea, in circuito, nelle gare in cronometro, in quelle in salita. E ci sono gli assi naturalmente, come Elisabetta Maffeis, ex sarta di Cene, presso Bergamo, che è la regina delle montagne: bruna, piccolotta, sguardo aggressivo, ventidue anni. O Giuditta Longari, più anziana, attuale campionessa italiana, che è l'incontrastata dominatrice dello sprint. O la Tartagni, seconda ai recenti mondiali d'Inghilterra, formidabile passista e crono-woman, detentrice del record mondiale sui tre chilometri. Le più brave, mi dicono gli organizzatori della corsa, hanno stipendi fissi tra le cento e le duecentomila lire al mese, più i rimborsi spesa e i premi. Premi notevoli in denaro e più spesso in natura. La camera da letto o il salotto per la ragazza che deve sposarsi, per esempio, o un completo di elettrodomestici e così via, più le medaglie, le coppe, magari l'auto per il viaggio di nozze. Lottano per tutto questo e spesso è una lotta serrata senza esclusione di colpi, insospettabile fra rappresentanti del gentil sesso, che si insultano, si aizzano vicendevolmente e danno di gomito negli arrivi in volata con un mestiere e una cattiveria del tutto degni dei loro colleghi uomini. Hanno anche le loro brave rivalità fomentate dai supporters familiari ed extra familiari, la divisione in capitane e portaborraccia, il gioco di squadra. Un profondo odio di mestiere divide le capintesta».[80]

Alla cerimonia di premiazione, poi, non passa inosservato che a volte le atlete si facciano attendere, ma se qualcuno ipotizza che sia a causa dei controlli antidoping, c'è subito qualcun altro che precisa: «Le ragazze non imitano gli uomini fino a questo punto [...] le concorrenti volevano mettersi un poco in ordine per lasciare al pubblico un'immagine più gentile di quella dei loro volti disfatti per lo sforzo. Eccole finalmente, i capelli ravviati, qualcuna con un filo di rossetto sulle labbra, niente più calzoncini e maglietta, ma gonne e pantaloni lunghi. Sorridono sommerse dalle coppe e dai fiori sotto gli sguardi compiaciuti delle madri e dei fidanzati. Si scambiano abbracci, strette di mano e baci sulle guance».[81]

Lucia Pizzol, pioniera del ciclismo femminile veneto degli anni Settanta, racconta che «ci tenevamo ad arrivare sul podio pettinate, qualcuna andava anche a truccarsi, ma in generale volevamo essere in ordine. Poi, dopo le premiazioni, andavamo tutte a condividere lo stesso spogliatoio. Era un momento in cui eravamo tutte insieme, senza distinzioni tra una squadra e l'altra, e questa cosa mi piaceva molto. Eravamo abituate a adattarci a tutto e ogni volta per noi era un'avventura. È così che ci siamo fatte le ossa. Non c'erano spogliatoi riservati e tantomeno alberghi. Se proprio dovevamo arrivare la sera prima della gara, ci sistemavano in qualche convento o struttura di suore. Una volta a Borgo Valsugana ci sistemarono in un orfanotrofio. Abbiamo dovuto unire i letti per poter dormire perché erano lettini per bambini e non ci stavamo dentro. Adesso forse alcuni atleti sono un po' viziati».[82]

Queste prime pioniere del ciclismo spesso sono spinte in bicicletta dai padri o dai fratelli. Lucia Pizzolotto, ad esempio, racconta che «il ciclismo era lo sport di famiglia, una passione di papà e anche di mio fratello. Noi andavamo sempre a seguire le gare e la passione è nata da lì. Poi un giorno qualcuno ha immaginato di organizzare una gara per le sorelle dei corridori... e così ho cominciato».[83]

Altre volte non è un familiare, ma comunque un parente. È il caso di Carmen Menegaldo, classe 1955, originaria di Roncadelle, frazione alle porte di Treviso. Nel 1971 è avviata al ciclismo dallo zio, che la sottrae all'atletica leggera, dove fino a quel momento aveva raccolto qualche bella soddisfazione vincendo anche i Giochi della gioventù. Nel 1972 viene tesserata dalla Società Rinascita di Roncadelle e diventa la prima donna a far parte del club. L'anno dopo passa al Gs Tessano di Palmanova e vince il titolo italiano femminile under 18. Viene quindi ingaggiata dalla Team Baby Terraneo, con cui vince dieci gare e conquista la maglia tricolore, a Lissone. In quello stesso 1974 arriva seconda nella classifica annuale di merito della federazione, alle spalle della Tartagni e davanti alla

Cressari. Carmen è destinata a disputare i mondiali di Barcellona, ma poco prima, a causa di una caduta, si frattura la clavicola e deve rinunciare. Nel 1977 passa al Gs Fidi di Maser e quindi al Gs Stop Moda Market. La sua carriera si chiude il 18 luglio 1984, quando il marito Carlo Tonon, ciclista professionista della Carrera, cade durante la tappa La Plagne-Morzine del Tour de France e resta in coma per diversi mesi.[84] «Non avrei mai voluto interrompere così la mia attività perché l'amavo tantissimo e perché, in definitiva, mi divertivo».[85]. In realtà non ha mai abbandonato la passione per le due ruote, dedicandosi ai giovani come direttore sportivo del Borgo Molino Rinascita Ormelle, con cui ha centrato altri tricolori.

In questi anni si mettono in evidenza anche Patrizia Cassani (1958), che viene da una famiglia di corridori di Arcisate (Va), Gianna Brovedani (1947) di Casciago (Va), Dolores Farris (unica ciclista proveniente dalla Sardegna) e Michela Bonato (Gallarate, provincia di Varese, 1958).

Inoltre le cicliste italiane cominciano a farsi valere anche all'estero.

I Campionati mondiali del 1970 (a Leicester) e 1971 (a Mendrisio) vedono l'Italia sul podio grazie a Morena Tartagni, campionessa italiana 1969, che conquista due medaglie d'argento. In entrambe le occasioni, la precede solo la russa Anna Konkina. Negli stessi anni il tricolore su strada è conquistato da Giuditta Longari (1970) e Ivana Panzi (1971).

Al Campionato italiano che si svolge a San Macario nel 1972 lungo il circuito sono presenti 30.000 persone, e la corsa è seguita anche dalla televisione e, in particolare, dal famoso cronista Nando Martellini. L'ordine d'arrivo recita: Cressari, Maffeis e Tartagni.

Sempre nel 1972, l'Italia fa i conti con una sfortunata partecipazione ai mondiali su strada che si svolgono a Gap, in Francia. La squadra italiana è capeggiata da Morena Tartagni (Gs Baby Terraneo), reduce da una serie di affermazioni internazionali e segnalata in ottimo stato di forma. Con lei ci sono le compagne di squadra Maria Cressari, Raffaella Micheletti, Elisabetta Maffeis, oltre a Marisa Bertacchini (Gs Cbm), Tosca Argentin (Gs Tre Risotti) e le riserve Luigina Bissoli (Gs Valpolicella), Maria Teresa Baronchelli (Gs Cbm) e Gianna Brovedani (Gs Baby Terraneo).

Favorite sulla carta, le italiane incappano in realtà in una serie di incidenti sfortunati. La Micheletti cade e la leva del freno la colpisce alla milza; la Tartagni perde due minuti per il distacco della catena; la Maffeis cade in discesa. Si ritirano tutte e tre.[86] Vince la francese Gambillon, mentre la prima delle italiane è Maria Cressari (dodicesima), seguita da Tosca Argentin (trentaquattresima), che si impone all'attenzione come una delle giovani più promettenti del momento, e dalla Bertacchini (trentaseiesima). Ma la notizia più curiosa di questa edizione è la partecipazione della coppia formata da Berryl e Denise Burton: quarant'anni la prima, sedici la seconda, sono madre e figlia. Non era mai successo a una corsa iridata. Per la cronaca, la mamma arriva quinta, mentre la figlia chiude ventitreesima.

I mondiali di Gap del 1972 avevano visto il debutto in azzurro di una giovane ragazza di San Donà di Piave, Tosca Argentin, il cui cognome, qualche anno dopo, sarebbe diventato famoso nel ciclismo per le imprese del fratello Moreno, di sette anni più giovane, che si sarebbe laureato campione del mondo. Tosca ha raccontato che non si aspettava la convocazione: «Accolsi con grande stupore la notizia. Ero stata scelta tra le migliori cicliste italiane. Eravamo in nove, con il commissario tecnico Rimoldi, che avevamo soprannominato "orso Yoghi" per il suo aspetto robusto e la sua bontà, perché faceva sempre di tutto per farci star bene. Fu anche l'unico ct che ho conosciuto, perché ai mondiali del 1977 in Venezuela partecipammo con il ct dei dilettanti. Ricordo che raggiungemmo la meta in auto e che eravamo alloggiate in un hotel. Arrivammo solo due, tre giorni prima della corsa e per me l'emozione era grande. In gara mi staccai già dopo i primi giri ma non mollai fino al traguardo. Vinse un'atleta straniera, cosa che evidenziava il divario che c'era tra noi italiane e le nostre rivali. Giunsi comunque seconda tra le italiane e trentaquattresima nella classifica generale. Un risultato apprezzabile».[87]

Tosca nasce nella provincia veneziana nel 1953. È soprannominata "l'antidiva", perché è una ragazza concreta, con i piedi per terra e senza grilli per la testa. A chi le chiede come sia nata la sua passione per la bicicletta risponde senza indugi che si tratta di una tradizione di famiglia, tramandata da quattro generazioni: «La curiosità per il ciclismo nasce in me nel 1969, contagiata dalla passione di mio padre per questo sport. Avevo visto in televisione i mondiali femminili e ne ero rimasta colpita. Mi sono informata per sapere se da noi si poteva correre e così ho scoperto che il ciclismo femminile era riconosciuto dalla federazione. La società locale di riferimento era l'Uc Basso Piave, gestita dallo storico presidente Renzo Boni che cercò di trovare in officina una bicicletta che potesse andarmi bene. Era pesante e fuori misura, ma mi dovetti accontentare. Boni mi diede tutto quello che poteva, inviandomi alle gare in Veneto e Lombardia dove il ciclismo femminile è nato. Questa è stata la fase più importante e difficoltosa della mia vita. I lunghi tragitti in treno e i sacrifici della famiglia per sostenermi mi hanno spinto sempre a dare il massimo per realizzare il mio sogno. Il primo anno, su invito, ho partecipato a due gare ed ebbi un rimborso spese. Mio padre aveva dovuto trovare chi poteva accompagnarmi alle gare perché non avevamo l'automobile. All'inizio ho dovuto allenarmi da sola, senza preparatore. Andavo a tentativi, partivo insieme a mio fratello: da Passarella fino a Ponte di Piave, 50 chilometri di allenamento, che per lui erano troppi. Così, quando arrivavamo al distributore, che ancora oggi si trova sulla destra, lui si fermava a mangiare un gelato e io proseguivo per Motta o Oderzo, e di ritorno lo recuperavo e tornavamo a casa insieme. Durante la stagione, per non rimanere ferma, gareggiavo con i maschi nel Veneto. Ero l'unica donna. A quell'epoca c'era una sola gara femminile che si teneva ogni domenica: poteva essere in Lombardia, in Piemonte, in Toscana, in Liguria, regioni dove si svolgeva la maggior parte delle gare perché il movimento era ben radicato. Difficilmente i circuiti superavano i 60 chilometri di lunghezza. Tutte le ragazze correvano insieme: da quelle che avevano diciassette anni, come me, a quelle di ventisette. Le venete erano cinque: io, che ero della provincia di Venezia, Angela Marchesin, la Simeoni e la Menegaldo della provincia di Treviso, e la Bissoli di Padova. Appartenevamo a società diverse, ma quando serviva univamo le forze. Poi abbiamo trovato tutte un posto in squadre lombarde. In quegli anni conobbi la Marchesin, che si diede da fare per farmi conoscere il signor Santolin, titolare di una società di ciclismo femminile in Valganna, sopra Varese: il Gs Tre Risotti. Essendo lui di origine veneta, era orgoglioso di avere in squadra atlete provenienti da questa regione, così nel 1971 lasciai l'Uc Basso Piave, che non svolgendo attività femminile non poteva permettermi di progredire nella mia formazione, e iniziai la stagione proprio con il Tre Risotti. All'epoca vi era ancora una categoria unica fino al 1979. Quando passai alla società lombarda, correre era diventato meno faticoso: le società erano più evolute e organizzate e avevamo anche un allenatore. Di contro, però, non era facile raggiungere Valganna. Il venerdì spedivo la bicicletta dalla stazione ferroviaria di San Donà (all'epoca le bici viaggiavano nei treni merci), poi il sabato pomeriggio partivo in treno da San Donà di Piave fino a Mestre, proseguivo per Milano e da lì prendevo la linea Nord per Varese. Arrivavo la sera. Un'ammiraglia veniva a prendermi e mi portava a casa del signor Santolin, che gestiva un ristorante dove, insieme alle altre cicliste, mangiavamo e dormivamo in una stanza sopra il locale che aveva riservato a noi atlete. La domenica mattina facevo colazione a Valganna e poi mi recavo alla corsa. Al termine della gara il direttore sportivo ci riaccompagnava alla stazione centrale di Milano, dove spedivo la bici per San Donà e prendevo il treno per Mestre. L'ultimo treno partiva alle 20.30 e arrivavo a Mestre dopo mezzanotte. Non essendoci più coincidenze per il mio paese, mi veniva a prendere uno dei miei cognati, oppure prendevo un treno per Spresiano e dormivo a casa di un'amica, rientrando a San Donà il lunedì. Nel pomeriggio di lunedì aspettavo che mio padre tornasse a casa dal lavoro e salivo in moto per andare alla stazione a recuperare la bicicletta, che non avendo custodia ma solo dei copritubolari, durante il tragitto subiva spesso dei danni. Salivo in motocicletta con lui, poi tornavo pedalando dietro la sua moto per 10 chilometri fino a casa, a Passarella. Questo avveniva quasi tutti i fine settimana. Conservo ancora un articolo di giornale che riporta i miei tragitti e sacrifici: "Tosca Argentin 1.000 km per correre in bicicletta". Il primo anno in cui partecipai alle due gare mi accompagnò mio padre in treno. A Padova salì la Bissoli, a Varese vennero a prenderci e dormimmo in una stanza tutti e tre insieme (io, la Bissoli e mio padre). Il pomeriggio stesso corsi in Lombardia. Quando viaggiavo in treno da sola mio padre mi dava 10.000 mila lire. Io non li volevo, ma lui me li dava lo stesso perché diceva che sarebbero serviti più a me visto che lui rimaneva a casa. Ricordo che due volte a settimana comprava delle bistecche di cavallo per me e per mio fratello. Sono andata avanti circa un mese a correre ancora con la bici dell'Uc Basso Piave, poi un giorno mio padre mi fece una sorpresa. Mi disse di prepararmi per andare a Santa Lucia di Piave alla Stella Veneta, un'azienda della zona, a comprare una bici nuova. Non gli avevo mai chiesto nulla, ma era evidente che non sopportava più di vedermi in sella a quella bici che definiva un "carretto" per quanto era pesante. Mi fece prendere le misure e mi ordinò una bici nuova. Nel frattempo avevo conosciuto Severino, che sarebbe poi diventato mio marito, che iniziò ad accompagnarmi alle corse. In quel periodo non dormivo più a Valganna, ma a Meda da mia cugina Maria, che divenne un punto di riferimento importante perché ospitava me e la mia famiglia e si adoperava per agevolarci in ogni modo. Era una grande appassionata di ciclismo e mi seguiva ovunque per fare il tifo insieme al marito Lillo. È grazie al ciclismo che ha potuto uscire dalle mura di casa e conoscere la sua regione. Una volta, a Bollate, durante una corsa, caddi. Quel giorno alla gara c'era solo mio zio che corse disperatamente a casa con la sua moto gridando alla figlia dalla strada quanto era successo. Se lo ricordano ancora tutti! Fui portata all'ospedale in ambulanza e mi diedero dei punti di sutura al mento. La sera vennero a trovarmi i parenti e io chiamai a casa per avvisare la famiglia dell'accaduto. Dovevo rimanere quarant'ore in osservazione, ma il giorno seguente mio padre venne a prendermi e firmò per riportarmi a casa. Quella volta perse una giornata di lavoro. Arrivò con il suo cappello e la giacca sul braccio, non lo scorderò mai. Anche un'altra volta, a Cesano Maderno, quando avevo vinto la mia prima gara, dopo l'arrivo mi strinse a sé così forte… Lui che non era molto espansivo, manifestò tutta la sua contentezza in quell'abbraccio da farmi mancare il fiato. Era felice. Subito dopo arrivò anche il direttore sportivo Turri, che chiamò Santolin per andare a pranzo a festeggiare nel ristorante a Varese. In quell'occasione ci accompagnò Severino e c'era anche mia mamma che era venuta perché in zona abitavano le sue sorelle ed era un'occasione per incontrarci tutti. In quegli anni lavoravo presso la ditta Mondial Tranciati di Musile di

Piave. Quando avevo il turno dalle 6 alle 14 dormivo quattro ore per notte e il lunedì dovevo comunque essere sempre presente in azienda. Io non mancavo mai perché sapevo che già mi agevolavano per permettermi di partecipare alle gare. Anche mia madre contribuiva alla mia formazione prestando attenzione all'alimentazione e cambiandomi spesso la pelle di daino dentro i pantaloncini perché si consumava. All'epoca si comprava la pelle ai distributori e poi la mamma la cuciva. Correvamo con le maglie di lana e, quando erano piene d'acqua, arrivavano fino alla sella... I nostri premi erano coppe e molte volte omaggi. Si trattava essenzialmente di oggetti invenduti, giacenze di magazzino, ma noi non ci facevamo caso. Conservo ancora un bel mappamondo e un quadro, oltre ai tanti ricordi e alle emozioni ancora vivi nella mia memoria! Quanto all'aspetto tecnico, le mie caratteristiche erano più da scalatrice che da velocista; infatti partecipai tre volte alla cronoscalata Pisogne-Val Palot di 13 chilometri, a Brescia, piazzandomi ogni volta tra le prime tre. Nel 1972 partecipai a una trasferta in Olanda per una corsa a tappe. Partimmo con due auto insieme al commissario tecnico Rimoldi, che aveva portato gli spaghetti. Ricordo che, dopo aver varcato il confine, fece preparare in un ristorante la pasta con il sugo portato da lui. Parlava solo italiano e non so ancora come sia riuscito a farsi capire. In ogni caso, mangiammo all'italiana. In Olanda le strade erano infinite, strade larghe, piene di vento. Noi eravamo contente di ammirare un paesaggio così diverso, con i bellissimi mulini a vento, ma che fatica pedalare... A livello internazionale però scontavamo il fatto che in Italia avevamo poche occasioni di confronto e sempre con le stesse avversarie, mentre le opportunità di misurarci all'estero erano rarissime. Ci trovavamo di fronte dei "bestioni" che avevano un'altra struttura fisica, una mentalità e una cultura sportiva diversa dalla nostra. Le avversarie della Ddr e del Belgio, per esempio, erano davvero molto forti. Ricordo ancora che, arrivate in Olanda, dopo il lungo viaggio non trovammo nulla da mangiare. Lì infatti erano soliti consumare un unico pasto. Ma riuscimmo lo stesso a farci portare del formaggio per cena. Abbiamo corso per tre giorni, una gara dopo l'altra. Fu molto dura, ma conservo ancora il ricordo di una bella esperienza: la strada tutta piana, le gare che diventavano pesanti a causa del vento e quando ti staccavi dal primo ventaglio percorrevi la gara tutta da sola».

Tosca Argentin corre per il Tre Risotti dal 1971 al 1974, e dimostra grandi doti di scalatrice, ma non solo. Nel suo ultimo anno in questo team è protagonista di un gesto che è ricordato tra i più belli del ciclismo femminile dell'epoca.

L'11 agosto 1974 si corre a Casalzuigno (Va). Tosca e Morena Tartagni sono le prime in fuga, e guidano solitarie la gara con quattro minuti di vantaggio sulle avversarie. Al sesto degli otto giri in programma, su una salita, la Tartagni urta la ruota dell'avversaria e cade. Per Tosca il traguardo è più vicino, ma non se la sente di vincere così. Si ferma, aiuta Morena a rialzarsi e l'aspetta, poi le cede la sua borraccia. Il pubblico non riesce a credere a quello che vede. Arrivano appaiate, ma Morena cede il passo all'avversaria. Lascia che sia Tosca a tagliare il traguardo per prima, ripagando con la stessa moneta il precedente gesto di *fair play*. Giusto per dire che queste donne erano sportive nelle gambe e nel cuore. «Non amo vantarmi delle azioni normali, umane e spontanee» racconta Tosca. «Di quel giorno ricordo che era una giornata di sciopero e che la più importante squadra lombarda, la Baby Terraneo, era assente. Per questo si sentiva meno la competizione. Il gesto è nato dal fatto che mi dispiaceva essere stata la causa della caduta di una collega, anche se non era stata procurata da me, ma causata da un contatto fortuito della Tartagni con la ruota della mia bici. Eravamo in fuga con un buon margine di vantaggio sulle inseguitrici e quando lei è caduta non ci ho pensato due volte: istintivamente mi sono fermata per aiutarla a risalire in bici e per darle dell'acqua. Poi lei mi ha restituito il favore al traguardo. All'epoca lei era un personaggio importante…».

I giornali vanno a nozze con questo episodio, descritto come un fatto inedito, che nobilita lo sport della bicicletta: «Un gesto che servì a cancellare tutto. Non ci era mai capitato e non ci sarà qualcosa di simile. Per questo abbiamo da allora una più grande stima delle donne in bicicletta, più di quanta ne abbiano certi dirigenti federali che non hanno mai visto niente, e che per giudicare e prendere decisioni "vogliono le prove"».[88]

Morena Tartagni ha qualche anno più di Tosca. È nata nel 1949 a Predazzo (Tn). In carriera conquista due argenti e un bronzo ai Campionati mondiali su strada, che la consacrano ragazza sprint più medagliata a livello internazionale in quegli anni. Lei la maglia iridata l'ha sfiorata, ha rischiato di indossarla per ben due volte, nel 1970 a Leicester e nel 1971 a Mendrisio, ma in entrambe le occasioni la russa Konkina le ha sbarrato la strada. Si deve accontentare del bronzo vinto nel 1968 a Imola, quando si piazza dietro l'olandese Keetie van Oosten-Hage e la russa Bayba Tsaune. Prima di quel bronzo, l'Italia non era mai salita su un podio iridato, che era sempre stato prerogativa delle atlete russe, belghe, inglesi e lussemburghesi. Dal primo Campionato mondiale, corso nel 1958 a Reims, c'erano voluti dieci anni per vedere un'atleta azzurra sul podio. E quel tricolore sull'asta lo ha issato Morena Tartagni, che in bici aveva cominciato a gareggiare solo tre anni prima.

Nel 1973 si affacciano al mondo del ciclismo le sorelle Colombo, Luciana (1957) e Marina (1958). Anche loro vengono da una famiglia di ciclisti e iniziano giovanissime, rispettivamente a quindici e a sedici anni. La loro prima squadra è il Gs Tre Risotti.

Intanto il Veneto, terra di ciclisti, benché avesse dato i natali a tante valenti atlete, non aveva ancora visto nascere una squadra femminile. Nel 1974 è Lucio Rigato a mettere insieme la prima compagine rosa della regione: la Ceramiche Zanette di Pianzano (Tv). La squadra nasce per espresso desiderio di Angelo Zanette, imprenditore stanco del ciclismo maschile e deciso a fare qualcosa di diverso: «Era stufo dell'ambiente maschile, voleva cambiare e da qui è nata l'idea di una squadra femminile visto che in zona esistevano già due formazioni maschili della Kristall Pianzano»[89] racconta Lucia Pizzol, una delle sue prime atlete.

Ancora una volta, quindi, una squadra femminile nasce per desiderio di un imprenditore appassionato di ciclismo, che allestisce il team affidandolo a Lucio Rigato, direttore sportivo e suo futuro genero. «Da grande appassionato di ciclismo qual era, mio suocero era presidente di una società maschile» ha raccontato Rigato. «Poi, un giorno, ha litigato con altri dirigenti e per ripicca ha deciso di fare una squadra di sole donne, incontrando così il desiderio di alcune ragazze che glielo avevano espressamente chiesto. Così è nata la Ceramiche Zanette, prima squadra femminile del Triveneto a svolgere attività agonistica. Non c'era altro che passione dietro queste decisioni. Non c'erano ritorni economici o altri vantaggi. Quella squadra fu una novità. Era così insolita questa cosa che per il mio tesseramento come direttore sportivo sono dovuto andare a Trento a fare un corso per ds professionisti, perché quella delle donne era una categoria "anomala", che richiedeva un tesserino di grado superiore».[90]

È Rigato che seleziona le 9 giovani della Ceramiche Zanette: 4 della zona e le altre "foreste", come si dice dalle sue parti. Oltre a Lucia Pizzol, che all'epoca ha solo quindici anni, vengono arruolate Graziella Uliana di Orsago, Daniela Rovere di Codognè, le sorelle Rita e Lucia Coden di Cimadolmo, Daniela Masiol, Antonella Zanin, oltre alla Zani e alla Poszavecz, che a dispetto del cognome era italiana della provincia di Venezia.

Per Angelo queste ragazze sono come figlie, del resto ne ha una proprio della loro età che, quando si sposa, si fa fotografare fuori dalla chiesa con le ragazze della squadra, tutte vestite uguali, come fossero le sue damigelle d'onore.

La vita di queste atlete non è facile. Come le loro colleghe di quegli anni, di giorno sono attese da otto ore di lavoro, poi si sale in bici per l'allenamento, senza allenatore s'intende. «Erano ragazze semplici, senza grilli per la testa, cicliste della prima generazione, che pedalavano per passione» racconta Lucio Rigato. «Ero io ad accompagnarle di nascosto dal ginecologo quando sorgevano problemi causati dalle ore di allenamento… Se le loro famiglie lo avessero saputo, le avrebbero ritirate subito dalle corse».[91]

Per queste atlete, a dirla tutta, non c'era neanche un calendario di gare degno di questo nome. Il programma prevedeva al massimo una gara ogni domenica, ma nel Veneto ce n'erano solo due nell'intera stagione: una a Schio e una a Pianzano. Così si doveva emigrare in altre regioni: Lombardia, Piemonte, Emilia Romagna, Toscana, Umbria, con qualche puntata anche più a Sud. E le trasferte non erano facili. Se erano fortunate, partivano con un pulmino all'alba, verso le quattro o le cinque, e dormivano fino all'arrivo, che a volte anticipava l'inizio della gara solo di mezz'ora, senza neanche il tempo di vedere il percorso e di riscaldarsi, ma solo di tirar giù la bici e presentarsi al via. Quando invece si doveva arrivare la sera prima, non era insolito che le ragazze dovessero dormire in tenda: «Partivamo in pulmino con mia moglie e mia suocera al seguito che, una volta arrivati, andavano a comprare le bistecche da cucinare sul fornelletto e da mangiare prima della gara. Le squadre coi soldi, invece, come la Baby Terraneo, facevano mangiare e dormire le loro ragazze in albergo. Ma quello era un altro mondo. Tanto per fare un esempio, mentre noi partivano con tubolari vecchi, che facevamo aggiustare dallo storico meccanico della Pinarello, il signor Codemo, loro partivano con un corredo di tubolari nuovi, che cambiavano alla fine di ogni gara. Li buttavano via anche se non erano rotti».[92]

Quanto al calendario di gare, le donne non avevano molta scelta. «Dai sei ai cento anni, le donne correvano tutte insieme; solo molti anni dopo è stata introdotta la doppia classifica, distinguendo la categoria 14-18 anni da quella superiore. Prima di allora era necessario fare una doppia classifica, che aveva la sua importanza perché chi arrivava al podio riceveva anche un piccolo premio in denaro (ma davvero piccolo). Peccato però che non sempre queste classifiche si riuscivano a fare. Le atlete arrivavano magari tutte insieme al traguardo e non è che si capisse bene quale fosse l'esatto ordine di arrivo».[93]

Per le ragazze sprint dell'epoca non era mai vita facile. «A quei tempi gli allenamenti li facevi da sola» racconta Lucia Pizzol. «Io uscivo con la mia bici dopo otto ore di lavoro in un grissinificio. Facevo circa 300 chilometri a settimana. Per fare una vita così serve tanta passione e tanto sacrificio. Io ero una che andava forte in pianura e se mi capitava di allenarmi con altri ragazzi spesso provavano a staccarmi, ma in pianura non tutti ci riuscivano. Anche mio marito l'ho conosciuto in bicicletta. Uscivamo insieme. Io gli stavo a ruota e devo ammettere che mi sono innamorata prima delle sue gambe e poi di lui... A quei tempi, le donne non erano molte nel ciclismo. Io ero l'unica dalle mie parti e ho anche provocato qualche incidente quando mi allenavo. Per gli uomini, infatti, era una cosa così insolita vedere una donna in bicicletta, che molti guardavano me invece della strada e così tamponavano chi gli stava davanti. La mia fortuna è stata quella di aver avuto un datore di lavoro che mi sosteneva. Fu lui a trovarmi la prima squadra. Non ho rischiato il licenziamento come è successo ad altre colleghe. Per me il ciclismo è stata una sfida. Una passione e una sfida al tempo stesso, perché la mia passione per lo sport mal si conciliava con la cultura dell'epoca. Io provengo da una famiglia di mezzadri e, a quei tempi, non si prevedeva la possibilità di far studiare una figlia femmina dopo le scuole dell'obbligo, a lei avrebbe pensato il futuro marito. Io volevo frequentare l'Isef, ma dovetti andare a lavorare. La mia fortuna fu di andare in un'azienda il cui datore di lavoro, Giovanni Biz, era anche il general manager di una famosa squadra di ciclismo giovanile. A quei tempi io andavo a vedere le gare di mio fratello Marcello e il ciclismo mi affascinava tantissimo. Un giorno, mentre assistevo alla corsa, qualcuno tra il pubblico si permise di fare una battutaccia. Disse che sarebbe stato meglio vedere me nuda che mio fratello in bicicletta. Da lì è scoccata la scintilla della sfida. Volevo avere l'occasione per ribattere a una battuta così maschilista. Mi venne spontaneo sfidare tutti, a partire dalla mia famiglia. All'inizio, infatti, non fu facile convincere i miei genitori. Mia madre si opponeva con tutte le sue forze, ma mio papà la convinse, dicendole che era meglio assecondarmi perché era sicuro che non sarei andata avanti tanto, mi sarei stancata presto insomma. A riprova di questo, mi comprò un paio di scarpette da bici di scarso valore, che si ruppero dopo poco… e me le dovette ricomprare perché io non mollai. Grazie a Biz trovai una squadra. Ero felicissima perché potevo finalmente rincorrere la mia passione. La mia prima squadra era stupenda: eravamo tutte ragazze molto giovani e inesperte. Abitavamo lontane, ma quando ci ritrovavamo era come se fossimo una squadra rodata e consolidata. Devo ringraziare sempre il mio primo presidente Angelo Zanette, perché ci ha appoggiate e sostenute in modo incredibile, dandoci tutto quello che era nelle sue possibilità. A quei tempi entravamo nel mondo del ciclismo femminile come la novità del momento. Eravamo la prima squadra veneta. Pantaloncini neri, maglietta rosa, bici tutte rosa. La sensazione che provavamo è indescrivibile: eravamo consapevoli che stavamo facendo qualche cosa di unico. Era il nostro piccolo sogno, da mettere nel nostro bagaglio di giovani donne curiose. Era il modo per uscire dal quotidiano, fatto di famiglia e lavoro. Per tutte noi era un sacrificio grande e non c'era posto per altro. Pian piano la mia famiglia capì la mia passione e, anche se non me lo dicevano, sapevo che erano orgogliosi di me. Quando vincevo, mio padre offriva da bere a tutti al bar del paese. Era felice dei miei risultati. E lo era anche il mio patron. Quando gareggiavamo con i maschi (perché se non c'erano gare femminili facevamo le gare con gli allievi, che avevano il nostro stesso chilometraggio), alla partenza intimava loro di non perdermi di vista e li minacciava: se fossero arrivati dopo di me avrebbero dovuto riconsegnare la bicicletta. E devo dire che tanti arrivavano dietro di me! All'epoca però non tutti gradivano la nostra presenza. Noi cicliste venivamo considerate delle "disturbatrici" da molti dirigenti uomini, che temevano che fossimo un elemento di distrazione per i loro atleti. Gli proibivano di allenarsi con noi, ad esempio. Qualcuno era molto rigido, altri un po' meno. La verità è che noi donne eravamo lasciate in balìa di pochi volenterosi eroi. Nella squadra avevamo un direttore sportivo e qualche tuttofare che faceva da autista, addetto alle bici, massaggiatore. Non c'era l'organizzazione di oggi, né la distribuzione di ruoli. Ci si arrangiava come meglio si poteva. Ricordo che la maggior parte delle gare si tenevano lontano da casa. Per questo il sabato sera io e altre compagne dormivamo dal nostro presidente, per essere pronte la domenica mattina prestissimo. Si facevano anche 400 chilometri per arrivare alla sede della gara. Noi avevamo il pulmino dell'azienda, guidato da Guido, un dipendente del presidente. Venivano con noi il ds Lucio Rigato, che era anche suo genero, il signor Zanette e sua moglie, che per noi erano come dei secondi genitori. Arrivati in zona gara si mangiava qualcosa, e il menu era sempre lo stesso: riso in bianco, bistecca e spinaci. Non c'erano nutrizionisti e dietologi. Se la gara era al mattino presto, si mangiava all'alba. Poi nelle tasche infilavi una banana, un po' di frutta, qualche marmellatina e una borraccina di caffè con dentro qualche goccia di Micoren 100, che era ammesso, mentre era proibito il Micoren 50 in perline. Quello non si poteva prendere.

Controlli? Io non ho mai subito controlli antidoping, ma a qualcuna è capitato. All'inizio in gara eravamo le meno esperte. Così, ci trovavamo spesso al fianco di atlete più consumate, che con maniere sbrigative ci facevano stare al nostro posto o ci spiegavano cosa si poteva o non si poteva fare in corsa. Le prime gare sono state una disfatta: bici rotte, cadute, pianti. Una volta aggiustato il tiro, però, abbiamo fatto anche noi la nostra figura. Se dovessi sintetizzare la mia esperienza, dovrei usare parole come "passione", "sacrificio", "avventura" e in qualche modo "perseveranza" davanti a tutte le difficoltà e agli ostacoli. Sì, perché anche se noi cicliste eravamo sicure di fare qualcosa di unico, in seno al movimento non eravamo considerate, anzi tutt'altro. Ricordo ancora un campionato italiano in cui tra il pubblico non c'era neanche una donna. Solo uomini. Volavano insulti e molti ragazzetti, lungo il percorso, ci buttavano bucce di banana sotto le ruote o ci tiravano quella che sembrava acqua contenuta in borracce, ma che invece era alcol e ce lo buttavano addosso mirando agli occhi. Era davvero dura. Le cose non è che andassero meglio nell'ambiente ciclistico perché la prima a disinteressarsi di noi era la stessa federazione. Era chiaro che ogni sovvenzione data al nostro movimento veniva considerata una somma buttata al vento, sprecata. Dalla federazione non abbiamo avuto aiuti ai miei tempi. L'unica cosa era un assegno calcolato sulla base dei risultati ottenuti in gara. I maschi potevano prendere anche 80.000 lire, noi al massimo la metà. Io ho ricevuto assegni di 2-3.000 lire. Del resto donne e uomini non venivano mai trattati allo stesso modo».[94]

La conferma della scarsa sensibilità della federazione verso il settore femminile si ha in occasione dei Campionati mondiali del 1974 in programma a Montréal, in Canada. Per la prima edizione di una corsa iridata fuori dai confini europei la federazione decise infatti di non mandare nessuna donna, una ferita ancora aperta per la Pizzol: «A quei tempi le convocazioni in azzurro non avvenivano come oggi. I Campionati italiani valevano anche come selezione pre-mondiale. Del resto non c'erano classifiche stagionali o altri metri di valutazione. Era già tanto che si compilassero correttamente gli ordini di arrivo! Così la federazione sceglieva la squadra azzurra sulla base di valutazioni proprie, ma si sapeva che pesavano soprattutto i pareri di alcuni personaggi come Bonariva, ds della Baby Terraneo, che era la squadra più in vista e poteva vantare le atlete più forti. Nel 1974 la federazione aveva assicurato che le prime cinque classificate ai Campionati italiani sarebbero state convocate per il mondiale. In quella gara ci fu una caduta a un chilometro dall'arrivo e così la classifica finale fu stravolta rispetto alle previsioni. Io ero arrivata quinta ed ero felicissima: sarei andata al mondiale, sarei partita per il Canada! Era un sogno che si avverava e che mi ripagava di tutti i sacrifici fatti. Ma non andò così, perché la federazione ci disse che non c'erano stati i risultati attesi e che non c'erano soldi per mandare le donne in Canada. Io credo, invece, che la verità fosse un'altra: le atlete che avevano già individuato non erano arrivate tra le prime cinque. Quella dei soldi era una scusa. Ma a quei tempi noi non contavamo nulla, nessuno si preoccupava per noi, nessuno scriveva articoli sui giornali per noi, salvo rari casi. Insomma, non c'era interesse da parte di nessuno. Per me è una ferita aperta. Non ebbi più un'altra occasione come quella».

La mancata partecipazione ai mondiali di Montréal scuote l'ambiente del ciclismo femminile. Di lì a poco, Pino Santolin, fondatore del Gs Tre Risotti, tra i primi convinti sostenitori del settore, decide di abbandonare, e a chi gliene chiede il motivo risponde: «Smetto perché quando si fa molto senza chiedere nulla… quando nessuno della federazione muove un dito in nostra difesa, allora è il momento di lasciar perdere… I federali non si sono mai visti ad una corsa delle donne… No alle donne per i mondiali, putiferio, proteste… La federazione è una bella cosa quando si fanno le cose per bene: non basta venire ai pranzi… Le donne vanno piano, dicono loro, ma vengano almeno a vederle! Perché di questo passo quelli che non vanno affatto sono loro: i dirigenti della federazione… Smetto perché quei signori hanno dato l'ultima prova di menefreghismo. Il ciclismo femminile serviva solo quando la Tartagni andava sul podio a ricevere medaglie. Evidentemente qualcuno vuol far morire questa specialità… i veri amici del ciclismo femminile non ci sono più!».[95]

Ma il ciclismo femminile va avanti lo stesso. Queste ragazze sprint hanno il coraggio e la forza necessaria per non tirare il freno proprio ora, per buttarsi nella mischia sorrette da una grande passione, da una voglia mai sopita di dimostrare di valere tanto quanto gli uomini: stessa fatica, stessi sacrifici, anche se meno onori. C'è un divario pesante da colmare, la strada da percorrere è ancora lunga, ma l'importante è pensare a una tappa alla volta.

Il ciclismo femminile comincia a fare piccoli passi in avanti, come testimonia Tosca Argentin, che dopo la chiusura della squadra di Santolin passa alla Voltiana di Como, dove si cominciano a cogliere i tratti di una nuova organizzazione: «Il passaggio alla nuova squadra mi permise di lasciare il lavoro per dedicarmi esclusivamente all'attività ciclistica. Il presidente aveva predisposto un appartamento per chi desiderava fermarsi e così non dovevo più fare le faticose trasferte in treno. Ho partecipato a gare sia in pista che in strada, anche nel Sud Italia. La nuova società mi sosteneva con un rimborso spese e feci un salto di qualità, sia per l'organizzazione che per la preparazione».[96]

Tra le atlete che si distinguono in questi anni c'è Luigina Bissoli, padovana di Vigonza, classe 1956, che nel 1975 vince il titolo italiano su strada. È il primo di una serie di importanti risultati per questa ragazza, che a detta di molti si era avvicinata al ciclismo più «per problemi di linea che per motivi agonistici».[97]

In effetti Luigina ha un fisico diverso da quello di molte sue filiforme colleghe. È alta oltre un metro e settanta e, quando arriva nel 1973 alla Baby Terraneo di Mariano Comense, il suo peso sfiora i cento chili. Viene messa a dieta e torna al peso forma di settanta chili. Con la dieta e il nuovo programma di allenamenti, iniziano ad arrivare i successi, tra cui i titoli italiani su strada del 1975 e del 1977. Con la maglia azzurra è seconda ai mondiali di Ostuni nel 1976 e porta l'Italia sul podio. Finalmente, dopo il podio della Tartagni, il tricolore torna a sventolare. La Bissoli vince un argento e ancora una volta è un'olandese, Keetie van Oosten-Hage, a rovinare i piani di un'azzurra. Due anni dopo, a Milano, stabilisce i record mondiali dei 200 e 500 metri e del chilometro lanciato, e cambia ancora casacca: prima il Gs Bonariva Colnago e poi il

Gs Barbaiana. Chiude la carriera a venticinque anni, con oltre 50 vittorie su strada e 200 su pista. Qualche anno dopo, parlando del suo ritiro, dirà: «Amavo moltissimo il ciclismo, ma ero stanca, non riuscivo a rendere come prima, desideravo rompere con il quotidiano, con gli allenamenti e con la mia dieta ferrea, di conseguenza mi concedevo momenti di relax con serate in discoteca o una bella cenetta fra amici, ma soprattutto desideravo mettere su famiglia».[98]

Nel 1976 il titolo tricolore va a Bruna Cancelli, che precede Patrizia Cassani e Rita Coden. La Coden è tesserata per le Ceramiche Zanette e anche lei, come la Pizzol quattro anni prima, era convinta di andare ai mondiali: «Ma quella convocazione non è mai arrivata. Perché? Perché le cose andavano così. A dettare leggere erano i grandi club di allora, quelli con i soldi, con gli agganci giusti. Così la Coden, che era tra le candidate, dalla sera alla mattina scopre di non essere più in squadra. Al suo posto era stata convocata Maria Cressari, che poi non ha neanche completato il primo giro del circuito. Ma si sa, allora le squadre più grandi facevano il bello e il cattivo tempo. La Coden era persino andata ai pre-mondiali, ma la nostra era una società piccola, senza molti mezzi e chi non poteva pagare stava a casa. Per poter andare ai pre-mondiali, Bonariva e il ds della Robiate si erano accollati il costo della sua trasferta».[99]

Nel 1977 le competizioni iridate si svolgono a San Cristóbal, in Venezuela. Le donne che partecipano alla prova su strada sono 55 e devono percorrere per cinque volte un circuito per un totale di 49,5 chilometri. Quel mondiale se lo ricorda bene Tosca Argentin: «Partimmo assieme ai dilettanti da Roma. La federazione fece il passaporto e me lo consegnò alla partenza. La prima tappa fu Caracas e il giorno dopo, con un piccolo aereo tutto malconcio, raggiungemmo San Cristóbal. L'aeroporto era un campo d'erba, nessuna dogana, nessun controllo, e ci portarono al villaggio dove raggiungemmo le ragazze della pista. Al piano inferiore della struttura alloggiavano tutti i dilettanti e al piano superiore tutte le donne. Nei giorni che precedettero la gara ci allenammo lungo la strada senza alcun accompagnatore: percorrevamo 30 chilometri in linea retta e tornavamo indietro. L'unica esperta che ci accompagnava era la Bissoli, che faceva velocità in pista ed era là da

15 giorni. La mensa al villaggio, aperta 24 ore su 24, non era un granché e così la sera prima della corsa fummo accolte e ospitate a casa di una famiglia italiana che viveva lì, e ci offrirono spaghetti e bistecca per farci rendere meglio in gara. La corsa si svolse in una giornata calda, arrivai diciassettesima, ma con il gruppo delle prime. A livello internazionale noi italiane non avevamo grandi possibilità. Tra i dilettanti, invece, vinse Corti e così festeggiammo la sua vittoria lanciandoci palloncini d'acqua al villaggio. Conservo anche una sua foto con la dedica. Tutto ciò che abbiamo vissuto lì fu incredibile. Tra le avversarie più temute c'era la Cressari. In salita andava forte, ma le diedi filo da torcere poiché in salita mi facevo rispettare anch'io; meno in volata, ma ero sempre a ranghi compatti e se eravamo in poche potevo giocarmela».

Al secondo giro della corsa si forma un gruppo di testa con l'italiana Giuseppina Micheloni, mentre la Bissoli per problemi di stomaco deve ritirarsi. Al penultimo giro scatta la francese Bost: «Ventunenne che ha già 140 vittorie all'attivo avendo cominciato a correre quando aveva quattordici anni. Abituata a lavorare sodo in officina, pigia sui pedali come un vero ometto».[100] Italiane o straniere, insomma, i commenti non cambiano.

Alla fine, la prima delle italiane è Bruna Cancelli, che si piazza ottava, la Micheloni è dodicesima e la Argentin quindicesima. La Cancelli, pavese di Garlasco, classe 1959, in bicicletta era salita giovanissima e già nel 1966 faceva le prime gare. Nel 1974 esordisce con la maglia del Gs Mairani e due anni dopo conquista il titolo nazionale Élite su strada a Potenza, battendo le compagne e le condizioni avverse del meteo. La sua è una carriera breve perché si ritira a ventitré anni, sacrificando la bicicletta per il lavoro e diventando direttrice di un calzaturificio. Ma la passione per le due ruote non l'abbandona, perché continua a correre e a vincere titoli italiani in categorie amatoriali, oltre a un titolo europeo e a un bronzo al mondiale di duathlon. Poi, quando impara a nuotare, a cinquant'anni, si dedica anche al triathlon e centra un bronzo tricolore. Esempio di donna e atleta instancabile, la Micheloni è senz'altro da ricordare anche perché, prima di dedicarsi al ciclismo, aveva praticato pattinaggio di velocità con i colori della Pirelli Milano, vincendo quattro titoli italiani (uno individuale e tre a squadre), e pattinaggio su ghiaccio, ottenendo un argento ai Campionati italiani. Passata al ciclismo, ha corso con l'Alba Robbiate, la Voltiana Como, la Baby Terraneo, la Bonariva Colnago Milano e la Cicli Conti Como. Ha partecipato a cinque Campionati del mondo (Barcellona, Yvoir, San Cristóbal, Sallanches e Nürburgring) e vestito la maglia azzurra per più di dieci anni, collezionando oltre settanta successi in carriera, tra i quali il Trofeo Binda, la cronoscalata Pisogne-Val Palot, quattro secondi posti ai Campionati italiani su pista e un secondo posto ai Campionati italiani di Lissone di Potenza.

Nel frattempo qualcuno comincia ad accorgersi che esiste il ciclismo femminile e che, in alcuni casi, può anche tornare utile per far emergere il valore complessivo del movimento. Nel 1977, nel riepilogare le prestazioni delle nazionali ai Campionati del mondo, il *Corriere della Sera* pubblica una tabella dalle quale emerge la superiorità del Belgio rispetto all'Italia, precisando che «il primato del ciclismo belga rispetto a quello italiano è merito delle donne. Mentre le nostre ragazze non hanno mai conquistato una maglia iridata; infatti, ben sei titoli – tre su strada e tre su pista – sono andati finora alle cicliste del Belgio».[101]

Nella graduatoria iridata del ciclismo, l'Italia comincia a capire il peso delle donne.

In quello stesso anno, Tosca Argentin si ritira dall'attività agonistica: «A un certo punto della mia carriera dovetti fare una scelta e decisi di seguire il mio fidanzato che andava in Africa per lavoro. Se non avessi seguito Severino forse avrei corso altri due anni. Ma a venticinque anni, per una donna, era il momento di costruirsi una famiglia e io volsi lo sguardo verso nuovi traguardi della vita. Dopo qualche mese partii per il Camerun dove ho vissuto cinque anni: una nuova vita, un'esperienza indimenticabile. Nel frattempo mio fratello Moreno, che correva anche lui in bici, iniziava a vincere. Una signora dell'ufficio di Milano dell'Itallegno mi inviava sempre i giornali, insieme alle spedizioni, per permettermi di rimanere aggiornata. Ogni anno prendevamo ferie nel periodo dei Campionati mondiali professionisti per seguire il ciclismo e le gare di Moreno, che iniziava a emergere tra i professionisti. La passione per questo sport l'ho trasmessa prima ai miei figli, Mauro e Andrea, che hanno corso fin da piccoli, e ora ai nipoti Alessandro, Luca, Pietro e chissà forse anche alla neonata Celeste, nel cui nome si intravede già il programma di un'azzurra! Sono certa che nel nostro Dna di famiglia c'è qualche cromosoma "a due ruote"!».

La fine degli anni Settanta regala all'Italia altri successi.

Ai Campionati mondiali del 1978 a Monaco, Luigina Bissoli vince il bronzo nell'inseguimento: è la sua seconda medaglia iridata dopo l'argento del 1976. Sarà di nuovo bronzo anche ai mondiali del 1979. I podi iridati della Bissoli sono perle in una collana di vittorie in cui spiccano anche 13 titoli italiani su pista (7 nella velocità e 6 nell'inseguimento), 2 su strada (1975 e 1977) e i record mondiali segnati nel 1978 a Milano sui 200, 500 e 1.000 metri.[102]

I mondiali del 1979 si svolgono ad Amsterdam e all'Italia sfugge di poco il podio iridato su pista. Rossella Galbiati, vent'anni, «maestrina milanese»,[103] arriva quarta. È la prima volta che un'italiana è tra le prime quattro finaliste della velocità. Si rifarà nel 1984, conquistando un bronzo.

La famiglia di Rossella ha un negozio di articoli sportivi a Corsico, dove lei dà una mano, facendo anche supplenze come maestra. Solo due anni prima è passata dallo sci alla bicicletta e, nonostante la sorpresa e la gioia per la convocazione azzurra, alla fine dirà di non essere soddisfatta del risultato raggiunto. Ha sbagliato la semifinale, racconta ai giornalisti che la intervistano a fine competizione. Insomma, voleva di più. Il suo primo tifoso è il meccanico della nazionale, Mario Milesi, amico di famiglia, che possiede anche lui un negozio di articoli sportivi a Corsico. Il commissario tecnico Mario Malvicini vede in Rossella la stoffa della campionessa e anche la stampa dell'epoca le riserva parole di elogio, mentre comincia a prendere atto del movimento ciclistico femminile nazionale: «Atleta d'uno sport come questo che sembrava riservato ad atlete tipo "donne da fatica", ragazza carina dalla faccia pulita e dallo sguardo sereno, la Galbiati non ha rinunciato a quel tocco di femminilità che è giusto rispettare: corre con gli orecchini, due piccolissime palline d'oro infilate nei lobi. [...] Il nostro ciclismo femminile, lanciato dalla Tartagni e dalla Cressari, rilanciato recentemente dall'atletica Bissoli e dalla svelta Lorenzon – due medaglie di bronzo ai mondiali di un anno fa – è ancora troppo verde per ottenere quanto già pretende di poter conquistare. Da pochissimi anni viene considerato una cosa seria, le praticanti superano di poco il centinaio, ma sono soltanto una decina quelle che corrono oltre che su strada anche su pista. L'attività è dispendiosa, esige preparazione e materiale speciale, non tutte le società ciclistiche possono permettersi certe spese. Ma i risultati incoraggianti sono in aumento».[104]

I risultati che cominciavano ad arrivare non sottraevano però queste giovani cicliste da insulti e angherie: «In regioni come la Lombardia, il Veneto e la Toscana, questo non accadeva, ma quando andavi più a sud capitava che le ragazze venissero insultate pesantemente. Ricordo ancora cosa è successo a un pre-mondiale quando, appena uscivi dal centro abitato, la gente urlava "mignotte" alle mie ragazze, gli spruzzava addosso il Vetril, gli metteva i bastoni tra le ruote per farle cadere».[105]

A livello nazionale, il titolo italiano su strada del 1979 è vinto da Francesca Galli, classe 1960, di Desio. Ha solo diciannove anni, ma è cresciuta all'ombra di compagne come la Cressari e la Tartagni, che le vengono affiancate da patron Alfredo Bonariva.

Altri due titoli italiani li vince nel 1988 e nel 1990 nella gara a punti su pista inseguimento. Con la maglia azzurra vince medaglie nella cronometro a squadra in ben tre edizioni dei mondiali: bronzo a Villach (1987), oro a Ronse (1988) e argento a Chambéry (1989). Nel suo palmarès c'è anche un record nei 100 chilometri, stabilito al Vigorelli di Milano con il tempo di 2h 28' e 01". Chiude la carriera con oltre cento vittorie.

Tra le cicliste degli anni Settanta si ricordano anche le portacolori della Baby Terraneo: la sarda Dolores Farris, Gianna Brovedani (terza ai Campionati italiani del 1973 e ventitreesima ai mondiali di quell'anno a Barcellona), Raffaella Micheletti, varesina di Arcisate, soprannominata "la locomotiva della Valceresio",[106] e Angela Riva, unica donna tesserata nella Cc Canturino 1902.

Tra coloro che questo sport sognavano di farlo fin da bambine c'è Ivana Panzi, classe 1946, che in bicicletta sale presto e, a diciassette anni, affronta le prime corse con la Velo Club Melzo, per poi passare a Cassanese, Restelli, Pregnanese e Tre Risotti. Nel suo palmarès figurano due secondi posti ai Campionati italiani del 1967 e del 1968, e la maglia tricolore nel 1971. In carriera sale 13 volte sul gradino più alto del podio e partecipa a tre mondiali (1964, 1968, 1971). Di lei *La Gazzetta dello Sport* scrive: «Folgorata sulla strada del Giro d'Italia. Era il 1951 e Ivana Panzi aveva cinque anni. Vide passare Coppi e Bartali, Kubler e Bobet. Vide Magni, che quel Giro lo vinse. Vide maglie come coriandoli, bici come cavalli, ammiraglie come astronavi. Tornò a casa e ai suoi genitori, colpevoli di averla portata sulla strada, annunciò trionfalmente: "Io, da grande, voglio fare la ciclista". I genitori pensarono a una battuta. O forse si augurarono che fosse soltanto una battuta. Perché il ciclismo, allora, e un po' anche adesso, era sport maschile e maschilista».[107]

Tra le regioni che in questi anni si distinguono maggiormente nel ciclismo femminile vi è l'Emilia Romagna. Dal 1977 si comincia a parlare con una certa assiduità di donne in bicicletta grazie al lavoro avviato dal Gs Camping Arizona di Salsomaggiore Terme, dal Gs Tabiano Terme (che nel 1980 vede nascere l'unico gruppo della regione specializzato nell'attività femminile) e dal Gs Ointer Mankuso, nato nel 1981 con alla guida Mary Cressari. Come ricorda *Il Resto del Carlino* dell'11 febbraio 1981, «queste tre società hanno una unica caratteristica che è alla base della loro vita: vantano la presenza nei loro gruppi dirigenziali di due persone del calibro di Alfredo Isetti e Luciana Copelli,[108] figure divenute ormai emblematiche del ciclismo locale e regionale».

Emilia Romagna, Veneto, Lombardia e Toscana sono tra le regioni che si distinguono in questi anni. All'orizzonte, però, qualcosa sta per cambiare. Gli anni Ottanta vedono balzare all'attenzione delle cronache un'atleta che con le sue performance cambierà completamente la visione della donna ciclista italiana, facendola entrare nella leggenda.

Dopo di lei, niente sarà più come prima.

Note del capitolo 3

1 *Corriere dello Sport*, 28 maggio 1945, p. 2.

2 Per dare l'idea della diffusione dello sport femminile in Italia in questo periodo, i dati Istat indicano che, nel 1959, su 49 milioni di abitanti solo il 2,6 per cento praticava una qualche attività sportiva. Di questi le donne erano il 9 per cento.

3 Il Fronte della gioventù, la più nota ed estesa organizzazione giovanile partigiana, si era anche impegnato a mettere insieme un gruppo di ciclisti per il primo Giro d'Italia del dopoguerra (1946). Al suo interno accoglieva anche le ragazze dei Gruppi di difesa della donna (Gdd) e dell'Associazione delle ragazze italiane (Ari). L'organizzazione cessa di esistere nel 1947.

4 B. Di Monte, S. Giuntini e I. Maiorella, *Di sport, raccontiamo un'altra storia. Settant'anni di sport sociale in Italia attraverso la storia dell'Uisp*, La Meridiana, Molfetta 2008, p. 27.

5 https://www.infodata.ilsole24ore.com/2015/04/14/se-potessi-avere-calcola-il-potere-dacquisto-in-lire-ed-euro-con-la-macchina-del-tempo/?refresh_ce=1. Ultimo accesso: giugno 2019.

6 Di Monte, Giuntini e Maiorella, *op. cit.*, pp. 31-32.

7 *Ivi*, p. 34.

8 *Ivi*, pp. 34-35, tratto da un articolo di Franco Cardile. La Fornasari di suo pugno riportava la data del 17 luglio 1950 sul ritaglio di giornale. Anche se manca l'intestazione, dovrebbe trattarsi del *Progresso d'Italia.* La testata è pubblicata per la prima volta il 6 marzo 1946 a Bologna come alternativa ad altre testate. Fondata da Antonio Meluschi e Renata Viganò, ebbe tra i collaboratori molti ex partigiani bolognesi e giovani pubblicisti tra i quali: Sergio Zavoli, Sandro Bolchi e Renzo Renzi. La testata ebbe vita breve. L'articolo citato fa parte del fondo archivistico personale di Augusta Fornasari, che è stato meticolosamente scansionato e conservato a cura degli Archivi della Compagnia del caffè, Associazione di sport e cultura di Molinella (Bo). Questa associazione ha raccolto direttamente dalla famiglia Fornasari tutti gli articoli di stampa e le foto della campionessa bolognese, mettendoli gentilmente a disposizione per questo lavoro. Purtroppo, gli articoli sono stati a suo tempo ritagliati senza indicazione del nome della testata e, talvolta, senza la

data di pubblicazione. Pertanto queste informazioni sono state ricostruite, quando possibile, attraverso ricerche e confronti che non sempre, però, hanno permesso l'identificazione completa della fonte.

9 *Ibidem.*

10 *Ibidem.*

11 Ad Augusta Fornasari e Giorgina Grossi il comune di Budrio ha dedicato la mostra *Donne budriesi nello sport* (15 dicembre 2018-6 gennaio 2019) a cura di Leonardo Arrighi su progetto della Pro Loco di Budrio con la collaborazione del comune, della Consulta delle donne di Budrio e della Pro Loco di Mezzolara: http://www.comune.budrio.bo.it/servizi/notizie/notizie_fase02.aspx?ID=11760. Ultimo accesso: marzo 2019.

12 Racconto della sorella, pubblicato in: http://www.icbudrio.it/wordpress/wp-content/uploads/2015/10/PRESENTAZIONE-GENERALE-APPROFONDIMENTO-STORIA-LOCALE.pdf. Ultimo accesso: marzo 2019.

13 Si veda il documentario dell'Istituto Luce *Sport femminile. Campionesse liguri, settimana Incom 23/11/1949* disponibile su YouTube all'indirizzo https://www.youtube.com/watch?v=dMoLGI9qPJA; codice filmato: I036805. Ultimo accesso: marzo 2019.

14 Si veda quanto riferito nella nota 8 di questo capitolo sugli articoli rinvenuti nel Fondo Fornasari.

15 Anche questo ritaglio, non meglio identificato, fa parte del fondo archivistico personale di Augusta Fornasari.

16 *Eileen Sheridan. "This Girl Can"*, in https://rouleur.cc/editorial/eileen-sheridan. Ultimo accesso: dicembre 2018.

17 Per avvicinarci alla parità in termini di partecipazione dobbiamo attendere il millennio in corso: a Londra 2012 sono il 43,5 per cento e a Rio 2016 il 47 per cento (Fonte Ioc).

18 Anna Maria Ortese (Roma, 13 giugno 1914 – Rapallo, 9 marzo 1998) è stata una giornalista e una scrittrice. Nel 1938 è correttrice di bozze per il *Gazzettino* di Venezia. Collabora poi con importanti testate e riviste. Nel 1953, con il libro *Il mare non bagna Napoli,* vince il premio speciale per la narrativa del premio Viareggio e, nel 1967, con *Poveri e semplici*, vince il premio Strega.

19 Vasco Pratolini era già stato al seguito del Giro d'Italia per *Il Nuovo Corriere* di Firenze nel 1947. Il direttore Romano Bianchi gli aveva chiesto di seguire la corsa e scrivere alcuni pezzi di colore. I suoi scritti dal Giro sono stati raccolti nei volumi: *Cronache dal Giro d'Italia (maggio-giugno 1947) e Al Giro d'Italia. Vasco Pratolini al 38° Giro d'Italia (14 maggio-5 giugno 1955)*, Edizioni La Vita Felice, Milano 2001.

20 https://www.ilpost.it/2016/05/06/libri-ciclismo-giro-italia. Ultimo accesso: giugno 2018.

21 A.M. Ortese, *La lente scura. Scritti di viaggio*, a cura di L. Clerici, Marcos y Marcos, Milano 1991.

22 Per una lettura degli articoli degli scrittori al seguito del Giro d'Italia si consiglia V. Pessini, *Racconti di bicicletta. Il ciclismo nella letteratura italiana del Novecento,* Edizioni Ensemble, Roma 2013.

23 Sull'argomento anche N. Giuliani, *Le grandi penne al Giro d'Italia*, tesi di laurea conservata nella Biblioteca della Fondazione Benetton Studi e Ricerche, n. 237.

24 La frase è riportata anche in http://www.tutteleprese.it/parole-e-pedali.html. Ultimo accesso: maggio 2019.

25 A.M. Ortese, *Il cappello piumato*, Mondadori, Milano 1979, p. 140.

26 Cit. in Cionfoli, *op. cit.*, p. 127.

27 *Corriere della Sera*, 30 agosto 1958, p. 5.

28 L'Unione velocipedistica italiana (Uvi) è fondata a Pavia il 6 dicembre 1885. La nascita qualche anno più tardi del Touring Club Italiano (1894), impegnato a diffondere l'attività cicloturistica, porta l'Uvi, nel 1896, a decidere di occuparsi principalmente dell'attività agonistica. Nel 1915 alcune squadre fuoriescono, creando la Federazione ciclistica italiana. Nel 1964 l'Uvi cambia il proprio nome in Federazione ciclistica italiana riunendo sotto di sé le altre leghe nate negli anni precedenti. L'Uci, invece, è fondata il 14 aprile 1900 a Parigi dalle organizzazioni nazionali di ciclismo. Nel 1965 crea due federazioni subordinate: la Federazione internazionale di ciclismo amatoriale (Fiac) e la Federazione internazionale di ciclismo professionistico (Ficp), assumendo il ruolo di coordinamento di entrambe. Nel 1992 le due organizzazioni vengono riunificate tornando a far parte dell'Uci.

29 Testimonianza rilasciata all'autrice da Giuditta Longari, 24 giugno 2019.

30 Uvi, 7 maggio 1962, protocollo 4023 0/A. Copia della lettera gentilmente fornita da Florinda Parenti.

31 Tessera gentilmente fornita da Florinda Parenti.

32 Uvi, 28 maggio 1962, protocollo 4780 0/A. Copia della lettera gentilmente fornita da Florinda Parenti.

33 Testimonianza rilasciata all'autrice da Florinda Parenti, 20 febbraio 2018.

34 P. Gandolfi, "Florinda Parenti", in *Revue Cyclisme Nostalgia*, anno 1, n. 2/2009, p. 23.

35 Testimonianza rilasciata all'autrice da Florinda Parenti, 20 febbraio 2018.

36 *Ibidem.*

37 Gandolfi, *op. cit.*, p. 23.

38 A. Portioli, "Carmen Menegaldo", in *Revue Cyclisme Nostalgia*, anno 2, n. 6/2010, p. 18.

39 A. Portioli, "Maffeis Elisabetta. Lisy la reginella", in *Revue Cyclisme Nostalgia*, anno 4, n. 15-16/2012, p. 11.

40 http://www.cyclemagazine.eu/cycle/2013/03/8-marzo-il-primo-pensiero-va-alle-pioniere-della-bici.

41 S. Rossetto, *Uc Trevigiani. Cento anni di ciclismo e la corsa continua*, Europrint, Quinto 2013, p. 68.

42 G. Garatti, *Piccolo mondo dello sport trevigiano. Rassegna del 1968 e ricordi del passato*, SIT, Treviso 1969, p. 87.

43 G. Garatti, *Sports e Giochi nella Marca Trevigiana,* SIT, Treviso 1967, p. 165.

44 Garatti, *Piccolo mondo dello sport trevigiano*, cit., p. 91.

45 *Ciclismo d'Italia*, 18 gennaio 1971.

46 Testimonianza rilasciata all'autrice da Angela Marchesin, 24 settembre 2018.

47 Testimonianza rilasciata all'autrice da Giuditta Longari, 24 giugno 2019.

48 La bicicletta Graziella rappresentò una rivoluzione nel mondo delle due ruote. Nata nel 1964 da un progetto di Rinaldo Donzelli e prodotta a Vittorio Veneto dalla Carnielli, si caratterizza per le sue nuove linee e per essere una bicicletta pieghevole. Rispetta in pieno il clima di novità e libertà degli anni Sessanta.

49 Il 23 novembre 2013, a Castel San Giovanni, si è celebrato il cinquantesimo anniversario di quel primo Campionato italiano.

50 L'on. Andreotti non era nuovo al mondo dello sport, essendo stato presidente del comitato organizzatore dei Giochi olimpici di Roma del 1960.

51 *Tuttociclismo*, 10 febbraio 1983, p. 13.

52 *Bicisport*, marzo 1979, p. 42.

53 Portioli, "Carmen Menegaldo", in *Revue Cyclisme Nostalgia*, cit.

54 http://www.bresciaoggi.it/dalla-home/mary-cressari-taglia-iltraguardo-70-con-il-sorriso-1.4158569. Ultimo accesso: giugno 2018.

55 *Ibidem.*

56 Paola Scotti resterà nel mondo del ciclismo come giudice di gara e dirigente fino al 30 ottobre 1990 quando viene a mancare, a quarantasei anni, per una grave malattia. Nel 1992 il Comitato provinciale della Fci di Piacenza ha istituito il Memorial Paola Scotti, riservato ai Giovanissimi. Nel 2001 il comune di Sarmato le ha intitolato il centro polisportivo, all'ingresso del quale è situata una scultura a lei dedicata.

57 *Corriere dalla Sera*, 17 luglio 1967, p. 10.

58 *Ibidem.*

59 *Ibidem.*

60 *Ibidem.*

61 *l'Unità*, 17 luglio 1967, p. 8.

62 *Corriere dalla Sera*, primo settembre 1968, p. 21.

63 http://www.treccani.it.

64 *Corriere dalla Sera*, 20 agosto 1968, p. 14.

65 *Ibidem.*

66 In passato si erano già verificati diversi casi: da quello di Dora Rajtien, che ai Giochi olimpici di Berlino del 1936 aveva gareggiato nella squadra femminile di atletica, e che poi si era rivelata essere un uomo, a quello di Stella Walsh ed Ewa Klobukowska, che erano donne a tutti gli effetti, ma furono comunque messe sotto accusa per i loro tratti mascolini. Dopo i Giochi olimpici di Roma del 1960 il caso più eclatante era stato quello delle sorelle russe Irina e Tamara Press delle quali si erano diffuse insistenti voci sulla loro effettiva appartenenza al sesso femminile, con successiva indagine della Federazione internazionale di atletica leggera (Iaaf), che nel 1966 impose dei controlli sul sesso delle atlete.

67 *1968. Sport e rivoluzione*, documentario andato in onda per la serie *Atlantide* su La7.

68 Si veda il volume *Ina Sport. Annuario 1968*, pubblicazione edita con il patrocinio del Coni dall'Istituto nazionale delle assicurazioni, Bimospa, Roma, p. 125.

69 *Corriere dalla Sera*, 21 settembre 1970, p. 13.

70 *Ibidem.*

71 *Corriere dalla Sera*, 17 luglio 1967, p. 10.

72 Testimonianza rilasciata all'autrice da Lucia Pizzol, 4 ottobre 2018.

73 http://www.michelafanini.com/la-storia. Ultimo accesso: giugno 2018. Il terzo fratello, Brunello, è il papà di Michela Fanini, sfortunata campionessa degli anni Novanta.

74 Testimonianza rilasciata all'autrice da Carmine Ciardiello, 23 giugno 2019.

75 *Corriere dalla Sera*, 17 luglio 1967, p. 10.

76 *Corriere dalla Sera*, primo settembre 1968, p. 21.

77 *Corriere dalla Sera*, 17 luglio 1967, p. 10.

78 *Ibidem.*

79 *Corriere dalla Sera*, 21 settembre 1970, p. 13.

80 *Ibidem.*

81 *Ibidem.*

82 Testimonianza rilasciata all'autrice da Lucia Pizzol, 4 ottobre 2018.

83 Testimonianza rilasciata all'autrice da Lucia Pizzolotto, 15 settembre 2018.

84 Nel 1996, a quarantun anni, Carlo Tonon si toglie la vita.

85 Portioli, "Carmen Menegaldo", in *Revue Cyclisme Nostalgia*, cit.

86 *Corriere dalla Sera*, 6 agosto 1972, p. 14.

87 Testimonianza rilasciata all'autrice da Tosca Argentin, 11 settembre 2018.

88 N. Cogliati, *Le mille e una corsa*, La Varesina grafica, Marnate (Va), 1975, p. 132.

89 Testimonianza rilasciata all'autrice da Lucia Pizzol, 4 ottobre 2018.

90 Testimonianza rilasciata all'autrice da Lucio Rigato, 22 febbraio 2018.

91 *Ibidem.*

92 *Ibidem.*

93 *Ibidem.*

94 Testimonianza rilasciata all'autrice da Lucia Pizzol, 4 ottobre 2018.

95 Cogliati, *op. cit.*, pp. 129-30.

96 Testimonianza rilasciata all'autrice da Tosca Argentin, 11 settembre 2018.

97 http://www.museociclismo.it/content/articoli/10113-Storia-di-Luigina-Bissoli/index.html. Ultimo accesso: giugno 2018.

98 Portioli, "Carmen Menegaldo", in *Revue Cyclisme Nostalgia*, cit.

99 Testimonianza rilasciata all'autrice da Lucio Rigato, 22 febbraio 2018.

100 *Corriere dalla Sera*, 4 settembre 1977, p. 22.

101 *Corriere dalla Sera*, 7 settembre 1977, p. 18.

102 http://www.museociclismo.it/content/articoli/10113-Storia-di-Luigina-Bissoli/index.html. Ultimo accesso: giugno 2018.

103 *Corriere dalla Sera*, 30 agosto 1979, p.18.

104 *Ibidem.*

105 Testimonianza rilasciata all'autrice da Lucio Rigato, 22 febbraio 2018.

106 http://www.ciclismo.it/la-grande-festa-degli-ex.

107 M. Pastonesi, "Ivana Panzi, tutta polenta e ciclismo", *La Gazzetta dello Sport*, 23 giugno 2013.

108 Genitori di Daniela Isetti, attuale vicepresidente vicario della Fci.

LE IMMAGINI

DAI PRIMI DEL NOVECENTO AGLI ANNI SESSANTA

Antonietta Gilardini. Cartolina d'epoca gentilmente concessa da Gherardo Bonini.

CARTOLINA POSTALE ITALIANA
(CARTE POSTALE D'ITALIE)

-5.8.11.-5
FORLÌ

Non mi avete risposto al mio telegramma se avevo partecipato alla vostra riunione di 15 giorni fa ma spero mi terrete presente per altre riunioni
Saluti sempre Vostra Gilardini

A Società Sportiva
di
Forlì

La perfetta ciclista come appare sulla copertina del *Manuale del perfetto ciclista*.

Cicli "Dei" Gomme Pirelli Milano, manifesto pubblicitario, 1910. Archivio fotografico della Fondazione Mazzotti, presso il FAST – Foto Archivio Storico Trevigiano della Provincia di Treviso.

Ritratto di donna con bicicletta, fine Ottocento/inizio Novecento. Fondo Adriano Favaro. FAST – Foto Archivio Storico Trevigiano della Provincia di Treviso.

Ritratto di ragazza, fine Ottocento/inizio Novecento, Fondo Adriano Favaro. FAST – Foto Archivio Storico Trevigiano della Provincia di Treviso.

Cappella Maggiore (Tv), nonna e nipoti in bicicletta. Fondo Comune di Cappella Maggiore. FAST – Foto Archivio Storico Trevigiano della Provincia di Treviso.

Gita al passo San Boldo, 1933. Fondo Mostra Conegliano 2004. FAST – Foto Archivio Storico Trevigiano della Provincia di Treviso.

Foto di gruppo con bicicletta, 1923. Fondo Ogliano di Conegliano. FAST – Foto Archivio Storico Trevigiano della Provincia di Treviso.

Valmareno di Follina (Tv), 1925: tre ragazze in via Ronche. Fondo Valmareno Pro Loco. FAST – Foto Archivio Storico Trevigiano della Provincia di Treviso.

Segusino (Tv), anni Quaranta ca.: giovane coppia in bicicletta. Fondo Adriano Favaro. FAST – Foto Archivio Storico Trevigiano della Provincia di Treviso.

Alfonsina Strada, l'unica donna ad aver partecipato al Giro d'Italia uomini. Foto tratta dal libro *Gli anni ruggenti di Alfonsina Strada* di Paolo Facchinetti (Ediciclo editore).

Liberazione di Modena, 23 aprile 1945. Foto Botti e Pincelli, gentilmente concessa dall'Archivio Istituto Storico di Modena.

Caerano San Marco (Tv), 1960 ca.: le operaie della Sanremo all'uscita della fabbrica. Fondo Miscellanea FAST – Foto Archivio Storico Trevigiano della Provincia di Treviso.

Conegliano, 26 settembre 1956: l'alluvione del Monticano. Fondo Mostra Conegliano 1996. FAST – Foto Archivio Storico Trevigiano della Provincia di Treviso.

Valmareno di Follina (Tv), 1960: la postina in bicicletta. Fondo Valmareno Pro Loco. FAST – Foto Archivio Storico Trevigiano della Provincia di Treviso.

Anni Cinquanta: Augusta Fornasari circondata dai tifosi. Proprietà Silvana Fornasari, digitalizzazione Leonardo Arrighi. Con la collaborazione dell'Archivio Il Caffè, *Gazzettino dello Sport*, Molinella.

Una corsa organizzata dalla Uisp all'inizio degli anni Cinquanta. Proprietà Silvana Fornasari, digitalizzazione Leonardo Arrighi. Con la collaborazione dell'Archivio Il Caffè, *Gazzettino dello Sport*, Molinella.

Anni Cinquanta: Augusta Fornasari al termine di una gara con traguardo a Mezzolara (Bo). La "corridora" arriva sulle strade di casa con la maglia tricolore conquistata alcune settimane prima.
Proprietà Silvana Fornasari, digitalizzazione Leonardo Arrighi. Con la collaborazione dell'Archivio Il Caffè, *Gazzettino dello Sport*, Molinella.

1948-1950: gare in pista.
Proprietà Silvana Fornasari, digitalizzazione Leonardo Arrighi. Con la collaborazione dell'Archivio Il Caffè, *Gazzettino dello Sport*, Molinella.

1948-50: la premiazione dopo una corsa. Proprietà Silvana Fornasari, digitalizzazione Leonardo Arrighi. Con la collaborazione dell'Archivio Il Caffè, *Gazzettino dello Sport*, Molinella.

1949: la partenza della II edizione della Corsa al mare, vinta da Augusta Fornasari. Proprietà Silvana Fornasari, digitalizzazione Leonardo Arrighi. Con la collaborazione dell'Archivio Il Caffè, *Gazzettino dello Sport*, Molinella.

1948-50: in discesa, senza paura.
Proprietà Silvana Fornasari, digitalizzazione Leonardo Arrighi. Con la collaborazione dell'Archivio Il Caffè, *Gazzettino dello Sport*, Molinella.

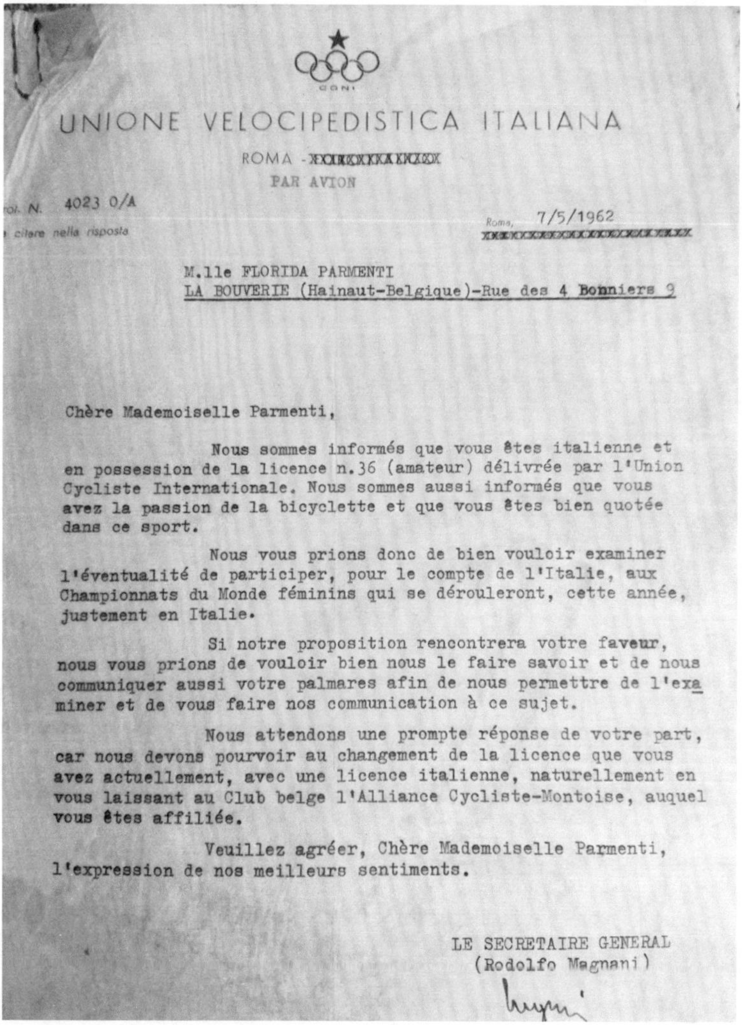

CONI

UNIONE VELOCIPEDISTICA ITALIANA

ROMA - XXXXXXXXXXXXXX

PAR AVION

Prot. N. 4023 O/A

citare nella risposta

Roma, 7/5/1962

XXXXXXXXXXXXXXXXXXXXXXXX

M.lle FLORIDA PARMENTI
LA BOUVERIE (Hainaut-Belgique)-Rue des 4 Bonniers 9

Chère Mademoiselle Parmenti,

Nous sommes informés que vous êtes italienne et en possession de la licence n.36 (amateur) délivrée par l'Union Cycliste Internationale. Nous sommes aussi informés que vous avez la passion de la bicyclette et que vous êtes bien quotée dans ce sport.

Nous vous prions donc de bien vouloir examiner l'éventualité de participer, pour le compte de l'Italie, aux Championnats du Monde féminins qui se dérouleront, cette année, justement en Italie.

Si notre proposition rencontrera votre faveur, nous vous prions de vouloir bien nous le faire savoir et de nous communiquer aussi votre palmares afin de nous permettre de l'examiner et de vous faire nos communication à ce sujet.

Nous attendons une prompte réponse de votre part, car nous devons pourvoir au changement de la licence que vous avez actuellement, avec une licence italienne, naturellement en vous laissant au Club belge l'Alliance Cycliste-Montoise, auquel vous êtes affiliée.

Veuillez agréer, Chère Mademoiselle Parmenti, l'expression de nos meilleurs sentiments.

LE SECRETAIRE GENERAL
(Rodolfo Magnani)

La lettera di convocazione di Florinda Parenti ai Campionati del mondo 1962. Immagine gentilmente concessa da Florinda Parenti.

Pagina a fianco:
Florinda Parenti, campionessa in Belgio negli anni Sessanta, prima di vestire la divisa azzurra. Immagine gentilmente concessa da Florinda Parenti.

1962: Florinda Parenti azzurra ai Campionati mondiali di Salò.
Foto gentilmente concessa da Florinda Parenti.

Paola Scotti, la prima campionessa d'Italia su strada. Alle sue spalle Giuditta Longari. Foto gentilmente concessa da Giuditta Longari.

Anni Sessanta: Giuditta Longari, Maria Barboni, Florinda Parenti. Foto gentilmente concessa da Giuditta Longari.

1964: le formazioni Gs Fbe e Gs Termozeta. In alto da sinistra: Antonia Simeoni, Rossella La Camera, Lucia Zeni, Renato Ginofero, Paola Scotti, Maria Cressari, Piera De Angeli. In basso da sinistra: Maria Teresa Colla, Loredana Maserati, Florinda Parenti, Raffaella Beretta, Lidia Fiori, Giuditta Longari. Foto gentilmente concessa da Florinda Parenti.

Anni Sessanta: Giuditta Longari e Florinda Parenti. Foto gentilmente concessa da Giuditta Longari.

Anni Sessanta: Giuditta Longari e Morena Tartagni. Foto gentilmente concessa da Giuditta Longari.

1973: la squadra della Tre Risotti con il patron Pino Santolin. Foto gentilmente concessa da Tosca Argentin.

Casalzuigno (Va), 11 agosto 1974: la sfida tra Tosca Argentin e Morena Tartagni passa alla storia per un gesto di fair play. Foto gentilmente concessa da Tosca Argentin.

Anni Settanta: una gara femminile tra due ali di folla. Foto gentilmente concessa da Tosca Argentin.

1971: a Negrisia di Ponte di Piave (Tv) va in scena una prova a cronometro mista. Foto gentilmente concessa da Tosca Argentin.

1977: la formazione del Gs Bonariva Colnago. Da sinistra: Anna Morlacchi, Giuseppina Micheloni, Maria Cressari, Luigina Bissoli, Lucia Pizzolotto, Rossella Galbiati, Marina Colombo, Gianna Brovedani. Foto gentilmente concessa da Lucia Pizzolotto.

1974: il Gs Ceramiche Zanetti. Da sinistra: Graziella Uliana, Daniela Masiol, C. Poszavecz, Lucia Pizzol, Antonella Zanin, Daniela Rovere, Rita Coden, M. Zani. Foto gentilmente concessa da Lucia Pizzol.

1977: le azzurre pronte al via ai Campionati mondiali in Venezuela. Foto gentilmente concessa da Tosca Argentin.

Ci sono tanti modi di muoversi in bicicletta…
Anni Sessanta ca., donna con bicicletta a mano. Archivio fotografico della Fondazione Mazzotti presso il FAST – Foto Archivio Storico Trevigiano della Provincia di Treviso.

4

Il ciclone Maria Canins

A trentadue anni, un'età in cui molte atlete decidono di interrompere l'attività sportiva, Maria Canins, nata in Val Badia nel 1949, sposata con uno sciatore di fondo e mamma di Concetta, decide di salire in bicicletta. Prima, però, si toglie gli sci.

Lei che aveva praticano con buoni risultati anche l'atletica, nello sci di fondo aveva collezionato qualcosa come 140 vittorie. E non vittorie qualsiasi: 15 titoli italiani, una Vasaloppet (prima donna italiana a realizzare questa impresa), 10 vittorie alla Marcialonga, 12 alla Maratona della Pusteria, 7 alla Dobbiaco-Cortina e 8 alla Maratona della Val Casies, con un campionato mondiale alle spalle, nel 1982, in Norvegia.

Se fino ad allora la bicicletta era stata un ottimo allenamento estivo in vista delle gare sulla neve, a un certo punto Maria decide di chiudere definitivamente con lo sci di fondo e passare alle due ruote. Del resto grandi differenze con il fondo non ce ne sono: anche qui sacrificio, impegno e sudore. In comune c'è anche la possibilità di stare in mezzo alla natura e di godersi il paesaggio. Quello che cambia è il clima, la temperatura, ma a Maria l'idea di stare fuori e gareggiare nel periodo caldo, sotto il sole, in fondo non dispiace. E caldo sia.

Per lei, si tratta sempre di una sfida. Una sfida con sé stessa prima di tutto. Un modo per mettersi alla prova. Un modo più divertente e appagante di altri.

«La vita è dura per tutti, ma chi fa sport all'aperto è un privilegiato»[1] dice, forse perché, nel paese dove è nata, La Villa in Val Badia, si comincia a lavorare presto e «per le donne tutto è sempre stato dovere. Dovere vivere, dovere sposarsi, dovere mettere al mondo figli».[2] Anche per lei lo sport è, in qualche modo, evasione. È gioia. È fatica, tanta fatica, ma le piace anche quella. E la fatica è uguale per tutti, uomini e donne: «Io correvo perché mi piaceva. Io stavo bene quando facevo fatica. M'impegnavo più in allenamento che in corsa. Nei primi anni Ottanta tifavo per Moser, prima per Gimondi. Anche se Gimondi ha detto che le donne devono stare a casa a fare la calza, mica andare in giro a correre. Se lui la pensa così, è un discorso che vale per sua moglie e le sue figlie. Non mi riguarda. Certo che in Italia, con la mentalità che c'era a quei tempi, era dura. Tante ragazze smettevano di correre perché non sopportavano le prese in giro. Più andavi all'estero, più t'accorgevi della differenza. Da noi si guardava alla donna-atleta come a un meccanismo fragile, si alleggerivano i percorsi, le distanze, così le gare sapevano di poco, anche come spettacolo. In Norvegia ho fatto tappe di 100 km e in Colorado la salita del Grand Canyon era uguale per tutti, uomini e donne».[3]

Alla bicicletta Maria arriva con naturalezza. Si allena con alcuni dilettanti della Val Badia, come attività complementare allo sci di fondo. Le dicono che va forte. Prova per curiosità: «Mi è sempre piaciuta la bicicletta, ma comprare una bicicletta da corsa per poterci andare poche volte era sprecato, quindi una mia amica me l'ha prestata ed io ho cominciato a fare dei giri ma solo per divertimento, senza gare. Poi mi è venuta la curiosità e parlando con delle persone mi sono buttata, mi sono divertita e ora sono qui che pedalo».[4]

Si mette subito in luce. Il 20 giugno 1982 sfiora il primo successo a Brebbia. Si ripete a Casteggio (Pa) e a Sarzana (Sp), il 4 luglio arriva prima a Gorla (Va) e il 18 trionfa a Montignoso (Ms). Il suo exploit induce il tecnico azzurro Mario Malvicini a inserirla nella rosa azzurra per i Campionati mondiali di Goodwood, in Gran Bretagna, dove sono presenti tutte le migliori. A trentatré anni Maria non ha nessuna esperienza in campo internazionale, ma è una che corre sempre avanti a tutti. La maglia iridata andrà all'inglese Mandy Jones, ma la Canins taglia il traguardo subito dopo: è argento.

L'anno successivo, a Altenhein (Svizzera), ci riprova ed è terza, dietro la svizzera Marianne Berglund e l'americana Rebecca Twigg.

La spedizione azzurra comprende anche Monica Bandini, faentina classe 1964; la campionessa italiana inseguimento Rossella Galbiati, milanese classe 1958, del Gs Bonariva Alga Colnago; Francesca Galli di Desio, classe 1960, sempre del Gs Bonariva Alga Colnago; Bruna Luisa Seghezzi di Pontirolo Nuovo (Bg), classe 1965, della Ss Alba Robbiate; Roberta Bonanomi; Adalberta Marcuccetti di Massa, classe 1958, della Sc Barbalana Pinarello; e Tiziana Pian di Povegliano (Tv), classe 1964, del Gs Vitamol Cosmesi.

Al rientro dal mondiale, la rivista *Tuttociclismo* dedica a Maria Canins un'intervista intitolata "La dolce Maria delle nevi": «Maria Canins è una donna di montagna semplice e mai atteggiata a diva. La sua vita è interamente divisa tra lo sport e la sua famiglia, che ama molto. Non proprio ragazzina all'anagrafe lo è nella figura e nel portamento, madre felice di una splendida bambina, Concetta. [...] Decisamente un fenomeno naturale, abituata all'alta montagna e alle fatiche dello sci di fondo sembra affrontare e digerire con molta facilità le pratiche della bici».[5] E Maria è proprio così, una donna semplice: «Penso che si possa essere atleta e donna allo stesso tempo; quando corro metto tutta me stessa in quello che faccio e nella vita di tutti i giorni sono una donna normale che si veste bene e che fa le cose normali di qualsiasi altra donna».[6] A chi le chiede come vede il ciclismo femminile, risponde: «Mi sembra che sia già avviato su una buona strada, anche in campo internazionale, vedi in America dove il ciclismo femminile non ha niente di meno di quello maschile; speriamo che anche in Europa riesca a prendere quel volto che ha preso in America».[7]

In questi anni, per la prima volta nella sua storia anche la corsa a tappe più importante del mondo, il Tour de France, stava per organizzare la sua versione al femminile. L'Italia è assente alla prima edizione del 1984, ma recupera presto, perché l'anno dopo, nel 1985, anno del centenario della Federciclismo italiana, il trionfo è azzurro e si deve proprio a Maria Canins.

La campionessa della Val Badia domina come Merckx, scriveranno i giornali, perché mette «definitivamente al tappeto le avversarie, infliggendo un passivo che solo Merckx sapeva dare».[8] La Canins dimostra di non avere rivali: dalle cronometro di Reims e Saint-Nizier alle tappe in salita di Morzine, Lans en Vercors e Luz Ardiden. Chiude in classifica generale con ben 22' e 11" di vantaggio sulla Longo. È efficace e potente. Tecnicamente lascia a desiderare, dicono in molti, ha paura di frenare e di stare in gruppo, d'altronde è cresciuta sugli sci, mica in bici, ma è straordinariamente forte. Con la sua prestazione conquista l'intera Francia. Tutta l'Italia aspetta di vederla sfilare ai Campi Elisi in maglia gialla: «Non accadeva da vent'anni, dai tempi del trionfo di Felice Gimondi, che un italiano (o un'italiana) riuscisse a tanto».[9]

Per lei i soprannomi si sprecano: "mamma in bicicletta", "mammina volante", "regina della montagna". C'è chi le dedica parole di sincera ammirazione sportiva, come la campionessa Rebecca Twigg, che dichiara: «È molto forte, è incredibile, non ho mai visto una scalatrice così; anzi posso affermare proprio di non aver mai visto nella storia del ciclismo femminile una donna così potente in salita».[10]

Qualcuno la definisce una "Coppi in gonnella": «Un genio? Un computer programmato per vincere? Niente di tutto ciò, Maria è una donna normalissima che ha sempre praticato sport e che conosce un solo credo: "Allenarsi". [...] Da quando il ciclismo ha conosciuto Maria finalmente si è cominciato a parlare anche dell'altro ciclismo, quello femminile, dove lei rimane una torre importantissima e intorno gravitano ragazze in gamba».[11] C'è chi la paragona a Bartali: «Questa mammina trentaseienne, sportiva totale, smentisce il luogo comune dell'indifferenza delle donne italiane per lo sport. L'hanno scoperta in Italia, forse più che in Francia dove c'è un'altra educazione sportiva e anche una diversa valutazione del ciclismo femminile. Non per niente Jeannie Longo ha uno spazio sui giornali pari ai migliori dilettanti e forse qualcosa in più. Ma in Italia la gente si è chiesta stupita come mai possa accadere che una minuta ciclista riesca a scalare le stesse salite (alcune famose: Avoriaz, Tourmalet...) come i corridori definiti quarant'anni fa da Albert Londres "i forzati della strada" e da altri, con termine più elegiaco, i "giganti della strada"».[12]

Maria stupisce anche i due direttori del Tour. Félix Lévitan di lei dice che «seguendola in montagna, vedendola così disinvolta sulla sella, con le gambe secche, il torace stretto, mi ricorda Coppi»,[13] mentre Jacques Goddet sottolinea che «per la sua resistenza, per quella pedalata sempre uguale nonostante il susseguirsi dei chilometri, per la sua tenacia e regolarità da maratoneta mi ricorda Bartali».[14]

Anche Bernard Hinault ha parole di elogio: «È veramente stupefacente come vada forte questa attempata ragazza che è grande arrampicatrice ed eccezionale cronowoman. Non pochi corridori che corrono il nostro Tour non vanno forte come lei in montagna».[15]

Con lei al Tour ci sono altre italiane: Imelda Chiappa, Bruna Luisa Seghezzi (vincitrice di tre titoli italiani su strada), Patrizia Spadaccini (campionessa italiana su strada nel 1983), Emanuela Menuzzo (bronzo ai Campionati italiani su strada nel 1985 e detentrice del record dei 100 chilometri su pista al Vigorelli di Milano[16]) e Roberta Bonanomi, diciannovenne atleta bergamasca di Sotto il Monte, che di lì a qualche anno avrebbe vinto un Campionato del mondo cronometro a squadre nel 1988, un argento nel 1989 e due bronzi nel 1987 e nel 1993.

La vittoria nella prestigiosa corsa francese di Maria Canins (che dopo i Giochi olimpici di Los Angeles, in cui era arrivata quinta nella prova su strada, voleva abbandonare le corse) è importante non solo per lei, ma per tutto il ciclismo italiano femminile.

Al «prestigioso comportamento» di Maria Canins farà riferimento anche il presidente della Federciclismo Agostino Omini, nella "Relazione tecnico morale e finanziaria 1985-86", sottolineando che «è stata un'affermazione di grande spessore morale, indipendentemente dal suo valore agonistico, che rilanciava la figura di un atleta italiano sulle scene del ciclismo internazionale. Questa "mamma volante" che si impone sulle montagne che furono di Coppi ha dato un impulso enorme alla popolarità del ciclismo e possiamo a questo punto affermare che è stato il primo episodio di una serie positiva che avrebbe attinto livelli ragguardevoli anche nel corso dei mondiali del Veneto».[17]

Per il ciclismo italiano è un risultato incredibile, di fronte al quale Maria mantiene la disarmante semplicità tipica di una donna di montagna: «Il mio primo Tour è stato stupendo... visitare tutta la Francia in bicicletta... trovarsi sul podio con Hinault, che non avevo mai incontrato prima».[18] Una cosa strana, dirà, bella e strana, alla quale il ciclismo femminile non era abituato e forse neanche i francesi. Un ricordo indelebile perché, quando, a fine carriera, un giornalista le chiede quale sia stato il momento più bello, Maria non ha dubbi: «Quando ho vinto il primo Tour e sul podio mi sono trovata a fianco di Hinault, con la mia bambina in braccio... Mi hanno commosso gli applausi. Non finivano mai. Ho pianto dalla felicità. Eppure ero una straniera che aveva battuto una francese. Ma sai come sono i francesi: nazionalisti sì, ma entusiasti. Non ci sono frontiere se chi vince ha dimostrato di essere forte e leale. Per questo sono sempre tornata volentieri al Tour, anche quando avevo già trentotto e trentanove anni e sapevo che non avrei avuto alcuna possibilità di vincere. Era come se corressi fra la mia gente».[19]

Per quel successo Maria guadagna circa due milioni di lire in premi. Non una gran cifra, ma a quei tempi l'abbinata bici-donne non attirava molti sponsor, né al Tour né altrove: «Con i soldi di una tappa vinta si poteva al massimo offrire il pranzo a quattro persone. Non c'era nessun ingaggio faraonico... Per una vittoria in nazionale si prendevano 100.000 lire, che facevano sicuramente piacere. Per un traguardo volante potevi prendere 10.000 lire, o una bottiglia di vino, o un paio di scarpe che magari non mi andavano. Ma non ho mai corso per i soldi».[20]

In un'intervista rilasciata al mensile *Bicisport* nel 1984, dirà: «Corro per le spese. Se mi pagano il viaggio e l'alloggio, io sono già contenta. Il professionismo non c'è. Lo stipendio non esiste».[21]

Il 1985 è un anno di successi per la Maria nazionale, che sul circuito di Giavera del Montello (Tv) conquista una medaglia d'argento ai Campionati mondiali su strada dietro Jeannie Longo. Comanda la gara fin dalle prime battute, grazie anche alle compagne di squadra che cercano di rendere dura la vita alle avversarie. Tenta di scrollarsi di dosso la Longo con scatti, allunghi, progressioni violente. Non vuole trovarsela in volata. Ma la salita per Maria è troppo corta. Anche il tecnico è d'accordo: «Il chilometraggio dovrebbe essere sui cento chilometri, così si potrebbe parlare di un vero e proprio campionato del mondo».[22]

Le gesta della Canins impongono una nuova attenzione anche su questo tema, perché se una donna può correre come lei, allora bisognerà adeguare i chilometraggi. Le donne non sono poi così delicate come si pensava. Eppure, il dibattito sulla peculiarità del corpo femminile non è tramontato. Fa sorridere che, proprio nel 1985, l'étoile Liliana Cosi, intervistata dalla rivista *Tuttociclismo*, dichiarava che «certamente, la donna che fa sport deve essere ammirata, basta che non scelga sport troppo maschili che potrebbero deturpare la sua femminilità. [...] Penso che la donna debba ben ponderare la scelta di uno sport perché troppo spesso si dimentica del ruolo che ricopre, che non è quello di essere pari all'uomo ma quello di essere il cuore dell'umanità, un qualcosa che dà amore e calore proprio come l'olio delle giunture».[23]

Del resto, la stessa cronista dell'organo ufficiale della Fci, Marcella Greco, commentando il Criterium di Riccione, una manifestazione internazionale convocata per analizzare la situazione della donna nell'ambito dello sport, scrive: «Spesso le donne si avvicinano allo sport per passione o solo per curiosità, e per questo diventa una ragione di vita da migliorare ogni giorno. La donna non deve approfittare di questo fatto per essere uguale all'uomo e per porsi sotto lo stesso piano agonistico; la donna è diversa, ha caratteristiche diverse che debbono rimanere tali. Fare sport è solo un modo per vivere un rapporto più libero, più sciolto con tutto il mondo che la circonda; essere in pace con sé stessa, senza dover sempre competere con l'uomo ma imparare a rispettarsi, a stimarsi ognuno nel proprio campo senza prevaricazioni di sorta. Libertà di scelta e serietà, ma soprattutto non perdere il filo essenziale del discorso. La donna può fare grandi cose grazie alla sua sensibile intelligenza, ma non deve scordare la propria femminilità, che poi è il fulcro della sua personalità, quel qualcosa che la distingue dall'uomo».[24]

Se qualcuno nutre ancora qualche dubbio sul ciclismo femminile, non è certo Maria Canins, che nel 1986 vince di nuovo il Tour de France, dopo essersi aggiudicata cinque traguardi parziali:

Granville, Luchon, Serre Chevalier, Saint-Étienne e Le Puy de Dôme. La Longo chiude con un ritardo di 15' e 31", l'americana Inga Thompson resta a 22' e 09". Maria Canins conquista anche la maglia di miglior scalatrice, scrivendo il suo nome a lettere maiuscole nella storia del ciclismo.

Quando rientra in Italia il successo non l'ha cambiata. Mantiene sempre la sua proverbiale umiltà. A una giornalista che la intervista dopo il suo secondo trionfo al Tour, racconta che sua mamma l'ha rimproverata: «Perché mi stava tenendo troppo occupata. Io dovevo cucinare e poi dare una mano a riparare il tetto».[25]

Anche nel 1988 Maria è protagonista di una stagione straordinaria. Non arrivano medaglie dai Giochi olimpici di Seul, dove sarà solo trentaduesima, ma conquista l'oro nella cronometro a squadre dei Campionati mondiali che si svolgono a Ronse e trionfa nella prima edizione del Giro d'Italia femminile, precedendo la tedesca Petra Rossner. Un successo a cui ha dichiarato di tenere molto: «Sognavo il Giro al femminile: il ciclismo delle donne che si faceva adulto».[26]

I successi ripagano in parte dalla delusione olimpica di Seul, che non riguarda solo il settore femminile, ma anche quello maschile, tanto che il presidente della Federciclismo, Agostino Omini, la definisce addirittura «un'Olimpiade quaresimale»[27] per gli scarsi risultati della spedizione italiana. Del resto, il rapporto di Maria con i Giochi olimpici è un po' quello di molti atleti, che pur vincendo tutto nella vita, quella medaglia con i cinque cerchi non riescono mai a mettersela al collo. Quello di Seul, spiega Maria, «era un tracciato che favoriva le velociste pure. Certo che quella coreana è stata una bellissima esperienza, ma la gara è stata una farsa. Noi comunque abbiamo cercato in tutti i modi di animare una corsa che è stata letteralmente addormentata da quelle nazioni [...] che avevano l'interesse a portare allo sprint le loro velociste».[28]

Anche il ct della nazionale, il bellunese Mario De Donà, alla guida del team azzurro dal 1986, aveva sottolineato quanto quel percorso non fosse favorevole alle italiane, perché non permetteva di fare selezione prima dell'arrivo. Troppo facile, insomma, senza contare che forse vi era stato «un tacito accordo di non belligeranza fra alcune nazioni che avevano l'interesse a disputarsi tutto allo sprint».[29] Un tema, questo, che poneva nuovamente l'accento sulla necessità di adeguare i chilometraggi in una categoria cresciuta molto negli ultimi dieci anni. Lo stesso De Donà sottolinea che «non è più proponibile una prova iridata o olimpica su una distanza di 80 chilometri senza difficoltà altimetriche adeguate... qualcosa va certamente rivisto, questa categoria lo merita».[30]

In quel 1988 Maria vince anche due titoli italiani, trionfando nella prova su strada di Agrigento e nella cronometro individuale di Cremona dove "mamma Canins",[31] "la mamma volante della Val Badia",[32] chiude davanti a Francesca Galli, campionessa iridata nella 50 chilometri a squadre, e a Imelda Chiappa.

La Canins ha già trentanove anni e chi la pensava stanca dopo le fatiche coreane deve ricredersi. In quel campionato le atlete Senior in gara sono 16; Maria, che gareggia per i colori del Gs Verynet Soteco Cicli Francesco Moser, parte per ultima e vince: «Questo titolo mi ripaga solo in parte dell'amarezza di un'Olimpiade non andata propriamente come speravo».[33]

Con i titoli del 1988, Maria Canins arriva a 14 successi stagionali e a 7 titoli nazionali conquistati in altrettanti anni di attività. Ma non è finita. Nel 1989 sarà ancora sul podio iridato a Chambéry (Francia) con un bronzo e un argento nella cronometro. Nel suo palmarès anche 2 Giri di Norvegia, un Giro del Colorado e 4 Giri dell'Adriatico, ai quali vanno aggiunti anche 10 titoli italiani (6 in linea e 4 a cronometro), 2 titoli nazionali mountain bike e 2 tappe di Coppa del mondo nel cross country.

Per Fabiana Luperini, che resta la donna che ha vinto di più nel ciclismo femminile italiano, Maria Canins «è stata la donna più rappresentativa del movimento. Tutto il ciclismo femminile le deve un grazie per quanto ha fatto».[34]

Effetto Canins...

Con i suoi risultati, Maria Canins ha contribuito in maniera determinante a far sì che le fatiche delle cicliste italiane ottenessero maggiore considerazione, dimostrando che non sono atlete di serie B e che la loro fatica vale tanto quanto quella degli uomini. E qualcuno comincia ad accorgersene: «Le cicliste in bicicletta non sono tutte superwoman come Maria Canins, ma dimostrano da tempo di sopportare distanze e competizioni ben più impegnative».[35]

La Canins ha portato in primo piano le potenzialità del ciclismo femminile, inserendosi peraltro in un periodo particolarmente felice, perché è coinciso con l'ingresso del ciclismo femminile ai Giochi olimpici.

Se da un lato, dunque, i fatti hanno dimostrato che può esistere una campionessa in grado di realizzare imprese importanti quanto quelle dei colleghi uomini, dall'altro la federazione, sventolando la Canins come bandiera, in quegli anni ha dovuto anche pensare a un progetto olimpico femminile. E, come per i mondiali di Salò del 1962 aveva dovuto aprire le porte alle donne, ora deve programmare per loro un percorso di preparazione adeguato. Il che significa porre sotto una nuova luce termini come programmazione, progettualità, promozione, tesseramenti, allenamenti specifici, test, aggiornamenti di studio sull'alimentazione, ritiri, ruoli specifici.

Una differenza rispetto al passato riguarda, ad esempio, la dieta. Vi è una maggiore consapevolezza dell'importanza di una corretta alimentazione, anche se si è ancora lontani dalla scientificità con cui oggi viene calibrata una dieta personalizzandola sul singolo atleta. Ma se fino a quel momento per garantire l'apporto di energia si confidava quasi esclusivamente sugli zuccheri (bevande o dolciumi), da qui in avanti si privilegiano carboidrati, barrette, gel, bevande elettrolitiche e integratori post gara. Anche l'introduzione di nutrizionisti al seguito è una novità come lo è, nel 1985, la possibilità per il settore femminile di avere finalmente a disposizione un medico completamente dedicato.[36] E nello stesso anno, il ritiro delle azzurre al velodromo Olimpico di Roma offre l'occasione per «aggiungervi il corso per direttori sportivi che lavorano nel settore femminile».[37]

In ambito federale il tema delle donne è oggetto di un numero sempre maggiore di approfondimenti. Già nel 1982 si era tenuto un primo convegno specifico dedicato ai problemi del ciclismo femminile. L'incontro "Il ciclismo femminile oggi e domani" era stato organizzato a Salsomaggiore dal Gs Camping Arizona e aveva permesso di mettere a fuoco diversi problemi che ostacolavano lo sviluppo del ciclismo femminile. Tra i punti emersi vi era stata la richiesta di una ristrutturazione delle categorie (al momento due: Junior, 13-16 anni, e Senior, dai 17 anni in poi), e la proposta di ampliare il calendario delle manifestazioni, fino a quel momento a carattere esclusivamente nazionale, obbligando le atlete a lunghe e onerose trasferte. Tra i temi anche la carenza di tecnici per il settore femminile.[38]

Nell'autunno del 1985, a Varese, viene organizzata una tavola rotonda tra presidenti del settore tecnico, dirigenti e atlete di molte regioni. Si parla di «incentivare e sviluppare un settore che è letteralmente esploso in tutta la sua dimensione e in tutta la simpatia che suscita nell'ambiente delle due ruote e fra gli sportivi che vogliono bene al ciclismo [...] potenziamento del ciclismo su pista, coordinamento fra il settore tecnico e società che praticano il ciclismo femminile, necessità di incentivare il discorso promozionale attraverso la stampa, specialmente in relazione all'organo ufficiale *Tuttociclismo*, svolgimento di stages per far conoscere il ciclismo femminile, insistere nel discorso di programmazione e di incentivazione per quello che riguarda il ciclismo femminile giovanile e la necessità di un calendario completo».[39] Meno fai-da-te e improvvisazione, dunque, e più progettazione, anche a partire dal basso, dalle giovanissime e dalla scuola.

Anche il responsabile tecnico del settore femminile, Mario De Donà, si dice «molto ottimista per quanto riguarda il futuro di questo settore così interessante».[40] Bellunese, classe 1949, De Donà ritiene che le donne «hanno la stessa caparbietà degli uomini»,[41] ma perché il ciclismo femminile abbia un futuro «bisogna lavorare molto e organizzarsi nella maniera adeguata».[42] E a chi gli chiede come mai ci siano persone ancora scettiche verso il ciclismo femminile risponde: «Non so perché, comunque, chi segue le corse femminili non è scettico, per tutti gli altri mi sembra assurdo che ancora nel 1985 si debbono avere tanti preconcetti».[43]

Che si tratti di un periodo di svolta lo riconosce la stessa Canins, che non si è mai sentita un'eroina, ma una femminista un po' sì: «Nel senso di aver contribuito a dare dignità alle donne cicliste, così maltrattate, così prese di mira dall'ironia, quando non dalla commiserazione. Perché la donna dev'essere accettata e osannata nell'atletica, nel nuoto e nel tennis (che spesso si trasforma in una maratona terribile) e non nel ciclismo?».[44]

E se qualcuno l'ha soprannominata "la bestia" per via della sua forza e resistenza, Maria deve averlo interpretato come un complimento visto che di forza ne aveva da vendere, non solo fisica ma anche morale. Non per niente, a un giornalista che a Seul le chiese se suo marito fosse presente a sostenerla, aveva risposto: «Che viene a fare se a sostenermi basto da sola?».[45]

Quando si ritira dalle gare in realtà fa solo finta, perché poi vince 20 titoli mondiali veterani tra mountain bike e sci di fondo. Nel giorno della festa d'addio all'agonismo di Francesco Moser, il campione trentino le dona una targa con incise le parole: FRANCESCO MOSER A MARIA CANINS. ANCHE IL CICLISMO FEMMINILE È ENTRATO NELLA LEGGENDA.[46]

Una leggenda non ancora alimentata dai social network. Niente Facebook, Twitter, Instagram. Non sapremo mai misurare il suo successo tradotto in numero di follower o di like. Ma tutto quello che è venuto dopo Maria Canins si deve anche a lei, compresa la richiesta di avere più attenzione da parte dei mass media.

Già nel 1983, al Congresso dell'Uci che si svolge a Riva del Garda (Tn), Agostino Omini aveva sensibilizzato i presenti sulla necessità di affidarsi a organizzazioni professionali nel campo della pubblicità e dei rapporti con i media per dare al ciclismo un'immagine dinamica e moderna, per dare uno scossone, una «spolverata di cui da anni si avverte il bisogno».[47] Il ciclone Canins evidenzia che l'intero movimento ciclistico femminile è a una svolta: «Il movimento femminile si sta costantemente imponendo, bisogna solo proseguire su questa strada»,[48] affermava il patron Bonariva, che di donne in bicicletta si intendeva.

La svolta riguarda l'intero movimento. Basti pensare che in quel periodo non era insolito che le gare delle donne fossero ancora abbinate a quelle degli allievi per via dei chilometraggi. Così si correvano gare uniche, con graduatorie differenziate all'arrivo. Ma ora, come già auspicato in precedenza, chilometraggi e calendari cominciano a essere rivisti, anche a livello internazionale. Il calendario dell'Uci, che nel 1981 prevedeva solo 8 gare femminili, due anni dopo ne programmava ben 42 e 50 nel 1984 (per gli uomini nello stesso arco di tempo si passa da 341 a 383). Un segnale che il movimento alla base si stava espandendo e che la richiesta di un'organizzazione autonoma per le donne stava dando i primi frutti.

In Italia, il 22-23 giugno 1985 si corre a Riccione il Criterium internazionale di ciclismo femminile, organizzato nell'ambito di Uisport e presentato sottolineando che «in Italia il ciclismo internazionale non ha molti precedenti, l'unica esperienza fu nell'83 quella di Pasquale Piacente che propose una breve corsa a tappe. Adesso a rilanciare la proposta è l'Uisp che si avvale anche della collaborazione di Pasquale Piacente e di Morena Tartagni, oltre che di Eugenio Bomboni».[49]

Vi partecipano molte tra le migliori atlete, sia junior che senior, provenienti oltre che dall'Italia anche da Svizzera, Francia, Belgio, Stati Uniti e Cina. Queste ultime sono assistite dalla Bottecchia e, terminato il Criterium, si sposteranno in Francia per gareggiare al Tour de France, per poi tornare in Italia per la preparazione ai mondiali.

L'evento fornisce l'occasione per sottolineare l'impegno organizzativo da parte della Uisp che «si sta prodigando al massimo per garantire il "top tecnico" alla manifestazione soprattutto a scopo "propedeutico", essendo ancora tenace la resistenza di molte ragazze riguardo la pratica della bici, accusata chissà perché di arrecare danni estetici rilevanti. È vero il contrario: aggiunge ulteriore armonia a una bellezza seppur discreta, aiuta a ridurre problemi fisici (cellulite, problemi di circolazione etc.) senza promettere miracoli e senza coinvolgere la "tasca"».[50]

Anche la federazione riconosce i progressi. Nel 1985, il presidente Agostino Omini, in occasione della presentazione del Campionato italiano Junior, interviene con «parole di elogio per il ciclismo femminile, per la sua attività che si sta moltiplicando, spaziando nelle regioni dove questo settore sta facendo passi giganteschi. Non è stato d'accordo con chi ha fatto certe illazioni proprio in riferimento all'attività del ciclismo femminile, che lui ha invece definito molto interessante e degno della migliore considerazione. [...] Ha elogiato particolarmente Alfredo Bonariva per quanto ha fatto e sta facendo tuttora per il ciclismo femminile, ha ricordato i tempi pionieristici del settore e gli sforzi delle poche società di allora».[51]

Di ciclismo femminile si parla sempre di più in riunioni e meeting. Il 26 ottobre 1985 si svolge a Milano il II Seminario dei presidenti di comitato provinciale, e nella "Relazione e sintesi degli interventi" a proposito del ciclismo femminile si dice: «Il ciclismo forse non ha troppo creduto a questo ciclismo fatto di "intelligenza, personalità e potenzialità", mentre era opportuno e necessario bilanciarlo, per la stessa economia dei risultati che aveva raggiunto in campo internazionale, dove si vorrebbe fosse "incentivata la partecipazione alle gare". La presenza delle donne nel ciclismo italiano richiama un discorso di programmazione che non può prescindere dai risultati del momento, ma deve inserirsi in un quadro più generale che partendo "dal ruolo importante che ha la donna nella società civile" realizzi un migliore sistema "promozionale" in cui, fra l'altro, il settore giovanile stenta a decollare. Ne deriva che bisognerà tener conto sia dei cambiamenti della struttura della popolazione, sia della propensione femminile al ciclismo. Si tratta di operare su una crescita quantitativa e di maturità dei soggetti, anche con iniziali proiezioni strutturali di tempo libero».[52]

Gli effetti Canins si amplificano e sono chiaramente percepiti anche dalle cicliste di allora: «Quando ho smesso con l'agonismo nel 1986» racconta Lucia Pizzol, pioniera del ciclismo veneto, «le cose erano molto cambiate rispetto a quando avevo cominciato, dodici anni prima. Non erano cambiate la passione, lo spirito di sacrificio, la tenacia delle donne. Quelli restavano sempre uguali. Era cambiato il contorno. Se prima tutta l'organizzazione si concretizzava al massimo nella disponibilità di un furgone che trasportava atlete e bici alle gare, poi sono arrivati gli allenatori, i massaggiatori. Venivamo seguite meglio e tutto era più organizzato. La ragione di questa evoluzione è legata sempre alla volontà di alcuni uomini, pochi ma appassionati e convinti sostenitori del ciclismo femminile. E a pensarci bene non poteva essere altrimenti. Erano gli uomini, infatti, ad avere in mano le redini dello sport. Erano uomini i dirigenti e uomini gli sponsor. Se il ciclismo femminile si è evoluto è perché alcuni uomini ci hanno creduto e investito. A volte era il padre, altre volte il fidanzato, il fratello, lo zio, un amico di famiglia. È stato il loro contributo a far crescere il ciclismo femminile. I loro esempi nelle varie squadre sono stati il modello a cui altri si sono ispirati e tutto ha aiutato a crescere. Poi, verso la metà degli anni Ottanta si sono cominciate anche a vedere delle donne nelle ammiraglie, alle feste del ciclismo, qualche riconoscimento arrivava. Ma prima c'era il nulla assoluto. È stata Maria Canins a portare il nostro ciclismo in evidenza. Ha fatto vedere cosa fosse capace di fare una donna. Una donna così forte ha rotto un tabù. Il ciclismo femminile è andato finalmente in prima pagina. Si respira finalmente aria di apertura e le cicliste italiane partecipano a gare all'estero, si confrontano».[53]

...non c'è solo Maria Canins

Il cambiamento di questi anni riguarda un po' tutto lo sport e anche il ciclismo femminile si adegua. Sono anni in cui le donne cominciano anche a ricoprire incarichi diversi all'interno del mondo ciclistico, che fino ad allora era un monopolio maschile. Abbiamo già citato l'esempio di Maria Cressari, prima donna nominata tecnico nazionale, ma ve ne sono altri. Nel 1984 nella carovana del Giro d'Italia uomini spicca la figura dell'americana Robin Morton, classe 1955 e prima team manager nella storia del ciclismo professionistico: «Con la sponsorizzazione di Gianni Motta, la Morton portò la propria squadra al Giro d'Italia 1984 e smentì la credenza secondo cui l'alta dirigenza delle squadre maggiori dovrebbe essere appannaggio degli uomini».[54]

Tra le atlete in evidenza in questo periodo, merita una citazione Cristina Emanuela Menuzzo. Nel 1985, in occasione della tappa del Giro d'Italia sull'anello del Vigorelli di Milano, la ventottenne di Cesano Maderno stabilisce il record dei 100 chilometri con il tempo di 2h 37' e 16", alla media di 38,149 km/h. E tutto ciò nonostante una foratura al sessantacinquesimo chilometro che le fa perdere 40" nel cambio della bicicletta, terminando così la gara in sella a una «speciale Laser Cinelli, manubrio a corno di bue, ruote lenticolari Enervit-Ambrosio di 26 e 28 pollici, gomme da 120 grammi Vittoria CL Pista guarnitura integrale, pedivelle da mm 172,5 Ofmega, tubazioni Columbus, body speciale del maglificio sportivo Santini».[55] Un esempio di come la tecnologia cominciasse a essere di supporto anche all'attività delle donne.

Altra atleta di questo periodo è Patrizia Spadaccini. Nata a Crema nel 1960, Patrizia arriva al ciclismo dopo aver provato basket, volley, atletica e calcio. A diciassette anni approda all'Uc Cremasca. Nel 1983 vince il titolo italiano su strada con una media di oltre 42 km/h ed è chiamata a vestire la divisa azzurra nel biennio 1983-84. «Scrive poesie, dipinge e lavora a maglia»[56] dice di lei *Tuttociclismo*, che ne traccia il profilo di ragazza allegra, espansiva, ottimista e simpatica. Ma quello che a lei interessa è «serietà e vero professionismo nel campo del ciclismo femminile: già il traguardo delle Olimpiadi è fondamentale e spero proprio che un'italiana possa vincere».[57] Nel 1987, anno in cui è riserva ai Campionati mondiali, Patrizia conquista il titolo italiano su strada, e al Vigorelli di Milano migliora il record italiano dell'ora, con 41,544 chilometri percorsi, abbattendo così il precedente primato di Maria Cressari a Città del Messico (41,471 km). Nello stesso anno, sempre al velodromo milanese, stabilisce il record assoluto nella 100 chilometri, percorrendo la distanza alla media di 40,07 km/h e chiudendo in 2h 31' e 28".

Quella di Patrizia Spadaccini è stata una carriera importante, eppure anche quando raggiunge l'apice e viene premiata dal suo club come «miglior talento casareccio»[58], nel riferirsi alla nuova squadra in cui andrà a correre (la Lloyd Adriatico di Trento) il cronista precisa che il club trentino «ha in allestimento una squadretta di cicliste in gonnella».[59]

A partire dal 1990 Patrizia si dedica alla mountain bike, dove ottiene altri prestigiosi risultati, e si avvicina al mondo dell'atletica paralimpica con il ruolo di guida. Nel 1996 partecipa ai Giochi olimpici di Atlanta con Claudio Costa, che vince l'oro nel chilometro da fermo e nei 3 chilometri. Entra poi nella Commissione ciclismo paralimpico per sviluppare il progetto dei tandem.

Tra le cicliste che si fanno notare in questi anni ci sono anche le azzurre Monica Bandini, Silvia Mambelli e Mara Mosole. Quest'ultima, originaria di Saletto di Piave (Tv), classe 1968, è campionessa italiana Junior 1984. Proviene da una famiglia che ha la bici nel sangue e la sua storia è un esempio di caparbietà su due ruote. A lei, che ha tanta voglia di andare in bicicletta, non è permesso farlo. Tra la scuola, l'azienda di famiglia dove impara presto a dare una mano e la mamma, che ha bisogno del suo aiuto a casa, la bicicletta sarebbe stata davvero troppo. Mara, però, non è una ragazza che si scoraggia tanto facilmente, tutt'altro. Così un giorno, a dieci anni, viene a sapere che un cugino suo coetaneo è iscritto a una corsa in Lombardia, ma sta male e non può parteciparvi. Così, visto che l'iscrizione è già stata fatta, Mara supplica il papà di far correre lei al suo posto, e Remo Mosole si fa convincere, sicuro com'è che in Lombardia sua figlia non la potrà riconoscere nessuno. E così Mara corre la sua prima gara: «Era così grande la voglia di gareggiare che ho colto l'occasione. E da allora non ho più smesso, anche se per avere il permesso di allenarmi dovevo sempre aver prima assolto a tutti i miei doveri in casa: studiare e aiutare mia mamma e in azienda, dove sostituivo mio cugino quando era agli allenamenti. Una fatica doppia degli uomini, ma ho sempre dato il massimo e affrontato tutte le difficoltà, e forse è per questo che mi ritrovo questo carattere forte e battagliero. I problemi sono abituata ad affrontarli e a risolverli. A noi donne del ciclismo non ci badava nessuno. Eravamo in poche ed erano poche anche le gare e perlopiù in Lombardia. Così, ogni domenica dovevamo affrontare una lunga trasferta, cercando qualcuno che ci accompagnasse, e non era sempre facile. Ci adattavamo a tutto. Alcune trasferte sono state davvero eroiche! Per noi donne il ciclismo è stato una sfida».[60]

Mara, definita una «very beautiful del ciclismo femminile seniores italiano»,[61] cresce nella società paterna, il Gs Mosole, correndo poi per la Sicicop di Patron Vannuzzi e poi nella Sanson, dove ha come compagna di squadra Maria Canins. È convocata per i mondiali su strada del 1986 insieme alla stessa Canins, Roberta Bonanomi, Imelda Chiappa, Francesca Galli e Bruna Luisa Seghezzi.

Se di Mara Mosole il cronista si preoccupava di mettere in evidenza la bellezza, per la Seghezzi si usano parole come «la nostra futura sartina»[62], precisando che la ciclista stava seguendo un corso specifico. La bergamasca di Pontirolo Nuovo, classe 1965, si racconta come atleta caparbia: «In corsa comunque mi trasformo, sono veramente me stessa e ho più personalità. Sono convinta che ogni stagione è cosa a parte, ogni volta ricomincia tutto da capo; si può essere più forti o non essere nessuno. Credo nel ciclismo femminile, forse perché sono tanti anni che corro e vedo che comincia a essere più valutato».[63]

Nel fatidico anno d'oro 1988, grazie alla coppia Canins-Galli la Verynet Soteco Cicli Francesco Moser è la società di punta del ciclismo femminile italiano. Le due atlete, infatti, dominano nelle classifiche delle vittorie individuali, lasciandosi alle spalle cicliste come Monica Bandini ed Elisabetta Fanton.

Alla guida della Verynet c'è il milanese Alfredo Bonariva, uno dei padri del ciclismo italiano femminile. Lui, che negli anni Cinquanta era stato un ciclista professionista a fianco di campioni come Coppi e Baldini, ora domina la scena grazie a una squadra di donne che ha un'età media di trentun anni: dalla Canins (che di anni ne ha trentanove, ma con la freschezza di una ragazzina) a Galli, Bissoli, Alessandra Adami (la più giovane) e Anna Morlacchi. Al giornalista che gli chiede se l'età piuttosto avanzata delle sue atlete sia un segnale di crisi del settore giovanile femminile, Bonariva risponde: «Una donna più va avanti con gli anni e meglio corre, e questo è ampiamente dimostrato... basti pensare a Mary Cressari, che ha cominciato a vincere molto dopo i ventinove anni, a alla stessa Jeannie Longo, che ha avuto il grande salto di qualità tra i ventotto e i ventinove: insomma, la maturazione fisica è estremamente importante, oltre a una buona dose di esperienza. Quindi non c'è da preoccuparsi, l'importante è portare queste ragazze, oggi molto giovani e promettenti, a pedalare ancora per quattro o cinque anni, quando forse si potranno veramente cogliere i frutti migliori».[64]

Nel 1988 le squadre più vincenti sono la Verynet Soteco, che corre con le bici Francesco Moser, e l'As Merate Cantine Pirovano Cicli Conti Clement, di patron Gian Mario Sottocornola, brianzolo di Merate che ha fondato il club nel 1982 e tra le sue atlete di punta vanta Roberta Bonanomi. Nel 1988 Sottocornola è considerato «uno dei pionieri dell'attività ciclistica in Italia»,[65] perché se dal 1962 sono passati ormai ventisei anni, per molti il ciclismo femminile resta ancora in una fase pionieristica.

Nella squadra di Sottocornola ci sono, oltre alla Bonanomi, anche Imelda Chiappa e Mara Mosole. In un secondo momento arriveranno anche la friulana Nada Cristofori e le lombarde Sigrid Corneo, Claudia Colleoni ed Eleonora Mazzoleni.

Un'altra giovane promessa di questi anni è Nadia Baldi, che tuttavia «ha deciso di dire basta con l'agonismo, forse anche per restare solo "promessa sposa" di Giovanni Fidanza, il forte velocista della Remac che il prossimo anno approderà tra i professionisti».[66]

I Campionati italiani di Agrigento del 1988 sono una vetrina importante per lo stato generale del ciclismo femminile italiano. È qui che l'avvocato Ciccio Ingrilli, «convinto assertore del diritto delle donne di occupare quella posizione che pareva un tempo riservata agli uomini»,[67] fa dell'evento una bandiera «per un'esaltazione delle qualità e dei valori assoluti delle cicliste italiane: dalle tredicenni... alla trentanovenne Maria Canins».[68]

Per i cronisti che seguono l'evento, il successo della manifestazione è decretato principalmente dalle donne: «150 atlete esemplari per la caparbietà e il coraggio».[69] A manifestazione conclusa, il dirigente della Fci Lauro Grossi elogerà le «campionesse di lusso ma anche tante altre avversarie di autentico valore e, soprattutto, uno stuolo di ragazze autenticamente ed accanitamente sportive [...] poiché a dispetto della difficoltà delle rispettive prove hanno voluto arrivare al traguardo incuranti anche dei gravi ritardi che le scatenate leaders le avevano inflitto. Questo è autentico sport: non lo scordiamo».[70] Per la cronaca le tre scatenate *leaders* erano

Maria Canins, Imelda Chiappa e Monica Bandini. Alle loro spalle stava crescendo una generazione di giovani promettenti. Sette tra le migliori vengono convocate per i Campionati mondiali Junior 1988 che si svolgono in Danimarca: Sara Felloni (di Fiorenzuola D'Arda, classe 1972, tesserata per il Gs Ortofrutta Cernuschese), Nada Cristofoli (friulana che nel 1988 vince anche il Pedale d'Oro per la categoria Junior), Sigrid Corneo (classe 1971, di Lecco, tesserata per l'As Merate, passista scalatrice), Cristiana Mancini (di Pontedera, classe 1972, tesserata per l'Uc Lmf Biokimica Santa Croce sull'Arno), Gabriella Pregnolato (di Correggio, classe 1971, tesserata per il Gs Abc Grande Milano, passista veloce e inseguitrice su pista che in questi mondiali sarà terza nell'inseguimento su pista), Romina Rani e Alessia Bufalini.

Ma oltre ai successi delle specialità tradizionali, nel 1988 si registrano anche le medaglie iridate di due giovanissime italiane ai mondiali di Bmx, una nuova specialità che sta emergendo. Sono Marina Rech, della Sc Valdobbiadene Mionetto Spumanti, e Paola Naldi, della Punto Bmx Ravenna Oremplast, che si piazzano rispettivamente seconda e terza al Campionato del mondo di Mol, in Belgio, rispettivamente nelle categorie 15 e 16 anni.

L'importanza dei successi femminili di questo 1988 si riflette sul parterre di invitati alla manifestazione denominata "Giro d'Onore", che a Milano celebrava i campioni azzurri della stagione. Tra i tanti atleti (la maggior parte uomini) spiccano i nomi di alcune donne: Maria Canins, Francesca Galli, Roberta Bonanomi, Monica Bandini e Imelda Chiappa, tutte premiate per il successo ai mondiali di Ronse. Oltre a loro, in questo anno di successi vanno citate anche: Alessandra Cappellotto, Bruna Luisa Seghezzi, Elisabetta Fanton, Cristina Menuzzo, Lucia Pizzolotto (pezzo forte dell'As Freni Modolo Cicli Grazzini di patron Gigi Sartorelli, con Maria Teresa Brenta, Eva Masetti, e l'olandese Ines Legerstee), Anna Morlacchi, Adalberta Marcuccetti, Luigina Bissoli, Valeria Cappellotto, Katia Furlan, Elisabetta Guazzarono, Valeria Tiburzi, Susanna Sanpaolesi, Eloise Schiavetti e Tiziana Janna.

Nella classifica generale, la Canins chiude la stagione con 14 vittorie totali (9 in Italia e 5 all'estero), seguita da Francesca Galli

(10), Monica Bandini (8), Bruna Luisa Seghezzi (6), Elisabetta Fanton (4), Roberta Bonanomi (3), Imelda Chiappa e Cristina Menuzzo (2), Maria Paola Turcutto, Anna Morlacchi, Roberta Pellegri, Katia Furlan, Valeria Cappellotto, Alessandra Cappellotto e Mara Mosole (1).

Alla fine dell'anno, i dirigenti delle società ciclistiche femminili italiane si riuniscono a Magreglio (Co), con Raffaele Carlesso, presidente del settore tecnico nazionale, Gino Longoni, componente della commissione tecnica federale, e i tecnici De Donà e Radaelli. Dalla riunione emerge la proposta da parte dei tecnici, accolta dalle società, di permettere per la categoria Esordienti del terzo anno la facoltà di correre le ultime quattro gare stagionali insieme alle Junior. Per queste ultime la proposta è di modificare il chilometraggio di gara: 45-55 chilometri da marzo a maggio, 55-70 chilometri per la seconda metà della stagione, niente gare su circuiti inferiori a 4 chilometri e, quando non vi siano gare in regione, la possibilità per le Junior di correre in promiscuità con gli Allievi. In questa sede emerge anche «la richiesta avanzata dalle società di un adeguamento nei corsi per direttori sportivi che dovrebbero prevedere in futuro una parte per così dire "femminile". In altre parole, nei testi e durante le lezioni dovranno essere messi in risalto parametri e accorgimenti tecnici sulle metodologie di allenamento e di alimentazione specificamente per ragazze. Un altro punto importante è stato quello dei rimborsi spesa che le società hanno richiesto e che vengono resi obbligatori».[71]

Per Raffaele Carlesso «il ciclismo femminile sta compiendo passi da gigante in questi ultimi anni. [...] Su queste basi e con queste premesse si possono costruire molte cose, che porteranno (come sta già accadendo) a una crescita del movimento ciclistico femminile italiano, e noi ci auguriamo che anche i risultati siano sempre più rispondenti agli sforzi protratti da noi e dalle società».[72]

C'è chi sottolinea come i successi del 1988 siano solo le perle di una stagione da incorniciare, in cui si inserisce anche «un incoraggiante aumento di tesserate. Un movimento quindi che cresce e che merita di essere sostenuto anche nei prossimi anni per un ulteriore salto di qualità».[73] Si parla di «una stagione che archiviamo con soddisfazione generale. Il movimento femminile aumenta anno dopo anno (+15 per cento le tesserate), ma non dobbiamo dormire sugli allori».[74]

Il 20 ottobre 1988 *Tuttociclismo*, nel tracciare un bilancio della stagione femminile, la ventiseiesima «della giovane storia del ciclismo femminile italiano»,[75] evidenzia che «il 1988 è stato senza dubbio un anno estremamente positivo».[76] Un segnale di vivacità veniva anche dall'attività in regioni che tradizionalmente non erano trainanti per il settore femminile. Nel 1988, ad esempio, si ha notizia dell'attività svolta in Sicilia dalla Polisportiva Aquila-Città di Palermo, che «si dedica in particolare al settore femminile»,[77] e del Gsc Libertas Gk di Ragusa, nato nel 1978 e presieduto da Giovanni Gascone, che ha in tutto 9 tesserate: un'esordiente, tre junior e cinque senior, che partecipano a tutte le manifestazioni siciliane, compreso il Campionato italiano di Agrigento. A proposito di questo fiorire di club siculi, il cronista scrive: «Il ciclismo in gonnella non ha ancora affondato pienamente le sue radici in Sicilia. Si sta per cercare di migliorare il livello dell'attività femminile e a tale scopo sono stati organizzati quest'anno i campionati italiani per tutte le categorie [...] ciò ha sicuramente avvicinato molte società al mondo delle donne cicliste che in Sicilia non sono moltissime. [...] Eppure c'è chi l'attività femminile la cura da un bel po' di anni, dibattendosi tra mille difficoltà e intralci».[78]

A Palermo, Angela Agueci è la punta di diamante della Polisportiva Aquila-Città di Palermo guidata da Alberto Guicciardi. «In Sicilia il "ciclowoman" stentava a crescere fino allo scorso anno, tanto che le gare si contavano sulle dita di una mano e venivano soffocate le ambizioni di alcune atlete che altrove avrebbero saputo farsi valere. Quest'anno invece si volta pagina e anche le donne diventano protagoniste di una stagione che promette tante soddisfazioni per il ciclismo isolano».[79]

La particolarità della squadra palermitana è il sostegno dello stesso comune, che vuole così dimostrare la sua sensibilità verso lo sport. Sulle maglie delle ragazze campeggia la scritta rosanero CITTÀ DI PALERMO, uguale a quella delle maglie della squadra di calcio di serie C1. Per le atlete vengono progettate biciclette “rivoluzionarie”, create dall’artigiano palermitano Carmelo Fiumefreddo: sellino regolabile, doppia forcella anteriore regolabile, ruota posteriore che penetra nel telaio grazie a un tubicino verticale biforcato a garanzia di un assetto aerodinamico migliore. Si parla di costi per la stagione pari a 110 milioni di lire, interamente coperti dal comune. Nei programmi vi è la partecipazione al Tour, al Giro d’Italia e alle principali classiche. Peccato che alla presentazione della squadra davanti al sindaco Leoluca Orlando, al vescovo e ad altre autorità, lo stesso Guicciardi definisca il suo team di donne come il suo «giocattolo».[80]

In altre regioni, invece, le donne occupano addirittura cariche dirigenziali all’interno delle squadre. In Abruzzo, per esempio, a capo della Società Riviera di Martinsicuro c’è Ulissea Massetti, affiancata da altre donne tra cui Vittoriana Massetti, consigliere, e Maria Piergallini, segretaria. “La Riviera in campo con donne combattive” titola *Tuttociclismo*.[81] Le atlete tesserate, però, sono solo quattro (una giovanissima, un’esordiente, una junior e una senior): «Un piccolo gruppo che, tuttavia, potrebbe creare il primo nucleo di una folta schiera di *ciclo-girls* capaci di portare in alto il settore femminile».[82]

Tra le novità di questo periodo un nuovo slancio riguarda anche la pista, dal momento che «l’Uci sta cercando in tutti i modi il rilancio della specialità, come dimostra anche la Coppa del mondo di velocità».[83] Nel 1989 prove a punti per le ragazze vengono introdotte in via sperimentale ai mondiali Junior di Mosca, un segnale del progressivo inserimento di nuove specialità nei programmi dei Giochi olimpici e dei Campionati del mondo. Così anche il ciclismo femminile va verso «un ruolo che non si discosta troppo da quello maschile visto che anche le donne possono guadagnare quelle medaglie che – si voglia o no – esprimono la riuscita di un paese dal punto di vista sportivo».[84]

All’avvio della stagione 1989, il tecnico azzurro Mario De Donà si dice soddisfatto: «Si sta costruendo un buon gruppo di atlete sempre più ampio. I divari tra un’atleta e l’altra vengono gradualmente ad assottigliarsi. Questo è merito un po’ di tutti: delle ragazze, delle loro società, dei genitori, di queste fanciulle che possono praticare questa disciplina senza tanti problemi, ma penso che un plauso spetti anche alla federazione, che in questi ultimi anni si è dedicata con sempre maggiore interesse a questa categoria che sta riscuotendo sempre maggiori consensi anche tra gli sportivi di tutta Italia».[85] Per ora, però, le ragazze di punta restano ancora poche. Il ricambio è lento e «l'ingresso delle junior produce appena un elemento o due ogni paio di stagioni».[86]

In questi anni Norberto Radaelli è il braccio destro di De Donà per la categoria Junior. Si cominciano a pianificare percorsi di formazione ad hoc che agevolino il salto di qualità. Al velodromo Olimpico di Roma, nel 1987 si tengono i primi corsi di avviamento e addestramento al ciclismo su pista dedicati alle junior. Arrivano atlete selezionate da tutte le regioni, e se prima il corso era di solo avviamento, ora «ha imboccato una strada che si avvia ad alti livelli».[87] Merito anche dell'ammissione, in quello stesso anno, delle gare femminili nel programma dei Campionati del mondo Junior, dove l'Italia ha centrato un bronzo con Elisabetta Guazzaroni e i quarti posti di Elisabetta Fanton e Gabriella Pregnolato.

Piccole donne crescono, ma vanno seguite. E bene, senza improvvisazioni. Si studia teoria, ma anche tecnica e tattica in pista, più i "fondamentali". Secondo il tecnico Radaelli, «il ciclismo femminile deve pagare il fatto di essere nato come circolo chiuso. Non dimentichiamo che le uniche regioni che fanno da traino sono Lombardia, Veneto ed Emilia. Alcune delle migliori atlete sono emigrate in altre regioni. Questo è un grosso handicap. Ma pensiamo anche solo alle grosse spese che deve sostenere la società per i vari trasferimenti ogni domenica. Mantenere una squadra di ciclismo costa molto… per creare una vera campionessa ci vuole molto tempo… le società sono attrezzate dal punto di vista tecnico, ma mancano di quella struttura che sia in grado di creare lo sponsor adatto o di costruire un'immagine all'atleta. Certo, lo sponsor va dal grosso nome. E forse è anche colpa della mentalità italiana che è un po' ristretta».[88]

In termini numerici è interessante segnalare che mentre il calendario delle gare del 1992 dei dilettanti prevedeva un centinaio di appuntamenti tra corse in linea, corse a tappe eccetera, per le donne si riduceva a 9 corse in Italia e 5 all'estero. In questo periodo il bacino a cui la federazione può guardare si misura in circa 70 junior e 50-60 senior.[89] Numeri ancora esigui, ma che erano destinati a crescere anche grazie a specialità nuove.

Negli anni Novanta esplode anche il fenomeno del cicloturismo, attività escursionistica e amatoriale che privilegia la bicicletta come strumento di svago e di salute. Si impongono all'attenzione la Bmx e la mountain bike, che propone subito delle gare per le donne nel cross country. Nel 1990 a Poggio San Romualdo, in provincia di Ancona, si compete su un percorso di 39 chilometri per la categoria Donne, Giovani e Gentleman (51 chilometri per Adulti e Senior), e sempre nello stesso anno si svolgono i primi Campionati mondiali femminili. Tre le categorie: Junior, Senior e Veterani nelle specialità cross country e downhill.

Per la prima medaglia italiana, però, bisogna attendere il 1992 con l'argento conquistato da Paola Zucchinali nel cross country categoria Junior, prima che si apra il sipario su campionesse come Paola Pezzo (oro mondiale nel 1993 e 1997, e bronzo nel 1999 e 2000), Maria Paola Turcutto (bronzo mondiale nel 1996), Nadia De Negri (argento mondiale nel 1997) e Maria Canins (oro mondiale Veterani nel 1991 e 1993).

Nel downhill il nome di punta è quello di Giovanna Bonazzi, che nella categoria Senior vince l'oro nel 1991 e nel 1993, e due bronzi nel 1994 e nel 1995. Nella categoria Veterani un oro arriva con Libera Pincin nel 1992, un argento con Elena Vailani nello stesso anno, e un bronzo con la Bonazzi nel 1994.

Tra le migliori atlete del periodo nella mountain bike si segnalano: Annabella Stropparo, Linda Spiazzi (che ottiene diversi piazzamenti importanti in competizioni internazionali), Nelly Scala (bronzo nel 1992 ai Campionati europei cross country categoria Veterani), Daniela Gavasso e Lucia Grassi (bronzo ai mondiali di cross country nella categoria Veterani nel 1995). Tra i cicloamatori, gli anni Novanta segnalano Cesarina Taroni, Anna Corona, Daniela Soffientino. Nel cicloturismo, Lisa La Pomarda e Patrizia Ferraresi e, tra gli amatori, Barbara Pietropoli.

Note del capitolo 4

1 *Maria Canins, il mito del ciclismo femminile*, intervista andata in onda su Canale 5 per la serie *Storie di donne*: https://www.youtube.com/watch?v=3FaLTMmBe7c.

2 "Maria Canins. Vittorie come schiaffi contro la gente rinunciataria", http://www.riccaricci.com/maria-canins. Ultimo accesso: settembre 2018.

3 *Ibidem*.

4 *Tuttociclismo*, 20 ottobre 1983, p. 3.

5 *Ibidem*.

6 *Ibidem*.

7 *Ibidem*.

8 *Corriere dalla Sera*, 11 luglio 1985, p. 23.

9 *Ibidem*.

10 *Tuttociclismo*, 5 dicembre 1985, p.1.

11 *Tuttociclismo*, 14 novembre 1985, p. 1.

12 *Tuttociclismo*, 18 luglio 1985, p. 1.

13 *Ibidem*.

14 *Ibidem*.

15 *Ivi*, p. 2.

16 Il 18 maggio 1985 la Menuzzo supera di 1,045 km il precedente primato di Maria Cressari.

17 *Tuttociclismo*, 7 gennaio 1988, p. 11.

18 *Maria Canins, il mito del ciclismo femminile*, cit.

19 http://www.cinquantamila.it/storyTellerThread.php?threadId=CANINS%20Maria. Ultimo accesso: giugno 2018.

20 *Ibidem*.

21 *Bicisport*, gennaio 1984, p. 167.

22 *Tuttociclismo*, 5 settembre 1985, pp. 1-2.

23 *Tuttociclismo*, 31 gennaio 1985, p. 3.

24 *Tuttociclismo*, 14 marzo 1985, p. 12.

25 Si veda http://www.riccaricci.com/maria-canins. Ultimo accesso: giugno 2018.

26 *Maria Canins, il mito del ciclismo femminile*, cit.

27 *Tuttociclismo*, 6 ottobre 1988, p. 3.

28 *Ivi*, p. 5.

29 *Ibidem.*

30 *Ibidem.*

31 *Tuttociclismo*, 6 ottobre 1988, p. 1.

32 *Ivi*, p. 5.

33 *Ibidem.*

34 Testimonianza rilasciata all'autrice da Fabiana Luperini, 30 maggio 2019.

35 *Corriere dalla Sera*, 2 giugno 1989, p. 41.

36 *Tuttociclismo*, 28 marzo 1985, p. 8.

37 *Ibidem.*

38 *La Gazzetta di Parma*, 21 ottobre 1982; *Tuttociclismo*, 14 ottobre 1982; *Tuttociclismo*, 24 febbraio 1983.

39 *Tuttociclismo*, 12 settembre 1985, p. 11.

40 *Tuttociclismo*, 7 novembre 1985, pp. 1-2.

41 *Ibidem.*

42 *Ibidem.*

43 *Ibidem.*

44 *Tuttociclismo*, 18 luglio 1985, p. 1.

45 "Maria Canins. Vittorie come schiaffi contro la gente rinunciataria", cit.

46 *Tuttociclismo*, 3 novembre 1988, p. 9.

47 *Tuttociclismo*, 6 novembre 1983, p. 1.

48 *Tuttociclismo*, 3 novembre 1988, p. 9.

49 *Tuttociclismo*, 20 giugno 1985, p. 12.

50 *Tuttociclismo*, 13 giugno 1985, p. 12.

51 *Tuttociclismo*, 11 luglio 1985, pp. 1-2.

52 *Ibidem*.

53 Testimonianza rilasciata all'autrice da Lucia Pizzol, 4 ottobre 2018.

54 Dineen, *op. cit.*, p. 79.

55 *Tuttociclismo*, 23 maggio 1983, p. 3.

56 *Tuttociclismo*, 17 febbraio 1983, p. 3.

57 *Ibidem*.

58 *Tuttociclismo*, 10 novembre 1988, p. 8.

59 *Ibidem*.

60 Testimonianza rilasciata all'autrice da Mara Mosole, 19 giugno 2018.

61 *Tuttociclismo*, 30 aprile 1987, p. 4.

62 *Tuttociclismo*, 28 marzo 1985, p. 8.

63 *Ibidem*.

64 *Tuttociclismo*, 3 novembre 1988, p. 9.

65 *Tuttociclismo*, 17 novembre 1988, p. 14.

66 *Ibidem*.

67 *Tuttociclismo*, 7 luglio, p. 2.

68 *Ibidem*.

69 *Ibidem*.

70 *Ibidem*.

71 *Tuttociclismo*, 13 ottobre 1988, p. 9.

72 *Ibidem*.

73 *Tuttociclismo*, 29 dicembre 1988 p. XV.

74 *Tuttociclismo*, 20 ottobre 1988, p. 12.

75 *Ibidem*.

76 *Tuttociclismo*, 20 ottobre 1988, p. 12.

77 *Tuttociclismo*, 24 novembre 1988, p. 12.

78 *Tuttociclismo*, 8 dicembre 1988, p. 15.

79 *Tuttociclismo*, 2 marzo 1989, p. 10.

80 *Ibidem*.

81 *Tuttociclismo*, 23 febbraio, p. 23.

82 *Ibidem*.

83 *Tuttociclismo*, 2 marzo 1989, p. 2.

84 *Tuttociclismo*, 30 giugno 1988, p. 28.

85 *Tuttociclismo*, 2 marzo 1989, p. 24.

86 *Tuttociclismo*, 30 giugno 1988, p. 28.

87 *Tuttociclismo*, 24 settembre 1987, p. 2.

88 *Ibidem*.

89 *Ibidem*.

5

Ma delle donne chi scrive?

Se sul podio le cicliste italiane dimostrano di poterci arrivare, più fatica fanno a farsi conoscere. La conferma della perdurante scarsa attenzione prestata alle donne del ciclismo si evince anche dalla quasi totale assenza di spazio dedicato alle loro imprese non solo dai giornali in generale,[1] ma anche dalla stampa specializzata e dai libri di storia del ciclismo, dove al massimo si può trovare qualche accenno, spesso buttato lì di sfuggita e senza troppe pretese di esaustività.

Un esempio per tutti è il volume *Storia del ciclismo* di Gian Paolo Ormezzano, dove mentre si dedicano centinaia di pagine al ciclismo maschile per riferire di gare, nomi, vincitori e atleti che hanno fatto la storia di questo sport in Italia, al ciclismo femminile si dedicano solo due facciate scarse, che si aprono con questa chiara e sintetica considerazione dell'autore: «Una storia del ciclismo deve tener conto anche di alcune specialità nelle specialità, come il ciclocross, che è ciclismo più podismo, o addirittura di fenomeni come il ciclismo femminile? Pensiamo di no».[2]

Ormezzano descrive esattamente quella che era ancora l'opinione perdurante sul ciclismo femminile: «Quanto al ciclismo femminile, al di là del folklore delle donne che pedalano o cercano di pedalare clandestinamente sulle strade del Giro d'Italia, si deve dire che stenta a reperire una sua perfetta dignità atletica. La donna bella sta bene in bicicletta, ma la donna atleta sulla stessa bicicletta sembra talora imbruttita, umiliata dal mezzo. Si deve, probabilmente, aspettare che si compia tutta la complessa evoluzione psicofisica della donna perché si perfezioni la sua attitudine libera, dal punto di vista psicologico, nei confronti dello sport. [...]

Il problema della donna in bicicletta è un problema eminentemente scientifico, che si lega a varie concezioni relative alla libertà, all'emancipazione della donna. Un'emancipazione che ha da essere fisica e morale al tempo stesso. Il ciclismo femminile per ora è uno sport che nasce e vive dove vive, sulla base di un suffragettismo tutt'altro che definitivo, e non di un voyerismo maschile che lo limita ferocemente. Francamente l'idea di una donna che pedala su una grande salita si deve accompagnare, per essere tollerabile, a quella di una donna assolutamente nuova, diversa da quella fin qui costruita, oltre che da precise designazioni naturali, dai limiti imposti da una vita per lei organizzata dall'uomo. Il discorso della donna sulla bicicletta è un discorso leggero, adesso, ma potrebbe diventare assai profondo se fosse innestato nel discorso della donna nuova nel mondo».[3]

Lo stesso *Almanacco del ciclismo*, che viene compilato dal 1991, prima da Lamberto Righi e poi da Davide Cassani, dedica inizialmente uno spazio irrisorio al ciclismo femminile e solo nel 2001, giunto alla sua decima edizione, comincia a tenerne conto, presentando anche qualche squadra femminile con tanto di foto. Tuttavia, ancora oggi resta molto diverso l'apporto di riferimenti storici rispetto all'approfondita analisi del settore maschile, segnale questo che dimostra come in passato nessuno si sia preoccupato di raccogliere questi dati relativi alle donne.

Ancora nel 1996 la rivista *Il Ciclista* sottolineava la scarsa attenzione dei media alle corse delle donne con «frettolose cronache con nomi storpiati, banali interviste, attenzione solo all'atleta vincente».[4] Gli stessi organi di stampa della Federciclismo risultano latitanti in tal senso. La rivista *Tuttociclismo* dedica solo occasionalmente qualche articolo alle donne e la cosa viene fatta notare anche al congresso Uci del 1983, tanto da costringere il giornalista Franco Di Stefano a fare una precisazione: «Per quanto riguarda il ciclismo femminile vogliamo sottolineare che fino ad oggi l'organo ufficiale ha cercato di seguirlo al meglio dandogli lo spazio necessario; tanto che, anche per le trasferte fatte dalle azzurre, abbiamo cercato di riportare i risultati ottenuti. Precisiamo che i risultati del Giro di Norvegia forse non sono stati riportati in maniera eclatante, tuttavia sono stati riportati notando anche che la Canins aveva battuto la sua avversaria di sempre, la Longo. Rimandiamo i censori alle interviste della Greco e agli articoli che abbiamo scritto noi sull'avvenimento».[5]

Vi sono altre riviste specializzate come *Bicisport*, mensile che dal 1975 approfondisce tematiche ciclistiche, che pur trattando una molteplicità di temi (risultati, interviste, approfondimenti tecnici, medicina, svago, turismo in bicicletta), riserva poca attenzione alle donne. Nel 1984 pubblica una rubrica intitolata *Donna* che occupa una sola pagina su un totale di 160, ed è già una novità rispetto alla pressoché assenza di notizie degli anni precedenti. Nella redazione della rivista si alternano anche firme di giornaliste: Maria Teresa Lattanzi, Pia Zilioli, Laura Binda e Picci Tonelli, che cura la rubrica *Bella di più. Colloqui di vita e di sport con Picci Tonelli.* La giornalista è presentata come «raffinata cultrice di aerobica, deliziosa scrittrice, al servizio delle nostre lettrici».[6] A una lettrice di Cremona, interessata all'aerobica e alla bici, che le chiede consigli, risponde che «praticare la ginnastica aerobica, il ciclismo o altro, può esserti utile per allentare le tensioni emotive derivate dalla tua situazione matrimoniale», mentre a una ragazza di sedici anni di Verona che ama la bicicletta e le domanda: «Pensi che l'agonismo femminile sia disdicevole per una donna? Che deturpi il fisico? Forse il ciclismo è uno sport brutale tipicamente maschile?», risponde: «Io in genere sono contraria all'agonismo, perché può dare grosse delusioni ai ragazzini», per poi aggiungere che se quella fosse stata comunque la sua scelta «allora i problemi del fisico non esistono più».[7]

Il tema della salute femminile resta ancora al centro del dibattito. Nel 1979, in un articolo intitolato "Non uccidete il vostro fisico per fare sport", viene toccato di sfuggita l'argomento donne nella sezione in cui si parla degli estro-progestinici, che «trovano impiego nel sesso femminile per programmare la comparsa del ciclo mestruale al fine di non far coincidere questo evento con una gara importante. È una utilizzazione comprensibile sempre che la gara in programma sia un'Olimpiade e non un campionato sociale».[8]

Nello stesso anno, nella rubrica *La salute in bicicletta*, al dottor Giovanni Fali, popolare medico sportivo, viene chiesto se consiglia a una ragazza la bicicletta per passeggiate e competizioni. Il medico risponde che «il ciclismo femminile è sempre un bello sport, che ha i suoi lati positivi e anche negativi».[9] E se tra i primi vi è quello del movimento all'aria aperta, dell'attività cardio-circolatoria eccetera, tra i negativi non manca di indicare «un eccessivo ingrossamento delle masse muscolari degli arti inferiori, un maggior sviluppo talvolta della tricosi, in parole semplici una certa mascolinizzazione della donna che può turbare l'armoniosa linea femminile», anche se si affretta a specificare che si tratta di «lievi danni se rapportati ai benefici effetti».

Anche un'inchiesta di Tony Lo Schiavo sulla nuova passione per le biciclette da parte delle donne si preoccupa di rispondere in primis a una domanda: «Fino a che punto lo sport fa bene al gentil sesso?».[10] La risposta è affidata al professor Michail Nemessouri, responsabile dell'Istituto di medicina dello sport di Budapest, che enuncia una serie di ragioni per le quali la bicicletta fa bene al fisico e alla salute della donna, come qualsiasi altra attività di movimento. E alla domanda del giornalista relativa all'insorgenza di problemi particolari durante il ciclo mestruale o in gravidanza, il professore fornisce ampie rassicurazioni, come pure sulla capacità della donna di resistere agli sforzi agonistici.

Chi sembra più perplesso è il campione Roberto Visentini, che risponde alla lettera di una giovane lettrice nella rubrica *A tu per tu. Dialoghi riservati con i protagonisti*, nella rivista *Bicisport.* A scrivere è una ragazza di quindici anni che gli chiede consigli sull'attività ciclistica che vorrebbe intraprendere, pur avendo i genitori contrari. Il campione le risponde: «Sono d'accordo con i tuoi genitori. In realtà non consiglierei a nessuna donna il ciclismo agonistico. Non perché sia pericoloso come tu dici, ma perché è molto faticoso. Ti confesso che a volte è troppo duro anche per noi uomini che certamente possediamo una maggiore potenza fisica. E poi sono anche convinto che in qualche misura limiti la femminilità».[11]

Altre volte l'attenzione veniva rivolta non alle cicliste, ma alle donne dei ciclisti. Nel gennaio del 1984, sempre dalle colonne di *Bicisport*, Anna Maria Corradore lancia un appello: «Ve lo dice una donna, seguite i vostri mariti corridori, non ve ne pentirete»,[12] esortando mogli e fidanzate a seguire durante le corse i propri uomini. Servizi speciali vengono poi dedicati negli anni ad approfondire la conoscenza delle mogli dei ciclisti: Claudine Merckx, Laura Saronni, Carla Moser, Sonia Battaglin, Pia Zilioli, o delle figlie, come Marina Coppi. Così si scopre che «il corridore vuole una compagna romantica ma anche pratica e autonoma»,[13] in grado di arrangiarsi quando il marito è assente per impegni sportivi e che, quando rientra a casa, non disturbi il suo relax.

Talvolta le donne entrano in scena con altri ruoli. Ad esempio, nel simpatico articolo del 1977 intitolato "Dite alle mamme che i figli in bicicletta crescono più belli"[14] viene presentato un vademecum medico per smentire vecchi timori di una crescita non armoniosa dei ragazzi che si avvicinano al ciclismo, cercando di fare opera di convincimento sulle mamme, evidentemente più ansiose e meno propense a indirizzare i propri figli verso questo sport.

Vengono poi pubblicate storie come quella della professoressa di tedesco Eva Iacobacci, che aveva portato in Germania i suoi studenti del liceo scientifico Respighi di Piacenza per un'avventura in bicicletta: una vacanza anticonvenzionale e anticonsumistica, sperando che altre scuole ne seguano l'esempio. Non è stato possibile sapere se fosse una classe tutta al maschile o mista.

Oppure storie come quella di Maria Teresa Lattanzi, che nel 1977 è campionessa al telequiz *Scommettiamo che?* di Mike Bongiorno. Risponde a domande sulla Milano-Sanremo ed è tifosissima di Gimondi. Si prepara studiando nella redazione di *Bicisport* a Roma.

Storie di donne, ma mai storie di cicliste. Per questo stupisce che nel 1979 sempre *Bicisport* pubblichi un articolo di Sergio Meda intitolato "Per la donna in bici siamo ancora al Medioevo",[15] in cui si mettono in luce alcuni aspetti critici del settore femminile in Italia. «Il ciclismo femminile oggi non ha né capo né coda» scrive Meda, sottolineando anche che le uniche regioni in cui è sviluppato sono un paio: «La Lombardia e a seguire (da lontano) il Veneto sono l'Italia del ciclismo femminile. Altrove vigono ancora i pregiudizi. In Emilia e in Toscana capita che le ragazze debbano vergognarsi a uscire in tuta da sole. Se si accompagnano ai dilettanti maschi va tutto bene. In Meridione se una ragazza accenna anche soltanto alla passione volano sonori schiaffoni. Dicono siano più educativi e anche loro sono pedagoghi nostrani. Il Po un tempo divideva la pianura. Oggi l'Italia femminile in bicicletta. A Nord si rischia il successo, a Sud del "padre padano" si è certi di non correre».

Meda non trascura di fornire informazioni sui premi per le gare: «Quest'anno aumenteranno. Erano fermi, come tabelle, al 1962: 20.000 lire allora e negli anni a venire (alieni da svalutazione) per giungere alle 36.000 attuali. Per chi vince. Gli altri a scalare. Si dovrebbe parlare di risultato confortante. L'adeguamento è serio. Chissà invece perché l'incremento di premi può portare a minori gare organizzate. Se prima allestire una prova femminile costava 200.000 lire oggi, d'acchito, costa il doppio. E un ciclismo senza corse ritorna presto nel dimenticatoio. Altri comunque sono i costi, per le società che si consentono di affrontarli. E forse è sbagliato parlare di società, visto che solitamente si può far capo ad un socio solo. Animatore, finanziatore, direttore sportivo, un po' tutto, come nel caso di Bonariva di Bologna. Il quale è bravo, preparato, ma può anche sbagliar qualcosa, in difetto di rivali. Le ragazze del suo gruppo sportivo, certamente il più noto in Italia, percepiscono uno stipendio di 30.000 lire mensili. In compenso corrono ovunque perché l'impegno di Bonariva è quello di portarle al massimo livello agonistico. E con i premi arrotondano. Programmando tutte le trasferte possibili (una per settimana sino a quest'anno volendo correre su strada) Bonariva spendeva, per sei ragazze, 30 milioni l'anno scorso. Quest'anno saranno dieci di più. La cifra include materiale, premi e ingaggi, le spese per le trasferte che vanno sempre aumentando perché due macchine al seguito costano. La stessa cifra spenderà un nuovo gruppo lombardo (maglieria e biciclette) per cinque atlete. Le quali, dicono, percepiranno stipendi da favola (300.000 mensili o forse più) dovendosi occupare di programmare i propri impegni, avendo un budget da spendere. Come a dire che ci sarà un ciclismo femminile autogestito».

Ma il ciclismo femminile ha anche altre caratteristiche: «Scese di bicicletta le "ragazze sprint" (definizione odiosa, la scriviamo soltanto per esecrare l'inventore) si comportano meglio dei maschi. Sono certamente unite, fanno branco per questioni di difesa. Le psicologie, ci segnala Malvicini, costituiscono il lato più difficile da afferrare. Hanno carattere forte ("strenuo" dice esattamente) ma si abbandonano a crisi di sconforto quando le cose non vanno. Il che capita spesso. Piangono come fontane, ma dico io, questa è la loro forza. La fatica la sentono meno degli uomini. Il dolore invece pure. Anche le donne che vanno in bici sono donne, contrariamente a quanto pensano alcuni. Tutti coloro che le considerano sgraziate, con le cosce grosse, con i muscoli al posto del cervello, sono da ricovero. Non è difficile, operando un sondaggio anche su campionature improvvisate, scoprire la disistima dell'uomo (maschio) in generale verso la donna che gareggia in bicicletta. Domandi e annoti dapprima perplessità, poi giudizi negativi. Il più comune, sentito ad ogni piè sospinto, è questo: "Corrono soltanto le brutte". Magari ci fosse pure dietro un discorso di rivincita verso la natura (sempre madre, a volte matrigna di fronte allo specchio), c'è invece soltanto ignoranza. E oltretutto parecchie atlete brutte non sono e tantomeno sgraziate. Al massimo possono essere brutte in sella, perché non vi sanno stare, ma questo è il giudizio che mi fornisce un tecnico intelligente. E poi il ciclismo fa loro soltanto bene. Se iniziano giovanissime, ne hanno soltanto benefici, a livello di sviluppo, come ci insegna il professor Sorbini che ne ha in cura parecchie. Quanto ai problemi connessi ai tabù, nessuna paura a sfrondarli. Non esistono quasi più se non nella mente di alcuni genitori. Le mestruazioni sono questione ciclica e ciclistica affrontata e risolta. Le donne corrono ugualmente a meno di dolori lancinanti (dismenorrea). C'è di più: nel periodo mestruale è molto facile che ottengano rendimento un atletico superiore. In coincidenza del terzo giorno che precede il ciclo e del terzo giorno del ciclo stesso, si realizzano, a detta degli esperti, risultati brillantissimi. Il record dell'ora della Cressari è nato in queste condizioni. Se non bastasse, anche la Simeoni, che col ciclismo c'entra poco ma è campionessa che nessuno può dimenticare, ha ottenuto le prestazioni mondiali nei giorni cosiddetti critici. [...] Veniamo al lato negativo. Che le donne, forti o strenue che siano, si rifiutano d'ammettere: il pericolo, in dipendenza di incidenti, di risultare menomate. In ogni senso ma soprattutto il rischio di deturpazioni in viso. Un rischio che segnalano gli uomini, e che loro respingono. Ma è l'unica controindicazione del ciclismo femminile».

Note del capitolo 5

1 *Tuttociclismo*, organo ufficiale della Fci fondato nel 1973, anche nei due decenni successivi non dedica più di uno o due articoli per numero (e non sempre) al ciclismo femminile, su un totale di pagine che andava dalle 20 alle 28.

2 Ormezzano, *Storia del ciclismo*, cit., p. 168.

3 *Ivi*, pp. 168-169.

4 *Ivi*, p. 187.

5 *Tuttociclismo*, primo agosto 1985, p. 12.

6 *Bicisport*, gennaio 1984, p. 159.

7 *Ibidem*.

8 *Bicisport*, febbraio 1979, pp. 51-53.

9 *Ivi*, p. 54.

10 *Bicisport*, gennaio 1984, pp. 160-162.

11 *Bicisport*, dicembre 1984, p. 11.

12 *Bicisport*, gennaio 1984, p. 55.

13 *Bicisport*, novembre 1982, p. 100.

14 *Bicisport*, aprile 1977, p. 54.

15 *Bicisport*, marzo 1979, pp. 42-47.

6

Il Giro d'Italia femminile e le nuove classiche in Europa

Giro delle Regioni, Giro d'Italia, Giro Rosa, Giro Donne...

Quando si parla del Giro d'Italia donne, il primo problema sembra riguardare la sua data di nascita: 1981 o 1988? In entrambi gli anni, infatti, prende il via una manifestazione che si presenta al pubblico come una corsa a tappe femminile, e in entrambi le occasioni viene coniata una medaglia di partecipazione con la scritta I GIRO D'ITALIA FEMMINILE. Una circostanza, questa, che non lascerebbe dubbi sul fatto che ciascun organizzatore abbia pensato di dare vita alla prima edizione di una corsa che potesse fregiarsi dello stesso titolo di quella degli uomini.

In realtà, quello che parte nel maggio 1981 è il Primo Giro delle Regioni d'Italia Donne, evento organizzato dai gruppi sportivi Gioielleria Piacente, Cicli Lazzaretti, Tuttopanella e Pavimenti Irma. Tuttavia è proprio in quell'anno che si comincia a parlare seriamente di un vero e proprio Giro d'Italia femminile.

Nel mese di novembre, una delibera della giunta esecutiva della Federciclismo[1] rinviava a una delibera dell'ufficio di presidenza nella quale si dava incarico al settore tecnico nazionale di «valutare la possibilità o meno di far svolgere un giro ciclistico internazionale a tappe in Italia riservato alla categoria Donne e di presentare in proposito una proposta al consiglio federale».

La valutazione del settore tecnico nazionale era stata positiva, giacché si ritenne «utile l'effettuazione di una gara a tappe internazionale femminile in quanto la stessa può consentire alle atlete italiane di partecipare a una manifestazione ad alto livello con larga partecipazione straniera». Quindi, considerata l'urgenza di deliberare prima del congresso Uci di Ginevra (che era in programma il 23 novembre 1981, e nel corso del quale si sarebbe indetto il calendario delle competizioni internazionali), veniva approvato il progetto di una gara a tappe femminile internazionale, da effettuarsi nell'arco della stagione agonistica 1982, anche se si «deliberava altresì che detta manifestazione, in considerazione della esiguità del chilometraggio, non debba essere denominata "Giro d'Italia femminile"». Un Giro d'Italia che, dunque, non si chiama così, ma che in fondo tale è, anche se di ridotta lunghezza.

Le prove generali si erano svolte l'anno prima, nel 1980, quando si era disputato un Giro del Lazio in tre prove, vinto da Francesca Galli, al quale avevano partecipato anche atlete di Svizzera, Belgio e Olanda. Una manifestazione tecnicamente valida, che induce Bonariva e Antonini a sottolineare ancora di più l'esigenza che anche le donne abbiano il loro Giro d'Italia.

C'erano però problemi organizzativi e logistici da superare, e a farlo è l'imprenditore Pasquale Piacente, che si affaccia al ciclismo femminile nel 1977 organizzando prima un Campionato italiano donne poi, insieme all'industriale Riccardo Panella, un pre-mondiale. L'incontro con gli industriali Carbutti (Cicli Lazzaretti) e Aversa (Pavimenti Irma) fa nascere un sodalizio ambizioso che sposa la causa del ciclismo femminile, tanto che lo stesso Piacente verrà soprannominato il "boss delle donne".

Le sue doti sono indiscusse: «Le sue capacità, unite a quelle dei suoi tre compagni di organizzazione, hanno permesso al ciclismo femminile di avere un benefico scossone che ha portato una ventata di ottimismo insperato».[2] L'idea di Piacente è di far disputare alle donne un Giro delle Regioni d'Italia, anche se all'inizio l'imprenditore pensava proprio al nome Giro d'Italia: «Comunque, pur invertendo l'ordine degli addendi, il risultato non cambia e questo vuol dire che la manifestazione in programma dal primo al 9 luglio riscuoterà sicuramente un grossissimo successo, che si chiami in un modo o nell'altro».[3] Convinzione che emerge già in sede di presentazione ufficiale della corsa, a Grottaferrata, alla presenza del vicepresidente Spadoni e di molte autorità.

Oltre alle migliori atlete italiane, la corsa presenta al via anche squadre straniere con le nazionali di Urss, Gran Bretagna, Olanda, Belgio e Svizzera. Il percorso prevede un prologo a Recanati, con una cronometro di 4,5 chilometri, e a seguire le tappe Civitanova-Recanati, Ponte Melfa-San Donato Val di Comino, Aquino-Ceccano e Piglio-Roma. Tutte frazioni di circa 70 chilometri ciascuna, con severi strappi, arrivi in salita, saliscendi e difficoltà altimetriche ben distribuite. La vittoria di questo primo edizione del Giro delle Regioni d'Italia va alla russa Nadezhda Kibardina, davanti alla connazionale Poliakova e alla svedese Johnsson. Nessuna italiana conclude tra le prime dieci, ma le cicliste nazionali ricevono ugualmente molti elogi, come pure gli organizzatori della manifestazione, ai quali viene riconosciuto di essere «tra i più capaci dirigenti di manifestazioni di categoria donne».[4]

Al termine della corsa Pasquale Maisto, presidente dell'Unione ciclismo italiano professionistico, intervistato da un cronista di *Tuttociclismo* dichiara: «Questo bellissimo giro delle donne chiude un periodo e ne apre un altro»,[5] mentre il tecnico Malvicini commenta: «Il Giro delle Regioni d'Italia, gara a tappe riservata alla categoria Donne, è un avvenimento che non c'era, bisognava farlo, se non altro per fare un grosso confronto internazionale».[6]

Nei due anni successivi la manifestazione non verrà replicata, ma già nel 1984 l'idea di una corsa nazionale a tappe riprende corpo. Sono in molti a pensare che il momento di popolarità che il ciclismo femminile sta attraversando vada sfruttato per attirare maggiore interesse su tutta l'attività femminile. Vi sono proposte come quella del Velo Club Forze Sportive Romane, che vorrebbe realizzare, ad esempio, una Tirreno-Adriatico femminile, in concomitanza con quella maschile, per poter sfruttare il seguito mediatico di cui la manifestazione gode. Tuttavia, «interpellato per ottenere il beneplacito all'attuazione del progetto, il settore tecnico, dopo aver esaminato attentamente la proposta, ha ritenuto di invalidarla per motivi di ordine pratico. L'attività femminile, infatti, inizia improrogabilmente alla metà di marzo, e la data di svolgimento della Tirreno-Adriatico non collimerebbe con quelli che sono i termini fissati dalla federazione. Il sogno, dunque, rimane momentaneamente nel cassetto, sperando che ci rimanga solamente per un anno».[7]

Anche in occasione delle celebrazioni per il centenario della Federciclismo (1985), riferendosi alla programmazione della stagione successiva (che avrebbe visto 21 società al via nel settore femminile), si parla di almeno due gare a tappe nazionali e di altre a carattere internazionale, compreso il Tour de France e il Giro di Norvegia, da organizzare prima dei mondiali, nonché «della necessità di promozione del ciclismo femminile, promozione intesa come incentivo e propaganda specialmente nel ciclismo giovanile».[8]

L'idea di Pasquale Piacente, che per primo aveva proposto un grande appuntamento internazionale di ciclismo femminile (anticipando anche i francesi, che poi avrebbero dato vita al Tour femminile), comincia a farsi spazio e anche il tecnico Mario Malvicini ne sottolinea l'importanza: «Il settore ha bisogno del suffragio della gente, qualche anno fa Piacente era partito con il piede giusto e aveva cominciato con varie iniziative, poi... ha dovuto interrompere questa manifestazione; ora sembra che si possa ricominciare. Certo, all'estero la situazione è migliore, ma l'Italia non deve assolutamente essere da meno. C'è ancora molto da fare rispetto ad altri sport, ma il ciclismo femminile è uno sport giovane rispetto agli altri; sicuramente le manifestazioni importanti che si attueranno in futuro faranno sì che le federazioni possano aumentare il loro interesse».[9]

Qualcuno comincia anche a immaginare un Giro d'Italia femminile abbinato a quello maschile, come avvenuto al Tour del France. Anche la Canins è favorevole all'idea, ma con le dovute precisazioni: «Certo sarebbe una cosa interessante, ma di non facile applicazione nella realtà, soprattutto dal punto di vista organizzativo... però non sarebbe una cosa impossibile; basterebbe poter disporre di una élite di ragazze, altrimenti sarebbe una cosa inutile».[10]

Il 26 maggio 1988 *Tuttociclismo* annuncia il «Primo Giro d'Italia femminile», in programma dal 21 al 29 giugno. Stavolta non si fa alcun riferimento alle regioni, il nome della corsa è proprio Giro d'Italia.

Nata dall'abile mano di Mario Marchina, la corsa presentava un prologo e 8 tappe per un totale di 764 chilometri. Partenza da Milano, poi il tragitto attraversava centri come Ferrara, Comacchio, Misano, San Marino (cronoscalata), Recanati, Gubbio, Civita Castellana, per arrivare infine a Roma.

La corsa è organizzata dal Gs Gioielleria Piacente, dalla Uisp e dalla Vc Donna Sport, con il placet della Federciclismo e il patrocinio del *Corriere dello Sport*. Nel presentarla, il cronista non trascura di segnalare che «quest'anno anche le ragazze potranno correre il loro primo Giro d'Italia».[11]

Pasquale Piacente realizza così il suo sogno, e quello di molte cicliste e delle loro società. Si aspetta solo il riscontro del pubblico: piacerà o non piacerà? Avrà seguito? Il commissario tecnico della nazionale Mario De Donà si augura che la corsa diventi nel tempo il vero richiamo internazionale per tutte quelle ragazze che praticano con passione il ciclismo, mentre Carlo Bonuccelli, direttore generale del Giro d'Italia, osserva: «Questo è il primo passo per costruire anche in Italia una grossa manifestazione a tappe, che non abbia nulla da invidiare al Tour de France. [...] L'Italia, per nome di Pasquale Piacente, rivendica l'ideazione delle corse a tappe femminili non solo in Europa ma nel mondo. I tempi probabilmente allora non erano maturi, ma oggi il ciclismo femminile italiano è cresciuto ed è una bellissima realtà. Si meritava quindi una vetrina internazionale di grande richiamo e noi gliel'abbiamo data».[12]

La manifestazione è presentata come una classica, che va a colmare un vuoto nel panorama nazionale, anche se già in passato «uomini lungimiranti avevano previsto che le competizioni a tappe femminili avrebbero dovuto avvenire».[13] Il riferimento era naturalmente a Pasquale Piacente, che aveva proposto una competizione a tappe femminile prima dell'avvio del Tour: «Purtroppo allora ci furono difficoltà obiettive, non esclusa la regolamentazione internazionale, a tarpare le ali all'iniziativa».[14]

Al via di questo primo Giro d'Italia femminile si presentano ben 130 atlete, in rappresentanza di 18 nazioni. Le migliori italiane ci sono tutte: Canins, Galli, Bonanomi, Chiappa, Seghezzi, Bandini, le sorelle Cappellotto, Menuzzo, Micheloni, Fanton, Spadaccini,

Marcuccetti. Le cicliste straniere vengono da: Australia, Austria, Belgio, Cecoslovacchia, Cuba, Finlandia, Gran Bretagna, Messico, Repubblica Democratica Tedesca, Repubblica Federale Tedesca, Repubblica Popolare Cinese, Stati Uniti, Svizzera e Ungheria. Manca la Francia, per via di una coincidenza di gare, ma l'assenza delle cugine d'oltralpe «non toglie nulla al prestigio di una manifestazione che si presenta sotto i migliori auspici nella speranza che questa passerella internazionale possa fare risonanza il più possibile sulle grandi masse, affinché il ciclismo femminile italiano possa trovare nuove simpatizzanti che vadano a costruire e ad arricchire un movimento in piena evoluzione».[15]

Nel gran finale di Roma, con il suggestivo arrivo alle Terme di Caracalla, a trionfare è Maria Canins, dopo un testa a testa con la giovane tedesca Petra Rossner, ventiduenne di Lipsia soprannominata "furia dell'Est", che si aggiudica il prologo e tre tappe, ma che alla fine chiude al terzo posto, alle spalle anche dell'australiana Elizabeth Hepple. Per la Canins la svolta arriva nella quarta tappa, la cronoscalata di San Marino, dove sbaraglia il campo. La fatica, si sa, è sua amica e lei, quando la corsa si fa dura, non teme rivali.

«A sugello di una manifestazione che sembra partita con il piede giusto»,[16] come scrive *Tuttociclismo*, il 30 giugno si svolge un incontro privato nella Sala Borromini dell'Oratorio dei Filippini a Roma. Sono presenti Nilde Jotti, presidente della Camera dei deputati, Aldo Spadoni, vicepresidente della Fci, Giancarlo Missaglia, presidente dell'Uisp, il direttore generale del Giro Carlo Bonuccelli e Francesco Moser. Sono loro a premiare le prime tre classificate.

Con la sua vittoria, Maria Canins mette un *imprimatur* importante per una manifestazione che, tuttavia, andrà avanti tra alti e bassi. Con il Giro riservato ai maschi, infatti, il Giro donne ha in comune solo l'essere una corsa a tappe su strada che richiede molto sacrificio e molta passione. Il resto è una scommessa ancora da vincere, anche se è ormai evidente che una manifestazione come questa è fondamentale per il bene del ciclismo femminile, perché permette di far acquisire quell'esperienza che serve alle atlete per affrontare le competizioni internazionali. Quanto poi alle differenze di trattamento economico, tra i due Giri non c'è paragone. Una donna che vince il Giro d'Italia porta a casa l'equivalente dello stipendio medio mensile di un operaio.

Nel 1989 il Giro donne si disputa dal 15 al 24 giugno. A organizzarlo è la Vc Donna Sport in collaborazione con la Uisp, con il patrocinio della Fci e la sponsorizzazione dell'azienda di collant Franco Bombana.

Si parte da Venezia, con carosello intorno al Casinò del Lido, attraversando poi l'Emilia Romagna, la Toscana, il Lazio e (dopo un trasferimento di tappa) la Calabria, per concludere in Sicilia nella Valle dei Templi. Agrigento diventa così la capitale del ciclismo femminile del 1989. In quell'anno, infatti, oltre all'arrivo del secondo Giro donne, ha già ospitato la Settimana Internazionale a marzo e ospiterà i Campionati italiani femminili a luglio.

Al via a Venezia si presentano 132 atlete, appartenenti a 22 squadre di cui 12 straniere, in rappresentanza di 14 nazioni: Unione Sovietica, Svezia, Gran Bretagna, Ungheria, Cuba, Danimarca, Norvegia, Giappone, Finlandia, Repubblica Democratica Tedesca, Svizzera, Australia e Francia. La grande assente è Jeannie Longo.

Gli organizzatori sono ottimisti. Puntano a ripetere il successo del 1988, ma anche a contribuire alla trasformazione dei regolamenti tecnici internazionali, che per le donne impongono tappe non superiori ai 100 chilometri in pianura e ai 60 chilometri in altura.

L'edizione, a dispetto dei pronostici, è vinta da Roberta Bonanomi, che viene così etichettata come l'erede di Maria Canins: una nuova stella nel firmamento del ciclismo femminile italiano. Al secondo posto la sovietica Aleksandra Koliaseva. La Chiappa è quinta.

Nonostante il trionfo italiano, però, il Giro non decolla: la visibilità sui media non è all'altezza dello sforzo delle atlete. «C'è una considerazione che, purtroppo, la maggioranza dei mass media non ha fatto quest'anno (e che pare fatichi ad assimilare): il Giro delle donne è un avvenimento di autentico significato e di presa assoluta sulle folle sportive e non per il valore delle protagoniste che – anche sotto il profilo atletico ed agonistico – hanno mostrato una serietà ed un impegno di prim'ordine (a dispetto dei troppo piccoli vantaggi economici che la fatica di una corsa comporta), non solo ma sul piano dei personaggi queste ragazze offrono quotidianamente spunti di umanità che non possono che sollecitare un'attenzione ed un interesse notevoli».[17]

L'appello lanciato dagli organizzatori è chiaro: il Giro delle donne merita di essere rispettato, considerato e valorizzato. Per le ragazze, spiega il tecnico azzurro Mario De Donà, «sarà l'unica passerella internazionale dove potranno mettersi in mostra un po' tutte ed io sarò lì ad osservarle».[18] Ma le cose non sembrano migliorare granché negli anni successivi. Se nel 1990 la corsa si tiene regolarmente (con la vittoria finale della francese Catherine Marsal davanti a Maria Canins e all'australiana Kathryn Watt), nel 1991 e nel 1992 il Giro non viene disputato. La Federciclismo, proprietaria dell'evento, decide quindi di indire un bando per la sua organizzazione, ma a rispondere è solo Brunello Fanini, papà dell'indimenticata Michela, toscano doc, con cinquant'anni di ciclismo nel Dna familiare.

Fanini è un uomo di grande passione: si butta anima e cuore nell'organizzazione della corsa, che così può ripartire nel 1993: «A quel tempo ero galvanizzato dai successi che aveva raccolto mia figlia Michela. Era passata Élite nel 1992 e aveva vestito la maglia della nazionale. È stata quella la motivazione che mi ha spinto a buttarmi nell'avventura del Giro d'Italia femminile. Mi ero chiesto perché mai quella competizione non si disputasse più, così, quando ho visto il bando, ho risposto subito all'appello. Sono stato l'unico a farlo, così ottenni l'assegnazione. Avevo qualche esperienza di organizzazione, perché avevo ideato il Trofeo Mamma Fanini e facevo anche gare che avevano un respiro internazionale, alle quali aderivano atlete importanti come la Longo. Ma con il Giro d'Italia non avevo mai collaborato. Ciononostante, mi sono rimboccato le maniche per cercare di fare meglio che potevo. Nel primo anno della mia gestione, il 1993, il Giro ebbe 7 tappe. Fu una bella esperienza, ma molto dura. L'anno successivo arrivammo a 12-13 tappe, con una giornata di riposo. Fu un'edizione bellissima, anche perché quel Giro lo vinse proprio mia figlia Michela, precedendo Watt e Zberg.

Purtroppo, pochi mesi dopo Michela è morta in un incidente in macchina. A due chilometri da casa l'auto si è ribaltata in un fosso, lei ha battuto la testa... Volevo smettere, ma in quel 1995 avevo deciso di organizzare anche il Giro della Toscana e così pensai di resistere, anche perché se avessi mollato avrei dovuto pagare una penale alla Fci e, con l'altra manifestazione in piedi, sarebbe stato un problema. Il Giro del 1995 fu comunque bellissimo. Partito da Città del Vaticano, passò per Firenze e Milano: 13-14 tappe, tutte importanti, attraverso 7-8 regioni. Non credo si arriverà più a rifare un Giro così! Nonostante il lutto che aveva colpito la mia famiglia, il biennio 1995-96 fu molto positivo per il Giro donne. Le cicliste che partecipavano erano tante, 160-170, e tutte di massimo livello perché la manifestazione cominciava ad attirare cicliste da tutto il mondo. Per dare un'idea di cosa fosse diventato, se nel 1993 avevano partecipato 7-8 nazioni straniere, in seguito si arrivò a circa 25 squadre in rappresentanza di 28 nazioni. Inoltre, non c'erano più grosse difficoltà a reperire sponsor, i soldi si trovavano. Io giravo le regioni, tenevo i contatti con le aziende, avevo organizzato anche uno stand alla Fiera di Milano. Molti sponsor come Colnago, Pinarello e altri mi aiutavano. Altri ancora, ed erano tanti, conoscendo la storia di Michela, volevano dare una mano, contribuire anche per lei. Così mi è stato tutto facile. Quel biennio è stato forse il più bello del Giro d'Italia femminile e credo che, se avessi continuato a occuparmene anche dopo, forse le cose sarebbero andate anche meglio. Nel 1996 scadeva il contratto con la Fci e, insieme al direttore del Giro uomini Carmine Castellano, che spesso veniva ad assistere alle nostre gare, avevamo cominciato a immaginare di far stare insieme in qualche modo le due corse. Si pensava di far partire prima le donne con arrivo la mattina, e poi gli uomini con arrivo nel pomeriggio. Poteva essere una cosa meravigliosa, poteva aiutare a dare maggiore visibilità al ciclismo femminile, ma il progetto fallì. Ancora oggi non si vuole riconoscere l'importanza che questa corsa merita. Il ciclismo è uno sport molto duro per tutti e una donna fa sacrifici enormi per competere a questi livelli. Bisognerebbe capirlo e dare alle loro corse maggiore spazio anche in tv; invece, si fanno vedere al massimo dieci minuti in differita, anche se si tratta di gare importanti. Quando il Giro femminile lo organizzavo io, di visibilità ne avevamo sì, ma era sempre limitata, la diretta televisiva non c'era mai. Quanto ai numeri, per organizzare un Giro d'Italia donne mi serviva circa mezzo miliardo di vecchie lire. I premi delle ragazze? Poca roba, come ora. Non credo che le cose siano cambiate molto. Ci sono i premi della federazione, stabiliti in base a una tabella, che sono minimi per non dire ridicoli, e poi ci sono, quando si trovano, le sponsorizzazioni extra, che premiano le maglie anche non in denaro: frigoriferi, lampadari, specchiere, un salotto, una cucina. Insomma, gli stessi premi di sempre. Ma queste ragazze, sia chiaro, ancora oggi corrono solo per passione, come accadeva una volta, perché hanno il ciclismo nel sangue... per discendenza! E rispetto al passato ci sono cose che non sono cambiate. Ancora oggi, per dirne una, le cicliste sono considerate ragazze mascoline, che possono trovarsi un fidanzato solo nell'ambiente. Alcuni modi di vedere le cose non sono mai cambiati, anzi, forse è sempre più difficile che cambino...».[19]

L'edizione del 1994 si svolge dal 4 all'11 luglio: 7 tappe con prologo a Borgo Piano e poi via per Crocetta del Montello, Trezzo sull'Adda, Madignano, Basaluzzo, Diano Marina, Capannori, Pescia. Nell'era Fanini, che a detta di molti segna la svolta di questa manifestazione, trionfano la slovacca Lenka Ilavská (1993) e Michela Fanini (1994), prima del poker di successi infilati da Fabiana Luperini, indiscussa protagonista e trionfatrice nelle edizioni 1995, 1996, 1997 e 1998.

E se nel 1995 sul podio sale anche Roberta Bonanomi, che giunge terza, l'anno dopo l'Italia non ha rivali. Il podio è tutto tricolore: Luperini, Cappellotto, Chiappa.

L'itinerario dell'edizione del 1996 conta ben 13 tappe, a testimonianza dei progressi della manifestazione. Ma il 1996 è anche l'anno in cui scade la concessione della Fci per la sua organizzazione e Brunello Fanini, dopo la tragica scomparsa della figlia Michela, decide di chiudere con questa esperienza e di dedicarsi anima e corpo al Giro della Toscana-Memorial Michela Fanini. Voleva rivolgere la sua attenzione a una manifestazione più locale e così, dopo quattro edizioni, lascia.

Nel 1997 la Fci affida l'organizzazione del Giro donne all'Uc Vittorio Veneto di Teofilo Sanson con un contratto fino al 2000. Si parte il 25 giugno da Roma per arrivare, dopo 12 tappe, a Firenze passando per Milano, Novi Ligure, Tortona, Fiera di Primiero, San Martino di Castrozza. La Luperini chiude in testa, bissando il successo dell'anno prima e lasciando dietro di sé la canadese Linda Jackson e la lituana Edita Pučinskaitė.

Nel 1998, il Giro si svolge dal primo al 12 luglio. Prende il via da Cagliari per concludersi nella città della società organizzatrice, l'Uc Vittorio Veneto, città che celebra l'ottantesimo anniversario della fine della Prima guerra mondiale. In tutto i chilometri da percorrere sono 1.173, con tre arrivi in salita (monte Serra, passo Pordoi, a 2.239 metri, e Tambre d'Alpago), tappe che superano anche i 100 chilometri e una crono di 15,8 chilometri. Al via 110 atlete in rappresentanza di 22 nazioni e 4 continenti. Sedici le squadre iscritte. Ai primi due posti del podio finiscono ancora una volta la Luperini e la Jackson, terza è la svizzera Barbara Heeb.

Tra le novità di questa edizione vi è l'inaugurazione del sito internet della corsa, www.girodonne.com, e l'introduzione dei "mister tappa": al posto delle canoniche miss, infatti, sul podio salgono Rudy e Marco, due atletici ragazzi addetti ai baci, ai fiori e alla consegna delle maglie. La loro divisa prevede una maglietta bianca, un paio di pantaloni grigi e una giacca in tinta. Ma se qualcuno aveva pensato di conquistare le cicliste con questa novità sarebbe rimasto deluso, perché le atlete non vi prestano particolare attenzione, né lo interpretano come un passo in avanti nel cammino verso la parità di trattamento con i colleghi maschi: «Ad essere sincera» ha dichiarato Alessandra Cappellotto «io le miss non le toglierei, ci sono abituata, a me piacciono. Voglio dire che è bello vedere una bella ragazza alle premiazioni piuttosto che un uomo. Magari sarebbe possibile mettere un uomo e una donna, se proprio si vuole cambiare».[20]

La terza novità di quel Giro, che *La Gazzetta dello Sport* non manca di sottolineare, è che «ad ogni partenza ci sarà un salone di bellezza per gli ultimi ritocchi di Luperini e compagne»,[21] il tutto in collaborazione con un'azienda di cosmetici per consentire alle atlete di rifinire il look prima del via.

Quella del 1998 sarà, per ora, l'ultima edizione vinta da un'italiana, perché poi il Giro resterà per dieci anni in mani straniere. Nel 1999 e 2000 è la spagnola Joane Somarriba Arrola a realizzare una doppietta. Nel 1999 sul podio salirà anche la sammarinese Daniela Veronesi (che arriva terza), mentre nel 2000 sarà la volta di Alessandra Cappellotto (seconda). Il contratto con l'Uc Vittorio Veneto scade nel 2000 e non viene rinnovato.

L'edizione del 2001 passa alla storia per un fuori programma. Prima dell'avvio della decima tappa, da Trento al monte Nevegal, un blitz del Nucleo antisofisticazioni e sanità dei carabinieri (Nas) negli alberghi che ospitano le squadre a Levico agita l'atmosfera. L'operazione è condotta da oltre cento agenti e coinvolge 36 atlete delle prime cinque squadre in classifica. Il giorno successivo la gara riparte regolarmente con tutte le 17 squadre al via, ma a proseguire è anche l'inchiesta: «Tra gli indagati per le sostanze proibite ci sono atlete, presidenti, direttori sportivi e massaggiatori delle squadre sia italiane, sia straniere, con prevalenza di queste ultime».[22] Quel Giro è poi vinto dalla bielorussa Zinaida Stahurskaja, che in seguito risulta positiva a un diuretico e viene squalificata per quattro mesi.

Il commento della Canins è duro: «Non è più il mio mondo il ciclismo professionistico di adesso, anche quello femminile, non mi interessa proprio... Ultimamente si sta esagerando. Quando una donna fa i 49 all'ora significa che ha battuto il record di Coppi e questo ci costringe a fare un punto di domanda, o vogliamo veramente credere che si tratta di ciclismo tutto pane e salame? Forse è il momento di ammazzare il ciclismo professionistico... solo per farlo rinascere, con la volontà degli sportivi di essere veramente persone leali».[23]

La Federciclismo decide di cambiare rotta e per organizzare il Giro Donne 2002 sceglie Giuseppe Rivolta, che qualcosa a proposito di ciclismo femminile la sa, anche se viene dal settore maschile, visto negli anni Settanta la sua società aveva organizzato alcune gare rosa in Brianza. Tartagni, Maffeis e Bissoli sono tra le pioniere che hanno corso su quelle strade. Nel 2001, inoltre, Rivolta aveva organizzato in maniera impeccabile la Settimana Tricolore:

Campionati italiani Junior, Élite, Strada e Cronometro tutti concentrati negli stessi luoghi e in pochi giorni. Per questo il presidente della Fci pensa a lui quando cerca qualcuno a cui affidare il Giro d'Italia donne.[24] Rivolta ricorda ancora quel giorno: «Mi telefonò il presidente in persona per chiedermi di organizzare il Giro d'Italia femminile. Mi disse che avevano avuto dei problemi e che ci teneva che me ne occupassi io. Da buon brianzolo, considerato che era maggio, pensai che sarei stato matto ad accettare. Di fatto, dopo tutti questi anni, sono ancora qui...».[25]

Così si parte. L'edizione 2002 prevede 9 tappe più un prologo in notturna: da Pontedera il 5 luglio si arriva a Gorla Minore il 14. Ma subito sorge un problema, innescato dalla partecipazione di Alessandra Cappellotto. La campionessa vicentina rientrava dopo un periodo di squalifica di quindici giorni, per non essersi presentata ai controlli antidoping durante il Giro del Trentino. Per il regolamento Uci la Cappellotto avrebbe potuto prendere il via al Giro d'Italia, ma per il regolamento della Fci no. Il giorno della partenza del Giro, con il prologo in notturna da Pontedera, quasi tutte le squadre minacciarono di ritirarsi se la Cappellotto fosse partita. Per Giuseppe Rivolta, al suo esordio come organizzatore, l'avvio non fu dunque dei migliori: «Ricordo bene quella giornata. Da una parte avevo l'Uci, che diceva che la Cappellotto poteva partire, dall'altra la Fci, che invece era contraria, e le squadre ribelli. La situazione era davvero preoccupante e andava presa una decisione. A quel punto è intervenuta la Fci e, insieme ai responsabili delle strutture tecniche nazionali, si decise di non far partire la Cappellotto. L'Uci allora ritirò tutti i commissari internazionali presenti. Così, ci siamo trovati anche senza giudici di gara. A quel punto, la Fci decise che quell'anno il Giro d'Italia femminile sarebbe stata una competizione non internazionale bensì nazionale, così arrivarono altri giudici di gara italiani e finalmente partimmo. Questo è stato il mio esordio al Giro d'Italia femminile».[26]

L'incidente diplomatico non fu l'unico ad avere risonanza, perché la Cappellotto subì anche una serie di minacce telefoniche che portarono a una denuncia contro ignoti e a fornire la ciclista di una scorta. Per la cronaca, quell'edizione del Giro se la aggiudica la russa Svetlana Bubnenkova, che aveva vestito la maglia rosa fin dalla seconda tappa. Prima delle italiane è Rosalisa Lapomarda, atleta classe 1967 di Cesenatico, che si piazza nona in un'edizione dominata dalle straniere. Patron Rivolta fece capire subito quanto ci tenesse alla manifestazione, dimostrando ancora una volta che è sempre la buona volontà di qualcuno a tenere in piedi le sorti del movimento femminile: «Col tempo ho capito che questo movimento aveva bisogno di essere aiutato perché aveva scarsa considerazione e visibilità. Ho messo tutto me stesso per cercare di migliorare le cose. Resto convinto che il ciclismo femminile sia un movimento molto importante, che può dare tanto, ma a patto di ricevere in cambio altrettanto. Purtroppo, molti non si sono ancora accorti delle enormi potenzialità di questo sport e dell'impegno di queste ragazze, che danno tutte sé stesse per l'affermazione della credibilità di questo comparto. Il mondo, checché se ne dica, deve andare avanti con la mentalità femminile: è l'unico modo per uscire da molte situazioni e da tanto malessere che c'è anche nel nostro ambiente».[27]

Giuseppe Rivolta, entrato in punta di piedi al Giro Donne, è un grande appassionato di ciclismo, ma anche una persona attenta e competente, in grado di valutare con obiettività i problemi del settore: «Bisogna dire che, agli inizi, la competitività di queste ragazze non era all'altezza della gara che proponevo. In altre parole, se a partire erano 143 atlete, la gara vera erano in grado di farla solo in 25-30. Allora mi chiedevo se valesse la pena creare tanti disagi. Mi sembrava, insomma, di arrecare troppo disservizio agli utenti della strada. Così ho sempre pensato anche a come mettere insieme le due esigenze, tenendo sempre presente la voglia di queste ragazze di emergere».[28]

Nel 2006 il Giro cambia *governance*. L'organizzazione è affidata alla Egidio Events di Brescia e il direttore è Carmine Castellano. Questa edizione prevede 10 tappe: si parte da Fornello e si finisce alla Madonna del Ghisallo, passando per Marsciano, Orvieto, Arezzo, Pescia, Novi Ligure, Serravalle Scrivia, Vigoforte, Mondovì, Cuneo, Fossano, Abbiategrasso ed Erba. In tutto 894 chilometri, al termine dei quali trionfa la lituana Edita Pučinskaitė, davanti alla svizzera Nicole Brändli e alla svedese Susanne Ljungskog. La prima delle italiane è Fabiana Luperini, che finisce al sesto posto, e dietro di lei si piazzano, nell'ordine, Guderzo, Baccaille e Cantele.

La nuova direzione della corsa dura poco, perché Rivolta è reclamato a gran voce da tutto il movimento: «Come era accaduto nel 2002, anche nel 2007 ho ricevuto una telefonata dal presidente della Fci. Stavolta al telefono c'era Renato Di Rocco, che mi disse che il movimento ciclistico femminile reclamava a gran voce il mio rientro. Quelle parole mi hanno subito riempito il cuore. Gli chiesi tempo: una settimana per capire cosa fosse possibile fare. In realtà, dentro di me, avevo già deciso. Mi sono detto: ok, ci riproviamo!».[29]

Anche nel 2007 vince la lituana Pučinskaite, che bissa il successo dell'anno prima, ma il dominio straniero è vicino a finire. Nel 2008 a chiudere in maglia rosa è un'italiana, Fabiana Luperini, risultato che riempie di gioia Giuseppe Rivolta, tanto quanto un successo della Ferrari con un pilota italiano. Il ciclismo femminile azzurro vive un momento di slancio.

Il 2009 porta i titoli mondiali di Giorgia Bronzini e Tatiana Guderzo, oltre alle medaglie di Noemi Cantele, tutti successi che conferiscono fiducia all'intero movimento e attirano anche nuovi sponsor. Così, al Giro Donne 2010 approda un'azienda prestigiosa: la Diadora. Perché abbinare il proprio marchio al ciclismo femminile? Lo spiega il presidente Enrico Moretti Polegato in un'intervista della *Gazzetta dello Sport* dell'11 marzo 2010: «Negli ultimi anni lo sport italiano è sempre più donna. In più il ciclismo è sempre stato nella nostra storia, lo testimoniano atleti del calibro di Bugno, Cunego, Ballan, Cadel Evans. E naturalmente la nostra campionessa del mondo Tatiana Guderzo. Lo sport è sfida… Affrontarsi su un percorso così spettacolare renderà la corsa entusiasmante».

Il Giro Donne 2010 viene presentato a Caerano San Marco, al Museo dello sport della Diadora, prevede un arrivo di tappa ad Albese con Cassano (Co), il paese di Fabio Casartelli, deceduto nel 1995 in seguito a una caduta durante il Tour de France. Tra le salite mitiche, anche il Muro di Sormano, il Ghisallo, il Maloja e il Bernina. Per la prima volta, inoltre, il Giro affrontava lo Stelvio, per quello che viene definito un matrimonio inedito che ha tutto per funzionare. Il primo a crederci è sempre Rivolta: «Dobbiamo cancellare completamente l'idea che le donne non possano fare certe imprese. Le donne hanno le stesse potenzialità dei maschi e arriverà il momento in cui saranno pari ai maschi. Io non sono un medico, non so dire se la struttura ossea o muscolare delle donne sia più o meno idonea a certi sforzi, ma quello che vedo è che le donne possono fare tutto».[30]

Tra il 2007 e il 2010 il Giro è organizzato dall'As Ciclosportivo Sovico. Giuseppe Rivolta è sempre il direttore, incarico che manterrà anche nel 2011, quando l'organizzazione viene affidata all'Epinbike, presieduta da Sara Brambilla, per due edizioni.

Nel 2012 la corsa a tappe si disputa dal 29 giugno al 7 luglio, con partenza da Napoli per poi toccare Terracina, Roma, Montecatini, Polesella, Molinella, Modena, Salsomaggiore, Voghera, Castagnola delle Lanze, Mornago, Lonate, Sarnico con chiusura a Bergamo dopo 9 tappe. La migliore delle italiane è Fabiana Luperini, quarta, mentre Elisa Longo Borghini trionfa nella classifica Giovani.

Dal 2013 il testimone passa alla 4 Erre Asd, mentre presidente e direttore è sempre Giuseppe Rivolta, che ne rileva la gestione cambiandone il nome da Giro Donne a Giro Rosa. Per le donne le cose cambiano poco. Il Giro continua a celebrarsi e con il Giro emergono alcune problematiche di difficile soluzione, come quella del trattamento economico delle cicliste. Noemi Cantele, in un'intervista che rilascia alla *Gazzetta dello Sport* il 22 marzo 2013, sottolinea come le donne siano ancora lontane rispetto agli uomini: «Chi vince il Giro riceve 800 euro»,[31] giusto per ribadire la disparità di trattamento rispetto all'universo maschile.

L'importanza del Giro Rosa, però, continua cresce negli anni e, dal 2016, la corsa entra a far parte del calendario internazionale Uci Women's WorldTour, che vede impegnate le migliori cicliste Élite al mondo. «Questo inserimento conferisce maggior valore alla corsa» ammette lo stesso Rivolta. «Non posso dire che sia la più bella del mondo, ma di certo è l'unica corsa a tappe di dieci giorni. Non ne esiste un'altra. Per questo credo che il suo inserimento nel Wwt avrà un impatto diverso rispetto a tutte le altre corse».[32]

L'edizione del 2016 si svolge dal 3 al 12 luglio. L'organizzatore e direttore generale è sempre Rivolta, con la 4Erre Asd di Sovico. Sono previsti un cronoprologo, 8 tappe in linea e una cronometro individuale, e per la prima volta si parte da una città straniera, Lubiana. Dalla capitale slovena si passa poi a Kamnik, Gaiarine, San Fior, Curtatone, Mantova, Pioltello e Pozzo d'Adda; poi seguono due Gran premi della montagna (Aprica e Morbegno) e infine la chiusura a San Domenico di Varzo.

A Lubiana c'è grande attesa. L'evento è considerato il più importante dell'anno. Viene organizzata una serata speciale per la presentazione delle squadre e sul grande palco sfilano, a una a una, tutte le 149 atlete iscritte. Rivolta ne approfitta per consegnare un riconoscimento speciale a chi ha fatto crescere il movimento ciclistico femminile, così sul palco salgono anche Brunello Fanini, presidente della Sc Michela Fanini e organizzatore del Giro della Toscana, e Lucio Rigato, direttore sportivo della Top Girls Fassa Bortolo, anche lui grande e convinto sostenitore della corsa rosa, a cui va un premio alla carriera: «Il Giro Rosa? Certo che si deve fare. È una manifestazione unica con le sue dieci tappe. A mio parere è la manifestazione di ciclismo femminile più importante al mondo. Per una squadra, partecipare al Giro vuol dire tanto, sia per tutto ciò che muove, sia per la visibilità di cui gode. Giuseppe Rivolta è stato bravo in questi anni. Oggi, rispetto al passato, finalmente c'è più visibilità. Si vede qualche passaggio in tv, qualche articolo anche sulla *Gazzetta dello Sport*. Una volta non c'era nulla. Quanto all'idea di correrlo in parallelo con gli uomini, non mi convince molto. Forse si potrebbe immaginare di far partire la tappa inziale da luoghi diversi per poi arrivare nello stesso posto. Può servire a risparmiare qualcosa nell'organizzazione, forse ci sarebbe un po' di visibilità in più, ma non credo che questo possa fare la differenza».[33]

Anche nel 2016 dominano le atlete straniere. Trionfa l'americana Megan Guarnier davanti alla connazionale Evelyn Stevens e all'olandese Anna van der Breggen, già vincitrice dell'edizione precedente e prossima trionfatrice dell'edizione 2017, nella quale finalmente sale sul podio anche un'azzurra, Elisa Longo Borghini.

Nel 2018 la corsa si svolge dal 6 al 15 luglio: 10 tappe, 24 squadre iscritte tra le quali 9 italiane. Le atlete sono 168. Di questa edizione si è parlato soprattutto in relazione alla bozza della legge Finanziaria dello Stato, tra le cui disposizioni in materia di sport è previsto lo stanziamento di un contributo triennale destinato all'organizzazione del Giro d'Italia di ciclismo. Il comma 23, in particolare, prevede un impegno di spesa per la manifestazione, stabilito con un programma triennale di finanziamento pari a due milioni di euro all'anno, per un totale di sei milioni. Il fatto che il Giro d'Italia femminile non sia citato dal provvedimento solleva qualche critica: «Le nostre ragazze non dispongono degli stessi diritti acquisiti nella maggior parte del mondo. In Italia una legge dello Stato nega il professionismo a tutte le donne; in Italia si allenano nei velodromi all'aperto e, dove ne trovano uno chiuso, ci piove dentro; in Italia si devono allenare con la paura di entrare a far parte del bollettino di guerra delle nostre strade, che ci regalano un morto ogni 35 ore»[34].

Il sito www.cicliste.eu lancia una petizione su www.change.org, indirizzata all'allora ministro dello Sport Luca Lotti, con una richiesta di sostegno al Giro Rosa, per chiedere la parità di trattamento tra le due competizioni di rilevanza mondiale. Ma la petizione raccoglie solo 1.256 adesioni e viene chiusa.

Quanto alla cronaca sportiva, la scelta di portare le ragazze su vette storiche del ciclismo maschile, come lo Zoncolan, la rende più attrattiva. Rivolta è convinto che «il Giro ha intercettato la crescita impetuosa delle donne che vogliono emergere: si avvicinano sponsor nuovi e ci vuole un cambio di passo anche nell'organizzazione delle squadre perché le donne stanno spostando i limiti sempre di più».[35] A posteriori, lo stesso direttore non nasconde l'emozione ricordando quella tappa: «La salita allo Zoncolan vedeva 130 partenti e in 130 sono arrivate. Per me è stata una cosa straordinaria. Mi sono fermato ai tre chilometri dall'arrivo per vedere le ragazze che salivano e qualcuna di loro, vedendomi, ha perfino accennato a un saluto, a un sorriso, nonostante la fatica. Loro credono veramente in quello che fanno e noi dobbiamo dare loro la possibilità di dimostrare quanto valgono».[36]

L'edizione 2019 è la trentesima della storia. Scatta il 5 luglio da Cassano Spinola con una cronometro a squadre, e si conclude a Udine il 14 luglio. Le atlete al via sono 144, suddivise in 24 squadre (di cui 7 italiane): Valcar-Cylance Cycling, Alè Cipollini, Aromitalia Basso Bikes Vaiano, Servetto Piumate Beltrami Tsa, Bepink, Eurotarget Bianchi Vittoria e Gs Top Girls Fassa Bortolo. Si tratta di un'edizione speciale, perché si celebra anche il centenario della nascita di Fausto Coppi, che il Giro omaggia con l'arrivo della prima frazione a Castellania, sua città natale. Le tappe sono 10: Cassano Spinola-Castellania (cronosquadre di 18 chilometri), Viù-Viù Torino (78 chilometri), Sagliano Micca-Piedicavallo Biella (104 chilometri), Lissone-Carate Brianza (100 chilometri), Ponte in Valtellina-Valfurva Passo Gavia (100 chilometri), Chiuro-Teglio Sondrio (cronometro individuale di 12 chilometri), Cornedo Vicentino-Fara Vicentino/San Giorgio di Perlena (128 chilometri), Vittorio Veneto-Maniago (133 chilometri), Gemona-Chiusaforte Malga Montasio (125 chilometri), San Vito al Tagliamento-Udine (120 chilometri). Le difficoltà lungo il percorso sono indubbie: il passo Gavia, per esempio, o l'arrivo in salita di Malga Montasio a quota 1.544 metri, dopo un'ascesa con una pendenza media dell'8,1 per cento e punte del 20.

La corsa vanta uno sponsor importante, il gruppo bancario cooperativo Iccrea che, come si legge dalla nota stampa, «ha scelto l'opportunità del Giro Rosa anzitutto per esaltare il ruolo centrale della donna nella società di oggi. Inoltre, perché il Gruppo ritiene che il potenziale femminile, a volte inespresso, merita di essere valorizzato in tutti gli ambiti – a partire da quello professionale – per favorire una continua evoluzione culturale e sociale. Infine, per una forte condivisione dei valori sportivi propri del ciclismo, quali la valorizzazione della singola atleta senza prescindere dalla cooperazione e dall'impegno che unisce le componenti di una squadra verso il traguardo».[37]

Anche patron Rivolta è particolarmente soddisfatto del sodalizio con Iccrea, non tanto perché ha firmato un contratto triennale con il Giro, ma perché lo sente sulla stessa lunghezza d'onda: «Quando ci siamo presentati da loro sapevano già tutto di questa corsa e ci hanno stupito per la loro attenzione. Oggi siamo contenti che la collaborazione stia diventando sempre più importante, con tante belle iniziative collaterali. Anche loro sono convinti di questo e ci fa piacere. Siamo sulla stessa lunghezza d'onda». Conoscendo Giuseppe Rivolta, non stupisce che questo Giro stia crescendo così tanto. È un uomo educato, garbato e intelligente. Un valore aggiunto alla sua professionalità. E si vede da come i suoi collaboratori e chi gravita intorno a questo Giro si rapporta a lui: una carovana di centinaia di persone che muove un budget di oltre 700.000 euro.

«La macchina organizzativa attuale» racconta Rivolta «conta su una carovana di circa 500 persone: ci sono 24 squadre, ognuna composta da 6 atlete; poi ci sono 4 accompagnatori per ogni squadra, a cui aggiungiamo poi una trentina di commissari e cronometristi, una trentina di uomini della Polstrada, 20 persone di scorta tecnica, 10 medici e paramedici, una trentina di persone del gruppo arrivi e altrettanti nel gruppo allestitori e nel gruppo partenze. Si tratta in gran parte di volontari che sono lì, ogni anno, pronti ad aspettare di fare il Giro, con grande impegno e forza di volontà. Ogni successo di queste ragazze più che dare coraggio e forza a me, lo dà a tutto il movimento femminile e a tutti i miei collaboratori».[38]

La macchina di cui Rivolta è a capo è un complesso meccanismo che governa stando attento a rendere merito in primis alle atlete e ai valori che rappresentano. Non sono pochi infatti i momenti in cui temi sociali vengono posti in evidenza a ogni tappa. Nella Vittorio Veneto Maniago, ad esempio, alla partenza è presente il Centro antiviolenza della cittadina veneta che illustra le proprie attività; e poi ad Aviano la corsa passa attraverso il parco del Centro internazionale di ricerca e cura delle malattie oncologiche. A Cornedo Vicentino la squadra capitanata da Tatiana Guderzo indossa le maglie dedicate a Giada, una bambina di cinque anni colpita da una rara malattia. Perché le donne non si tirano mai indietro di fronte a una buona causa.

Sul fronte della visibilità mediatica, alla vigilia della partenza *La Gazzetta dello Sport* dedica ben due pagine all'evento. "È boom: sono diventate grandi"[39] titola il giornale, mentre Elisa Longo Borghini si affretta a precisare che è ora di finirla col distinguere tra uomini e donne: «Io sarei per uno sport senza distinzioni di genere. Mi piacerebbe veder considerare lo sport come universale, senza dover dire maschile o femminile. Dovrebbe essere la cosa più democratica, perché non ci sono differenze tra chi gioca a pallone, chi corre, chi va in bici. Tutti uguali… persone e basta».[40]

Dopo questa apertura, però, è curioso notare che nell'edizione del 6 luglio, commentando la prima tappa della corsa, lo stesso giornale titoli: "Giro Rosa, nella crono è il tempo dell'amore" dove il cronista precisa che la vittoria è andata a Katarzyna Niewiadoma, fidanzata del ciclista americano Taylor Phinney. E così, delle quattro foto a corredo dell'articolo, una (la più piccola) immortala la prima maglia rosa del 2019, mentre le altre tre sono dedicate alla stessa Niewiadoma, a Hanna Barnes e a Omer Shapira con i rispettivi fidanzati: «Curioso notare come delle sei ragazze della Canyon Sram che hanno conquistato la prima tappa, ben quattro sono fidanzate con colleghi professionisti».[41] I tempi cambiano, ma alcune cose sembrano non cambiare mai.

Anche sul fronte economico nulla sembra evolvere: alla vincitrice Annemiek van Vleuten vanno 6.000 euro, contro i 115.000 guadagnati dall'ecuadoriano Richard Carapaz al Giro uomini. Ma questo sembra non scoraggiare la trionfatrice della corsa: «I premi non sono la priorità. Io corro per vincere, non per i soldi. Per la crescita del movimento femminile il prossimo passo sarà garantire un minimo salariale e la diretta tv per le manifestazioni più importanti».[42]

A dispetto dei cronisti, l'edizione numero trenta del Giro si conclude con un crescendo di attenzione e visibilità non solo per la vincitrice, ma anche per tutte le ragazze che si sono fatte valere mettendo in mostra la propria bravura. Per Rivolta la cosa più importante è che «dobbiamo smetterla di parlare di ciclismo maschile e ciclismo femminile. Dobbiamo parlare di ciclismo e basta, perché le donne hanno fatto vedere che sono in grado di fare le stesse cose degli uomini. Il movimento femminile è in grande crescita, e questo mi sta dando grandi soddisfazioni. Credo che ormai i tempi siano maturi perché le cicliste siano considerate delle vere professioniste, con contratti e trattamenti adeguati».[43]

Dopo i mondiali femminili di calcio di Francia 2019, inutile nascondere che il tema del professionismo femminile è balzato più che mai all'attenzione di tutti, evidenziando le grandi disparità che ancora esistono tra sport al maschile e al femminile.

«A livello economico esiste una tabella federale Uci che prevede che alla vincitrice di tappa vadano 539 euro e alla vincitrice della classifica generale 1.145 euro. Siamo lontani da quello che prendono i maschi» conferma Rivolta. «Come organizzazione del Giro abbiamo aumentato questi compensi perché mettiamo in palio premi speciali sia per la classifica generale sia per le altre maglie. Ad esempio, alla vincitrice vanno 6.000 euro, 3.000 e 2.000 alla seconda e terza. Alla maglia ciclamino 500 euro, alla maglia verde 1.000. Certo, non sono sicuramente i premi del maschile, ma cerchiamo di stare sul mercato. Fino a tre, quattro anni fa avevamo grosse difficoltà nella ricerca di sponsor. Oggi le cose stanno un po' cambiando perché abbiamo mantenuto gli sponsor istituzionali e abbiamo anche qualche richiesta di nuovi ingressi. All'Iccrea si aggiungono sponsor tradizionali come, ad esempio, Smp, Colnago, Beta, tutte aziende legate al mondo del ciclismo e della meccanica. Ho provato in passato a sondare il mercato delle aziende che si rivolgono alle donne, ma per il momento non sono interessate. Speriamo però di poterci arrivare al più presto, perché le donne possono dare molto a questo tipo di mercato. Prima o poi qualcuno se ne accorgerà. Oggi posso dire che abbiamo cominciato a raccogliere un po' di quello che è stato seminato, e speriamo che in futuro le cose migliorino ancora perché correre il Giro è importante. Sono convinto che qualcosa cambierà anche grazie alle nuove norme Uci, che chiedono alle squadre maschili professionistiche di allestire anche una squadra femminile. Penso che in questi anni il movimento femminile sia cresciuto parecchio e queste ragazze sono arrivate dove sono arrivate anche grazie al Giro. È uno strumento senz'altro importante, ma a patto che anche le società si adeguino. Se queste ragazze vanno a 50 km/h, le società non possono andare a 35 km/h. Dobbiamo correre tutti alla stessa velocità. Probabilmente chi oggi fa fatica è chi ha problemi di soldi, perché un movimento che cresce ha bisogno di sostegni economici adeguati. Noi siamo riusciti a mettere insieme un pacchetto economico valido per poter andare a questa velocità. Oggi per fare un Giro d'Italia femminile serve un budget di circa 700.000 euro.[44] Speriamo di poter aumentare ancora e di poter dare ancora di più alle nostre ragazze, ma ricordiamo che il Giro è un indotto per tutto il territorio, perché gran parte del contributo che ci danno resta appunto lì, nel territorio. Ogni tappa costa circa 70.000 euro. Solo per la logistica alberghiera, la città ospitante riceve intorno ai 35.000 euro, tanto per fare un esempio. E questo solo per la carovana del Giro, senza contare l'indotto che arriva da tifosi, da parenti e amici che vengono a vedere le tappe. Rispetto al passato anche la visibilità sui media è cambiata. Come Giro d'Italia siamo al traino del Tour de France sulla televisione generalista, mentre su Rai Sport siamo nel circuito streaming per le dirette. Da quando ho iniziato la mia avventura al Giro, nel 2002, le cose sono cambiate. Devo ringraziare la Rai che ci è sempre vicina, ci ha dato spazi adeguati che, anno dopo anno, sono aumentati. Da circa tre, quattro anni anche *La Gazzetta dello Sport* dedica tutti i giorni una pagina alla tappa. Direi che in questi anni siamo cresciuti di un bell'80 per cento a livello di visibilità. Molto resta da fare. Ad esempio oggi il Giro è a invito. Io sono obbligato a invitare le 15 migliori squadre del ranking mondiale e tra queste le italiane sono poche. La mia volontà è quella di invitare tutte le italiane perché se non permettiamo loro di correre il Giro, non le facciamo più vivere. A loro serve esserci per giocarsi questa carta con gli sponsor. Capiamo di essere molto importanti per loro e tutto quello che possiamo fare lo facciamo sempre con grande piacere».[45]

Il tema della partecipazione è un aspetto importante anche per Brunello Fanini, che ha dichiarato: «Anche se il Giro Rosa di oggi ha acquisito maggiore importanza grazie all'ingresso dell'Uci, ha perso il suo carattere "familiare". Prima infatti c'erano molte più squadre e si poteva correre tutti. Oggi, invece, per una piccola squadra è diventato più difficile essere presente. Chi non ha grandi atlete, che gli permettano di restare ai vertici del ranking, ha più difficoltà a partecipare perché non accede ai rimborsi spese. Così, a meno che non abbia degli sponsor o dei genitori che per passione finanziano le figlie, è impensabile che una piccola società possa permettersi di accollarsi tutte le spese. Queste ragazze, salvo qualche eccezione, non prendono uno stipendio, bensì al massimo un rimborso di 300, 400 euro, magari si arriva anche 700. Molte non prendono addirittura nulla se non un rimborso spese. Si corre solo per passione. Le grandi squadre, invece, che hanno degli sponsor alle spalle, possono allestire team più vincenti e piazzarsi meglio nel ranking. Così accedono anche ai rimborsi spese. Insomma, è un meccanismo strano che premia chi ha i soldi. Ma così il Giro ha perso il carattere di corsa "familiare", di corsa per tutti»[46].

La cosa certa è che il Giro Rosa, come ha ricordato anche il presidente della Fci Renato di Rocco, resta «la corsa a tappe internazionale dedicata al movimento femminile che tutto il mondo ci invidia per la spettacolarità del percorso e delle sfide che propone».[47]

Al di là delle italiane salite sul podio, vi è poi una presenza femminile indispensabile a ogni Giro. Non sale in bicicletta, non corre, ma il suo ruolo è il più importante perché riassume tutto quello che c'è da sapere sulla corsa: quadri, squadre, albo d'oro, tappe, altimetria generale, sponsor, programmi, operazioni. È *Anita*, il libretto che accompagna l'evento fornendo tutte le informazioni alla carovana e a chi il Giro lo segue con qualsiasi incarico. È il corrispettivo del libretto del Giro d'Italia maschile che, non a caso, si chiama *Garibaldi*.

Tabella 1: i podi al Giro d'Italia Donne
(Fonte: *Anita* 2019)

Anno	*Vincitrice*	*Seconda*	*Terza*
1988	M. Canins (Italia)	E. Hepple (Australia)	P. Rossner (Germania Est)
1989	R. Bonanomi (Italia)	A. Koljaseva (Urss)	T.V. Nyman (Finlandia)
1990	C. Marsal (Francia)	M. Canins (Italia)	K. Watt (Australia)
1991	*non disputato*		
1992	*non disputato*		
1993	L. Ilavská (Slovacchia)	L. Zberg (Svizzera)	I. Chiappa (Italia)
1994	M. Fanini (Italia)	K. Watt (Australia)	L. Zberg (Svizzera)
1995	F. Luperini (Italia)	L. Zberg (Svizzera)	R. Bonanomi (Italia)
1996	F. Luperini (Italia)	A. Cappellotto (Italia)	I. Chiappa (Italia)
1997	F. Luperini (Italia)	L. Jackson (Canada)	E. Pučinskaitė (Lituania)
1998	F. Luperini (Italia)	L. Jackson (Canada)	B. Heeb (Svizzera)
1999	J. Somarriba Arrola (Spagna)	S. Bubnenkova (Russia)	D. Veronesi (San Marino)
2000	J. Somarriba Arrola (Spagna)	A. Cappellotto (Italia)	V. Polchanova (Russia)
2001	N. Brändli (Svizzera)	D. Žiliūtė (Lituania)	E. Pučinskaitė (Lituania)
2002	S. Bubnenkova (Russia)	Z. Stahurskaja (Bielorussia)	D. Žiliūtė (Lituania)
2003	N. Brändli (Svizzera)	E. Pučinskaitė (Lituania)	J. Somarriba Arrola (Spagna)

Anno	*Vincitrice*	*Seconda*	*Terza*
2004	N. Cooke (Gran Bretagna)	F. Luperini (Italia)	P. Doppmann (Svizzera)
2005	N. Brändli (Svizzera)	J. Somarriba Arrola (Spagna)	E. Pučinskaitė (Lituania)
2006	E. Pučinskaitė (Lituania)	N. Brändli (Svizzera)	S. Ljungskog (Svezia)
2007	E. Pučinskaitė (Lituania)	N. Brändli (Svizzera)	M.I. Moreno (Spagna)
2008	F. Luperini (Italia)	A. Neben (Usa)	C. Häusler (Germania)
2009	C. Häusler (Germania)	M. Abbott (Usa)	N. Brändli (Svizzera)
2010	M. Abbott (Usa)	J. Arndt (Germania)	T. Guderzo (Italia)
2011	M. Vos (Olanda)	E. Pooley (Gran Bretagna)	J. Arndt (Germania)
2012	M. Vos (Olanda)	E. Pooley (Gran Bretagna)	E. Stevens (Usa)
2013	M. Abbott (Usa)	T. Guderzo (Italia)	C. Häusler (Germania)
2014	M. Vos (Olanda)	P. Ferrand-Prévot (Francia)	A. van der Breggen (Olanda)
2015	A. van der Breggen (Olanda)	M. Abbott (Usa)	M. Guarnier (Usa)
2016	M. Guarnier (Usa)	E. Stevens (Usa)	A. van der Breggen (Olanda)
1017	A. van der Breggen (Olanda)	E. Longo Borghini (Italia)	A. van Vleuten (Olanda)
2018	A. van Vleuten (Olanda)	A. Moolman (Sudafrica)	A. Spratt (Australia)
2019	A. van Vleuten (Olanda)	A. van der Breggen (Olanda)	A. Spratt (Australia)

Le altre classiche femminili in Europa

Se il Giro d'Italia donne ha trovato delle difficoltà sulla sua strada, non è andata meglio a un'altra aspirante grande corsa a tappe femminile, il Tour de France.

Il primo tentativo, peraltro isolato, di organizzare la versione rosa della Grande Boucle risale al 1955,[48] ma solo negli anni Ottanta la Société du Tour, responsabile dell'edizione maschile, propone una gara al femminile vera e propria. E il 30 giugno 1984 parte il primo Tour de France riservato alle donne. È una novità assoluta: 18 tappe, 4 giorni di riposo e una cronometro. Si tratta di una sorta di esperimento, in vista dei Giochi olimpici di Los Angeles, nei quali era previsto, finalmente, il debutto del ciclismo femminile.

La gara non viene accolta bene da tutti. La stampa francese è la prima a chiedersi se le donne saranno capaci di sostenere una corsa di oltre mille chilometri, e sono molti i campioni che manifestano le loro perplessità. Il francese Laurent Fignon afferma che avrebbe preferito «vedere le donne fare altro»,[49] Felice Gimondi dirà che «impegnate in uno sforzo prolungato vedo snaturata la loro femminilità. Tecnicamente poi bisognerà smentire l'immagine del Tour corsa dura e micidiale perché certamente una squadra femminile non sarebbe in grado di sostenerla… le donne dovrebbero evitare prove agonistiche troppo dure e prolungate. Io una donna la vedo sì in bicicletta, ma su quelle belle, da passeggio. Con un abbigliamento che metta in luce la sua femminilità».[50] Anche Francesco Moser non esprime grandi entusiasmi: «Io non la vedo una grande cosa perché per le donne è un impegno troppo massacrante»,[51] mentre Alfredo Martini, ct della nazionale maschile, dirà: «Accogliamole quindi nella nostra carovana ideale. È ovvio che certe imprese rimarranno a loro proibite, ma potrebbe essere una cosa interessante».[52]

Eclatante anche il titolo che la rivista mensile *Bicisport* sceglie per commentare il primo Tour de France femminile: "Avvenimento sportivo o bizzarra proposta di spettacolo?".[53]

Dal 1984 al 1989 la corsa si svolge regolarmente e pare destinata a un discreto successo, visto che, al di là del fascino delle grandi montagne, gode del fatto di svolgersi in contemporanea a quella dei maschi, per cui riesce a ottenere un buon risalto mediatico.

Per gli italiani il 1985 è un anno importante perché a trionfare è Maria Canins che poi, l'anno seguente, è invitata a Parigi tra gli atleti eccellenti convocati per presentare la nuova edizione della gara: 18 giorni di corsa (in virtù di una deroga, richiesta dal direttore del Tour Félix Levitan, per ovviare alle 12 giornate imposte come limite per i dilettanti), con prologo il 6 luglio. Il circuito prevede tappe di alta montagna e a cronometro, lunghe in media 70 chilometri e ma con due frazioni di cento, per un totale di 1.200 chilometri complessivi.

Anche il tracciato dell'edizione 1989 appare tra i più duri nella storia di questa competizione. Vi sono ben 15 Gran premi della montagna, tra i quali due – l'Isoard e il Galibier – *hors categorie*, ovvero tappe di altissima montagna. I chilometri complessivi da percorrere sono 776: partenza l'11 luglio da Martres e arrivo sugli Champs-Élysées il 23 luglio.

Nel 1990 arriva il primo stop e fino al 1992 la corsa non viene disputata per mancanza di sponsorizzazioni sufficienti a coprire le spese organizzative. Si corre invece il Tour de la Cee, corsa a tappe organizzata sempre dalla Société du Tour, che si distingue dalla precedente corsa nel nome e nella collocazione in calendario (a settembre). Nel frattempo, dal 1992 prende il via un nuovo Tour dedicato alle donne. La corsa trova sempre grandi difficoltà a livello di introiti economici e questo la limita molto, costringendo le cicliste a lunghe trasferte perché le tappe partono solo dalle località, non sempre vicine, che riescono a trovare sponsorizzazioni.

Nel 1996 il Tour de France femminile prevede 12 tappe e un prologo. La classifica finale premia le italiane, che trionfano con Fabiana Luperini, vincitrice di tre frazioni, davanti a Rasa Polikevičiūtė e Jeannie Longo; quinta Alessandra Cappellotto, nona Roberta Bonanomi, quattordicesima Sigrid Corneo, diciassettesima Valeria Cappellotto e quarantesima Mara Calliope.

Nel 1998 la società che organizza il Tour de France maschile decide che la corsa femminile si svolge in violazione del marchio, imponendo così il cambio del nome e anche la perdita del simbolo della maglia gialla. Il Tour de France femminile diventa quindi la Grande Boucle Féminine, ma la sua fortuna non cambia. Anche questa competizione subisce un forte declino e nel 2004 problemi di sponsor e altre questioni (archiviate come di "natura organizzativa") ne causano ancora uno volta lo stop. Nel 2005 si riprende, ma in un formato ridotto: le tappe sono solo 5 al posto delle 15 iniziali, e sono tutte concentrate in una sola regione per evitare costi troppo alti.

Nel 2009 la corsa si riduce a sole 4 giornate e 66 partecipanti. Sarà anche l'ultima edizione della Grande Boucle Féminine, che cade nel dimenticatoio fino al 2013, quando la campionessa Marianne Vos, insieme a molte autorevoli colleghe, quali Kathryn Bertine, Emma Pooley e Chrissie Wellington, lancia un appello per convincere gli organizzatori del Tour de France a permettere anche alle donne di partecipare alla gara.

La battaglia che queste atlete conducono non è finalizzata solo a poter correre una grande classica, ma anche ad avere un riconoscimento per tutto il movimento ciclistico femminile. Questo gruppo di campionesse decide così di promuovere una campagna mondiale che chiamano "Le Tour entier", per chiedere all'Amaury Sports Organization (Aso), che orchestra il Tour, l'organizzazione anche di una gara femminile. La petizione raccoglie in breve tempo quasi centomila firme e porta alla creazione della Course by Le Tour de France, una gara che si svolge per la prima volta nel 2014 e si corre nell'ultima giornata del Tour maschile.

Per le cicliste è un successo, l'inizio di una nuova era. L'effetto che scatena, infatti, è importante: «È una prova che si svolge davanti a tantissima gente, uno spot di sicuro effetto, un evento mediatico formidabile… La gente che è lì per vedere il Tour è talvolta sorpresa di vedere quanto aggressive e interessanti possano essere le gare femminili»[54] ha commentato Valentina Scandolara, riassumendo in poche parole come cambi il peso del movimento femminile in competizioni come questa. La Course by Le Tour de France viene trasmessa in diretta da Eurosport in centinaia di paesi e questo ha un effetto diretto sulla capacità di attrarre non solo il pubblico, ma soprattutto le sponsorizzazioni di cui il ciclismo femminile ha bisogno.

Dopo Italia e Francia, anche la Spagna ha pensato a una grande corsa a tappe per le donne. Così La Vuelta crea, sulla falsa riga della corsa francese, un evento che chiama Wnt Madrid Challenge by La Vuelta. Il 13 settembre 2015 si corre la prima edizione, in coincidenza con la giornata finale della corsa maschile. Si gareggia su un circuito, per complessivi 87 chilometri. La vittoria va a Shelley Olds (Alé-Cipollini) che batte Giorgia Bronzini (Wiggle-Honda). Alla prima edizione partecipano 13 squadre per un totale di 88 atlete, e dalla terza edizione la manifestazione è inserita nel calendario dell'Uci Women's WorldTour. La quarta edizione si è svolta per la prima volta in due tappe: una crono a squadre di 14 chilometri, su un inedito circuito chiuso, e un finale con la prova in linea.

L'idea di fondo resta quella di puntare ad avvicinare sempre più gente alle corse femminili, inserendole gradualmente nei programmi ciclistici, per puntare alla realizzazione di due corse parallele, maschile e femminile, al fine di offrire un doppio spettacolo al pubblico e un maggior seguito mediatico alle donne: uguale durata, percorso e premi simili sono l'obiettivo finale.

Anche secondo Maurizio Fabretto, che di ciclismo femminile ne ha masticato tanto, «la cosa migliore è abbinare le grandi corse come il Giro Rosa al Giro d'Italia uomini, sfruttando una macchina organizzativa che già c'è: stesso percorso, partenze scaglionate, con le donne che arrivano prima e la gente che resta lì a guardare e poi aspetta l'arrivo degli uomini. Grandi corse all'estero, come in Belgio ad esempio, hanno muri di folla alle grandi manifestazioni, le città si fermano, tutti scendono in strada. Esempi come questo permetterebbero di far compiere un passo avanti al ciclismo femminile, di dargli la giusta carica, di ottenere una buona visibilità televisiva».[55]

Oggi, se la Francia può proporre La Course by Le Tour de France e la Spagna la Madrid Challenge prima della Vuelta, l'Italia oltre al Giro Rosa può vantare anche la corsa denominata Le Strade Bianche, che per suggestioni del paesaggio, durezza del percorso e caratteristiche tecniche ha sicuramente un grande appeal. Entrambe le manifestazioni sono state inserite nell'Uci Women's WorldTour 2019, che prevede anche il Trofeo Alfredo Binda.

L'Italia, dunque, è presente con tre eventi su un calendario che ne prevede complessivamente ventitré, e che coinvolge: Olanda, Belgio, Cina, Stati Uniti, Spagna, Gran Bretagna, Francia, Svezia, Norvegia.

Ciò che conta, nel dibattito innescato, è che sia maturata una consapevolezza nuova sulla necessità di adottare gli strumenti necessari per dare visibilità al ciclismo femminile e con essa anche nuove prospettive di crescita.

Note del capitolo 6

1 Fci, delibera n. 93 del 6 novembre 1981.

2 *Tuttociclismo*, 19 maggio 1981, p. 7.

3 *Ibidem.*

4 *Ivi*, p. 8.

5 *Ibidem.*

6 *Ibidem.*

7 *Tuttociclismo*, 7 novembre 1985, pp. 1-2.

8 *Ibidem.*

9 *Tuttociclismo*, 14 marzo 1985, p. 2.

10 *Tuttociclismo*, 14 novembre 1985, p. 1.

11 *Tuttociclismo*, 26 maggio 1988, p. 8.

12 *Tuttociclismo*, 23 giugno 1988, p. 5.

13 *Tuttociclismo*, 16 giugno 1988, p. 8.

14 *Ibidem.*

15 *Tuttociclismo*, 26 maggio 1988, p. 8.

16 *Tuttociclismo*, 7 luglio 1988, p. 2.

17 *Tuttociclismo*, 29 giugno 1989, p. 7.

18 *Tuttociclismo*, primo dicembre 1988, p. 9.

19 Testimonianza rilasciata all'autrice da Brunello Fanini, 9 maggio 2019.

20 Testimonianza rilasciata all'autrice da Alessandra Cappellotto, 28 luglio 2019.

21 http://archiviostorico.gazzetta.it. Ultimo accesso: giugno 2018.

22 http://www.repubblica.it/online/sport/dopingdonne/indagati/indagati.html. Ultimo accesso: giugno 2018.

23 http://archiviostorico.gazzetta.it. Ultimo accesso: giugno 2018.

24 Dal 2002 al 2005 il Giro è organizzato dall'Associazione Ciclosportivi Sovico, con presidente Gianni Chiusi e direttore Giuseppe Rivolta.

25 Testimonianza rilasciata all'autrice da Giuseppe Rivolta, 28 aprile 2019.

26 *Ibidem.*

27 M. Marando, *La bici rosa*, Tagete, Pontedera (Pi) 2016, p. 148.

28 Testimonianza rilasciata all'autrice da Giuseppe Rivolta, 28 aprile 2019.

29 *Ibidem.*

30 *Ibidem.*

31 *La Gazzetta dello Sport*, 22 marzo 2013.

32 Testimonianza rilasciata all'autrice da Giuseppe Rivolta, 11 luglio 2019.

33 Testimonianza rilasciata all'autrice da Lucio Rigato, 22 febbraio 2018.

34 Tratto dal sito Cicliste.eu.

35 *La Gazzetta dello Sport*, 11 gennaio 2019, p. 35.

36 Testimonianza rilasciata all'autrice da Giuseppe Rivolta, 28 aprile 2019.

37 https://paraciclismo.federciclismo.it/it/article/2019/02/27/il-gruppo-iccrea-main-sponsor-del-30-giro-rosa/efb61c89-1bf2-4644-a585-6c66e91b108a. Ultimo accesso: febbraio 2019.

38 Testimonianza rilasciata all'autrice da Giuseppe Rivolta, 28 aprile 2019.

39 *La Gazzetta dello Sport*, 4 luglio 2019, inserto dedicato al Giro Rosa, pp. II-III.

40 *Ibidem.*

41 *La Gazzetta dello Sport*, 6 luglio 2019, p. 29.

42 *La Gazzetta dello Sport*, 15 luglio 2019, p. 41.

43 Testimonianza rilasciata all'autrice da Giuseppe Rivolta, 11 luglio 2019.

44 Il fatturato del Giro d'Italia uomini, nel 2017, è stato di 35 milioni di euro; quello del Tour de France maschile di 150 milioni di euro. Dati riportati in https://www.money.it/Tour-de-France-2018-giro-affari-fatturato. Ultimo accesso: febbraio 2019.

45 Testimonianza rilasciata all'autrice da Giuseppe Rivolta, 28 aprile 2019.

46 Testimonianza rilasciata all'autrice da Brunello Fanini, 3 aprile 2019.

47 Saluto del presidente della Fci Renato di Rocco, in *Anita 2019*, p. 2.

48 L'edizione, che riscosse anche un certo successo, prevedeva un tragitto in tre tappe.

49 Dineen, *op. cit.*, p. 178.

50 *Bicisport*, gennaio 1984, p. 172.

51 *Ibidem.*

52 *Ibidem.*

53 *Ibidem.*

54 Marando, *op. cit.*, p. 134.

55 Testimonianza rilasciata all'autrice da Maurizio Fabretto, 19 luglio 2019.

7

Los Angeles 1984: il ciclismo femminile arriva ai Giochi olimpici

Riprendendo il filo cronologico degli eventi che hanno interessato il ciclismo femminile, gli anni Ottanta non rappresentano solo l'epoca di Maria Canins, ma coincidono anche con l'ingresso, nel 1984, del ciclismo femminile ai Giochi olimpici: ben ottantotto anni dopo la prima edizione di Atene 1896.

I Giochi, si sa, erano nati come evento sportivo per soli maschi e per molto tempo non solo le cicliste ma le donne tutte ne erano state tenute ai margini. Se qualche sporadica presenza (golf e tennis) si registra a partire dal 1900, è solo nel 1912 che le donne vengono ammesse ufficialmente alle gare di nuoto, mentre bisogna attendere il 1928 per vederle gareggiare nell'atletica, sport fino ad allora considerato poco adatto al delicato fisico femminile.

Lo stesso fondatore delle Olimpiadi moderne, Pierre de Coubertin, aveva sempre sostenuto che i Giochi erano cosa da uomini: «Questo scompiglio non è fatto per le donne. Esso non giova mai loro. Se esse vogliono affrontarlo, che avvenga nel loro privato».[1] Così, non deve destare più di tanto stupore il fatto che occorra attendere il 1984 per assistere alle gare di ciclismo femminile sotto il simbolo dei cinque cerchi. Prima del ciclismo era toccato alla canoa (1948), agli sport equestri (1952), al volley (1964), al basket (1976), al tiro a volo (1984), a judo e biathlon (1992), a curling e hockey (1998), a sollevamento pesi, pentathlon moderno, taekwondo e triathlon (2000), allo slittino (2002), a golf e rugby (2006) e alla boxe (2012).[2]

L'inserimento del ciclismo femminile nel programma olimpico ha sollevato, negli anni, un certo interesse tra gli studiosi della materia, tanto da essere considerato un esempio di come l'introduzione di una nuova gara (soprattutto tra le donne) possa essere considerata un punto di arrivo o, per meglio dire, la consacrazione di una situazione di fatto riconosciuta. Prima del 1984 non erano mancati i tentativi di far entrare anche il ciclismo femminile nel programma olimpico e gli archivi dell'Olympic Centre Studies di Losanna contengono parecchio materiale al riguardo. Nel 1962 l'argomento era stato sollevato in vista dei Giochi olimpici di Tokyo del 1964, come pure nel 1973, grazie a personaggi come Eileen Gray, presidente della Women's Cycle Racing Association, che si rivolge direttamente al presidente del Cio dell'epoca, Lord Killanin, per fare pressioni e assicurare appoggi in tal senso. Ma i tempi non erano maturi.

Bisogna attendere dunque il 1984, quando la gara olimpica su strada sostituisce anche quella dei Campionati mondiali (come avverrà nel 1988 e nel 1992). Si comincia con un'unica specialità. A Los Angeles viene infatti assegnato solo il titolo in linea su strada. Per la pista è ancora presto: le gare femminili verranno introdotte solo dall'edizione di Seul del 1988.

In vista dell'ingresso del ciclismo femminile nel programma dei Giochi olimpici, la Federciclismo comincia a lavorare su un gruppo di potenziali atlete olimpioniche già nel 1981, prendendo atto «dell'opportunità di rivedere il sistema di questione tecnica dell'attività femminile, anche alla luce che la prova su strada delle donne è stata inserita nel programma dei Giochi Olimpici».[3] Veniva pertanto deliberato «di invitare il settore tecnico nazionale [...] a predisporre entro la prossima riunione del consiglio federale un adeguato e dettagliato piano di preparazione olimpica per il 1982 e per gli anni successivi fino a Los Angeles 1984, dando le necessarie indicazioni sui mezzi e sulle iniziative che la Fci deve porre in essere per la realizzazione di tale piano, e formulando infine una rosa di atlete che possono essere utilizzate nell'ambito del piano medesimo».[4]

Due mesi dopo, il 5 dicembre, il consiglio federale, con la delibera n. 86, approvava la proposta presentata dal settore tecnico nazionale e confermava Mario Malvicini commissario tecnico, Giuseppe Antonini allenatore per la pista, e Abele Friuli e Giancarlo Bassani collaboratori del settore femminile.

Malvicini, ex ciclista di Casalcermelli (Al), sa che lavorare con le donne non è sempre facile. Il suo rapporto con le ragazze, spiega, è «come tra padre e figlio, e in certe occasioni anche come tra amici, anche se è difficile che certi problemi personali li trattino con me perché si vergognano, comunque è un rapporto più difficile che non coi ragazzi, perché il loro carattere è diverso; per esempio, due ragazzi litigano in corsa poi dopo è tutto finito. Per due donne non è così; vengono a galla dissapori magari avvenuti tanto tempo fa. Le ragazze sono amiche, ma tendono a fare clan. O i rapporti sono idilliaci o si odiano proprio».[5] Malvicini segnala subito un aspetto importante del movimento ciclistico femminile: «Le concorrenti sono quasi tutte lombarde, le gare si svolgono principalmente in Lombardia. Bisogna mettere le altre regioni in condizioni di svolgere l'attività. Aumentare il numero delle corse domenicali. Permettere alle junior di gareggiare con le esordienti, alle senior con le allieve».[6]

La situazione del ciclismo femminile italiano pre Olimpiadi viene sintetizzata in un articolo pubblicato da *Bicisport*: «Il ciclismo femminile ha bisogno di spazi più ampi per crescere e si lagna di una scarsa attenzione federale».[7] Apprendiamo anche che, per la prima esperienza olimpica, «la preparazione della formazione femminile si svolge con modalità sostanzialmente diverse dalle squadre maschili, poiché con una sola gara in calendario ogni domenica si ha la possibilità di vedere sempre in azione le azzurre».[8]

Intanto, in vista dell'inserimento nel programma olimpico anche delle gare su pista, per la preparazione delle atlete di specialità la Fci sceglie un nome di peso del ciclismo femminile italiano: Maria Cressari. Dopo il ritiro dall'attività agonistica, la Cressari, medaglia d'oro del Coni al valore atletico, debutta così in un ruolo nuovo per una donna: «È una grande soddisfazione per me,» dichiara «soprattutto perché adesso le donne possono accedere alle prossime Olimpiadi, quindi anche se non potrò parteciparvi come atleta avrò la possibilità di farlo come dirigente e le vivrò con uguale entusiasmo».[9]

È la prima volta che un ruolo tecnico nazionale è affidato a una donna.[10] La Cressari, «attenta osservatrice»[11] che, in seguito, aggiungerà al suo curriculum anche l'esperienza di commentatrice Rai, all'avvio della preparazione della nuova stagione si dice soddisfatta per quanto realizzato in quella precedente, durante la quale le italiane non hanno sfigurato, ma solo patito un po': «Ma si è trattato solo di un pizzico di inesperienza di fronte alle vecchie... smaliziate avversarie».[12]

La Cressari può contare su un gruppo ristretto di atlete:[13] Rossella Galbiati, classe 1958, di Corsico (Mi), tesserata per il Gs Bonariva Aiga Colnago Campagnolo; Nicoletta Benetollo, padovana classe 1962, della Sco Cavenago Rossin; Michela Tomasi, coneglianese classe 1963, della Barbaiana Pinarello Eureka; Patrizia Spadaccini, classe 1960, di Crema, appartenente al Gs Ortofrutticola Cerluschese; Roberta Bonanomi, classe 1966, di Sotto il Monte (Bg), tesserata per il Gs Merate; Francesca Galli di Desio, classe 1960, tesserata per il Gs Bonariva Aiga Colnago Campagnolo; Rosanna Piantoni di Cologne (Bs), classe 1961, della Sco Cavenago Rossin.

A proposito di questo gruppo di atlete c'è da notare che, rispetto a chi le ha precedute, il cui titolo di studio in genere si fermava alla terza media, molte di loro hanno conseguito il diploma superiore: ad esempio, la Galli al liceo artistico e la Galbiati alle scuole magistrali. Nella vita, chi non studia lavora: la Benettolo e la Piantoni fanno le commesse, la Tomasi è operaia. Il ciclismo non dà da vivere: chi corre deve per forza anche lavorare.

La nuova responsabile della pista ha le idee chiare su cosa fare in vista dell'appuntamento olimpico: bisogna colmare il divario dovuto alla «mancanza di esperienza in prove internazionali. Una cosa alla quale dobbiamo ovviare per il prossimo futuro».[14] È anche convinta che sia necessario dare più spazio all'attività di preparazione invernale, «allargando magari gli indoor anche al ciclismo femminile, e che alla Sei giorni si possano legare le gare giornaliere ad una classifica finale per permettere un più approfondito impegno da parte delle ragazze».[15]

Mario Malvicini viene confermato nell'incarico di preparatore olimpico delle stradiste, settore in cui dirà che «non siamo ancora al meglio. Quando sono arrivato io, circa sette anni fa, siamo passati da 30 a 170-180 atlete, però il 90 per cento di queste ragazze sono lombarde, quindi si escludono quasi totalmente le altre regioni: questo è dovuto proprio a un'attività fatta in un determinato modo, per cui le ragazze delle altre regioni si trovano in difficoltà a svolgere un'attività così dispendiosa, perché devono viaggiare e venire in Alta Italia tutte le settimane ogni domenica. Per questo il ciclismo femminile non decolla. Io ho già fatto alcune proposte al settore tecnico per cercare di migliorare questa situazione, ma ancora siamo come prima».[16] La ricetta di Malvicini passa attraverso l'idea di istituire tre categorie al posto delle due attuali (13-16 anni e dai 17 in su). Malvicini propone una categoria 13-14 anni (che farebbe correre solo con gli esordienti maschi), una 15-16 anni e poi le seniores dai 17 in su. Così le gare per esordienti sarebbero sempre nel raggio di 50 chilometri da casa e quindi tutte le ragazzine che volessero correre non avrebbero difficoltà legate alle trasferte lunghe e ai relativi costi. Malvicini propone anche due gare settimanali anziché una, e in regioni diverse per permettere a quelle del Sud di programmare una propria attività indipendente, senza costringere le donne a correre con i maschi, le junior con gli esordienti e le senior con gli allievi. «Questo per avere una loro attività continua, salvo poi quando ne hanno la possibilità, andare a incontrarsi con quelle che hanno un'attività a livello nazionale. [...] L'avvento della Canins è stato molto positivo. Ha portato nel ciclismo femminile qualcosa di nuovo, cioè il fatto che essere donne non deve giustificare un'attività all'acqua di rose; inoltre ha portato la costanza di fare determinate medie e questo tutte le altre ragazze lo hanno capito. Tant'è vero che le medie in Italia sono migliorate tantissimo e direi che sotto questo aspetto siamo a livello internazionale, non da meno degli altri paesi, anche perché abbiamo altri nomi come Galli, Galbiati, Piantoni, Menuzzo, Tomasi. [...] Il ciclismo in Italia purtroppo è ancora "baraccone", la gara del paese intorno al campanile, non c'è ancora la mentalità di far disputare alle ragazze gare con percorsi tecnicamente validi. Nel Colorado c'erano signore salite, non come in Italia dove sembra tutto troppo pesante. È un'attività uguale a quella degli uomini e con lo stesso sacrificio bisogna affrontarla».[17]

In vista del primo appuntamento olimpico, il nome che campeggia su tutti è quello di Maria Canins. Nella relazione a chiusura della stagione 1982, il presidente della Fci esprime chiaramente la sua posizione: «La perla del 1982 l'abbiamo raccolta nel settore femminile. Maria Canins ci ha esaltato con la sua magnifica prova nella gara in linea di Goodwood, mostrandoci che forse possediamo la pedina giusta per il massimo podio di Los Angeles».[18]

Nel 1983 l'elenco delle atlete viene meglio definito.[19] Solo il nominativo di Maria Canins è compreso tra quelli delle donne per la prova su strada. Per lei si propone al Coni il riconoscimento di "atleta probabile olimpico" (i maschi della lista sono venticinque). La qualifica non ha un valore solo formale, perché corrisponde al riconoscimento di una borsa di studio mensile di un milione di lire al netto dell'Iva. Nella stessa delibera, la Fci nomina anche atleti di interesse olimpico ai quali viene riconosciuta una borsa di studio. Si tratta di 18 uomini e di 7 donne: Monica Bandini, Roberta Bonanomi, Francesca Galli, Emanuela Cristina Menuzzo, Bruna Luisa Seghezzi, Rossella Galbiati e Patrizia Spadaccini. Inoltre Nicoletta Benettoli, Rosanna Fiantoni e Michela Tomasi sono nominate atlete di interesse nazionale per la specialità pista, che ancora non rientrava tra le specialità olimpiche. Ai premi per le singole atlete si aggiunge un riconoscimento per le società di appartenenza, quantificato in due milioni e mezzo di lire per ogni atleta probabile olimpico e di un milione e mezzo di lire in caso di atleta di interesse olimpico o nazionale.

In vista dei Giochi, Malvicini vuole che la pattuglia delle azzurre partecipi anche ad alcune competizioni internazionali. Così, nel 1983 le azzurre partecipano al Coors International Bycicle Classic, in Colorado, dove agguantano un secondo posto nella classifica generale grazie a Maria Canins, seconda dietro Rebecca Twigg. Maria diventa subito la beniamina dell'appassionato pubblico americano. La corsa americana non è una passeggiata: bisogna percorrere 750 chilometri che vedono al via «l'espressione migliore del ciclismo femminile attualmente in circolazione [...] una grossa esperienza internazionale, una visione panoramica delle avversarie azzurre al mondiale».[20]

Malvicini seleziona così il primo gruppo di azzurre che fanno parte della spedizione olimpica: Roberta Bonanomi, Cristina Menuzzo (che in carriera veste la maglia azzurra dal 1973), Bruna Luisa Seghezzi e Maria Canins. Le esclusioni di Spadaccini, Galbiati e Galli convincono qualcuno che la nazionale messa in campo da Malvicini sia stata costruita solo in funzione della Canins, senza riflettere i veri valori del movimento. La cosa genera dissapori anche perché la Canins ha la fama di essere un'atleta piuttosto indipendente, che non si cura più di tanto di quello che dicono i tecnici, cosa che, si mormora, le fosse costata l'esclusione dalle Olimpiadi invernali di Sarajevo.

Ai Giochi di Los Angeles, in ogni caso, la migliore delle azzurre sarà proprio lei, Maria Canins, quinta nella gara vinta dall'americana Connie Carpenter-Phinney, ex campionessa di pattinaggio passata al ciclismo dopo un incidente al ginocchio. Le altre azzurre ottengono piazzamenti dal nono posto in giù. Commentando la corsa, *Tuttociclismo* scrive: «La nostra valorosa rappresentante conosce un solo modo di condurre la gara: prendere la testa e puntare diritta al traguardo. Se l'ordine di arrivo fosse determinato solamente dalla generosità e dalle energie spese, Maria Canins avrebbe vinto con ampio distacco. Ma il percorso si è rivelato meno selettivo del previsto e le rivali non avevano alcuna intenzione di cederle il passo. Resta l'amaro in bocca e il rammarico non tanto per la medaglia fallita: resta il rammarico per aver seguito con angoscia il dipanarsi di un copione di cui era possibile leggere dalle prime battute l'inevitabile fine. Abbiamo assistito al dramma, non insolito nella vicenda sportiva, della furbizia che ha la meglio sul cuore. Anche questo fa parte del gioco. Il ciclismo femminile è in forte crescita, presto, a nostro avviso, riceverà un notevole impulso, in quanto dalla prossima Olimpiade sarà inserita nel programma anche una specialità della pista, la velocità. Questo significherà una maggiore attenzione da parte di tutti per questo settore che, anche nel nostro paese (e Rossella Galbiati con Maria Canins ne sono la prova più evidente) ha assunto le dimensioni di vero e proprio fenomeno sportivo. A questo proposito è importante rilevare un particolare significativo: le oltre mille bambine tesserate che quest'anno hanno svolto attività nei Giochi della Gioventù».[21]

Il commento a questa edizione delle Olimpiadi di *Bicisport*, firmato da Toni Lo Schiavo, è di tutt'altra natura. Parlando del *tornado* Canins e del ruolo della campionessa, il giornalista scrive: «Troppe ragazze si sono sentite ingiustamente accantonate per fare spazio a un'atleta che, rubata allo sci, mostrava una grande forza fisica e una scarsissima disponibilità a collaborare in una logica di squadra».[22] Lo Schiavo parla anche di dimissioni della Cressari dall'incarico nel settore tecnico azzurro proprio per queste ragioni, sottolineando che il settore femminile si è «sgretolato, divorato da inimicizie, gelosie e invidie. Ora il settore va interamente ricostruito. Non è facile, perché quello femminile è tra i più modesti per numero di atlete, per la sua zona diffusionale strettamente legata alle regioni settentrionali e per l'aspirazione di molti a lavorare con i settori maschili, considerati di maggiore successo. Bisognerà trovare tecnici seri, che godano la fiducia di chi segue il loro lavoro, che abbiano il piacere di lavorare nel settore. Solo così si potrà sperare di arrivare un giorno a conquistare medaglie che non siano occasionali ma frutto di un serio e scrupoloso lavoro di base capace di garantire risultati e continuità».[23]

Quattro anni dopo, a Seul, alla gara su strada si aggiunge anche quella su pista (velocità 1000 metri). Il percorso della prova su strada misura 82 chilometri e la migliore delle italiane è Imelda Chiappa, giunta quindicesima al traguardo, ingannata da una volata rinunciataria della Longo; Maria Canins è trentaduesima e Roberta Bonanomi quarantacinquesima. Un'edizione scarsa di risultati per le azzurre e anche molto contestata per la facilità del percorso, poco idoneo alle doti della pattuglia italiana, che aveva nella Canins il suo punto di forza, perché di fatto favoriva le velociste senza fare selezione. La delusione di Seul mette in evidenza alcuni problemi: «Se il ciclismo femminile vuole progredire, deve riscrivere la filosofia che lo ispira. Forse è giusto aspettare che le nazioni più giovani crescano, ma neppure è giusto penalizzare le rappresentanti di questo sport al punto da non farle emergere a livello internazionale attraverso competizioni a loro non confacenti. L'atletica è arrivata a 160 paesi partecipanti ai Giochi perché ha avuto il coraggio di operare scelte importanti. Il ciclismo invece assomma soltanto 60 bandiere».[24]

Anche secondo il tecnico De Donà, che ha sostituito Mario Malvicini, è arrivato il momento di cambiare e adeguare i chilometraggi in una categoria che ormai è evidentemente cresciuta: «L'Uci deve prendere atto dei passi da gigante che hanno compiuto queste ragazze negli ultimi dieci anni. Non è più proponibile una prova iridata o olimpica su una distanza di 80 chilometri senza delle difficoltà altimetriche adeguate. [...] Qualcosa va certamente rivisto, questa categoria lo merita certamente».[25]

Per la Canins è la seconda Olimpiade sfortunata e non ce ne sarà una terza. Ha già compiuto trentanove anni e i regolamenti internazionali le permettono di restare sulla scena per un'altra stagione soltanto.

Quella di Seul è stata anche l'Olimpiade dell'esordio delle *pistards*. L'Italia scende in gara con la trevigiana di Breda di Piave Elisabetta Fanton,[26] classe 1968, che da quattro anni veste la maglia azzurra in questa specialità: «A Seul ho pagato un po' l'emozione e un po' un difetto di preparazione»[27] racconta. È infatti settima in qualifica e viene eliminata nella terza batteria dalla cinese Zhou. In quell'anno la Fanton veste i colori dello Stop Moda Market Castagnole,[28] dove il direttore sportivo è papà Amedeo che la sostiene in tutto, anche economicamente, a conferma che tra le donne il ciclismo resta sempre un affare di famiglia. «Mio padre ha vissuto con me la carriera da ciclista che avrebbe voluto fare lui» racconta Elisabetta, ricordando tutti i sacrifici fatti per permetterle di partecipare ogni domenica a quell'unica gara che il calendario femminile proponeva. Poi, visto che su strada è particolarmente veloce, qualcuno decide di farla esordire in pista: «Semplicemente mi diedero una bicicletta che non avevo mai visto prima, e mi misero in pista al Vigorelli. Per me era la prima volta. Era la gara dei Campionati italiani. Sono arrivata seconda dietro la Galbiati, dopo essere caduta ed essermi rialzata. La mia carriera da *pistard* inizia così, con Mary Cressari come tecnico fino al suo abbandono nel 1986, e poi con Sergio Bianchetto. A quei tempi ero l'unica donna azzurra della pista».[29]

Sorride quando si parla di guadagni, parola sconosciuta nel dizionario delle cicliste dell'epoca. Ricorda bene, invece, quelle atlete «che un anno arrivavano lontanissime dal podio e l'anno dopo facevano risultati incredibili ai mondiali. Io ne ho disputati cinque, arrivando sempre quinta, ma ho sempre corso in maniera naturale, allenandomi tanto, chilometri su chilometri. Niente scorciatoie. A quell'epoca il doping era diffuso anche nel settore femminile. Anzi, sentivo dire che c'era sempre stato. Addirittura mi raccontavano che una volta si prendevano anfetamine per andare più forte. Peccato. Se fossero state tutte gare "al naturale" avremmo visto emergere le vere campionesse. Certo, non tutte si dopavano, una come Maria Canins ha sempre corso al naturale, era di una forza incredibile. Non aveva certo bisogno di niente!».[30]

La Stop Moda Market per cui corre la Fanton è una delle società di punta di questi anni, insieme alla As Merate (con Chiappa e Bonanomi), alla Yek Vigevano (Seghezzi e Magro) e alla Verinet (Canins e Galli).

A Barcellona, nel 1992, l'Italia resta ancora lontana dal podio. Nella gara su strada Valeria Cappellotto arriva diciassettesima, mentre le compagne di squadra Maria Paola Turcutto (friulana di Cividale, classe 1965, campionessa italiana a cronometro nel 1992) e Roberta Bonanomi chiudono rispettivamente trentaduesima e trentanovesima. Nella pista viene eliminata nelle qualificazioni Gabriella Pregnolato, ventunenne di Correggio (Re), che avrebbe poi vinto per quattro volte i Campionati italiani a cronometro (nel 1996, 1997, 1999 e nel 2000, quando fa il bis vincendo anche la prova in linea). A fine carriera la Pregnolato non abbandona il ciclismo: nel 2016 diventa direttore sportivo dell'Astana Women's Team.

Per riuscire ad arrivare sul podio olimpico l'Italia deve pazientare ancora un po', fino ad Atlanta 1996, l'edizione del Centenario, assegnata non senza qualche critica alla città della Coca-Cola, *main sponsor* dell'evento a cinque cerchi. Il programma delle gare femminili nel frattempo è cresciuto. Vengono assegnati due titoli su strada (individuale e cronometro individuale), tre su pista (velocità, inseguimento e corsa a punti) e uno nella mountain bike. Il 21 luglio l'Italia conquista la sua prima medaglia olimpica femminile nel ciclismo grazie a Imelda Chiappa, argento dietro la francese Jeannie Longo nella gara su strada (Alessandra Cappellotto arriva settima e Roberta Bonanomi trentaduesima). Imelda ha trent'anni, viene dal paese di papa Giovanni XXIII, Sotto il Monte (Bg), e prima di essere licenziata a causa del ciclismo faceva l'operaia: dopo un incidente in allenamento, infatti, aveva accumulato troppi giorni di assenza. Dopo l'argento per lei le fatiche olimpiche non sono finite. Il 3 agosto torna in sella nella gara a cronometro individuale e arriva ottava.

In questa edizione dei Giochi fa il suo esordio anche la mountain bike, specialità dove i colori italiani trionfano. Sul gradino più alto del podio sale Paola Pezzo, ventotto anni, veronese di Bosco Chiesanuova (Vr), che vince in solitaria il primo oro olimpico del ciclismo femminile italiano, davanti alla favorita Alison Sydor, canadese, che arriva dopo un minuto, e all'americana Susan DeMattei, il cui cognome tradisce chiare origini italiane.

Non molti, probabilmente, ricordano la gara di Paola Pezzo, anche se si trattò di una vera impresa: dopo essere caduta al primo giro, Paola si rialza, è dolorante ma si riprende subito, recupera e vola solitaria verso il traguardo, dedicando la vittoria a Fabio Casartelli, morto l'anno prima al Tour de France. Sicuramente in molti invece, anche a distanza di anni, ricordano il suo gesto a pochi metri dall'arrivo, quando, dopo aver fatto il segno della croce, si chiude il colletto della maglia con la zip, per arrivare composta al traguardo. Anche la stampa sembra soffermarsi più su quel particolare che sulla gara. Il corrispondente del quotidiano *la Repubblica* scrive: «Alzi la mano chi davvero l'ha guardata pedalare, alle dieci di sera e in diretta tv. Chi ha puntato gli occhi solo sulla sua bicicletta, sulle ruote che mangiavano l'erba, sul telaio che sobbalzava, sui capelli più dorati della medaglia che adesso pende proprio "lì", a coprire la zona di massimo ascolto dei Giochi, tra il collo e la pancia di Paola Pezzo, 28 anni, veronese, prima campionessa olimpica di mountain bike. Cioè la ragazzona che dopo trecento metri di corsa ha tirato giù la cerniera del body e ha costretto i cameramen americani ad inquadrature ravvicinate dentro la sua scollatura [...] sullo sterrato della Georgia non era la sua bicicletta l'unica cosa che colpiva».[31]

Lo stesso sito americano Bikemag, nel ricordare la corsa della DeMattei, non omette di sottolineare il gesto di quella che definiscono la «poco timida Paola», che nell'aprire la cerniera della maglia non solo garantiva una maggiore ventilazione al corpo, ma raccoglieva anche gli sguardi del mondo, incollati a sbirciare la scollatura.[32] Le testate americane la definiranno anche «l'atleta più sexy dei Giochi di Atlanta, nonostante il ciclismo non sia sport che esalti la femminilità di un'atleta».[33]

Passano gli anni, cambia il secolo, ma non il modo di guardare al ciclismo femminile. Anche Paola Pezzo è stata pioniera di uno sport che allora era ancora poco conosciuto in Italia, ma per il quale ad Atlanta si erano mossi 34.000 spettatori, che per assistere alla corsa avevano pagato 25 dollari di biglietto. Una specialità che tra fango, buche e acrobazie ricorda i tracciati delle prime corse ciclistiche di Alfonsina Strada e delle altre cicliste di inizio secolo. Al di là dell'importante risultato sportivo, l'epoca di Paola apre nuovi orizzonti.

Se prima Maria Canins ci aveva abituato ai risultati di prestigio raccolti con la fatica e il sudore, ma restando sempre atleta umile, schiva e per niente diva, con la Pezzo il ciclismo femminile aggiunge ai risultati agonistici di eccellenza una patina glamour: "Pezzo, la bici mette la gonna" titola il 17 settembre 1997 *La Gazzetta dello Sport*, che scrive: «L'olimpionica guida il boom del ciclismo femminile e firma fino al 2000 con la Fisher. La vincitrice della coppa ha visitato il Salone dove è stata intervistata in tempo reale dalla Gazzetta On Line».[34] Anni luce da quello che succedeva solo pochi anni prima.

Le vittorie della Pezzo sono uno stimolo al rinnovamento del ciclismo femminile: si parla di ingaggi e contratti con sponsor americani che le fruttano circa cento milioni di lire l'anno,[35] di collegamenti in diretta con trasmissioni sportive, di interviste pubblicate su giornali e siti internet. Dopo Maria Canins la popolarità del ciclismo femminile ha un'ulteriore spinta in avanti, ma a differenza della montanara Maria, Paola è un personaggio che buca lo schermo, attira folle di appassionati in cerca di autografi e si concede volentieri a interviste e passerelle. Rappresenta un nuovo modello di donna ciclista, deposita un suo marchio, "Pezzo, golden girl", ha i riflettori della tv puntati addosso. E anche se il cronista della *Gazzetta dello Sport* la descrive come «bionda fatina veronese, ieri in minigonna bianca e una camicia nera trasparente con degli inserti di perline», lei intanto pensa anche a un proprio sito internet, dove poter rispondere ai tanti tifosi che le scrivono, e lancia una collezione di capi sportivi: «Ho studiato e provato a realizzare una serie di capi sportivi, moderni e funzionali: "Primadonna" rappresenta l'unica vera collezione sportiva femminile».[36] E la sua popolarità è enorme anche in America, dove le attribuiscono il riconoscimento più importante per la mountain bike.

Paola, però, non è l'unica protagonista dell'edizione dei Giochi olimpici del 1996. Se fino ad allora l'Italia era stata a digiuno di successi, ad Atlanta fa una scorpacciata di medaglie. Mezz'ora dopo il successo della Pezzo, infatti, la ventottenne bolzanina Antonella Bellutti trionfa nell'inseguimento individuale su pista davanti alla francese Marion Clignet. Il 6 aprile Antonella aveva realizzato il record mondiale e altri due record li aveva segnati nelle eliminatorie olimpiche. In bicicletta usa una posizione "a canne di fucile": parte, va subito in netto vantaggio di oltre un secondo su Marion Clignet, secondi che aumentano e diventano addirittura cinque, prima di chiudere i 3000 metri della gara. «Campionessa di umanità, non solo di ciclismo» scrive di lei *La Gazzetta dello Sport* «perché il titolo olimpico, la popolarità, le serate hanno sempre lasciato qualcosa nel suo animo, l'hanno arricchita. Non sono state vuote esibizioni. Messaggi, solidarietà, aiuto per gli altri».[37] L'oro olimpico non la cambia: «Non ho avuto tregua dopo Atlanta» confida al cronista che la intervista qualche mese dopo, mentre è impegnata nell'omnium femminile sulla pista del Forum, dove ritrova quella Marion Clignet che ha battuto ad Atlanta, ma da quale è stata a sua volta sconfitta nella finale iridata di Manchester del 1996. «È stato molto difficile organizzarsi, ma sono contenta perché sono riuscita a non perdere di vista l'impegno con questo sport. E anche se è più stressante e impegnativo rispetto agli anni scorsi, l'allenamento lo vivo con piacere, è un momento mio in cui faccio la cosa che mi piace di più».[38]

Sempre ad Atlanta, nell'esordio della gara a punti, l'Italia arriva decima con Nada Cristofoli. Friulana di Spilimbergo (Pn), classe 1971, Nada va in bicicletta da quando aveva dieci anni. Passista veloce e scalatrice, nel 1984 ha vinto i Giochi della gioventù. Buon segno. Ad Atlanta arriva dopo aver vinto un argento ai mondiali su pista in Colombia.

Per Bellutti e Pezzo quello di Atlanta non resterà l'unico oro olimpico della carriera. Quattro anni dopo, le due azzurre si ripetono a Sidney 2000.

La preparazione delle atlete, nel frattempo, è cambiata, com'è cambiata la percezione dei risultati: le Olimpiadi hanno finalmente garantito una certa popolarità anche alle donne, come conferma la stessa Bellutti, spiegando il suo modo di vivere e mettere a frutto la notorietà acquistata: «Dopo i Giochi ho ricevuto tante lettere di ragazze che mi esponevano i loro problemi, che volevano parlarmi come amica. Mi hanno sorpreso, è strano da parte di chi non ti conosce e ti tratta come se ti conoscesse da sempre. Il mio impegno post Atlanta è andato molto nella direzione del sociale. Sono andata a parlare nelle scuole, nelle comunità di tossicodipendenti, con i disabili: ho parlato del significato positivo dello sport, della crescita umana. È stata un'esperienza importante, quando ne esci sai cosa vuoi dalla vita».[39]

La Bellutti torna sul gradino più alto del podio olimpico nella corsa a punti (nell'individuale è quinta), mentre la Pezzo bissa l'oro nella mountain bike. Per Antonella sarà anche l'ultima Olimpiade. Nel 2002 decide infatti di scendere dalla bicicletta e di salire su un bob. Al contrario di Maria Canins, passa da uno sport estivo a uno invernale nell'anno in cui viene anche eletta nella giunta del Coni in quota atleti: nello sprint elettorale vince la volata su Antonio Rossi. Le donne, per una volta, battono gli uomini.

Sul bob Antonella sale con Gerda Weissensteiner, atleta altoatesina anche lei oro olimpico, per affrontare velocità un po' più elevate di quelle alle quali era abituata in bicicletta: si arriva a 120 km/h. Il suo addio alla bicicletta non è però privo di amarezza. A chi le chiede il motivo, infatti, risponde che lo fa spinta «dalla nausea, dallo schifo che ormai c'è nell'ambiente, dove si mette in dubbio tutto e tutti. Ad Atlanta avevo dedicato il mio oro agli eroi puliti, a quelli senza doping; dopo Sydney, appena sono tornata in Italia, una mattina di ottobre sono stata svegliata dai giornalisti che al telefono mi chiedevano cosa avevo da dire a mia difesa sull'ormone della crescita. Ero finita insieme a tanti altri, eravamo in sessanta, nello scandalo del Gh. C'è una querela per diffamazione in mezzo. Mi sono sentita a pezzi, avevo già deciso di smettere, ma quel fatto ha affrettato la mia decisione, avevo solo voglia di mollare tutto, di uscire al più presto da un mondo che trovavo poco sportivo, così ho messo all'asta i pezzi della mia carriera, bicicletta compresa, e il ricavato l'ho devoluto ai bambini della Sierra Leone».[40]

Per Antonella i temi sociali non sono una novità, come pure le battaglie per i diritti. Qualche anno dopo il ritiro, in occasione dell'inaugurazione di un museo della bicicletta ad Alessandria, ha modo di sottolineare «come la lotta storica sia tuttora in corso per conquistare un ruolo adeguato della donna nel ciclismo e nel mondo dello sport. [...] Un museo per la bicicletta è qualcosa di prezioso e speciale. E lo è in particolare per la nostra società perché simbolo di una delle grandi battaglie del nostro tempo, mai come oggi attuale: quella dell'emancipazione femminile e del contrasto alle discriminazioni. La storia delle suffragette è la storia che ha portato le donne alla libertà di pedalare. Da allora l'inseguimento dei diritti non è affatto finito. C'è ancora una strada tutta in salita da percorrere e sarebbe bello che donne e uomini pedalassero insieme. Perché non c'è democrazia senza la libertà e il rispetto dovuto alle donne. L'unica catena che ci rende liberi è quella della bicicletta. E questo ci deve far riflettere sul ruolo e il potere della bicicletta».[41]

Tornando ai Giochi di Sidney, va detto che l'Italia del ciclismo femminile sperava di portare a casa anche una terza medaglia nella prova su strada, dove il commissario tecnico Dario Broccardo[42] poteva contare su Alessandra Cappellotto come atleta di punta, con il supporto di due colleghe dalla lunga esperienza internazionale come Roberta Bonanomi, che alle spalle aveva 16 mondiali e

4 Olimpiadi, e Valeria Cappellotto, sorella di Alessandra. La gara però non va secondo le ambizioni azzurre: Alessandra chiude quindicesima, Valeria trentunesima e Roberta si ritira.

I Giochi olimpici di Atene 2004 non porteranno medaglie alle italiane. Il programma di gare è lo stesso, ma stavolta si affacciano nomi nuovi nel panorama azzurro, destinati a lasciare un segno nel futuro. Del resto l'età media delle azzurre sfiora i ventun anni: una cucciolata di nuove promesse.

L'Olimpiade greca vede nella gara individuale su strada Noemi Cantele (classe 1981, di Varese) chiudere tredicesima, Tatiana Guderzo (classe 1984, di Marostica) ventiseiesima e Giorgia Bronzini (classe 1983, di Piacenza) trentasettesima. La Guderzo sarà anche ventunesima nella prova individuale a cronometro.

Nella mountain bike il sogno di Paola Pezzo di fare il tris sfuma. Paola ha trentacinque anni, nel frattempo è diventata mamma di un bambino e a causa della maternità è stata lontana dalle gare per tre anni, ma ad Atene sogna di salire sul podio con il suo Kevin in braccio. Purtroppo però si ritira dopo nove chilometri a causa di dolori alla schiena. A vincere l'oro è la norvegese Gunn Rita Dahle, trentun anni, mamma di due figli e vegetariana. A Paola resta comunque il record di atleta più medagliata di sempre in questa specialità olimpica.

Nella gara a punti su pista Vera Carrara finisce al quinto posto.

Per tornare sul podio l'Italia deve aspettare Pechino 2008 e Tatiana Guderzo. L'azzurra ha esordito quattro anni prima ai Giochi di Atene, chiudendo al ventiseiesimo posto nella gara in linea, e al ventunesimo nella crono. In Cina conquista la medaglia di bronzo nella corsa in linea. Viene da Marostica (Vi), città che ha dato i natali anche a Giovanni Battaglin. Classe 1984, monta in sella a una bicicletta quando ha sette anni, frequenta la facoltà di Scienze motorie a Verona e nel suo palmarès ha un argento nella cronometro mondiali Junior di Zolder del 2002, una vittoria alla Tirreno-Adriatico, l'Eko Tour in Polonia e l'oro nella cronometro agli europei Under 23 di Otepaa (Estonia). A Pechino, Tatiana corre una gara difficile, sotto la pioggia, senza mai mollare. «Speriamo che serva a sdoganare il ciclismo femminile. Speriamo che serva a far capire che ci siamo anche noi» dice al giornalista della *Gazzetta dello Sport* che la intervista a Casa Italia, il quale poi aggiunge: «E così, dopo l'argento di Davide Rebellin, il bronzo della Guderzo suona come una conferma per la scuola italiana. In campo maschile siamo, da sempre, la nazionale da battere. È bello scoprire che anche tra le ragazze abbiamo una squadra autorevole».[43]

Nel 2012, ai Giochi olimpici di Londra l'Italia non vince nulla. Dovrà attendere altri quattro anni, quando Elisa Longo Borghini arriva sul podio a Rio de Janeiro, conquistando il bronzo dietro l'olandese Anna van der Breggen e la svedese Emma Johansson. Durante i 137 chilometri del tragitto se ne sono viste di tutti i colori – vento, sole, pioggia, anche cani randagi che scorazzano lungo il tracciato –, ma Elisa corre con forza e determinazione fino al traguardo di Copacabana. Piemontese di Ornavasso (Vb), ventiquattro anni, Elisa è un atleta delle Fiamme Oro e proviene anche lei da una famiglia di sportivi, anche se i suoi hanno più a che fare con la neve che con la strada. Mamma Guidina Dal Sasso, fondista ai tempi di Stefania Belmondo e Manuela Di Centa, è anche una campionessa di corsa in montagna e mezza maratona, mentre papà Ferdinando è stato *skiman* della nazionale per vent'anni e il fratello Paolo è stato un ciclista professionista. Lo sport, insomma, è nel Dna di questa ragazza.

Elisa esordisce nel 2011 nella categoria Élite per i colori della Fassa Bortolo. La vuole in squadra Lucio Rigato, che la ricorda sempre con grande tenerezza: «Dopo che aveva subito una frattura al bacino, nessuno la voleva in squadra quell'anno. L'ho presa io. Ho creduto in lei e avevo ragione. È una ragazza meravigliosa, con solidi valori».[44] Dai cronisti Elisa viene descritta come una ragazza delicata e al tempo stesso risoluta, e lei non perde occasione per sottolineare come le sue fatiche non siano equiparate a quelle dei maschi: «Elisa, perle da madamina alle orecchie, la stella della nazionale del ct Dino Salvoldi (Guderzo, Cecchini, Bronzini), è la punta delle ragazze che mietono successi da un decennio, ottenendo poco in cambio. Zero attenzione, premi ridicoli, gli sberleffi dei maschi. Elisa, perché? "Stiamo crescendo, il livello sale. I team professionistici dovrebbero avere una squadra anche di donne. Quello delle immagini è il primo problema da risolvere perché attirerebbe sponsor: almeno gli ultimi 25 km delle gare di Coppa andrebbero mostrati alla tv". Quando ha vinto il Fiandre 2015 ha portato a casa 1218 euro. "Non è possibile che una donna guadagni come il ventesimo tra gli uomini". Triste ma vero. Da Rio con furore, sognando di fare la rivoluzione. C'è ancora la crono (è campionessa italiana) per dire al mondo, con un bronzo olimpico al collo, che le donne sono come gli unicorni blu. Impossibili da descrivere».[45]

Il tema della disparità dei compensi emerge con sempre maggiore evidenza e l'universo femminile resta un satellite lontano dai grandi numeri e dai grandi sponsor. Ancora oggi in Italia «nessuna donna che pratica sport, anche quando raggiunge livelli altissimi, è considerata una professionista»[46] racconta Elisa.

I 1218 euro che incassa nel 2015 per aver vinto il Giro delle Fiandre sono poco meno di quelli (1265) che quattro anni dopo incassa Marta Bastianelli, che vince la grande classica nel 2019. Nessuno se ne preoccupa, mentre pare che a stupire siano i 20.000 euro incassati dal trionfatore della gara maschile, l'italiano Alberto Bettiol:[47] «Una cifra quasi simbolica considerando il grande sforzo profuso e il prestigio di questa corsa».[48]

In tutti questi anni le cose non sono dunque migliorate per le donne. Lo sa bene Fabiana Luperini, la donna più vincente del ciclismo italiano: «Se fossi stata un uomo, con cinque Giri d'Italia e tre Tour de France vinti avrei certamente guadagnato molto di più e oggi, forse, potrei anche starmene senza far niente. E il discorso vale anche per un'altra generazione dopo di me. Quando sento certi compensi riservati agli uomini, con ingaggi da uno, due milioni di euro fino ai quattro, cinque e oltre, un po' mi dispiace. Quando ero in attività lo stipendio che percepivo non era nemmeno lontanamente paragonabile a quello di un professionista. Anche i premi erano diversi, anche nelle stesse competizioni. Al Giro d'Italia una donna correva per prendere circa mille euro, quando al Giro uomini la stessa cifra si prende magari per un traguardo volante. Queste cose danno dispiacere considerando quanto ho vinto in carriera. Poi, però, se penso che alle cicliste che mi hanno preceduto è andata anche peggio, mi ritengo fortunata. Ancora oggi i compensi del ciclismo femminile restano lontanissimi da quelli del maschile. In questi anni non sono sicura che le cose siano migliorate. Qualcosa è cambiato forse all'estero, dove in alcune gare il montepremi è stato equiparato a quello dei maschi, ma si tratta di eccezioni. In Italia, al contrario, direi che la situazione è anche peggiorata rispetto a quando correvo io».[49]

Non c'è dunque da stupirsi se, mentre agli inizi del nuovo millennio era l'Italia ad attrarre le cicliste straniere, oggi accada l'inverso.

Note del capitolo 7

1 Lombardo, *op. cit.*, p. 270.

2 Per la cronologia completa si rinvia al sito ufficiale del Cio: https://www.olympic.org/women-in-sport/background/key-datesdel. Ultimo accesso: gennaio 2019.

3 Delibera n. 51 del consiglio federale della Fci, 26-27 settembre 1981.

4 *Ibidem.*

5 *Tuttociclismo*, 6 ottobre 1983, p. 1.

6 *Bicisport*, aprile 1984, p. 95.

7 *Ibidem.*

8 *Bicisport*, giugno 1984, p. 82.

9 *Tuttociclismo*, primo febbraio 1983, p. 35.

10 *Tuttociclismo*, 27 gennaio 1983, p. 10.

11 *Tuttociclismo*, 3 novembre 1983, p. 1.

12 *Ivi*, pp. 1-2.

13 *Tuttociclismo*, 18 agosto 1983, p. 14.

14 *Tuttociclismo*, 3 novembre 1983, pp.1-2.

15 *Ivi*, p. 2.

16 *Tuttociclismo*, 6 ottobre 1983, p. 1.

17 *Ibidem.*

18 *Tuttociclismo*, 27 gennaio 1983, p. 10.

19 Delibera n. 39 del consiglio federale della Fci, 4-5 novembre 1983.

20 *Tuttociclismo*, 28 luglio 1983, p. 14.

21 *Tuttociclismo*, 14 marzo 1985, p. 2.

22 *Bicisport*, ottobre 1984, p. 87.

23 *Ibidem.*

24 *Tuttociclismo*, 29 settembre 1988, p. 13.

25 *Tuttociclismo*, 6 ottobre 1988, p. 5.

26 Elisabetta Fanton ha vinto cinque titoli italiani della velocità dal 1984 al 1989, ed è stata per cinque volte quinta ai mondiali. Passista veloce e velocista, nel 1990 è campionessa italiana su strada.

27 Testimonianza rilasciata all'autrice da Elisabetta Fanton, 5 giugno 2019.

28 La società interrompe l'attività agonistica femminile dopo sei anni, a seguito dell'abbandono del maggior sponsor Luciano Zago. Nel 1988 si trasferisce a Belluno, dove un gruppo di amici interviene a sostegno del progetto. *Tuttociclismo*, 24 novembre 1988, p. 16.

29 Testimonianza rilasciata all'autrice da Elisabetta Fanton, 5 giugno 2019.

30 *Ibidem.*

31 *La Repubblica*, 31 luglio 1996.

32 https://www.bikemag.com/interviews/now-susan-demattei

33 Vedi *Corriere della Sera*, primo agosto 1996, p. 33.

34 *La Gazzetta dello Sport*, 17 settembre 1997.

35 Dal 1994 Paola Pezzo gareggia per i colori della Gary Fisher, squadra del mitico inventore della mountain bike. Vedi *Corriere della Sera*, primo agosto 1996, p. 33.

36 *La Gazzetta dello Sport*, 13 dicembre 1997.

37 *La Gazzetta dello Sport*, 11 febbraio 1997, intervista di Luca Gialanella, http://archiviostorico.gazzetta.it/1997/febbraio/11/Bellutti_inseguimento_speciale_ga_0_9702119869.shtml. Ultimo accesso: giugno 2018.

38 *Ibidem.*

39 *Ibidem.*

40 http://ricerca.repubblica.it/repubblica/archivio/repubblica/2002/01/02/la-bellutti-si-prende-unaltra-vita-gioco.html. Ultimo accesso: giugno 2018.

41 http://www.cyclistmagazine.it/museo-acdb-alessandria-citta-delle-biciclette-29436 e https://www.iodonna.it/lifestyle/viaggi/2017/12/11/ad-alessandria-un-nuovo-museo-della-bicicletta-anche-nel-nome-di-noi-donne/?refresh_ce-cp. Ultimo accesso: giugno 2018.

42 Il trentino Dario Broccardo ha assunto l'incarico di commissario tecnico delle donne nel 1995. Ex ciclista, Maestro dello Sport, era già stato responsabile tecnico per gli junior della pista e ct per i settori dell'inseguimento e individuale a punti dilettanti.

43 *La Gazzetta dello Sport*, 11 agosto 2008.

44 Testimonianza rilasciata all'autrice da Lucio Rigato, 22 febbraio 2019.

45 https://www.corriere.it/sport/olimpiadi-2016-rio/notizie/strada-elisa-bronzo-d66fbeee-5ce5-11e6-bfed-33aa6b5e1635.shtml. Ultimo accesso: giugno 2018.

46 Marando, *op. cit.*, p. 126.

47 Nel 2019, i premi del Giro delle Fiandre sono stati per le donne circa un decimo di quelli complessivamente assegnati agli uomini. Categoria Uomini: 1) € 20.000; 2) € 10.000; 3) € 5000; 4) € 2500; 5) € 2000; 6) € 1500; 7) € 1500; 8) € 1000; 9) € 1000; dal decimo al ventesimo posto € 500. Totale: € 50.000. Categoria Donne Élite: 1) € 1265; 2) € 935; 3) € 625; 4) € 375; 5) € 320; 6) € 275; 7) € 250; 8) € 220; 9) € 185; 10) € 165; dall'undicesimo al quindicesimo posto € 130; dal sedicesimo al ventesimo posto € 100. Totale: € 5765. I valori sono pubblicati in https://www.economiaesport.it/2019/04/07/giro-delle-fiandre-vincono-bettiol-bastianelli-premi. Ultimo accesso: aprile 2018.

48 https://www.oasport.it/2019/04/giro-delle-fiandre-2019-quanti-soldi-ha-guadagnato-alberto-bettiol-con-la-vittoria-cifra-irrisoria-per-il-trionfo-nelluniversita.

49 Testimonianza rilasciata all'autrice da Fabiana Luperini, 30 maggio 2019.

8
Le medaglie ai Campionati mondiali

I Campionati mondiali di ciclismo aprono le porte alle donne solo nel 1958, prevedendo una prova su strada e due su pista: velocità e inseguimento. La prima presenza italiana, come si è visto, risale al 1962, quando viene rapidamente allestita una squadra per la gara su strada della rassegna iridata che si tiene in casa, a Salò.

Oggi le prove femminili sono diventate dodici, ma se si escludono le tre sopra citate, presenti dal 1958, tutte le altre sono arrivate in tempi più recenti. Le gare su strada sono due: la prova in linea (dal 1958) e quella a cronometro individuale (dal 1994), mentre non si tiene più la cronometro a squadre riservate alle nazionali, che si è corsa tra il 1987 e il 1994. Dal 2012 si svolge, invece, la cronometro a squadre per club.

Per la pista le gare sono nove. Inseguimento individuale e velocità, come si è detto, sono presenti fin dalla prima edizione della competizione iridata; vengono poi inserite la corsa individuale a punti (1988), la gara sui 500 metri a cronometro (1995), il *keirin* (2002), lo *scratch* (2003, con l'Italia che è stata il primo paese in Europa a favorirne l'ingresso come nuova disciplina nelle manifestazioni mondiali),[1] la velocità a squadre e la gara di inseguimento a squadre nel 2008 (prima per squadre di tre cicliste sulla distanza di 3000 metri e, dal 2014, per quartetti sui 4000 metri), l'omnium nel 2009 e, per ultima, l'americana (madison) nel 2017.

Strada

Ai mondiali su strada Élite l'Italia ha vinto complessivamente 28 medaglie: 6 d'oro, 8 d'argento e 14 di bronzo, che la collocano nel medagliere al quarto posto dietro Olanda, Francia e Belgio.

Nel 1984, 1988 e 1992 la corsa non è stata disputata, perché si è deciso di tenere la gara durante i Giochi olimpici, che aprono per la prima volta al ciclismo femminile. L'Italia ha ospitato ben nove edizioni della rassegna iridata: nel 1962 a Salò con una prova sulla distanza di 62 chilometri; nel 1968 a Imola (65 chilometri); nel 1976 a Ostuni (62 chilometri); nel 1985 a Giavera del Montello (Tv), con una prova su 73,7 chilometri; nel 1994 a Capo d'Orlando, in Sicilia (86,4 chilometri); nel 1999 ancora a Treviso, dove la corsa Élite si snodava lungo un percorso di 113,750 chilometri, mentre per le Junior è stato ideato un percorso di 65 chilometri; nel 2004 a Verona (132,750 chilometri per le Élite e 73,750 per le Junior); nel 2008 a Varese (138,8 chilometri) e nel 2013 a Firenze, dove la gara delle Junior si è svolta lungo un percorso di 82,850 chilometri e quello delle Élite, con partenza da Montecatini Terme, di 140 chilometri.

La prima cosa che si nota è che, in cinquant'anni, la lunghezza del percorso è più che raddoppiata, grazie ai cambiamenti intervenuti nei regolamenti internazionali, che hanno preso atto delle capacità dimostrate dalle donne di poter competere su distanze sempre maggiori.

Strada individuale Élite

In questa specialità l'Italia ha conquistato complessivamente 21 medaglie: 5 d'oro (Cappellotto, Bastianelli, Guderzo e 2 Bronzini), 6 d'argento (2 Tartagni, Bissoli, 2 Canins, Guderzo) e 10 di bronzo (Tartagni, Lorenzon, 2 Canins, Seghezzi, Bronzini, Cantele, Longo Borghini, Ratto e Guderzo).

La prima italiana a salire sul podio iridato è stata Morena Tartagni, che nel 1968 è terza a Imola. La stessa atleta, nel 1970 e nel 1971, conquista due argenti rispettivamente a Leicester (Gran Bretagna) e Mendrisio (Svizzera). Tocca poi a Laura Bissoli, argento a Ostuni nel 1976, e a Emanuela Lorenzon, bronzo nel

1978 a Nürburg (Germania) quando gareggia con una clavicola in disordine: «Fosse scattata per la volata una decina di metri prima, il secondo posto non gliel'avrebbe tolto nessuna».[2]

L'edizione di Praga del 1981 non porta medaglie alla compagine azzurra, di cui non fa parte Francesca Galli, che non risponde alla convocazione e per questo motivo è sospesa dall'attività insieme alla società di appartenenza. Cos'era successo? La società sportiva Arnaldo Bonariva, presieduta da Clara Bonariva Nicolini, il 18 luglio 1981 aveva scritto al settore tecnico della Fci e al commissario tecnico Mario Malvicini per informarli di aver sottoscritto un contratto biennale con uno sponsor (Cambio Rino) che li vincolava a far usare a tutti i tesserati solo il loro materiale. La Galli non avrebbe potuto pertanto usare i materiali forniti dalla Fci e, quindi, la società chiedeva di escluderla dai mondiali per non creare problemi, in attesa di rivedere l'anno successivo i termini del contratto.[3]

A margine di quell'edizione va ricordata un'altra notizia riguardante una donna, in particolare una dirigente. Durante la permanenza in Cecoslovacchia, il 22 agosto l'ufficio di presidenza della Fci deliberava «di appoggiare nelle dovute sedi internazionali, la persona della sig.ra Carla Giuliani quale nuovo segretario generale della Fiac»[4], la Federazione internazionale di ciclismo dilettanti. Si trattava della prima presenza femminile italiana in una organizzazione internazionale di ciclismo.

Per salire di nuovo sul podio di un mondiale l'Italia dovrà attendere l'arrivo di Maria Canins. Dal 1982 al 1989 si apre infatti l'era della campionessa della Val Badia, che conquista due argenti (nel 1982 a Goodwood, in Gran Bretagna, e nel 1985 a Giavera del Montello) e due bronzi (nel 1983 a Altenrhein, in Svizzera, e nel 1989 a Chambéry, in Francia).

Nel 1990 è Bruna Luisa Seghezzi ad andare a medaglia, conquistando un bronzo nell'edizione giapponese di Utsunomiya, dove l'Italia chiude anche al primo posto nel medagliere generale, grazie alle medaglie maschili di Mirco Gualdi, Gianni Bugno e Giampaolo Caruso e al contributo delle donne.

La prima maglia iridata dell'Italia nella gara su strada arriva l'11 ottobre 1997, a San Sebastián (Spagna), grazie ad Alessandra

Cappellotto. Mai un'azzurra era salita sul gradino più alto di un podio iridato: «Non credevo di farcela, poi ho sentito l'urlo di Broccardo. [...] Vedevo in tivù quelli degli altri sport vincere, salire sul podio, sentire l'inno nazionale... e sognavo: ci pensavo giorno e notte, adesso sono arrivata anch'io».[5]

La Cappellotto ha ventinove anni, è alta 172 centimetri e pesa 54 chili e, come afferma il suo preparatore Roberto Colli, è capace di sviluppare 335 watt alla soglia: un'enormità. Vicentina di Sarcedo, in Spagna è supportata da un pullman di tifosi del suo paese, capeggiato dal papà, ex ciclista e compagno di squadra di Franco Balmamion e Italo Zilioli. Anche sua sorella Valeria è un'azzurra.

Alessandra si lascia alle spalle l'australiana Elisabeth Tadich e la francese Catherine Marsal. Intervistata dopo la premiazione, dichiara: «Adesso sono arrivata dove volevo... questa vittoria, che è la più bella della carriera. Spero che serva per aiutare il movimento femminile a crescere e ad avvicinare qualche ragazza a questo sport».[6]

Le altre italiane si piazzano al decimo posto con la debuttante Simona Parente, al trentaduesimo con Imelda Chiappa, al quarantottesimo con Roberta Bonanomi, al cinquantesimo con Valeria Cappellotto e cinquantunesimo con Fabiana Luperini.

Il successo della Cappellotto mette in evidenza tutto il movimento, ma anche i suoi problemi: «Il successo è di peso specifico alto. Il ciclismo femminile tira. E l'Italia è diventata la nuova Mecca, strappando atlete di spessore alla Francia e ai paesi dell'Est. [...] Il movimento va però preservato, costituendo una categoria di mezzo tra le junior e le senior-élite: è paurosamente alto il numero delle ragazzine che, obbligate al salto di categoria, vanno a sbattere contro atlete fuori portata. A diciannove anni si trovano a duellare contro donne mature come Alessandra Cappellotto o Jeannie Longo, che ha più del doppio della loro età. La stortura è evidente a tutti. Non ai dirigenti dell'Uci. È bene che se ne accorgano. Magari in fretta».[7]

Alessandra si gode il successo, anche se il più contento di tutti è suo papà, che le ha comprato la prima bicicletta dal meccanico

Bruno Rossi: una Wilier Triestina, marchio nato a Bassano del Grappa, sulle sponde del fiume Brenta. "Alessandra vola" titola *La Gazzetta dello Sport*: «È bellissimo correre con i tifosi così vicini e tra il rispetto dei colleghi maschi. [...] I colleghi maschi hanno molto rispetto per noi, sono stati carini. Quelli che pensano che il ciclismo non è per le donne non sono i corridori».[8]

Dopo quel mondiale, che chiudeva la stagione, la Cappellotto cambia squadra e passa alla Acca Due O-Lorena di Maurizio Fabretto, e l'anno dopo sorprende tutti con una decisione per l'epoca rivoluzionaria: lascia l'Italia e va all'estero. Anche in questo una pioniera. «Mi ero stancata della mentalità italiana, di una gestione vecchia del ciclismo, troppo stress, troppa rigidità. Quando, nel 1998, ho ricevuto un'offerta da una squadra olandese ho accettato e sono partita. Sono stata la prima italiana nella storia del ciclismo (non consideriamo la mountain bike che era un mondo a parte) ad andare all'estero. All'epoca era tale la novità che venni anche multata dalla federazione perché non si sapeva neanche come gestire la cosa. Non esisteva uniformità di regolamenti. Ricordo che dovetti anche pagare per avere la mia tessera, perdendo un mese di corse prima che tutto fosse in ordine. Feci una cosa che all'epoca era decisamente controcorrente, perché in quegli anni erano le straniere a venire in Italia. Ma, in fondo, mi rendo conto di essere stata la prima in tante cose. In Olanda feci arrivare anche Tania Belvederesi, di Castelfidardo, in provincia di Ancona, e Ketty Manfrin, una giovane di Vicenza. Siamo state le prime tre italiane emigrate all'estero. È stata un'esperienza molto bella, perché scoprii un paese dove tutto veniva fatto in modo più rilassato. Le cicliste, anche se erano Élite, andavano a lavorare, magari mezza giornata, poi tornavano a casa e si allenavano. Una situazione completamente diversa dalla nostra. Non che ci fosse più professionalità rispetto all'Italia, ma un modo più rilassato di affrontare le cose quello sì».[9]

Con Alessandra corre anche la sorella Valeria, classe 1970, che disputa sette mondiali consecutivi, dal 1994 al 2000, piazzandosi quinta nel 1999. Anche lei inizia prestissimo e veste la maglia azzurra a ventidue anni. È campionessa italiana nel 1999, vince una tappa al Giro d'Italia, due al Tour e partecipa a due Olimpiadi. Le sorelle Cappellotto, tranne che nel 1998, gareggiano sempre nella stessa squadra e riescono anche ad arrivare insieme al traguardo, prima Valeria e seconda Alessandra (che è maglia gialla), nella tappa di La Bresse al Tour de France del 1997. Valeria lascia le corse nel 2000, dopo i Giochi olimpici di Sidney. Viene a mancare prematuramente nel 2015, a soli quarantacinque anni, per un male incurabile.

Dopo che gli anni Novanta si erano chiusi con il primo successo iridato del ciclismo femminile nazionale, il nuovo millennio stava per portare altre soddisfazioni grazie a un gruppo di giovani e talentuose atlete.

La prima medaglia la conquista Tatiana Guderzo, argento nel 2004 a Verona. Tocca poi, nel 2007, a Marta Bastianelli, che porta per la seconda volta la maglia iridata all'Italia, conquistando il mondiale che si svolge a Stoccarda. Anche Marta segue da alcuni anni una nuova moda portafortuna tra le ragazze della nazionale: ha le unghie dipinte d'azzurro, come Giorgia Bronzini, che conquista un bronzo. Piacentina, classe 1983 la Bronzini è una delle atlete italiane più vincenti del nuovo millennio. Macina risultati già da esordiente, dove si cimenta su pista, su strada e con la mountain bike. Anche lei è messa in bicicletta dal papà all'età di otto anni, tesserata per il Gs Zeppi di Piacenza. A quattordici è campionessa italiana, a sedici campionessa italiana di mountain bike e a diciannove è già nel gruppo della nazionale che partecipa alle Olimpiadi di Atene. Veste la divisa azzurra tra il 2002 e il 2018, per le gare sia su strada che su pista. Chiuderà la carriera nell'ottobre 2018, inanellando a Madrid la sua centosedicesima vittoria su strada Élite. Successi che si aggiungono ai 29 su pista e ai 14 in mountain bike. Nel suo palmarès brillano i 3 titoli mondiali (Melbourne 2010 e Copenhagen 2011 su strada; Pruszków 2009 su pista), e i 3 bronzi sempre nelle due specialità (Stoccarda 2007 su strada, Apeldoorn 2011 e Minsk 2013 su pista), oltre alle 3 Coppe del mondo nella specialità corsa a punti (2009, 2010 e 2011).

A lei il Coni assegna anche il prestigioso Collare d'oro che di fatto la inserisce nell'olimpo dello sport italiano. Quando si ritira dalle gare Dino Savoldi, ct della nazionale, la vuole nell'ammiraglia azzurra, quasi una prova generale prima di passare come ds alla Trek Segafredo.

Tornando alla cronologia dei successi italiani ai mondiali, nel 2009 è Tatiana Guderzo a portare l'Italia sul podio con il successo ai mondiali di Mendrisio, dove per l'occasione arrivano a tifare per lei quaranta fedelissimi del suo fanclub, capaci di gridare talmente forte da costringere Tatiana a voltarsi più volte prima dell'arrivo, perché impossibilitata a sentire le indicazioni del suo commissario tecnico proprio a causa dell'affetto dei suoi tifosi. Con lei sul podio c'è anche Noemi Cantele, medaglia di bronzo. Tra le due nessuna rivalità. Noemi – che corre con addosso due portafortuna: un anello al pollice, regalo di mamma Alis, e un paio di guanti dai quali non si separa mai – avrebbe anche potuto rimontare lo svantaggio che la divideva dalla Guderzo, ma non voleva favorire il gioco all'olandese Marianne Vos, che alla fine si infila tra le due.

Cresciuta in una famiglia di ciclisti (papà, fratello, zii e cugini) con il mito di Bugno e Indurain, Noemi si allena con i maschi e delle donne cicliste dice: «Siamo più femminili di molte altre atlete. La bici non fa le gambe grosse, semmai toniche».[10] Alla faccia di chi ancora sostiene il contrario.

Com'era già accaduto nel 2007, anche due anni dopo Noemi divide la camera con una compagna di squadra che poi avrebbe vinto il mondiale: a Stoccarda si trattava di Marta Bastianelli, mentre a Mendrisio è il turno di Tatiana Guderzo. Così c'è anche il tempo di una battuta dopo le premiazioni: «Il segreto è che io dormo sempre con quella che vince. La prossima volta dormirò da sola».[11]

Nel 2010 e 2011 la regina è solo una, Giorgia Bronzini, che realizza una doppietta straordinaria: conquista il mondiale di Melbourne e l'anno dopo, unica italiana a riuscire nell'impresa, si ripete a Copenaghen.

Arrivano poi le medaglie di bronzo di Elisa Longo Borghini (2012) e di Rossella Ratto (2013). Nata a Moncalieri, Rossella non ha ancora vent'anni e corre per il team norvegese Hitec Products.

Dopo essere stata campionessa europea Junior, sia in linea sia a cronometro, e seconda ai Campionati mondiali di categoria, con questa medaglia sale nell'Olimpo delle migliori. Con lei in squadra, oltre alle esperte Tatiana Guderzo ed Elisa Longo Borghini (che solo pochi mesi prima era in ospedale con la cresta iliaca fratturata dopo una caduta), ci sono anche alcune giovanissime, tra cui Valentina Scandolara, atleta di Tregnago (Vr) classe 1990, e Francesca Cauz, nata a Conegliano (Tv) nel 1992, che gareggia nella categoria Élite solo da una stagione e in questo mondiale chiuderà al ventiquattresimo posto. Francesca è figlia d'arte (suo papà Giorgio è un ex nazionale di ciclocross) e corre per la trevigiana Fassa Bortolo-Servetto Top Girls, diretta da quel Lucio Rigato, che dal 1974 ha le mani in pasta nel ciclismo femminile. Il suo incontro con la bicicletta avviene quando ha sette anni. Si guarda intorno e scegliere è facile. Quando, nel 2017, smette di correre apre un B&B: «Ora non faccio più la ciclista a tempo pieno perché quello che guadagnano le donne non è sufficiente per poterci vivere».[12] Cambiano i tempi, ma i problemi restano gli stessi.

Intanto, l'Italia si congeda da quel mondiale del 2013 dopo aver conquistato il quinto podio consecutivo, nel segno della continuità. Per questo qualcuno dirà che questo bronzo vale quanto un oro. Il successivo podio iridato arriva nel 2018 ai mondiali di Innsbruck, dove Tatiana Guderzo è terza. Con i suoi trentaquattro anni, Tatiana è una veterana rispetto al trio di esordienti composto da Elena Pirrone, diciannovenne iridata Junior, Erica Magnaldi, cuneese rubata allo sci di fondo, e Soraja Paladin, trevigiana di Ormelle, classe 1993, con trascorsi nel calcio e nel volley prima di approdare al ciclismo sulla scia della passione dei genitori per la mountain bike. Completano la squadra diretta dal commissario tecnico Dino Savoldi tre atlete anch'esse giovani, ma con più esperienza: Elisa Longo Borghini, Sofia Bertizzolo (miglior giovane del WorldTour al suo secondo mondiale) ed Elena Cecchini. Quella della Guderzo è la seconda medaglia femminile di questo mondiale, che si apre con l'argento della diciassettenne padovana Camilla Alessio nella cronometro individuale Junior.

Strada cronometro individuale

In questa gara, introdotta ai mondiali che si svolgono a Palermo nel 1994, l'Italia va a medaglia due volte: nel 1996, a Lugano, con Alessandra Cappellotto che vince un bronzo dietro le francesi Jeannie Longo e Catherine Marsal, e nel 2009, a Mendrisio, con Noemi Cantele argento dietro l'americana Kristin Armstrong. Per Noemi è un'edizione iridata fantastica, perché tre giorni dopo conquista il bronzo nella prova su strada vinta dalla Guderzo.

Strada cronometro a squadre 50 km

La gara si è disputata solo tra il 1987 e il 1995. Successivamente è stata riservata non più alle nazionali ma ai club. L'Italia è tra i paesi che avevano espresso parere favorevole all'inserimento di questa nuova gara nel 1986, con una delibera dell'ufficio di presidenza della Fci nella quale si decideva di votare in tal senso nel referendum dell'Uci.

In questa specialità l'Italia vince quattro medaglie: un oro, un argento e due bronzi. In tutti i quartetti la presenza costante è quella di Roberta Bonanomi, sempre sul podio. La prima medaglia è di bronzo e arriva nel 1987, quando l'Italia si piazza dietro Unione Sovietica e Stati Uniti grazie a Monica Bandini, Roberta Bonanomi, Imelda Chiappa e Francesca Galli.

L'anno dopo conquista il titolo iridato in Belgio, a Ronse. È il 27 agosto e a trionfare nello stesso circuito dove ha vinto Maurizio Fondriest sono le ragazze che avevano conquistato il bronzo l'anno prima, con un unico cambiamento: l'ingresso di Maria Canins, che nel 1987 era assente perché infortunata. Stavolta Unione Sovietica e Stati Uniti arrivano dietro. Questo titolo iridato, sottolinea *Tuttociclismo*, «è il primo della giovane storia del ciclismo femminile italiano che, con quest'anno, ha portato a termine la 26ª annata agonistica. Morena Tartagni, Luigina Bissoli, Emanuela Lorenzon, Rossella Galbiati, fino a giungere a Maria Canins erano riuscite ad arrivare ad un passo dal titolo iridato ma solo quest'anno possiamo festeggiare tutti assieme la tanto attesa consacrazione di una categoria in piena evoluzione».[13]

Il titolo è vinto su un tracciato giudicato particolarmente difficile, ricco di gobbe, che mette in difficoltà le azzurre, ma non le piega. Del resto la squadra italiana è forte e lo aveva dimostrato anche al Tour de l'Aude, importante manifestazione francese di dieci giorni, dove la Canins si era dovuta inchinare a Jeannie Longo, mentre Imelda Chiappa aveva vinto una tappa e colto alcuni piazzamenti che, alla fine, avevano portato le italiane a chiudere al secondo e al quinto posto nella classifica individuale, e al primo posto nella speciale classifica per nazioni.

Il gruppo è formato da atlete di età diverse. La veterana è Maria Canins, trentanove anni, che corre per il Gs Soteco Verynet Verona e arriva ai mondiali dopo 87 vittorie, di cui 9 nell'ultima stagione. La più giovane è Roberta Bonanomi, classe 1966, di qualche mese più grande di Imelda Chiappa, che è riserva. Roberta corre per i colori della As Merate Cantine Pirovani Cicli Conti Clement, ed è stata avviata al ciclismo da papà Damiano «perché da ragazzina ero estremamente pigra e cicciottella».[14] Quando arriva a Ronse ha già al suo attivo 27 vittorie: è stata campionessa italiana Junior nel 1982, terza ai mondiali nel 1987 e ha collezionato vari piazzamenti al Tour de France. Nel 1989 centrerà una prestigiosa doppietta vincendo un Post Giro, la corsa a tappe nordica, e la seconda edizione del Giro d'Italia donne. Roberta lavora part-time come commessa in un negozio di Merate, ama leggere *Topolino*, ha un gatto e adora la musica rock. Ha un fidanzato che diventa il massaggiatore della sua squadra. Così la descrive una giornalista: «La Bonanomi è la dimostrazione vivente che la grazia si accorda con la forza atletica. [...] Ragazzina dall'occhio sveglio e malizioso, i lunghi capelli sempre curati sono portati ad arte, il sorriso è molto dolce e le movenze delicate».[15] Anche stavolta, e nonostante la cronista sia anch'essa una donna, la descrizione della ciclista si focalizza su dettagli che mai verrebbero presi in considerazione per descrivere un collega uomo.

A proposito del ciclismo femminile Roberta ha le idee chiare: «Penso che dovrebbe essere più sviluppato, non è molto seguito, meriterebbe più attenzione perché vale. Quanto quello degli uomini. Poi penso che anche altri giornali dovrebbero dare delle notizie su di noi, mentre ciò per ora non avviene. È una conquista da ottenere sicuramente, prima o poi».[16] Del pubblico, invece, dice che la entusiasma, «a patto che non dica parole brutte», e questo ci ricorda che i tempi non sono ancora cambiati da quando le prime pioniere venivano insultate al loro passaggio.

Nella stessa squadra, poco più giovane, c'è Imelda Chiappa, 26 vittorie nel suo palmarès, campionessa italiana nel 1986 e terza ai mondiali del 1987. Tra Roberta e Imelda non c'è solo amicizia, ma anche un legame familiare, perché la nonna di Roberta, Pierina, è la sorella del papà di Imelda. Sono come sorelle.

La quarta azzurra è Francesca Galli, atleta di Desio, classe 1960, compagna di squadra della Canins. È l'unica azzurra che ha un diploma Isef. Il suo palmarès conta 72 vittorie su strada, con un primato mondiale nella 100 chilometri omologato al Vigorelli di Milano nel 1985. Un'atleta completa, dicono i tecnici.

La quinta del gruppo è Monica Bandini. Nata a Faenza nel 1964, corre per il Gs Ricci Ceramiche Cicli Somec e di professione fa la maestra. Al suo attivo ha 9 vittore su strada, di cui 4 nell'ultima stagione. Ha collezionato un secondo (1987) e un terzo posto (1988) ai campionati italiani, e un bronzo ai mondiali del 1987.

Il successo delle azzurre era stato pronosticato alla vigilia. Il podio è alla portata delle italiane, dicevano gli esperti, e così è stato. L'unica squadra che ha impensierito il quartetto azzurro è stata la Francia, che fino a metà corsa aveva un vantaggio di 20" sulle inseguitrici. Una caduta della Longo aveva poi agevolato la rimonta delle italiane, che hanno inflitto 40" alle russe e 1'35" alle americane: «Una vittoria ottenuta prima dal computer che sulle strade, che non hanno fatto altro che confermare la bontà del lavoro svolto dal tecnico azzurro e dal suo staff. Centoventi giorni di raduni e 1800 chilometri percorsi sulle speciali biciclette aerodinamiche a "corna di bue"».[17]

Onore e merito vengono riconosciuti al tecnico Mario De Donà, perché i successi in questa specialità non si improvvisano da un giorno all'altro, come scrive la stampa specializzata. E in effetti questo gruppo di atlete aveva iniziato una meticolosa preparazione nel mese di gennaio, a Piancavallo (Pn), Palma de Majorca e Cervia, per poi gareggiare al Tour de l'Aude, al Giro d'Italia, al Tour femminile e a Belluno. Una preparazione minuziosa, dove nulla è stato lasciato al caso, al punto che la squadra è arrivata in Belgio con una settimana di anticipo per ambientarsi e disputare un paio di gare prima dell'impegno iridato. Per arrivare preparate all'appuntamento iridato, in media queste ragazze hanno percorso oltre 2.000 chilometri a testa, seguite da un medico, un meccanico e un massaggiatore. Anche per le donne la preparazione diventa sempre più accurata.

Il successo delle donne si aggiunge a quelli conquistati dagli uomini con le medaglie di Maurizio Fondriest, Claudio Golinelli, Octavio Dazzan, Walter Brugna, Adriano Raffi e Vincenzo Colamartino. Stavolta il medagliere vede l'Italia al primo posto con 8 medaglie: 4 ori, 3 argenti e un bronzo: «Per trovare un bilancio simile bisogna riandare all'età dell'oro del nostro ciclismo. Gli anni Cinquanta e Sessanta, quando le medaglie fioccavano».[18]

Nel 1989 l'Italia torna sul podio e, con lo stesso quartetto, conquista una medaglia d'argento. Davanti si piazza l'Unione Sovietica e dietro la Francia.

Nel 1993, a Oslo, arriva invece il secondo bronzo di specialità. A fianco di Roberta Bonanomi ci sono tre compagne nuove: Alessandra Cappellotto, Fabiana Luperini e Michela Fanini. Quest'ultima ha solo vent'anni (è nata nel 1973 a Lucca) ed è un talento naturale. Si mette in mostra già al suo primo anno da Junior e nel 1992 si laurea campionessa italiana su strada sul combattuto circuito di Montebelluna, dove 59 concorrenti si danno battaglia lungo i 95 chilometri del tracciato. Dovevano essere 60, ma Maria Canins dà forfait per le non perfette condizioni fisiche. È proprio quella gara a consegnare a Michela il pass per la maglia azzurra. Ai giornalisti che la intervistano dopo il traguardo racconta, allegra e loquace, di aver sempre sognato la maglia azzurra: «Sono solamente all'inizio dell'avventura, anzi credo che dovrete fare l'abitudine a vedermi sul gradino più alto del podio»[19].

Al Giro d'Italia 1993 Michela è quinta e conquista la maglia bianca come miglior giovane, mentre l'anno successivo esplode: vince il Giro d'Italia, 4 tappe alla Grand Boucle, 3 al Tour della Cee e altrettante al Giro di Olanda. Ma il 26 ottobre di quel 1994 accade l'imponderabile: l'auto su cui su cui sta viaggiando slitta sul selciato reso viscido dalla pioggia, esce di strada, si cappotta e finisce la corsa contro un muretto. Michela, che è da sola alla guida del mezzo, sbatte violentemente la testa e per lei non c'è niente da fare. La famiglia decide di donare gli organi della figlia e invita tutti a destinare ogni offerta a Telethon, per la cui campagna promozionale Michela avrebbe dovuto essere, qualche giorno dopo, ospite d'onore. Gesti di generosità per far vivere il ricordo di una ragazza mancata troppo presto, che ha lasciato un segno. Solo così si spiegano le tante dimostrazioni di affetto che continuano ancora oggi, a distanza di anni, a partire dall'intitolazione di piazze (a Segromigno, Paganico, Campi Bisenzio), di piste ciclabili (a Torre del Lago, Cervia, Lucca), di un ciclodromo a Vaiano di Prato, e di strade (a Mozambano e Crocetta del Montello). La sua foto è appesa nella cappella dedicata ai ciclisti di Notre-Dame Des Cyclistes, in Nuova Aquitania. La sua maglia è esposta al museo del Ghisallo. Il suo nome è stampato nelle maglie della squadra a lei dedicata, la Michela Fanini Record Rox. A lei è dedicato il Giro della Toscana internazionale femminile, organizzato da papà Brunello. Ogni anno la corsa si ferma in cimitero per rendere omaggio alla sua tomba, dove campeggia una statua di Michela in sella alla sua bicicletta.

Michela allunga la lista delle atlete prematuramente scomparse, ma non mancano nemmeno quelle che, a causa di incidenti gravi, sono state costrette al ritiro dall'attività agonistica. È successo , per esempio, a Chiara Mariani, campionessa mondiale nella gara cronometro individuale Junior del 1994, a Quito (Ecuador). In seguito a un incidente nel corso di una gara a Conegliano Veneto, Chiara riporta gravi lesioni ed è costretta al interrompere la sua carriera. Rimane comunque nel mondo del ciclismo e sarà anche nominata nella commissione tecnica nazionale.

In questi anni il ciclismo femminile toscano conosce un'altra giovane talentuosa, Fabiana Luperini, di Cascine di Buti (Pi). Da bambina Fabiana giocava a calcio, poi, a sette anni, ha inforcato la bicicletta, seguendo le orme del papà. Ma il palmarès della figlia è destinato a superare di molto quello del genitore, perché a soli ventiquattro anni Fabiana ha già vinto 4 Giri d'Italia e 3 Tour de France. Da bambina, racconta, «ero un peperino. Alle elementari, uscita da scuola, tornavo a casa e prima di mangiare facevo subito la lezione [cioè i compiti, *nda*], così poi stavo fuori tutto il pomeriggio. Mi piacevano soprattutto i giochi maschili, quelli di movimento: calcio, nascondino o ci inventavamo le sfide in bici. E quando rientravo la sera ero sempre sporca e sudata. [...] A sette anni il mio babbo e i miei allenatori cercavano di presentarmi il ciclismo come un gioco, ma per me era già importante. Alla domenica andavamo a correre, ma era più che altro una scampagnata con gara annessa. In settimana ci allenavamo un'ora al giovedì, dalle 18 alle 19, e prima e dopo giocavamo a calcio, la mia grande passione. Il mio ruolo era centravanti. Dalle scuole medie in poi lo studio mi ha condizionato parecchio, perché la scuola per me era importante quanto la bicicletta».[20]

Per lei la stampa conia soprannomi importanti. *La Gazzetta dello Sport* intitola un suo pezzo: "Il Fenomeno è donna. Fabiana, il suo nome"[21] e le assegna il soprannome di "Pantanina". E a chi le chiede il motivo di questo importante accostamento, spiega: «Nei Giri che vincevo io, c'erano salite come il Pordoi e lo Zoncolan. Ho i video in cui vengo accostata al Pirata, per il modo di scattare sui pedali».[22]

Del resto, Fabiana è abituata a gareggiare con i maschi fin da quando era piccola. Le ragazzine tesserate sono poche e non ci sono gare riservate solo a loro, dunque gareggiare con i ragazzi era la norma e Fabiana si abitua ben presto anche a batterli, tanto che la foto a cui tiene di più tra tutte quelle che immortalano le vittorie della sua straordinaria carriera è proprio quella della sua prima vittoria, quando si era lasciata dietro gli avversari, tutti maschi.

La cronometro a squadre per nazionali non si disputa più dal 1995, mentre dal 2012 si svolge una cronometro a squadre riservata ai club. L'Italia vince un bronzo nel 2014 grazie all'Astana-Bepink, preceduta dalla tedesca Specialized e dall'équipe australiana Orica, nella quale corre anche l'italiana Valentina Scandolara, medaglia d'argento. L'Astana-Bepink può contare sulle azzurre Simona Frapporti, Silvia Valsecchi e Susanna Zorzi.

Altre italiane conquistano medaglie in questa gara vestendo i colori di squadre straniere. Nel 2015 a Richmond (Usa), la lecchese Barbara Guarischi vince un oro con la squadra tedesca Velocio Sram. Classe 1990, la Guarischi aveva già vinto un argento ai Campionati europei di Goes (Paesi Bassi) del 2012.

Ai mondiali di Innsbruck del 2018 l'azzurra Elena Cecchini vince l'oro nella cronosquadre con i colori della tedesca Canyon-Sram. La Cecchini, friulana di Udine classe 1992, è anche affiliata al Gs Fiamme Azzurre, e prima di questo oro il suo palmarès vantava già una lunga serie di successi, tra cui due edizioni del Campionato italiano di corsa a punti (2010, 2013), quattro del Campionato italiano di inseguimento a squadre (2010, 2013, 2014, 2015), una del Campionato italiano Derny (2016), tre del Campionato italiano strada (2014, 2015, 2016) e un bronzo nell'inseguimento a squadre agli europei su pista del 2013. Nel 2014 conquista tre medaglie di bronzo agli europei di Guadeloupe tra le Élite: inseguimento a squadre, corsa a punti e scratch. Tra le under 23 aveva vinto un bronzo nell'inseguimento a squadre e uno nello scratch ai Campionati europei 2014, e un argento nella prova in linea donne. Tra le Junior ha vinto l'oro ai Campionati europei corsa a punti 2010 e su strada 2009; prima nella classifica finale di Coppa del mondo corsa a punti 2011, oro nella corsa a punti donne Under 23 ai Campionati europei 2014, argento ai Campionati italiani strada crono 2017.

Quello del 2018 è il suo secondo mondiale dopo la convocazione all'edizione di Bergen 2017. Anche Elena, come tante sue colleghe del passato e del presente, ha un fidanzato ciclista: Elia Viviani. Per entrambi il 2018 è un anno d'oro.

Pista

L'Italia su pista conquista fin qui 21 medaglie: 4 d'oro, 7 d'argento e 10 di bronzo. Va sul podio in tutte le specialità, ad eccezione della velocità, della gara 500 metri da fermi e della velocità a squadre.

Inseguimento individuale

In questa specialità il bottino complessivo dell'Italia è di 6 medaglie. La prima a salire sul podio è Luigina Bissoli che nel 1976 si piazza dietro l'olandese Kornelia Hage. Anche in due edizioni successive la Bissoli va a medaglia, centrando due terzi posti nel 1978 e 1979. Un risultato eclatante per il ciclismo femminile italiano, che solleva subito il problema del settore donne e di come seguirlo: «La "frittata" più grossa l'ha combinata Luigina Bissoli, con le due medaglie (argento in pista e bronzo su strada) colte ai mondiali pugliesi del '76»,[23] attirando l'attenzione sulle donne, ma «soldi oggi ce ne sono. Nel 1978 la federazione, per l'attività femminile a livello nazionale e internazionale, ha speso 15 milioni. Quest'anno saranno 25. Un passo avanti. Siamo lontani dalle cifre sovietiche (comunque non note) anche perché nelle repubbliche del freddo, le tesserate attualmente sono circa tremila».[24]

Le italiane che vincono medaglie in questa specialità sono solo tre: Bissoli, Galbiati e Bellutti. Nel 1984 Rossella Galbiati aggiunge un altro bronzo al paniere italiano. Milanese di Corsico, classe 1958, è un'atleta forte ed eclettica, che riesce bene sia su strada che in pista. Esordisce nel 1977 e l'anno dopo vince in solitaria il titolo italiano su strada, il primo di una lunga serie che colleziona in carriera: 6 nell'inseguimento (dal 1981 al 1985 e nel 1987), 4 nella velocità (1980, 1982, 1983 e 1984) e uno su strada, oltre a un campionato Master nel 2005. A questi successi si devono aggiungere i 3 quarti posti ai mondiali, le 48 presenze in maglia azzurra e i primati iridati su pista nel 1979, a Milano, nelle specialità 200 metri, 500 metri, chilometro lanciato e 5000 metri. In bicicletta Rossella ci cresce, non su una bici da corsa ma su una Graziella, modello storico della Carnielli di Vittorio Veneto, di gran moda dal 1964 agli anni Ottanta, quando ne è cessata la produzione. Come accaduto a molte sue colleghe cicliste, la svolta è legata alla lungimiranza di alcuni uomini: di Andrea Dovera, ex ciclista campione italiano che ne intravede le potenzialità, di suo padre, che l'appoggia e che le aveva permesso di cimentarsi in vari sport, e di Mario Milesi, meccanico di Eddy Merckx, che la ragazza incontra a una mostra di biciclette. Rossella passa così dalla Graziella a una Bottecchia, approda nella squadra di Alfredo Bonariva e parte subito con la pista. Ma ha già diciotto anni, un po' troppi per cominciare, perciò deve imparare in fretta e bruciare le tappe, grazie anche alla sua passione, che è davvero tanta: «La pista! È difficile raccontare il rapporto particolare che si era creato. A volte la pista provoca un'emozione talmente grande che non riesci neanche a respirare. In pista impari a gestire le emozioni, senti l'avversario vicino a te, senti la gente sugli spalti che ti accompagna come con un soffio. Non dimenticherò mai il bronzo mondiale a Barcellona, quando mio padre era così emozionato per me che mi disse: ma tu mi vuoi far venire un infarto? Il tifo nelle competizioni in pista lo senti. E molto. E questo ti dà una forza incredibile nelle gambe».[25]

Anche lei non manca di sottolineare le difficoltà del settore femminile. Parlando della differenza tra la pista di ieri e di oggi, in una recente intervista ha dichiarato che «oggi molto merito dei risultati va alla federazione. Un tempo non c'era tutta questa attenzione per le donne. Il mio terzo posto ai mondiali, dietro a campionesse come la Longo, l'ho fatto grazie a un preparatore che, così, solo per sua iniziativa, aveva deciso di occuparsi di me. Nonostante avesse segnalato che io e un'altra ragazza avremmo avuto delle possibilità, la federazione di allora disse no, che non era il caso di concentrarsi su di noi. Ci aggregavano ai ragazzi, senza alcuna continuità d'allenamento, e ci tenevano d'occhio non tanto dal punto di vista sportivo, ma perché avevano paura potessimo essere, come ragazze, un elemento di distrazione per gli atleti maschi. Poi finalmente la federazione capì che con le donne si potevano vincere delle medaglie ed ecco allora che finalmente diventammo anche noi importanti. Incominciarono così a seguirci in modo appropriato. Ma solo da quando le donne incominciarono a uscire sui giornali. La rabbia è che un tempo non eri considerata un'atleta. Eppure avevo vinto un bronzo e alcuni quarti posti nei mondiali. Considera poi che non ho mai fatto uso di sostanze dopanti e quindi tutto è stato frutto della mia forza. Posso dirlo guardando l'interlocutore dritto negli occhi. Posso dirlo anche ai giovani».[26]

Quando si ritira dalle corse resta vicina al mondo del ciclismo e, insieme al marito, si occupa dei giovani del Team Galbiati di Corsico. È stata la prima donna che la Federciclismo lombarda ha messo a capo del settore tecnico degli esordienti. Diventata direttore sportivo, ha superato l'esame di terzo livello ed è tra le poche donne abilitate ad allenare anche i professionisti: «È una grande soddisfazione aver raggiunto questo traguardo, perché posso seguire i miei ragazzi quando crescono e passano di categoria».[27]

La vocazione all'insegnamento è sempre stata una costante di quest'atleta, soprannominata "la maestrina volante". La Federciclismo le ha anche affidato il progetto "Pinocchio in bicicletta", dedicato proprio ai più piccoli; inoltre, con il comune di Milano ha seguito un progetto finalizzato al recupero dei ragazzi fragili attraverso lo sport e in particolare la bicicletta. Un esempio di donna che ha saputo portare nel sociale i valori dello sport, come hanno fatto molte sue colleghe.

Dopo la medaglia della Galbiati, l'Italia resta fuori dal podio per un bel po'. È con i mondiali del 1988 che il successo del quartetto azzurro di strada ha esortato a guardare con maggiore attenzione anche alle possibilità della pista. Sulle colonne di *Tuttociclismo*, l'inviato sottolineava come fosse necessario «creare un gruppo di ragazze disponibili a seguire con continuità l'attività su pista», aiutandole «anche attraverso le loro società a crescere atleticamente e consentendo ad esse di fare esperienza attiva anche quando, eventualmente, non fossero del tutto competitive ai fini della conquista di titoli e/o medaglie. Quando si parte (o si riparte) da zero, è bene anche avere l'umiltà di perdere, magari con dignità e con la coscienza a posto di chi ha fatto tutto il possibile per migliorare un settore, quello femminile, che da noi esprime già grandi potenzialità, e non solo per l'attività su strada».[28]

L'Italia torna sul podio grazie ad Antonella Bellutti: argento nel 1995 a Bogotà, dietro l'americana Rebecca Twigg, e bronzo nel 1996 a Manchester, dietro Marion Clignet e Lucy-Tyler Sharman.

Americana

Questa gara è stata introdotta nel 2017 ai mondiali di Hong Kong, mentre tra i maschi si corre dal 1995. L'Italia non ha perso tempo in questa specialità. Nel 2018 la coppia formata da Maria Giulia Confalonieri e Letizia Paternoster ha conquistato il terzo posto ai mondiali di Apeldoorn, in Olanda, dietro la coppia britannica e quella olandese. Il duo azzurro è il più giovane dell'edizione: Maria Giulia, originaria di Giussano, ha ventitré anni e corre per la Valcar Pbm e per il Gruppo Sportivo Fiamme Oro; Letizia di anni ne ha diciotto ed è una trentina di Cles.

Corsa individuale a punti

La prova individuale a punti viene introdotta in via sperimentale nei mondiali del 1988, nella «direzione di una sempre più rispettosa equiparazione tra le discipline del ciclismo femminile con quello maschile».[29]

In questa specialità l'Italia vince 9 medaglie. La prima è di Nada Cristofoli, argento a Bogotà nel 1995. Dopo di lei fanno incetta di successi in questa specialità altre due italiane, Vera Carrara e Giorgia Bronzini: 5 medaglie (due ori, un argento e due bronzi) per la prima e 3 (un oro e due bronzi) per la seconda.

Atleta del Gs Forestale e del team Cylance Pro Cycling, Giorgia Bronzini vince il titolo mondiale di specialità nel 2009 a Pruszków (Polonia) ed è terza ad Apeldoorn (Olanda) nel 2011 e a Minsk (Bielorussia) nel 2013. Piacentina, classe 1983, vince sia su strada – dove si laurea campionessa mondiale in linea nel 2010 e nel 2011 – sia su pista, dove oltre al titolo del 2009, si aggiudica tre Coppe del mondo consecutive (2009, 2010 e 2011). Le sue 6 medaglie mondiali sono dunque equamente divise tra pista e strada. In bicicletta ci va da quando ha otto anni per le insistenze del papà, appassionato ciclista, mentre a lei piaceva più la ginnastica. Nel 1984 passa dal suo primo team, il Gs Zeppi, a vari altri, fino al suo primo contratto professionale nel 2003, a vent'anni, con la Safi

Pasta Zara. Giorgia è una che vince da sempre. Da Junior conquista il titolo nazionale su strada e in mountain bike, da Élite si laurea campionessa europea e mondiale su pista nella corsa a punti. Sono più di 70 i suoi successi su strada, tra cui due titoli iridati (2010 e 2011) e numerosi traguardi nelle più prestigiose corse a tappe (Giro d'Italia, Giro d'Olanda, Trophee D'Or, Giro del Qatar).

Giorgia è soprannominata "Maga", perché azzecca le previsioni sulle proprie gare. Ma nonostante i successi, la sua popolarità non eguaglia quella dei colleghi maschi: «A volte mi capita che qualche signora mi riconosca al supermercato e mi faccia i complimenti: è una bella sensazione, provo molto piacere. Mi sento orgogliosa di quello che ho fatto, anche se poi il ritorno mediatico per il ciclismo femminile è sempre quello, cioè poca cosa».[30] Nel 2018 decide di chiudere la carriera agonistica, restando nel ciclismo come direttore sportivo della nuova Trek Women. Sull'ammiraglia del club ci sono due donne, lei e Ina-Yoko Teutenberg: «Sono felice di iniziare la mia nuova esperienza con Trek insieme a uno dei miei idoli, Ina Teutenberg. Sono entusiasta di poter trasmettere tutta la mia esperienza alle atlete. Certo è difficile lasciare il ciclismo agonistico, ho molti bei ricordi, ma sono felice di poter continuare la mia avventura in questo modo. Anche perché ho tanto da restituire al ciclismo».[31]

Con la Bronzini, tra le atlete più titolate in questa specialità della pista iridata c'è Vera Carrara. Nata ad Alzano Lombardo (Bg) nel 1980, dal 2004 Vera corre per il Gs della Polizia penitenziaria. In carriera Vera ha conquistato 5 medaglie in altrettanti mondiali: oro a Los Angeles 2005 e a Bordeaux 2006; argento a Melbourne 2004; bronzo a Copenaghen 2002 e a Manchester 2008. Prima ancora aveva vinto l'oro ai mondiali Junior di L'Avana (1998) e l'argento a Cape Town (1997). Il titolo iridato conquistato a Los Angeles la ripaga dalla delusione di essere rimasta fuori dal podio ai Giochi olimpici di Atene dell'anno precedente. A Los Angeles domina la gara, lasciandosi alle spalle la russa Olga Sljusareva, che deteneva il titolo negli ultimi quattro anni e aveva vinto l'oro olimpico nel 2004. Alla fine il pubblico americano tributa all'azzurra un'ovazione interminabile di oltre cinque minuti.

Per arrivare pronta a questo appuntamento Vera si era allenata per un anno senza soste.[32] Nel suo palmarès, oltre alle medaglie mondiali, si contano i titoli nazionali nella corsa a punti, nella cronometro e nell'inseguimento, il primo posto nella classifica di Coppa del mondo su pista corsa a punti (2003), l'oro ai Campionati europei 2002 (inseguimento individuale e strada cronometro) e 2007 (pista omnium), il bronzo su pista nell'edizione del 2001 e il bronzo su strada Under 23 nel 2000. Le è stato anche conferito il Collare d'oro del Coni per meriti sportivi e il Diploma d'onore, oltre a vari altri importanti riconoscimenti per l'attività svolta soprattutto a favore dei bambini: «Da parte mia c'è sempre stato molto conflitto tra quello che facevo e la sua utilità sociale» ha dichiarato in un'intervista. Per questo ha voluto lanciare «un messaggio per i ragazzi più giovani che si può fare sport anche a livello agonistico restando puliti».[33] Per Vera, la cosa più importante è che ci sia «rispetto della persona per arrivare alla performance atletica»,[34] un insegnamento che dice di aver appreso grazie a Omar Beltran, mental coach a cui si affida. Anche questa è una novità, e non solo nel ciclismo femminile.

Nel 2009, dopo i Giochi olimpici di Pechino, Vera decide di ritirarsi. Fa un tentativo con il bob, per poi passare alla mountain bike. Da quel momento basta allenamenti al chiuso e si va nei boschi, tra la natura, su sentieri sterrati.

I successi che Bronzini e Carrara colgono in questi anni sono particolarmente importanti per tutto il movimento femminile. Il 23 febbraio 2013 *La Gazzetta dello Sport* scrive: «Per i colori azzurri è una bella boccata d'ossigeno, quasi in chiusura di un mondiale che stava rischiando di tramutarsi in pianto greco, pur con l'attenuante della giovanissima età dei convocati, sui quali si sta cercando di costruire il gruppo chiamato a risollevare le sorti della nostra pista con i Giochi di Rio de Janeiro nel mirino».[35]

I successi di queste ragazze hanno permesso all'Italia di essere oggi al terzo posto nel podio di specialità, dietro Russia e Paesi Bassi.

Inseguimento a squadre

Inserita nel programma iridato nel 2008, questa gara porta all'Italia la prima medaglia nel 2018 grazie alla squadra formata da Elisa Balsamo, Letizia Paternoster, Tatiana Guderzo, Silvia Valsecchi e Simona Frapporti, capace di conquista il bronzo ai mondiali di Apeldoorn.

Elisa Balsamo, originaria del cuneese, studia al liceo classico e fin dalla categoria Junior dimostra una notevole poliedricità, che le permette di vincere sia su strada che in pista. Nel 2015 vince il titolo iridato Junior dello scratch e l'anno dopo quelli dell'omnium e dell'inseguimento a squadre Junior, oltre al titolo europeo Élite nell'inseguimento a squadre con Simona Frapporti, Tatiana Guderzo e Silvia Valsecchi. Su strada nel 2016 vince il Campionato italiano ed è argento agli europei Junior a Plumelec (Francia). Il 14 ottobre 2016 conquista il titolo mondiale in linea Junior a Doha, mentre nel 2017 debutta tra le Élite con il team Valcar-Pbm, formazione che fa il suo esordio tra le squadre Uci Women's. È una delle 9 formazioni italiane professionistiche su 41 complessive a livello mondiale, ed è una squadra particolare, composta com'è solo da atlete italiane e tutte giovanissime: «Un sogno da costruire giorno dopo giorno, con un progetto serio di medio-lungo termine con una particolarità unica in Italia e, forse, anche nel mondo. Ovvero, Valcar-Pbm si presenterà ai nastri di partenza della stagione 2017 non solo con la formazione Élite, ma anche con le squadre Junior (17-18 anni), Allieve (15-16 anni) ed Esordienti (13-14 anni). Una particolarità che conferma la volontà del team di Bottanuco (Bg) di proseguire la crescita e valorizzare il movimento ciclistico femminile italiano sin dalle categorie giovanili».[36] Elisa non è solo un'atleta, ma anche una studentessa modello. Nel 2015 le viene assegnata una borsa di studio intitolata ad Attilio Bravi.[37]

Letizia Paternoster corre per il team Astana Women's (passerà al Trek Segafredo nel 2019). Si avvicina al ciclismo perché è una passione di famiglia, del papà e del fratello in primis. Il suo è un palmarès ricco di successi: dal 2016 al 2018 vince 9 titoli europei e 5 mondiali; stabilisce il record del mondo nell'inseguimento a squadre Junior ai Campionati europei su pista del 2016, e lo ritocca l'anno dopo sempre agli europei Junior; ai Campionati mondiali su pista del 2017, insieme a Chiara Consonni, Martina Fidanza e Vittoria Guazzini, contribuisce a migliorare il record del mondo nell'inseguimento a squadre Junior portandolo a 4' 21" e 55" (un record tutto italiano, "made in Treviso" per la precisione, grazie anche alle biciclette, di marca Pinarello); nel 2018 passa alla categoria Élite ed esordisce con gli europei su pista, dove conquista un argento nell'inseguimento a squadre e un bronzo nell'omnium.

Studentessa di ragioneria, sostiene gli esami di maturità nel 2018. La scuola, dice, è la sua prima preoccupazione. Letizia non passa inosservata per la sua bellezza che, insieme ai suoi successi, le assicura una presenza importante nel mondo dei social network, di cui cura personalmente i propri profili, dove racconta la sua vita di atleta e condivide i suoi hobby e interessi, compresa la passione per la musica sudamericana. Tesserata per le Fiamme Azzurre, Letizia è una ragazza «spigliata, vincente, bella: alla pupilla di Maurizio Fondriest non manca niente».[38]

Anche Vittoria Guazzini si difende bene a scuola. Nel 2019, prima di fare incetta di medaglie ai Campionati europei su pista, supera con il massimo dei voti l'esame di maturità.

Silvia Valsecchi, classe 1982, di Lecco, specialista della pista, corre per il team BePink ed è professionista dal 2002. Ha vinto il titolo italiano cronometro su strada nel 2006 e nel 2015.

Tatiana Guderzo è una veterana. L'atleta di Marostica corre per il team BePink ed è affiliata al Gs Fiamme Azzurre. Nel suo palmarès trovano già posto un bronzo ai Giochi olimpici di Pechino 2008, una maglia iridata nella corsa in linea dei mondiali 2009, due bronzi ai mondiali Junior 2002 e 2004 su strada, un oro e tre argenti agli europei Under 23 e due ori agli europei su pista nell'inseguimento a squadre. Tatiana è lo specchio della nuova atleta: internazionale (ha corso in Belgio e in Norvegia), attiva sui social e vincente.

Simona Frapporti, classe 1988, è sorella minore di Marco, ciclista professionista. Corre per il team Hitec Products, è una specialista dell'inseguimento a squadre e dell'omnium e gareggia nella categoria Élite dal 2008. Nel suo palmarès figurano i titoli italiani nel 2003 e nel 2006 nella corsa a punti esordienti e nei 500 metri Junior. Come Élite, dal 2011 al 2016 vince 11 titoli nazionali in 8 diverse specialità. Con la maglia azzurra conquista il bronzo nell'inseguimento a squadre ai Campionati europei del 2014 e nello stesso anno, ma questa volta con le compagne dell'Astana-BePink, conquista il bronzo iridato nella cronometro a squadre. Dal 2014 è tesserata per il Gs Fiamme Azzurre.

Keirin

Il fiore all'occhiello italiano della specialità è Elisa Frisoni, atleta di Isola della Scala (Vr), classe 1985, argento ai mondiali di Melbourne del 2004 e a quelli di Los Angeles del 2005. In quest'ultima edizione Elisa sfiora addirittura l'oro, preceduta solo dalla francese Clara Sanchez; ma per lei si tratta a tutti gli effetti di una vittoria, visto che era scesa in pista dopo una sosta obbligata a causa di un'influenza.

Tesserata per il Gs della Polizia penitenziaria, che raduna mezza nazionale della pista, Elisa si avvicina alla bicicletta a nove anni per emulare quello che il fratello Francesco faceva sul tracciato del velodromo di Pescantina. Eppure Elisa lo batte già alla prima sfida. Buon segno. A diciassette anni ha già conquistato due titoli europei a Büttgen (Germania), nella velocità e nei 500 metri, due titoli nazionali (velocità e keirin) sull'anello di Dalmine (Bg), e tre titoli iridati a Melbourne (keirin, velocità e 500 metri). Dopo i primi successi, però, decide di abbandonare la bicicletta: troppe le pressioni per una ragazza così giovane e vincente. «Ai mondiali Junior di Melbourne vinsi tre ori, keirin, velocità e 500 metri a cronometro, e i tecnici federali mi volevano portare anche ai mondiali dei grandi, a Zolder… Troppe pressioni: dovevo andare a scuola, frequentavo l'istituto agrario, ma stavo sempre in giro, ad allenarmi e a gareggiare. Ad un certo punto sbottai: mi dispiace, non ce la faccio più, lascio perdere».[39] I tecnici Edoardo Savoldi e Luciano Meneghelli riescono a farle riprendere fiducia ed Elisa torna in sella e ricomincia a vincere. Il suo palmarès la vede 31 volte campionessa italiana Élite (9 nella velocità, 9 nei 500 metri, 7 nel keirin, una nello scratch, 5 nella velocità a squadre). Nel 2013 diventa mamma e il suo primo pensiero è quello di riprendere ad allenarsi in vista dei Campionati italiani del 2014. Sono cambiati i tempi da quando ci si ritirava dalle gare per sposarsi.

Elisa ha fatto parte di un team giovanissimo. Ai mondiali di Los Angeles del 2005, infatti, l'Italia donne è la formazione più giovane tra tutte quelle presenti. La federazione è soddisfatta, e il presidente Renato Di Rocco afferma: «La medaglia d'oro di Vera Carrara, l'argento di Elisa Frisoni e il quinto posto di Eleonora Soldo confermano il talento della giovanissima nazionale femminile su pista. A Los Angeles ha dimostrato la validità delle sue atlete, ben impostate dal tecnico azzurro Dino Salvoldi. Queste ragazze rappresentano la base per il nostro futuro. Sono il punto di partenza per il rilancio della pista che confermiamo essere uno degli obiettivi primari della federazione».[40]

Scratch

Ai mondiali di Hong Kong del 2017, l'oro di specialità è conquistato da Rachele Barbieri (classe 1997, di Pavullo sul Frignano, Modena, con un diploma in ragioneria in tasca). Nonostante i suoi vent'anni, in carriera Rachele ha già vinto molto. Questa, infatti, è la quinta volta che sale sul gradino più alto del podio, dopo i quattro ori ai Campionati europei nelle categorie Junior e Under 23. Al ciclismo Rachele è approdata prestissimo, a soli cinque anni, grazie alla sorella maggiore: «Un giorno il suo allenatore è venuto da noi per portarla a una gara, ma lei non c'era. Mamma allora gli ha detto che c'ero io in casa e lui ha preso me al posto suo».[41] A volte i campioni nascono per caso: «Inizialmente, infatti, era proprio mia sorella che mi creava dei mini circuiti davanti a casa per farmi imparare ad avere più confidenza con la mia nuova bici che mi aveva fornito il mio mitico primo allenatore, Benito Mantovi, "la colonna portante" del ciclismo di Serramazzoni, ma non solo, anche del mio futuro di ciclista. Con lui infatti ho iniziato da "G.0", categoria che aveva inventato lui per le gincane organizzate vicino a casa durante le sagre, e sono arrivata fino alla categoria Allieve primo anno».[42]

I primi risultati li ottiene nel ciclocross, dove si laurea campionessa italiana nel 2011. Nel 2014 entra nel giro azzurro, e da lì i successi sono costanti. Il passaggio al professionismo e alla categoria Élite avviene nel 2016, con il team Cylance Pro Cycling, poi passa al Gs Fiamme Oro, limitatamente alle competizioni su pista. Ai mondiali di Hong Kong Rachele non parte con i favori del pronostico, ma vince, sorprendendo le avversarie con una condotta di gara ineccepibile. Alle sue spalle si lascia atlete di esperienza come la britannica Elinor Barker e la belga Jolien D'Hoore. Sul podio si commuove. Di lei scrivono: «Rachele è solo l'ultimo volto (con un filo di trucco che non manca, dato che è un'atleta che tiene anche a salvaguardare l'estetica in mezzo alla fatica della ciclista) di un movimento, quello femminile, che non finisce di stupire. [...] "Per correre su strada c'è tempo, in pista può togliersi tante soddisfazioni" dice il ct da Hong Kong. "Rachele è anche un bel personaggio, può servire a tutto il movimento per crescere ancora"».[43]

Omnium

La prima e (per ora) unica medaglia vinta nella specialità (inserita nel programma iridato solo nel 2009) è l'argento conquistato da Letizia Paternoster nell'edizione 2019 di Pruszków (Polonia).

I successi Junior

In questo contesto non si può dimenticare quanto l'Italia ha vinto nei Campionati mondiali Junior, che si tengono a partire dal 1987. Complessivamente dalle azzurre sono arrivate ben 78 medaglie: 49 dalla pista e 29 dalle prove su strada, dove 20 podi sono stati conquistati nella prova in linea e 9 nella cronometro.

La prima ad andare a medaglia è stata, nel 1987, Elisabetta Guazzaroni, che ha vinto un bronzo. Nel 1996 con Alessandra D'Ettorre l'Italia vince il suo primo oro in questa competizione, realizzando una doppietta, grazie al bronzo di Martina Corazza.

Nel dettaglio, il medagliere italiano è il seguente: 5 ori (Alessandra D'Ettorre 1996, Eleonora Patuzzo 2007, Rossella Callovi 2009, Elisa Balsamo 2016, Elena Pirrone 2017); 6 argenti (Cinzia Faccin 1993, Marta Bastianelli 2004, Marina Romoli 2006, Rossella Callovi 2008, Rossella Ratto 2010, Sofia Bertizzolo 2014); 9 bronzi (Noemi Cantele 1999, Eleonora Patuzzo 2006, Valentina Scandolara 2007, Susanna Zorzi 2009, Anna Zita Maria Stricker 2012, Letizia Paternoster 2017).

Anche nella cronometro l'Italia ha fin qui ben figurato, conquistando 9 medaglie: 4 ori (Chiara Mariani 1994, Linda Visentini 1995, Anna Zugno 2002, Elena Pirrone 2017), 4 argenti (Tatiana Guderzo 2002, Lisa Morzenti 2016, Alessia Vigilia 2017 e Camilla Alessio 2018) e un bronzo (Samantha Loschi 1996).

Nella pista dal 1987 a oggi le Junior hanno conquistato ben 49 medaglie: 21 d'oro, 15 d'argento e 13 di bronzo.

Nella velocità: 2 ori (Roberta Passoni 1995, Elisa Frisoni 2002), 4 argenti (Sara Felloni 1989, Roberta Passoni 1994, Evelyn Boschetto 1995, Valentina Alessio 2000) e 3 bronzi (Evelyn Boschetto 1996, Annamaria Scafetta 1999, Valentina Alessio 2001).

Nell'inseguimento individuale: un oro (Vittoria Guazzini 2018), un argento (Letizia Paternoster 2017) e 2 bronzi (Gabriella Pregnolato 1988, Elena Pirrone 2017).

Nell'individuale a punti: 5 ori (Vera Carrara 1998, Giorgia Bronzini 2001, Maria Giulia Confalonieri 2011, Arianna Fidanza 2013, Silvia Zanardi 2018), 4 argenti (Simona Muzzioli 1991, Vera Carrara 1997, Valentina Scandolara 2008, Elena Cecchini 2009) e 2 bronzi (Alessandra D'Ettorre 1996, Chiara Consonni 2017).

Nei 500 metri da fermi: 2 ori (Roberta Passoni 1995, Elisa Frisoni 2002).

Nello scratch: 3 ori (Annalisa Cucinotta 2004; Elisa Balsamo 2015, Arianna Fidanza 2017), un argento (Barbara Guarischi 2007) e un bronzo (Elena Cecchini 2010).

Nel madison: un oro (Letizia Paternoster 2017).

Nel keirin: un oro (Elisa Frisoni 2002) e due bronzi (Laura Balzan 2008, Sara Consolati 2010).

Nella velocità a squadre: un argento (Martina Fidanza e Gloria Manzoni 2016) e un bronzo (Elena Bissolati e Miriam Vece 2015).

Nell'inseguimento a squadre: 3 ori (2017: Chiara Consonni, Letizia Paternoster Martina Fidanza e Vittoria Guazzini; 2018: Giorgia Catarzi, Sofia Colinelli, Silvia Zanardi. Vittoria Gazzini e Gloria Scarsi), un argento (2014: Martina Alzini, Claudia Cretti, Daniela Magnetto Allietta, Maria Vittoria Sperotto; 2019: Camilla Alessio, Giorgia Catarzi, Sofia Collinelli, Eleonora Gasparrini e Matilde Vittilio) e un bronzo (2011: Maria Giulia Confalonieri, Chiara Vannucci, Beatrice Bartelloni).

Nell'omnium: 3 ori (Elisa Balsamo 2016, Letizia Paternoster 2017, Vittoria Guazzini 2018), 3 argenti (Giulia Donato 2009, Martina Alzini 2014 e Eleonora Gasparrini 2019) e un bronzo (Martina Alzini 2015).

Per celebrare i successi nel mondiale di Aigle (Svizzera), *La Gazzetta dello Sport* ha coniato per queste ragazze l'appellativo di "Principesse d'oro".

Note del capitolo 8

1 *Tuttociclismo*, 27 gennaio 1983, p. 10.

2 *Bicisport*, marzo 1979, p. 47.

3 Lettera del 18 luglio 1981 allegata al verbale n. 12 dell'ufficio di presidenza della Fci.

4 Verbale n. 12 dell'ufficio di presidenza della Fci.

5 *La Gazzetta dello Sport*, 12 ottobre 1997.

6 *Ibidem.*

7 *Ibidem.*

8 *La Gazzetta dello Sport*, 13 febbraio 1998.

9 Testimonianza rilasciata all'autrice da Alessandra Cappellotto, 28 luglio 2019.

10 http://www.cinquantamila.it/storyTellerThread.php?threadId=CANTELE%20Noemi. Ultimo accesso: giugno 2018.

11 https://www.varesenews.it/2009/09/cantele-la-prossima-volta-dormo-da-sola-e-vinco/168394/. Ultimo accesso: giugno 2018.

12 https://www.cicliste.eu/news/le-cicliste/253-francesca-cauz-senza-la-bici-proprio-non-puo-stare.html. Ultimo accesso: giugno 2018.

13 *Tuttociclismo*, 20 ottobre 1988, p. 12.

14 *Tuttociclismo*, 29 giugno 1989, p. 7.

15 *Tuttociclismo*, 20 ottobre 1983, p. 3.

16 *Ibidem.*

17 *Tuttociclismo*, 29 dicembre 1988, p. IV.

18 *Tuttocislismo*, primo settembre 1988, p. 14.

19 *La Tribuna di Treviso*, 29 giugno 1992.

20 *La Gazzetta dello Sport*, 8 agosto 1998.

21 *La Gazzetta dello Sport*, 6 luglio 1998.

22 "Giro e mondiale: attenti, la pantanina è tornata", *La Gazzetta dello Sport*, 24 giugno 2006, http://archiviostorico.gazzetta.it//2006/giugno/24/Giro_mondiale_attenti_pantanina_tornata_sw_0_060624051.shtml. Ultimo accesso: luglio 2018.

23 *Bicisport*, marzo 1979, p. 43.

24 *Ibidem.*

25 https://www.fashiontimes.it/2017/01/rossella-galbiati-corridora-morde-pista.

26 *Ibidem.*

27 A. Portioli, "Carmen Menegaldo", in *Revue Cyclisme Nostalgia*, anno 3, n. 9/2011, p. 12.

28 *Tuttociclismo*, primo settembre, p. 16.

29 *Tuttociclismo*, 18 agosto 1988, p. 13.

30 https://www.gazzetta.it/Ciclismo/18-11-2009/bronzini-debutto-iridata-602014130553.shtml. Ultimo accesso: settembre 2018.

31 https://www.tuttobiciweb.it/article/2018/08/16/1534370253/trek-women-giorgia-bronzini-direttore-sportivo-tuttobiciweb.Ultimo accesso: settembre 2018.

32 http://www.repubblica.it/2005/c/sezioni/sport/mondiaciclo/mondiaciclo/mondiaciclo.html?refresh_ce edito il 26 marzo 2005. Ultimo accesso: ottobre 2018.

33 Intervista alla Gazzetta dello Sport TV, in https://www.youtube.com/watch?-v=Uzmm8Wb732g. Ultimo accesso: ottobre 2018.

34 *Ibidem.*

35 https://www.gazzetta.it/Ciclismo/23-02-2013/mondiali-pista-rivincita-bronzini--terza-corsa-punti--92153523763.shtml. Ultimo accesso: settembre 2018.

36 https://www.federciclismo.it/it/article/2017/01/11/valcar--pbm-pensa-in-grande/80e4102f-7641-4f8f-8624-114cc5bc436a. Ultimo accesso: settembre 2018.

37 https://www.unvs.it/Ad-Elisa-Balsamo-della-sezione-Luigi-Pellin-la-borsa-di-studio-intitolata ad Attilio-Bravi.htm. Ultimo accesso: settembre 2018.

38 *La Gazzetta dello Sport*, 11 gennaio 2019, p. 31.

39 https://giustizia.it/giustizia/it/mg_6_5_1.page;jsessionid=wXJsiegWl5CHLIqbhzzKK+r0?contentId=NOL15998. Ultimo accesso: settembre 2018.

40 http://www.repubblica.it/2005/c/sezioni/sport/mondiaciclo/frisoni/frisoni.html. Ultimo accesso: settembre 2018.

41 https://www.rachelebarbieri.it/it.

42 *Ibidem.*

43 https://www.corriere.it/sport/17_aprile_12/mondiali-ciclismo-pista-rachele-barbieri-oro-scratch-984dce38-1f8d-11e7-a630-951647108247.shtml. Ultimo accesso: settembre 2018.

9

Verso il nuovo millennio

Se gli anni Ottanta si sono chiusi sotto il segno di Maria Canins, gli anni Novanta si aprono con una serie di prestigiosi successi ottenuti da altre protagoniste. Su tutte trionfa un poker di regine: Fabiana Luperini, Paola Pezzo, Alessandra Cappellotto e Antonella Bellutti.

A loro *La Gazzetta dello Sport*, il 23 ottobre 1997, dedica uno speciale: «Grand'Italia porta la gonna. Luperini, Pezzo, Cappellotto e Bellutti aprono nuove frontiere al pedale rosa. Le azzurre hanno vinto tanto e su tutti i fronti. È finalmente caduto il muro dei pregiudizi che limitava questa disciplina e l'eco dei trionfi ha prodotto un boom dei tesseramenti delle ragazze. [...] L'interesse e i risultati sono da anni in crescendo perché è caduto il muro del pregiudizio. Negli anni Settanta, all'alba del ciclismo femminile organizzato, le nostre migliori atlete erano la "maestrina", la "postina" o la "mammina volante". La gente rideva quando le vedeva passare in allenamento. Poi è venuta Maria Canins, l'altoatesina che per prima ha fatto dello sport la sua attività principale. La Canins arrivò tardi al ciclismo (oltre i trent'anni), ma vinse due Tour de France e aprì una strada. [...] Adesso i genitori più illuminati non hanno remore nell'avviare una figlia al ciclismo e sono sempre di più le ragazzine che sognano di diventare come Paola Pezzo o Fabiana Luperini. Tra le donne non esiste il professionismo, ma le ragazze più in vista è come se professioniste lo fossero».[1]

Se la Canins aveva aperto una breccia nel muro, le quattro regine quel muro lo avevano demolito: niente sarebbe più stato lo stesso, o almeno così sembrava.

Il 1997 è un anno d'oro per il ciclismo femminile italiano: il tricolore svetta sul gradino più alto del podio in tutte le competizioni più importanti della stagione. Nelle gare su strada, Fabiana Luperini vince il Giro d'Italia e il Tour de France, mentre Alessandra Cappellotto si laurea campionessa del mondo a San Sebastián. Nelle competizioni su pista Antonella Bellutti vince la classifica di Coppa del mondo di tre specialità (inseguimento, 500 metri e corsa a punti), comanda la classifica mondiale della pista ed è campionessa europea Open a Berlino. Nella mountain bike Paola Pezzo conquista la Coppa del mondo perdendo solo due delle dieci gare in programma, e domina nel mondiale lasciandosi alle spalle un'altra azzurra, Nadia De Negri.

Nata a Vittorio Veneto nel 1972, la De Negri lo sport lo ha nel sangue. Inizia con l'atletica leggera dedicandosi alla marcia, disciplina che esige tenacia, sofferenza e tecnica, un po' come la bicicletta. L'approdo al ciclismo professionistico avviene nel 1995, tesserata con la Bianchi Martini Racing, ed è subito promettente: quinta al Campionato europeo in Repubblica Ceca, seconda al Campionato europeo a Bassano del Grappa, quarta al Campionato mondiale di Cairns (Australia). Nel 1997 si laurea campionessa italiana a Tarvisio e comincia a conquistare anche qualche podio in Coppa del mondo, dove è vice campionessa a Château D'Oex alle spalle di Paola Pezzo. Anche lei sposa un ex professionista del ciclismo, Enrico Zaina.

In un periodo di così grandi risultati per il ciclismo femminile italiano, non tutto però fila come dovrebbe, perché il salto di qualità del movimento in termini di visibilità non avviene. Le motivazioni raccolte sono diverse. C'è chi lamenta una scarsa coesione tra club (troppa competizione e poca collaborazione); c'è chi ritiene invece che i tempi non fossero semplicemente maturi per un cambio di passo. È evidente che, in anni in cui il ciclismo avrebbe dovuto far tesoro dei successi delle sue regine, al movimento femminile manca ancora la giusta visibilità sui mass media, come pure il sostegno di imprenditori disponibili a fare grossi investimenti. «La verità è che all'epoca ognuno guardava al proprio orticello e l'ambiente non era pronto al cambio di passo»[2] spiega Alessandra Cappellotto, che una volta rientrata dall'esperienza in Olanda, nel

1999, si lancia in un progetto rivoluzionario per l'epoca, che non trova molti adepti in Italia. «A quell'epoca decisi di muovermi in prima persona: andai a cercare uno sponsor e misi in piedi un team. Sono stata la prima italiana a farlo e il modello era decisamente rivoluzionario per l'epoca. Vent'anni fa avevo fatto qualcosa di simile ai team di adesso, che hanno copiato non solo dai professionisti, ma anche da me. Ho avuto la fortuna di avere riscontri positivi, visto che il progetto ottenne l'appoggio di Claudio Grotto, proprietario del brand Gas di Chiuppano (Vi), che produceva abbigliamento sportware e che investì una somma molto rilevante per l'epoca, assecondando il progetto triennale che gli avevo sottoposto. Si è trattato di un team rivoluzionario perché aveva a disposizione quello che oggi solo pochi team al mondo hanno: cinque ammiraglie, un pulmino, un furgone officina e una motor-room. Il tutto brandizzato con l'unico marchio Gas, comprese bici, caschi e occhiali. Ho lavorato tantissimo a quel progetto perché ci credevo e ne è valse la pena perché con l'aiuto di Grotto il progetto è decollato. All'epoca mi occupavo in prima persona anche dei contratti con il direttore sportivo Massimo Ghirotto e con le atlete. Quando fu definito tutto, passai la cosa in mano alla struttura societaria che avevamo creato. Il progetto si sviluppò tra il 1999 e il 2001. Fu una rivoluzione e funzionò. Io, del resto, ho sempre lavorato così, guardando oltre il mio orticello e puntando a essere la più brava nello sport più bello del mondo con le ragazze più brave e gli sponsor migliori. Ma ero l'unica a pensarla così. Altri dirigenti dell'epoca non seppero approfittare del momento e non fecero il cambio di passo necessario per lanciare il nostro sport. Già in Italia la cultura sportiva è più legata al tifo che alla pratica. Ci si innamora e disinnamora velocemente di ogni sport, ma in quel caso la mentalità era troppo vecchia, vecchi anche i dirigenti. Il mio progetto era arrivato troppo presto e anche se avevo cercato di andare a parlare con altri, per muoverci, per fare qualcosa di nuovo, non fu fatto granché. Finché ho corso io abbiamo fatto gare come la Varazze-Sanremo, con Mauro Vegni, e anche altre gare per le donne. Poi, quando ho smesso, è tutto finito. Bisognava guardare oltre, fare gioco di squadra, ma all'epoca il limite era proprio quello di non alzare la testa. Il ciclismo femminile è poco conosciuto come sport, a livello mondiale poi è meno di nulla. C'è tantissimo da fare e bisogna farlo insieme. Ma la mentalità è rimasta quella delle gare di campanile. Quando, dopo dieci anni dal mio abbandono delle corse, sono rientrata nel mondo del ciclismo è stata una delusione enorme. Non era cambiato nulla».[3]

In questi anni sono molti coloro che propongono le proprie ricette per un rilancio del settore femminile. La rivista *Il Ciclista* del settembre 1996 dedica un servizio al ciclismo femminile che intitola "Sedotte e abbandonate" in cui fa il punto sulla situazione. Tra gli altri, viene intervistato Augusto Bastiglia, della Calzature William Primavera, che fornisce la sua ricetta unitamente a un quadro di sintesi: «Occorre abbinare le gare del circuito femminile a quelle dei professionisti, per fornire maggior riscontro pubblicitario, gratificare le atlete della presenza del pubblico, dei mass media; sarebbe necessario che si fondasse una lega dei direttori sportivi e dei rappresentanti delle squadre per fornire proposte alla federazione, esporre i problemi pratici e di fondo. [...] Ci sentiamo trascurati dalla Fci, è ora di cercare sponsorizzazioni importanti: alle Gran fondo il decimo classificato si porta a casa premi che nessuna vincitrice di corse femminili si sogna, è impossibile sostenere i costi delle trasferte (in media 300-400 km a settimana), occorrerebbe istituire al fianco di classifiche e premiazioni di corridori professionisti a fine stagione anche una classifica delle ragazze migliori, da premiare nella stessa occasione. Senza contributi della federazione, senza rimborsi spese agli organizzatori delle corse, come è possibile proseguire? Solo la grande passione, il sacrificio economico consentono a tante atlete di correre; ma chi non ha i genitori disposti a questi sforzi, chi non corre in una delle due o tre squadre meglio attrezzate, che avvenire ha? Inevitabilmente dovrà scegliere tra un impegno oramai a tempo pieno nel ciclismo, se va bene con uno stipendio modesto, e la ricerca di un lavoro, cosa che sappiamo più ardua man mano che l'età aumenta, spingendo tanti genitori a togliere dalla bici la figlia. È così che ci ritroveremo solo trenta o quaranta atlete iscritte alle gare. Occorre perciò battere cassa alla federazione, ma ciò va fatto da tutti in modo ufficiale, creando un organo di comunicazione permanente».[4]

Nello stesso articolo si sottolinea come, nonostante i risultati di alcune atlete, sia ancora scarsa la presenza di cronisti alle corse, cosa che conduce inevitabilmente a «frettolose cronache con nomi storpiati, interviste banali, attenzione solo all'atleta vincente. Riusciranno mai le donne a scrollarsi di dosso questa patina quasi di commiserazione, di banali apprezzamenti estetici, di scontatissime grossolane battute, riusciranno mai ad essere apprezzare anche come atlete?».[5]

Eppure sono anni in cui l'Italia può contare su squadre di punta importanti a livello internazionale. Una di queste è la Polisportiva Gelati Sanson-Edera di Forlì, che nel 1995 domina sia in Italia che all'estero. Schiera Roberta Bonanomi (reduce da un terzo posto al Giro Rosa e da un secondo posto al Tour Cee), Fabiana Luperini (che ha vinto Giro d'Italia, Tour de France e Giro del Trentino), Alessandra e Valeria Cappellotto (che hanno vinto tappe al Giro e al Tour), Nada Cristofoli (argento ai mondiali su pista e campionessa italiana su pista), Roberta Ferrero (campionessa italiana su strada), Marica Berardi e Gabriella Pregnolato. Tutte atlete di primissimo livello alle quali si aggiungono anche delle straniere, tra le quali l'ucraina Tatiana Stiajkina e la finlandese Pia Sundstep.

Altra formazione destinata a scrivere la storia del ciclismo femminile di questi anni è la Sc Acca Due O-Lorena di Cornuda (Tv), presieduta da Maurizio Fabretto, con team manager Fortunato Lacquaniti (già nella Top Girl Spresiano e nella Fanini Michela Top Girls) e come direttore sportivo Vendramino Bariviera. Tra il 1996 e il 2003 la formazione domina la scena internazionale collezionando oltre duecento vittorie, tra le quali spiccano l'oro ai Giochi olimpici con Zulfia Zabirova, che vince anche due Coppe del mondo; e tre mondiali con Diana Žiliūtė, Edita Pučinskaitė e Rasa Polikevičiūtė. È la prima squadra al mondo nel 2000 nella classifica Uci. Il club schiera uno stuolo di atlete straniere: le bielorusse Zinaida Stargurskaya e Larisa Chuyenka, la tedesca Vera Hohlfeld, la russa Zulfia Zabirova, le lituane Zita Urbonaite,

Rasa Polikevičiūtė, Edita Pučinskaitė, Neringa Raudonite e Diana Žiliūtė, l'americana Marion Clignet, la svizzera Prisca Doppmann, l'olandese Arenda Grimberg, le russe Goulmanra Ivanova, Nataliya Karimova, Gul'nara Fatkulina.

Il primato di questi due club si legge nel bilancio del 1996: la Sanson chiude con 44 vittorie seguita dal team Lorena con 29. Sono loro le squadre più forti, capaci di portare in Italia molti talenti stranieri, tra cui le furoreggianti cicliste dell'Est, reclutate giovanissime e in grado di ambientarsi presto e bene. «È stato un periodo incredibile per il ciclismo italiano e la capitale era qui, in provincia di Treviso» racconta il giornalista trevigiano Massimo Bolognini, penna ciclistica del *Gazzettino*. «Fabretto creò per queste atlete un ambiente familiare. Vivevano tutte insieme, in una casa sotto la Rocca di Cornuda, accudite da nonna Marcella, una vera istituzione. Poi molte si sono fidanzate qui, alcune si sono sposate, altre sono rimaste anche dopo e ora lavorano in Italia».[6]

Artefice del miracolo "made in Crocetta del Montello" è Marcello Fabretto, un uomo vulcanico che ha coniugato la grandissima passione per il ciclismo con una mentalità imprenditoriale quadrata e solida. Niente giri di parole: un uomo diretto e concreto che punta l'obiettivo e lo persegue senza fermarsi, sostenuto da una grande passione: «So di aver fatto una cosa nuova per quei tempi» racconta oggi. «Tutto è nato per passione, anche se ci sono stati due elementi chiave che hanno spinto la mia scelta. Il primo è che amavo il ciclismo, moltissimo, e ho pensato che piuttosto di fare una squadra maschile, che poteva ambire al massimo a essere trentesima al mondo, sarebbe stato meglio fare una squadra femminile e puntare a essere tra i primi al mondo. Poi, il secondo motivo è stato la morte di Michela Fanini. Conoscevo bene sia lei, sia suo papà Brunello e la famiglia. Avevamo organizzato insieme la tappa del Giro d'Italia 1994 a Crocetta del Montello ed ero stato al Tour de France con loro. Il giorno che Michela è mancata, suo papà era con me. Doveva andare a Udine per organizzare la tappa del Giro Donne dell'anno dopo, e invece è arrivata la telefonata dell'incidente di Michela. Anch'io sono corso a Lucca quella notte. Mi sentivo in colpa perché Michela avrebbe dovuto essere qui. In quegli anni si svolgeva il Gran Galà di Ciclismo a Conegliano, organizzato da Dino Netto. Michela ci teneva tanto a essere presente, ma non era stata invitata. Se io avessi fatto qualcosa, una telefonata per farla invitare... Ecco, capisce perché poi ho deciso di fare una squadra femminile? Mi sono sentito in dovere di farlo, un po' per la sua memoria, un po' per suo papà. Così è nato tutto».[7]

La squadra di Fabretto è un *unicum* nel suo genere e nasce, come spesso accade, anche per una serie di coincidenze. Prima tra tutte, l'incontro con la squadra della Lituania: «Li avevo incrociati a una manifestazione e mi era sembrato che fossero poco attrezzati e avessero bisogno di una mano. Così, li ho fatti ospitare dalle mie parti per una sosta di qualche giorno prima di andare ai mondiali. Poi, quando ho deciso di formare una squadra, mi sono ricordato di avere il biglietto da visita del loro responsabile. L'ho chiamato e sono partito per la Lituania. Era novembre e c'erano 38 gradi sotto zero. Da quel viaggio sono tornato con Diana Žiliūtė e Edita Pučinskaitė. Mi hanno detto: prendi queste due ragazze che sono forti. Io neanche le conoscevo, quindi non è che abbia avuto grandi meriti. Adesso posso dire che sono stato fortunato. La mia squadra è nata così. Poi sono arrivate altre atlete e con loro ho vinto olimpiadi, mondiali, Tour de France, Giri d'Italia. In una stagione ricordo di aver vinto 87 delle 93 gare disputate. Una cosa persino imbarazzante. Qualcuno ha cominciato a guardarci male, come accade quando vinci tutto. Succede...».[8]

Anche l'organizzazione che Fabretto dà al suo team è nuova. Le ragazze vivono quasi tutte insieme, accudite da nonna Marcella che cucina, insegna loro l'italiano, dorme in una stanza a fianco e le segue in gara. È la loro prima tifosa. Le adora. Sono tutte come sue nipoti e loro le riservano mille gentilezze, compreso ogni mazzo di fiori che ricevono durante una premiazione o un appuntamento ufficiale. I fiori sono tutti per nonna Marcella, che si coccola le sue ragazze con affetto e dedizione.

Ad un certo punto, racconta Fabretto, «c'è stato il blocco delle straniere e tutto è cambiato. Oggi le cose sono così diverse, la globalizzazione ha cambiato tutto».[9]

Di quei tempi conserva una parete di casa rivestita dai riconoscimenti ricevuti dalle massime istituzioni lituane, compresa la nomina ad Arciduca: «Ho persino sfilato con la delegazione lituana alle Olimpiadi di Sidney. Mi hanno voluto con loro, con tanto di costume lituano... io, che sono italianissimo».[10]

Fabretto ha molte straniere in squadra, ma anche italiane come Katia Longhin, Cinzia Faccin, Sigrid Corneo, Greta Zocca, Chiara Barbiero, Alessandra Cappellotto, Fabiana Luperini. Ma a vincere in quegli anni ci sono anche atlete di altre compagini, tra cui Alessandra D'Ettorre, classe 1978, di Castelvecchio Calvisio (Aq). Lei, che viene dalle terre del Gran Sasso, è una donna fatta di tempra e simpatia, ed è stata la prima a regalare all'Italia, nel 1996, un titolo mondiale femminile su strada (nella categoria Junior: a conquistare invece il primo oro su strada nella categoria Élite sarà, l'anno successivo, Alessandra Cappellotto). Nel 2000 la D'Ettorre conquista il titolo europeo nell'Under 23. Con il nuovo millennio approda in nazionale per i mondiali: è la sua prima convocazione, alla quale seguiranno quelle del 2002, 2005 e 2011 e, in mezzo, nel 2008, anche una convocazione come riserva nella squadra olimpica che va a Pechino. Ha corso per: Selene Roma, Acca Due O, Saccarelli, Top Girls Fassa Bortolo, Forno d'Asolo, Diadora e Vaiano. In un'intervista che rilascia a fine carriera, facendo un bilancio della sua vita sportiva, si dice appagata, per essersi tolta tante soddisfazioni e aver realizzato il sogno di partecipare a un'Olimpiade, e per aver fatto parte del clan azzurro che nel 2011 ha visto il trionfo mondiale della Bronzini. Per lei la maglia azzurra è stato il top nella carriera. Vestirla un onore. Ma anche per lei il ciclismo femminile di questo periodo è ancora fortemente indietro rispetto al maschile, penalizzato «perché purtroppo, pur seminando tanto, raccoglie molto poco».[11] In effetti, le imprese delle donne si susseguono in una sorta di ovattata indifferenza generale. La vittoria di Elisa Longo Borghini al Giro delle Fiandre del 2015, per esempio, passa quasi inosservata: «Non ci sono soldi e non ci sono sponsor, il ciclismo femminile proprio non interessa ed è un peccato perché tante ragazze che potrebbero diventare grandi campionesse rischiano di smettere».[12]

Un'altra atleta che si mette in luce in questi anni è Greta Zocca.

Vicentina del 1974, Greta vive la sua stagione d'oro a cavallo del nuovo millennio, quando si aggiudica la sedicesima tappa del Tour de France del 2000, 4 tappe del Giro d'Italia e i Campionati italiani su strada nel 2001, vendicando così il secondo posto dell'anno precedente. Una carriera professionistica breve, la sua, che si chiude nel 2001, dopo solo tre anni.

Un altro nome che emerge è quello di Marta Bastianelli di Velletri, classe 1987. Marta comincia a correre in bicicletta nel 1997, a dieci anni, e altrettanti dopo, nel 2007, conquista la medaglia d'argento nella prova in linea dei mondiali Junior. Passano ancora dieci anni ed è campionessa del mondo in linea Élite a Stoccarda. Insomma, pare proprio che il 7 sia il suo numero fortunato. In seguito passa dal Gs Lariano alla Safi-Pasta Zara-Manhattan, squadra con cui debutta nella categoria Élite fino allo stop, il 28 luglio 2008, in seguito a un controllo antidoping che la costringe a rinunciare ai Giochi olimpici di Pechino. Ritorna alle gare due anni dopo con la maglia della Fenixs-Petrogradets e vince il titolo nazionale nell'inseguimento a squadre con i colori delle Fiamme Azzurre. Nel 2011 passa alla MCipollini-Giambenini e nel 2013 alla Faren-Kuota. Nel 2014 diventa mamma. Torna in sella due mesi dopo il parto e vince due medaglie di bronzo (nel keirin e nella 500 metri a cronometro) ai Campionati italiani su pista. Il suo palmarès è diviso tra titoli su strada e su pista: all'oro 2017 e all'argento Junior del 2004 su strada si aggiungono quattro podi europei su pista (bronzo in linea Junior 2005, argento in linea Under 23 2007, bronzo in linea Under 23 nel 2008 e oro in linea nel 2018 a Glasgow). Sul circuito scozzese, lungo 14,4 chilometri e da ripetere 9 volte, per un totale di 129,6 chilometri, lascia indietro tutte e vince in volata precedendo l'olandese Marianne Vos e la tedesca Lisa Brennauer. Un successo possibile grazie al contributo di una squadra compatta in cui figurano: Nadia Quagliotto, Elena Cecchini (che resta ai piedi del podio), Elisa Longo Borghini, Soraja Paladin, Marta Cavalli, Maria Giulia Confalonieri. Sono loro a condurre la Bastianelli fino al traguardo.

A fare il conto delle medaglie che queste ragazze hanno già al collo c'è da perdere la testa: oltre alla Bastianelli, c'è il bronzo olimpico di Elisa Longo Borghini, i due ori iridati su strada della

Bronzini, i tre titoli nazionali della Cecchini e l'oro iridato nella corsa a punti su pista della Confalonieri.

Il nuovo millennio regala al ciclismo femminile un'accresciuta pattuglia di giovani talenti che si affacciano con determinazione sulla scena internazionale, nonostante i problemi di sempre tardino a trovare soluzioni.

Tracciando un bilancio della stagione 2010, la campionessa Edita Pučinskaitė ha avuto modo di sottolineare quanto le italiane siano fortissime nei grandi appuntamenti, ma poco incisive durante l'intero arco della stagione: «Le barriere sono ancora alte, inutile negarlo, per abbatterle bisognerebbe rieducare la società aggrappata ai preconcetti, e non solo. Ci vorrebbero senz'altro più convinzione, impegno, coesione e autorevolezza, ma soprattutto servirebbero più idee da parte di chi spinge e gira i pedali del movimento. Peccato, il pedale femminile potrebbe, se fosse più "inquadrato" dai media, regalare altrettante emozioni (campionati mondiali docet) di quello maschile... con soddisfazione posso comunque constatare che in questi ultimi anni le cose stanno cambiando, anche se troppo lentamente. Sempre più gente mi domanda dove cercare informazioni "al femminile", sempre più le squadre credono e investono nella propria promozione e sempre più i grossi sponsor scommettono e tentano l'avventura nel settore donne: basta leggere i nomi dei team italiani Uci e osservare il materiale tecnico adoperato... Lungo è l'elenco delle giovani emergenti, alcune sono già una realtà, altre si stanno affacciando dopo aver dominato il panorama Junior. Sono ragazze "nuove", istruite, laureate, tecnologiche, figlie dei nostri giorni».[13]

Alcune di queste atlete emergenti trovano collocazione in nuove società che si propongono con una marcia in più ma che, nonostante la grande passione e volontà, tradiscono le difficoltà di sempre. Nel 2011, ad esempio, viene fondata a Monza la BePink, capeggiata da Sergio Zini, che ha superato gli ottant'anni ed è nel ciclismo da una vita, insieme ai figli Walter, ex ciclista, e Emanuela, e persino al marito di quest'ultima. Una famiglia ciclistica a tutto tondo, che investe nel settore femminile perché ci crede. Nel suo primo anno di vita la BePink schiera 14 atlete di 7 paesi, con un'età media di vent'anni, e propone un nuovo modello di club, che pensa non solo alle corse ma anche all'immagine delle atlete e al loro progetto di vita oltre il ciclismo, perché continuano a non essere considerate delle professioniste. Così per partire la squadra ricorre a sistemi antichi e collaudati: «Noi manager ci siamo autotassati: chi ha acquistato l'ammiraglia, chi ha messo a disposizione la casa, chi ha investito sul parco bici».[14] E i risultati non tardano ad arrivare. Al termine del primo anno di attività la BePink – che ha in Noemi Cantele, Silvia Valsecchi e Dalia Muccioli le sue atlete di punta – si piazza al sesto posto nella classifica a squadre del calendario internazionale Uci.

Molte altre giovani si fanno notare, come Elena Berlato (Safi Pasta Zara Manhattan), vicentina di Schio (Vi), classe 1988, passista scalatrice che approda alla categoria Élite nel 2008, a vent'anni, e ci resta fino al 2015. Il suo primo piazzamento importante, ottenuto a diciassette anni, è il secondo posto nella prova a cronometro Junior dei Campionati italiani. Ci sono poi Alice Donadoni, lombarda di Calcinate (Bg), classe 1988, e Luisa Tamanini, trentina classe 1980, che arriva al ciclismo a dieci anni, dalla danza, seguendo le orme del fratello Gianni. Nel suo palmarès: nel 2003 un titolo cronometro nella categoria Under 23 e nel 2009 un oro ai Giochi del Mediterraneo di Pescara del 2009 nella prova su strada in linea. Ci sono Francesca Togliani (Gs Top Girls) e Soraya Paladin, trevigiana, classe 1993, che si aggiudica il Giro di Toscana 2018, undici anni dopo l'ultima vittoria italiana, quella di Noemi Cantele del 2007.

Vi sono poi atlete simbolo come Marta Cavalli, classe 1998, originaria di Formigara (Cr), oro agli europei Under 23 su pista di Aigle. Dopo un bruttissimo infortunio nel 2016, a distanza di due anni trionfa ai Campionati italiani con i colori della Valcar Pbm, e conquista la maglia tricolore nella prova in linea su un percorso impegnativo di 118 chilometri, da Rivoli al Castello di Agliè (To). Un successo che vale moltissimo, perché arriva dopo due anni di sofferenze e paure legate a un infortunio che poteva costarle un rene e il sogno di diventare professionista. Ma le cicliste sono fatte così, non si scoraggiano alla prima difficoltà. E

Marta non si accontenta del titolo italiano pista e strada ma, 435 giorni dopo quel grave infortunio, vince anche la medaglia d'oro ai Campionati europei di Anadia (Portogallo) del 2017, nell'inseguimento a squadre: «Non mi sono mai sentita sola, grazie alle mie compagne e alle gare di ciclismo seguite in tv. Ora sono rinata».[15] E il suo primo pensiero va alla compagna di squadra Claudia Cretti, caduta durante il Giro Rosa di quell'anno: «Quando sono arrivate le prime notizie rassicuranti che escludevano il pericolo di vita, abbiamo sentito che Claudia era lì con noi. L'abbiamo sentita vicina, l'abbiamo sentita lottare. Questo ci ha dato la carica e la volontà di fare un buon risultato».[16] Le cicliste di oggi sono generose e con un grande cuore, esattamente come quelle che le hanno precedute, e non si arrendono mai.

Tra i nomi che si fanno strada in questi anni ci sono anche quelli delle giovani che si sono fatte valere ai Campionati europei Multisport di Glasgow 2018, una sorta di mini-olimpiade continentale. Qui la squadra italiana femminile dell'inseguimento a squadre su pista ha vinto un argento con Elisa Balsamo, Marta Cavalli e Maria Giulia Confalonieri. Quest'ultima, classe 1993 di Giussano, portacolori del team Valcar-Pbm, è soprannominata "Testa dura e gambe scattanti", per sintetizzare il suo carattere e il suo potenziale esplosivo. La sua prima bicicletta la riceve quando non ha ancora compiuto tre anni dal bisnonno Baldassarre Galimberti, che sua mamma descriveva come un *pistard* del Vigorelli. Al ciclismo agonistico arriva a dodici anni, anche lei attraverso un amico di famiglia, che di professione fa il massaggiatore e che ne intravede le doti da ciclista. La sua prima bicicletta da gara è una Fiorin gialla, rossa e blu. Nel 2013, da Under 23, è campionessa europea nello scratch, ma il suo anno d'oro è il 2018, quando conquista un bronzo nell'americana ai Campionati mondiali e un oro agli europei nella corsa a punti. A chi le chiede se pensa che il ciclismo possa essere il suo mestiere, risponde: «Mi piacerebbe, ma sappiamo tutti che con il ciclismo femminile non è facile emergere e mantenersi».[17]

Nel fuoristrada i trionfi italiani sono legati anche alle imprese della bolzanina Eva Lechner, classe 1985, che colleziona un bel numero di medaglie internazionali: un argento ai mondiali di ciclocross Élite nel 2014, 3 ori (2009, 2012 e 2013), 3 argenti (2003, 2005, 2006) e 3 bronzi (uno nel 2008 e due, Élite e Team relay, nel 2011) ai mondiali di mountain bike, dopo aver dominato anche nelle categorie Junior (argento europeo nel 2002) e Under 23 (bronzo europeo nel 2006 e oro nel 2007).

Oggi si può considerare aperta l'era delle cicliste del nuovo millennio. Si potrebbero chiamare così le ragazze che hanno portato il tricolore in alto mai così tante volte come negli ultimi anni. Sono le eredi di Paola Scotti, Maria Cressari, Florinda Parenti e Morena Tartagni. Amano il ciclismo allo stesso modo e lo praticano con la stessa passione, con uguale impegno e sacrificio. Hanno ereditato un bagaglio di battaglie già vinte e di pregiudizi solo in parte abbattuti, che permettono loro se non di sperare in futuro alla parità di trattamento con i colleghi maschi, almeno di guardare ai loro successi semplicemente come successi sportivi.

Non sono donne "prestate" al ciclismo ma vere campionesse, e il mondo ha cominciato ad accorgersene. Sono brave, tenaci, intelligenti. Sono anche belle, sorridenti e vincenti. Un vanto per l'Italia. Usano i social, hanno i loro follower e i loro tifosi. Molte di loro, come confida Walter Pettinati che dirige il sito cicliste.eu, tendono a essere riservate e non amano mettersi in mostra, ma «quando è stato postato il video dei mondiali Junior vinti dall'Italia nel 2018, ha fatto il botto di visualizzazioni».[18]

Dal 2000 a oggi, le italiane sono salite sul podio mondiale in sempre più occasioni e specialità, a conferma che è stato fatto un lavoro ampio e qualificato alla base, che oggi consente alle atlete azzurre di confrontarsi alla pari con le migliori in diverse prove.

Esponenti della *nouvelle vague italiana*, come qualcuno l'ha definita, sono ragazze come quelle dell'Astana Women's Team. A partire dalla bergamasca Arianna Fidanza, classe 1995, medaglia d'oro agli europei Junior su pista del 2012 nella corsa a punti, agli europei nel 2013 nell'inseguimento a squadre, e ai mondiali Junior su pista dello stesso anno nella corsa a punti. Ci sono la padovana Sofia Beggin, oro all'Olimpiade giovanile di Nanchino nel 2014 e titolo italiano Junior su strada nel 2015; Sofia Bertizzolo, di Borso del Grappa (Tv), che nel 2014 colleziona un en plein: oro all'europeo Junior su strada, titolo italiano Junior su strada e argento ai mondiali Junior su strada; Valentina Scandolara, veronese di Tregnago, campionessa europea nella corsa a punti su pista nel 2011, che dal 2016 corre negli Stati Uniti per la Cylance Pro Cycling insieme a Rossella Ratto, due delle tante cicliste italiane che emigrano verso squadre straniere. Valentina è stata campionessa europea Junior 2007-08 nella prova in linea e, tra le Élite, nel 2011 ha conquistato il titolo europeo nella corsa a punti su pista.

Tra le giovanissime si segnala Camilla Alessio, che al suo debutto in maglia azzurra a diciassette anni conquista un argento ai mondiali di Innsbruck del 2018 nella crono individuale Junior. Originaria di San Martino di Lupari (Pd), è tesserata per i colori del Team Lady Zuliani di Maserada sul Piave (Tv), un club di cicloamatori che ha scelto di investire anche sul ciclismo femminile partendo con un gruppo di 7 allieve che al primo tentativo conquista il titolo veneto e poi quello italiano nella crono. La dedica di Alessia sul podio è anche per questo team: «Hanno costruito una squadra per noi giovani Allieve passate Junior. In pochi investono sul ciclismo femminile e il Lady Zuliani è uno di questi. La mia medaglia li ha premiati».[19]

Camilla è anche la prima ragazza a cui viene assegnato, nel 2018, il premio Speranza, un riconoscimento alla memoria di Vito Favero, indimenticato asso del ciclismo italiano degli anni Cinquanta. Il premio nasce con la duplice valenza di ricordare la sua figura umana e sportiva, e di portare fortuna a una giovane promessa del ciclismo. Prima di lei lo avevano vinto Simone Andreetta (2014), Leonardo Basso (2015), Marco Marronese (2016) e Marco Codemo (2017). Camilla è la prima donna a cui viene assegnato.

Nel 2019 Camilla aggiunge altri successi al suo palmarès grazie alle medaglie d'oro e di bronzo conquistate agli europei su pista di Gent, un appuntamento continentale nel quale l'Italia fa incetta di medaglie sia nella categoria Under 23 sia in quella Junior con 6 ori, 2 argenti e 4 bronzi grazie ad atlete come Letizia Paternoster, Martina Alzini, Elisa Balsamo, Marta Cavalli, Vittoria

Guazzini, Miriam Vece, Eleonora Gasparrini, Sofia Collinelli, Giorgia Catarzi, Camilla Alessio e Matilde Vitillo.[20]

Un altro nome che si impone all'attenzione in questi ultimi anni è quello di Marika Tovo, nuova stella del fuoristrada. Vicentina di ventitré anni, chiude il 2018 con un bottino di tutto rispetto: bronzo iridato a Lenzerheide (Svizzera) nel cross country Under 23, argento individuale e oro europeo nella staffetta Mtb a Graz, bronzo in Coppa del mondo Mtb Xco Xcc di Albstadt (Germania). Anche lei sale in bicicletta per caso, ma poi non riesce più a farne a meno: «All'inizio era tutto così difficile, non mi entusiasmava, infatti non me ne andava bene una… Poi con il passare del tempo ne avevo sempre più bisogno. La bici è diventata una medicina per stare bene».[21]

Tra i risultati più interessanti dell'anno ci sono anche quelli colti ai Giochi del Mediterraneo con Elisa Longo Borghini, che trionfa nella prova in linea su strada e sale sul podio insieme a Erica Magnaldi, che è bronzo. Nella prova individuale Elena Cecchini e Lisa Morzenti chiudono con un oro e un argento.

Va poi ricordata l'impresa della romana Vittoria Bussi, che il 13 settembre 2018, ad Aguascalientes (Messico), stabilisce il nuovo record dell'ora con 48,007 chilometri, superando i 47,980 dell'americana Evelyn Stevens. Vittoria è la prima donna nella storia a superare il muro dei 48 chilometri. Dopo l'impresa, ha sottolineato come questo nuovo record non abbia a che fare solo con la dimensione sportiva, peraltro di assoluto rilievo: «È un discorso più ampio, riguarda le sfide complicate che ci si ritrova ad affrontare nella vita e in generale».[22]

Nonostante l'importante risultato conseguito, anche per lei i problemi restano quelli di sempre: «Non ho dietro una squadra professionistica. Mi sono organizzata da sola investendo tutti i risparmi. In pista c'eravamo io e il mio compagno».[23]

Vittoria non è un'atleta qualsiasi. Ha una laurea in matematica e segue un dottorato di ricerca a Oxford grazie a una borsa di studio. Ed è proprio mentre si trova in Inghilterra che comincia ad andare in bicicletta. Per lei, che viene dall'atletica, è una novità. Va subito forte e si accorge che questo è uno sport che fa per lei. A causa di una malattia del padre deve però rientrare in Italia. Lascia l'università e pensa solo ad allenarsi. Ed è così che, visto che a cronometro rende bene, nasce la sfida. Una sfida in solitaria perché non trova una squadra giusta per lei: «Non mi piace il mondo del ciclismo di oggi» denuncia. «Manca il rispetto dei diritti minimi dei lavoratori».[24]

La preparazione è meticolosa e costosa. Sta attenta a tutto, anche a tenere un diario per essere rintracciabile dai controlli antidoping. Nel 2017 ottiene il primato italiano, ma non le basta, e così insegue il sogno del record mondiale che realizza nel 2018. Ma se pensava che questo risultato potesse agevolarla in qualche modo, si deve subito arrendere di fronte all'evidenza. Di sponsor non ce ne sono abbastanza: «Adesso ho un paio di sponsorizzazioni, ma non ho ancora raggiunto i 16.000 euro che mi consentirebbero di coprire almeno le spese». Per questo si allena a Palma de Maiorca, dove il velodromo ha prezzi più accessibili rispetto alle strutture italiane.

Per le donne trovare sponsor resta un problema. Il divario con gli uomini non sembra ridursi. Anche Dalia Muccioli, campionessa italiana 2013, ha avuto modo di sottolineare come tra gli uomini e le donne del ciclismo vi sia «una disparità allucinante. [...] Le soddisfazioni sportive sono difficili da raggiungere, richiedono molti sacrifici. [...] Nel nostro settore non c'è un grande riscontro economico».[25]

Ma allora resta da chiedersi cosa non abbia funzionato se, nonostante i successi raccolti, per le donne il "mestiere" del ciclista resta sempre difficile, oggi come in passato. Anche se sono state loro in sempre più occasioni a portare il tricolore sul podio, alla fine le difficoltà di veder riconosciuto questo loro impegno in termini di contratti, sponsorizzazioni, visibilità e riconoscimento di un assetto professionistico sono rimaste immutate. Campionesse come Alessandra Cappellotto (che è anche vicepresidente dell'Associazione corridori ciclisti professionisti italiani, Accpi) e Fabiana Luperini hanno più volte sottolineato come per certi versi le cose forse siano anche peggiorate rispetto a vent'anni fa. Perché anche se in termini di visibilità e attrattiva il ciclismo femminile è cresciuto considerevolmente, sul piano economico nulla è cambiato.

SSe escludiamo l'appartenenza di alcune cicliste ai corpi dello Stato, situazione che permette di poter disporre di uno stipendio fisso, il regime in cui le atlete sono state fin qui costrette a muoversi resta ancora dilettantistico, e questo non vale solo per il ciclismo, a conferma che il problema è fondamentalmente culturale e che lo sport ne è solo una cassa di risonanza.

La legge sul professionismo sportivo del 1981[26] ha stabilito che siano il Coni e le singole federazioni a decidere quali discipline sportive possono essere definite professionistiche. Il risultato è stato che solo 6 su 60 discipline – calcio, golf, pallacanestro, pugilato, motociclismo e ciclismo – hanno ottenuto questo status. Le cose, però, stanno finalmente cambiando. Il 6 agosto 2019, il Senato ha approvato un disegno di legge delega in materia di ordinamento delle professioni sportive[27] e l'11 dicembre 2019 la commissione Bilancio del Senato ha approvato un emendamento alla manovra che equipara le donne ai colleghi maschi, estendendo le tutele previste dalla legge sulle prestazioni di lavoro sportivo e introducendo un esonero contributivo al 100 per cento per tre anni per le società sportive femminili che stipulano con le atlete contratti di lavoro sportivo.

Se fino ad oggi le singole federazioni avevano evitato il riconoscimento del lavoro sportivo femminile, temendo che i costi che sarebbero ricaduti sulle squadre sarebbero stati troppo onerosi e avrebbero rischiato di soffocare il movimento femminile, oggi questo aspetto pare possa, sulla carta, considerarsi superato. Bisognerà vedere come le federazioni daranno applicazione al provvedimento, in attesa anche di una legge delega sul lavoro sportivo che ne fissi le linee guida.

Non sono mancati, nel ciclismo, drammi e incidenti occorsi alle donne in seguito ai quali questi problemi sono emersi in tutta la loro complessità. Nel 2010, la ventiduenne Marina Romoli perde l'uso delle gambe in seguito a un incidente occorsole durante un allenamento. Anche se gareggia tra le Élite, il suo non viene giudicato un incidente sul lavoro e, non avendo un'assicurazione personale né un reddito riconosciuto, non percepisce un giusto risarcimento ed è costretta ad anticipare tutti i costi delle spese mediche.[28]

Una discriminazione che si aggiunge alla minore presenza di sponsorizzazioni erogate allo sport femminile. Ancora oggi un uomo che vince gare importanti come il Giro d'Italia o il Tour de France o la Vuelta può arrivare a ricevere anche qualche milione di euro, sommando compensi, premi in denaro e sponsor.[29] Questo non succede per le donne.

«In Italia generalmente siamo trattate come ragazze che non vedono nel ciclismo un lavoro» ha dichiarato Elena Cecchini.[30] Della stessa opinione anche la sua collega Noemi Cantele: «Nel ciclismo siamo ancora all'anno zero perché se negli ultimi anni i risultati sono stati straordinari, fra vittorie nei mondiali su pista e su strada, il movimento femminile del ciclismo non ha fatto passi avanti. Siamo i parenti poveri, siamo gli emarginati, siamo gli sconosciuti e gli ignoti. Siamo ridotti all'essenziale: poche squadre, poche corse, pochi sponsor, poco spazio sui giornali o alla tv. Chi corre, lo fa a proprie spese. Le più brave riescono ad avere un posto in un gruppo sportivo militare. Io corro perché ho trovato uno sponsor entusiasta. Chi vince il Giro d'Italia ha un premio fra i 600 e gli 800 euro: ridicolo. A livello internazionale si è ottenuto qualcosa in più: chi vince una prova di Coppa del mondo guadagna poco più di mille euro, una mancia se paragonata ai colleghi maschi. E se si pensa che i premi, per tradizione, si dividono fra compagne e personale, va via tutto in una serata in pizzeria».[31]

Eppure per prepararsi queste atlete hanno bisogno di lavorare tanto quanto i loro colleghi. Da Antonella Bellutti, che per arrivare sul tetto del mondo ha lavorato alla sua preparazione in Venezuela, con mesi di allenamenti specifici, a Fabiana Luperini, che faceva una media di 30.000 chilometri l'anno come minimo per reggere medie orarie che superavano i 45 km/h già alle prime gare della stagione, tutte le atlete si sono sempre dovute impegnare quanto i loro colleghi, senza mai ottenere una parità di trattamento. Per il suo ultimo anno di attività, la Luperini ha addirittura dovuto finanziarsi attraverso un'operazione di crowdfunding in rete, nella speranza che il suo esempio possa fare da apripista per altre atlete.

Il fatto che il ciclismo femminile non sia trasmesso in diretta televisiva con la stessa frequenza delle gare maschili è considerato uno dei motivi principali della scarsa attenzione prestata al movimento. «Il ciclismo è nato come sport da uomini, c'è ancora del maschilismo da questo punto di vista e le varie istituzioni non hanno fatto granché per annullare questo gap. Il ciclismo femminile non può andare avanti da solo, avrebbe bisogno di un aiuto consistente dall'alto. [...] Non decolla, rimane uno sport povero e precario, è il professionismo dei poveri» ha dichiarato Edita Pučinskaitė.[32]

Anche se il problema si trascina dal passato, la novità che si è innescata negli ultimi anni è che le cicliste si sono riunite per rivendicare i loro diritti, anche se il cammino non sarà facile. «Il settore femminile è cresciuto meno di quel che mi aspettavo» ha dichiarato Alessandra Cappellotto. «Manca il collegamento fra i risultati che le nostre cicliste raccolgono in campo internazionale e una realizzazione commerciale, in termini di contratti per le atlete e di sviluppo dei team».[33]

Insieme alla Cappellotto, a farsi portavoce delle rivendicazioni delle colleghe sono state anche Giorgia Bronzini e Noemi Cantele. Nei suoi interventi la Bronzini ha sottolineato come, diversamente da quanto accade all'estero, in Italia non si sia ancora consapevoli di quanto le donne migliorino il ciclismo nello spettacolo, nell'immagine e nella cultura, auspicando che le squadre maschili aprano anche un settore femminile perché così si potrebbe contare su economie di scala, rendendo più sostenibile l'impegno: l'organizzazione infatti sarebbe la stessa, dai meccanici ai massaggiatori, alle biciclette, alle ammiraglie.

Del resto il rapporto stretto con il ciclismo maschile non può venir meno, giacché oggi sono entrate in gioco molte nuove variabili: dalle tecnologie sofisticate alla severa programmazione, all'accurata alimentazione con diete mirate, studi delle tolleranze alimentari, test sui materiali e sulla posizione aerodinamica da tenere. Sono tutte voci che hanno un costo elevato e che vanno ammortizzate tra tutti i soggetti, maschi e femmine: «È dal settore maschile che arrivano esperienze, nuove tecniche di allenamento, tutte cose che arricchiscono anche il settore femminile» ha dichiarato Valentina Scandolara.[34]

Nel 2013 l'Accpi delle donne ha avanzato richieste specifiche alla Fci: maggiore sicurezza in gara, più competizioni femminili, un minimo salariale assicurato e più dialogo tra atlete e istituzioni nazionali. Ciò ha portato a qualche primo timido risultato nella forma dei contratti, nella loro durata, nelle modalità di retribuzione. Sono stati inoltre regolamentati rinnovo e cessione, e introdotte tutele in caso di infortunio, malattia e maternità. Ma non basta. In questi ultimi anni sono sorte anche molte associazioni e iniziative per far conoscere la storia del ciclismo femminile, per promuovere questo sport e tutelare i diritti di chi lo pratica. Senza parlare di discriminazione, una giovane campionessa come Letizia Paternoster ha sottolineato che «ogni atleta di livello andrebbe messa nelle condizioni di fare sport con serenità e con un compenso giusto».[35]

Anche per la Longo Borghini è tempo di cambiare passo: «Io sarei più per uno sport senza distinzioni di genere, mi piacerebbe veder considerare lo sport come universale, senza dover dire maschile o femminile. Dovrebbe essere la cosa più democratica perché non ci sono differenze tra chi gioca a pallone, chi corre, chi va in bici. Tutti uguali, operai, impiegati di banca o liberi professionisti. Persone e basta».[36]

Intanto è sempre più difficile per i team italiani restare ai vertici. Il loro numero tende a ridursi quando si calcano palcoscenici internazionali dove i budget sono determinanti per conservare il ranking. Con l'introduzione del circuito Pro Tour e poi WorldTour, si sono infatti creati vari livelli di classificazione delle squadre, che di fatto si ripercuotono sulle gare. Le squadre ai vertici risultano quelle più ricche, che possono ingaggiare atlete più forti e farle gareggiare in giro per il mondo godendo anche di una maggiore visibilità, che a sua volta genera maggior interesse da parte di sponsor. Viceversa, le altre che hanno meno sponsorizzazioni hanno limitati mezzi per ingaggi e gare e, avendo poi meno visibilità, non hanno neanche grandi speranze di attrarne di nuove. La riforma del ciclismo destinata a entrare in vigore nel 2020 si preannuncia profonda e preoccupa, perché si teme una riduzione del numero dei partecipanti nei grandi giri e nelle classiche.

Delle 38 formazioni professionistiche che si sono presentate al WorldTour 2019, le squadre italiane sono 8: Valcar Cylance (con Balsamo, Confalonieri, Guazzini e Cavalli), Alè Cipollini (Paladin e Quagliotto), Bepink (Guderzo, Valsecchi, Barbieri, Zanardi), Eurotarget Bianchi (Arianna e Martina Fidanza, Manzoni), Top Girls Fassa Bortolo (Tomasi e Marturano), Aromitalia Vaiano (Beggin, Brogi, Nesti), Astana e Servetto Piumate.

A loro *La Gazzetta dello Sport* ha dedicato uno speciale intitolato "L'età dell'oro", mettendo in evidenza i numeri record raggiunti dal movimento. Ma dietro i numeri, resta il problema che per poter svolgere il "mestiere" di ciclista molte delle atlete italiane emigrano all'estero. Si è invertita la rotta che vedeva, vent'anni fa, le straniere venire in Italia. Assistiamo alla sempre maggiore delocalizzazione del ciclismo italiano: atlete che corrono per squadre straniere, team che riescono a funzionare con sponsorizzazioni straniere, sponsorizzazioni di aziende italiane per team che sono affiliati all'estero. Sembra che la filiera del made in Italy nel ciclismo a un certo punto si interrompa, incapace di funzionare autonomamente in tutti i suoi passaggi.

Prendiamo l'esempio di una delle squadre più in vista, l'Astana-Acca Due O, che fin dal nome richiama, grazie alla presenza di uno degli sponsor storici, la compagine regina di una ventina d'anni fa. Per iniziare, i suoi dirigenti hanno puntato su un gruppo di giovani atlete, la maggior parte delle quali anche stavolta straniere. Il team è registrato in Kazakistan e funziona grazie a un fondo del governo locale e a un progetto con la nazionale asiatica. A guidarlo c'è sempre Maurizio Fabretto e con lui una sua grande atleta di qualche tempo fa, Zulfia Zabirova, che è team manager e responsabile della gestione sportiva della squadra. La sede operativa è a Crocetta del Montello, presso l'azienda di Fabretto: a pianoterra, dietro la fabbrica, c'è l'officina per le biciclette, mentre al piano superiore il quartier generale del club, dove campeggiano maglie iridate, maglie rosa, maglie gialle… l'elenco dei successi colti negli anni non si conta, ma i progetti da realizzare in futuro sono altrettanto ambiziosi: portare Astana a diventare la prima squadra al mondo nel giro di quattro anni. Per farlo Fabretto si è affidato a un gruppo di cicliste quasi tutte straniere, provenienti da Asia, Cuba, Messico, Colombia, Canada, Ucraina. La rappresentanza italiana è in minoranza: «Preferisco le atlete straniere perché vengono qui, si impegnano, fanno il loro dovere. Tranquille, senza patemi. Voglio dimostrare che si può lavorare anche così. Stando con i piedi per terra e facendo una alla volta le cose che vanno fatte, senza bruciare le tappe. Ma la macchina organizzativa per far funzionare tutto è enorme. Abbiamo appena corso in Guatemala, poi andremo in Cina, poi a gennaio in Australia...».[37]

Tra le squadre più in vista anche il team femminile della Segafredo, che dopo la squadra maschile Trek Segafredo, nel 2019 ha deciso di puntare anche sulle donne ed è partita subito con un primato: un budget che, si dice, supera i due milioni di euro. Una cifra assolutamente unica per il ciclismo femminile.

La Segrafredo è, di fatto, una squadra americana, e la sua entrata in scena «è stata una frustata per il movimento»[38] e ha innescato trasferimenti importanti. Il team è composto da 12 cicliste provenienti da 9 nazioni. Spiccano i nomi di Elisa Longo Borghini, Letizia Paternoster e Giorgia Bronzini, quest'ultima sull'ammiraglia come direttore sportivo insieme a Ina-Yoko Teutenberg al Giro Rosa 2019. Un team al femminile anche nell'impostazione, visto che ingaggia una ciclista al sesto mese di gravidanza (Lizzie Deignan) e definisce l'aggiunta del settore femminile al progetto complessivo della società una scelta convinta e positiva. Per Massimo Zanetti, proprietario dell'azienda e della holding, è un esordio nel settore femminile: «Ma era necessario, i tempi sono maturi. Sono appassionato di ciclismo e vedo sempre più donne in bicicletta... ormai il ciclismo è donna».[39] Una scelta nella quale ha pesato l'amore per lo sport, ma anche la compagine internazionale del gruppo Segafredo, che ha colto l'occasione per sposare uno sport molto popolare negli Stati Uniti, dove, guarda caso, l'azienda ha una forte struttura commerciale (metà del fatturato) e dove sono entusiasti dell'investimento fatto: «Siamo la prima multinazionale a livello mondiale che fa un investimento di questo genere nel ciclismo. Non metteremo un semplice marchio sulla maglia, ma sarà un progetto profondo che coinvolge le strutture commerciali a livello globale».[40]

Quanto alla maglia delle donne, precisa, sarà «più fashion e colorata», ma si sa, l'Italia esporta anche moda e bellezza, e questo sicuramente è un investimento anche sul made in Italy. La squadra debutta in Australia nel gennaio 2019, e la stessa Letizia Paternoster spiega bene la differenza tra questa compagine e tutte le altre: «C'è un'organizzazione che non avevo mai trovato prima, una attenzione ai dettagli unica. Quasi mi sembra di fare un altro sport».[41] Anche la Longo Borghini parla di una nuova era del ciclismo femminile, perché «siamo messe sullo stesso piano dei maschi… non mi sento più in quanto ciclista professionista donna, figlia di un dio minore».[42] La squadra femminile è una costola di quella maschile, con cui condivide la guida di Luca Guercilena e, durante i ritiri in comune, di tutto lo staff tecnico. È la prima volta che accade.

In Italia, chi cerca di farsi spazio tra i team stranieri è l'italianissima Alé Cipollini, presieduta da Alessia Piccolo, l'unica donna alla guida di una società femminile del Wwt. La Piccolo, entrata come sponsor, è prima di tutto una grande appassionata di ciclismo. Corre, partecipa a granfondo e segue la squadra tutte le volte che le è possibile. Una dirigente attivissima, molto lontana dall'immagine di madrina di facciata. Operativa e concreta, ha voluto fortemente una squadra femminile e si è fatta carico di andare a cercare e convincere altre aziende, oltre alla sua, a investire in questo settore: «Ho iniziato nove anni fa questo progetto, investendo e credendo nel ciclismo femminile quando ancora il settore non aveva la visibilità attuale e le aziende che lo supportavano si contavano sulla punta delle dita. Ho visto crescere il team anno dopo anno e ho dedicato alle ragazze il mio totale impegno».[43]

Una scelta coraggiosa, ripagata, dopo dieci anni, da risultati importanti che hanno consacrato questo team tra le grandi realtà del ciclismo femminile mondiale. Nel 2017, la Alè Cipollini è stata la squadra italiana più forte: ottava nel ranking Uci con numerosi successi nel Women's WorldTour. Oggi staziona nella top five mondiale.

Il team ha deciso di chiedere all'Uci la licenza per entrare nel Women's WorldTour 2020. In caso di risposta positiva, sarà la prima squadra italiana femminile a entrare nella riforma voluta dall'Uci e rappresenterà l'Italia intera del ciclismo, visto che oggi l'Italia è assente anche nel WorldTour maschile.

Intanto, la squadra si preoccupa di connotare la sua attività anche dal punto di vista sociale, scegliendo, ad esempio, di sfoggiare divise realizzate al 90 per cento con materiali riciclati e munite di tasca laterale per raccogliere i rifiuti senza gettarli più in strada, o quella di realizzare un guanto viola da far indossare alle proprie atlete per lanciare un messaggio contro la violenza sulle donne.

La formazione allestita per il 2019 schiera: Marta Bastianelli, Anna Trevisi, Soraya Paladin, Chloe Hosking, Janneke Ensing, Daiva Tuslaite, Martina Stefani, Romy Kasper, Ane Santesteban González e Anisha Vekemansresta. Gli sponsor sono una ventina e assicurano il budget necessario per affrontare la stagione in modo competitivo. La scelta di entrare nel massimo circuito del ciclismo premia anche loro: «Mi farebbe piacere che questo messaggio venisse recepito da nuovi partner e lancio un invito: credete e date supporto a questo progetto. La forza sportiva e comunicativa di queste ragazze e di questa squadra sta dando e darà grandi risultati».[44]

Se da una parte nascono grandi team, che ci consegnano la prospettiva di una nuova era per il ciclismo femminile italiano, dall'altra vi sono ancore le piccole squadre che continuano a lavorare grazie soprattutto alla passione dei loro dirigenti. A sentire il direttore sportivo del Gs Top Girls Lucio Rigato, che il ciclismo femminile lo vive dai primi anni Settanta, il settore non ha grandi prospettive al di fuori di pochi club: «Dove andrà il ciclismo femminile? Secondo me da nessuna parte. Se si continua così è destinato a sparire. Anzi, dico proprio che lo faranno morire nel giro di due, tre anni. La spiegazione è semplice: non si garantisce il passaggio delle atlete dalla categoria Junior alla Élite. Finora ogni società che allestiva una squadra doveva attingere anche alle atlete che sono al loro primo o secondo anno da Élite, quelle con minore esperienza. Così ogni club era obbligato a prenderne due. Se consideriamo che in Italia ci sono più o meno 6 club, allora il conto è presto fatto. E le altre, cosa fanno? Per un paio di anni resistono, magari aspettano, ma poi lasciano perdere perché non hanno la possibilità di entrare in una squadra. Se prendiamo il mio team, vediamo che è sempre in fondo alle classifiche. Questo succede se decidi di prendere e valorizzare tante giovani. Ognuna mi costa almeno 15.000 euro l'anno tra iscrizione Uci, tesseramento, assicurazione, attrezzatura eccetera. Ma quando mi classifico in fondo al ranking poi nessuno mi invita più, e se mi invitano, non mi rimborsano le spese. L'assurdo è che grandi squadroni, con budget milionari, si trovano anche spesati di tutto, mentre le piccole società, come la mia che ha un budget annuale di 150.000 euro e lavora solo per passione, alla fine deve pagarsi tutto. Allora mi chiedo: chi ce lo fa fare a investire sulle giovani? Con le mie ragazze se arrivo in fondo a certe gare so già che è una vittoria. Per loro è un'esperienza importante, ma a me non ne viene niente. Lo faccio solo per passione. È solo quella che ti muove e ti fa continuare a lavorare. Ma dal 2020 le squadre Uci iscritte al Pro Tour non passeranno più per la federazione e saranno direttamente affiliate all'organismo internazionale. Questo vuol dire che anche quest'obbligo di leva delle due giovani verrà meno. E allora queste giovani appena approdate alla categoria Élite cosa faranno? Ecco perché sono pessimista sul futuro del ciclismo femminile».[45]

Critica è anche la campionessa Fabiana Luperini: «Per il ciclismo femminile italiano l'introduzione della qualifica WorldTour peggiorerà le cose. Non so, infatti, chi possa riuscire a prendere questa qualifica in Italia, una sola squadra temo. Tutte le altre saranno costrette a diventare squadre minori. Quando gareggiavo io, il ciclismo mondiale femminile era l'Italia. Le migliori straniere cercavano di venire a correre qui. Oggi succede il contrario: le migliori cicliste italiane vanno all'estero, dove trovano maggiori ingaggi e considerazione. In Italia mancano aziende e sponsor che vogliano investire nel ciclismo femminile. L'unica società che investe molto è l'Alè Cipollini, forse perché ha una team manager donna a cui piace andare in bicicletta. Quindi, a parte la passione che è uguale per tutti, uomini e donne che praticano il ciclismo lo fanno in contesti molto diversi. Forse ci vorrebbe anche in Italia un'atleta come Marianne Vos, che con i suoi risultati potrebbe creare attenzione e attrarre uno sponsor grande. Ma è difficile. Ad oggi la differenza dell'impatto pubblicitario tra maschile e femminile è davvero un abisso».[46]

Anche se manca sempre qualcosa per riuscire a far fare definitivamente il salto di qualità al ciclismo femminile, c'è da dire che già il fatto stesso di avere posto il problema è il segnale di una consapevolezza che per anni è mancata. Parlando con molti ex ciclisti e dirigenti degli anni Sessanta, la cosa che maggiormente stupisce è che pochissimi ricordano il ciclismo femminile. Semplicemente non li riguardava. Non era una cosa di cui preoccuparsi e tanto meno di cui occuparsi. Non era neanche ciclismo, a dirla tutta. La sensazione che se ne ricava è che fosse percepito come il passatempo di un gruppo di *strane ragazze* che si erano messe in testa chissà cosa. Un'attività di contorno, che poco aveva a che fare con il ciclismo vero, quello degli uomini. E non sono pochi i campioni che in passato hanno manifestato una certa ostilità verso le cicliste. La storia è piena di padri, fratelli, zii che, benché praticassero questo sport, non accettavano che a montare in bicicletta fosse una donna della famiglia. Ma è anche vero che se il ciclismo femminile è riuscito ad andare avanti, lo si deve non solo alla forza di volontà e alla passione di molte coraggiose pioniere, ma anche all'aiuto di alcuni dirigenti illuminati che sul ciclismo femminile hanno scommesso, lo hanno sostenuto economicamente e si sono occupati di mettere in piedi squadre e di organizzare gare. Erano pochi, ma sono bastati per tenerlo vivo.

E le medaglie conquistate dalle donne italiane del ciclismo hanno dimostrato che avevano ragione: queste donne sono atlete come tutte le altre, capaci di impegnarsi e di fare fatica, e tanta anche, come ha dovuto constatare la stessa Uci, adeguando regolamenti e calendari, e prendendo atto che pur nella diversità fisica il corpo femminile è capace di reggere a sforzi un tempo considerati impossibili. Ma ancora non basta, perché molti falsi miti sono duri a morire.

E così, anche se passano gli anni, se si attraversa il Sessantotto e si combattono battaglie su battaglie per l'emancipazione, ancora il ciclismo femminile non è posto sullo stesso piano di quello maschile. Un problema che, se può consolare, le atlete della bicicletta devono spartire anche con le colleghe che praticano altri sport.

Il primo pregiudizio da superare riguarda sempre l'aspetto estetico. Fin dalle origini della bicicletta, si è consolidata l'idea che la donna ciclista sia brutta: mascolina, poco aggraziata e con le gambe grosse. E questo anche se oggi i benefici pare siano invece accertati da chi si occupa di salute e fitness: «Glutei più tonici e gambe più snelle. Non è vero che pedalare rinforza i polpacci. In bicicletta i muscoli si allungano, le gambe si assottigliano, i glutei si rassodano. Aumenta l'ossigenazione e l'eliminazione delle scorie: è un ottimo esercizio anticellulite. Senza tralasciare i benefici sugli apparati cardiocircolatorio e respiratorio».[47]

Certo, restano sempre i riferimenti alla bellezza come canone, che va a qualificare o meno l'atleta donna. Oggi come un tempo, nel ciclismo le belle ragazze non mancano e i cronisti non dimenticano mai di segnalarlo: l'attenzione riservata all'atleta che, una volta scesa dalla bicicletta, non trascura il trucco, la divisa elegante e magari i tacchi sarà sempre desta, ma almeno oggi le cicliste non passano più per essere le rappresentanti di quel fantomatico "terzo sesso" cui accennava il cronista di inizio Novecento.

La bellezza, che piaccia o no, resta un elemento che influisce sulla loro visibilità e che aiuta a farle conoscere attraverso i social, cosa che peraltro non guasta, visto che i like e i follower hanno un peso quando si vanno a sottoscrivere contratti e cercare sponsorizzazioni. Se i campioni aumentano il loro seguito sui social, aumentano di pari passo anche il loro potere di *engagement*.[48] In quest'ambito, il ciclismo resta ancora lontano dai numeri del calcio o del motociclismo, che viaggiano su cifre a sei zeri, ma qualcosa comincia a muoversi. Facebook, Twitter, Instagram e molte altre piattaforme danno una mano a far crescere la visibilità di queste ragazze che, a differenza del passato, oggi vengono intervistate in tv e sono percepite dal pubblico come campionesse vere, intelligenti, belle, spigliate, simpatiche, attente a cogliere al volo sfide e opportunità.

Siamo sempre prigionieri di un circolo vizioso, però, perché sono i successi a permettere maggiori presenze sui media, che a cascata generano maggiore attrattività in termini di sponsorizzazioni. E per arrivare al successo servono sponsorizzazioni e mezzi economici per essere presenti prima in pista o su strada e poi, in caso, sul palcoscenico. Senza adeguato supporto economico non è possibile avere una squadra e neanche un manager in grado di gestire il campione e districarsi tra contratti, spazi pubblicitari o promozionali. E la pubblicità è importante. Dopo aver realizzato il record dell'ora, Vittoria Bussi ha raccontato in un'intervista: «Ho qualche sponsor in più, ma con altri ho litigato. A loro dei tempi interessa poco. Mi chiedono quanti follower ho. E se ne vanno... A novembre sono andata in tv, avevo la gonna. Il giorno dopo ho avuto più like di quando ho fatto il record. Mi sono cadute le braccia».[49]

Non era andata meglio ad atlete più famose come Fabiana Luperini, una delle prime cicliste a essersi affidate a un esperto per la gestione della propria immagine: «Pensavo che un procuratore mi avrebbe potuto aiutare a trovare altri sponsor. Ma quando sei già nella squadra migliore, il procuratore può fare poco in aggiunta a quello che hai, che nel mio caso erano sponsor tecnici. Dunque, all'epoca non serviva molto al ciclismo femminile. Adesso forse sì, perché potrebbe aiutare a dare maggiore visibilità per andare a correre all'estero».[50]

Fabiana, che nel suo curriculum ha una laurea in management dello sport alla European School of Economics, nel 1998 si era affidata al manager di Alberto Tomba, il trevigiano Andrea Vidotti, che l'ha seguita per circa un anno e mezzo: «In quel periodo era la ciclista con maggiore visibilità, anche per la continuità di risultati. Un'atleta molto determinata e scrupolosa nei dettagli del suo lavoro. È stata un'esperienza bellissima e positiva, ma non era facile trovare sponsor. Bisognava bussare a tante porte e far capire chi era questa campionessa. Io poi venivo dall'esperienza con Alberto Tomba, dove bastava fare il suo nome per vedere aprirsi le porte. Nel ciclismo femminile era tutto un altro mondo, più complesso e difficile. Quello che mancava era soprattutto la visibilità, elemento essenziale per far investire un'azienda; in secondo luogo le dinamiche di squadra non aiutavano. Queste atlete facevano sempre parte di un team e dovevano quindi conciliare sponsor individuali con quelli di squadra. A volte le due cose cozzavano tra loro».[51]

Andrea Vidotti non ha più seguito nessuna ciclista, mentre a lui si sono poi affidate atlete come Sofia Goggia, Dorothea Wierer e altri campioni.

Note del capitolo 9

1 *La Gazzetta dello Sport*, 23 ottobre 1997.

2 Testimonianza rilasciata all'autrice da Alessandra Cappellotto, 28 giugno 2019.

3 *Ibidem*.

4 *Il Ciclismo*, settembre 1996, pp. 186-187.

5 *Ivi*, p. 187.

6 Testimonianza rilasciata all'autrice da Massimo Bolognini, 20 luglio 2019.

7 Testimonianza rilasciata all'autrice da Massimo Fabretto, 19 luglio 2019.

8 *Ibidem*.

9 *Ibidem*.

10 *Ibidem*.

11 https://www.youtube.com/watch?v=qlk7cp1k6n0. Ultimo accesso: giugno 2018.

12 *Ibidem*.

13 "Italiane fortissime nei mondiali, ma poco incisive durante tutta la stagione", *Almancacco del ciclismo 2011*, p. 310.

14 "Donne su due ruote: la prima candelina di BePink", *La Gazzetta dello Sport*, 7 novembre 2012.

15 https://www.federciclismo.it/it/infopage/marta-cavalli/efe49b2e-ac23-4ec8-a295-7617785c86fc/. Ultimo accesso: giugno 2018

16 *Ibidem*.

17 https://www.magpedia.com/it/sport/maria-giulia-confalonieri-intervista. Ultimo accesso: giugno 2018.

18 Testimonianza rilasciata all'autrice da Walter Pettinati, settembre 2018.

19 *Il Gazzettino*, 25 settembre 2018.

20 Nella categoria Under 23 oro a Letizia Paternoster (eliminazione donne), Martina Alzini, Elisa Balsamo, Marta Cavalli, Vittoria Guazzini e Letizia Paternoster

(inseguimento donne a squadre), Letizia Paternoster ed Elisa Balsamo (madison); argento a: Vittoria Guazzini (inseguimento individuale) e Miriam Vece (500 metri e velocità individuale). Nella categoria Junior oro a: Eleonora Gasparrini, Sofia Collinelli, Giorgia Catarzi, Camilla Alessio e Matilde Vitillo (inseguimento a squadre), Eleonora Gasparrini (omnium), Matilde Vitillo (corsa a punti). Bronzo a: Camilla Alessio (inseguimento individuale), Sofia Collinelli ed Eleonora Gasparrini (madison).

21 https://www.federciclismo.it/it/infopage/marika-tovo/3b600732-cd5c-47af-b296-80009d4a5cb1.

22 “La prima nella storia”, in *Cyclist*, n. 29, dicembre 2018-gennaio 2019.

23 *Corriere della Sera*, 24 dicembre 2018, p. 29.

24 *Ibidem.*

25 Marando, *op. cit.*, p. 129.

26 Legge n. 91, del 23 maggio 1981.

27 Si rinvia alla Legge 86/2019 pubblicata sulla *Gazzetta Ufficiale* n. 191 del 16 agosto 2019, ed entrata in vigore il 31 agosto, al cui interno sono previste numerose e importanti deleghe al governo in materia di ordinamento sportivo, di professioni sportive nonché di semplificazione.

28 Nel 2011 nasce l’Associazione Marina Romoli Onlus allo scopo di promuovere e finanziare la ricerca scientifica nel settore delle lesioni croniche del midollo spinale. L’associazione aiuta anche economicamente giovani atleti che hanno subito incidenti stradali o infortuni durante l’attività, e sono rimasti a seguito di ciò paralizzati.

29 Dineen, *op. cit.*, p. 149.

30 Marando, *op. cit.*, p. 121.

31 M. Pastonesi, “Le donne nel ciclismo ancora all’anno zero”, *La Gazzetta dello Sport*, 22 marzo 2013.

32 Marando, *op. cit.*, p. 104.

33 http://www.ciclismo.it/campionesse-di-ieri-e-di-oggi-ciclismo-21802. Ultimo accesso: giugno 2018.

34 Marando, *op. cit.*, p. 135.

35 *La Gazzetta dello Sport*, 30 maggio 2019, p. 40.

36 *La Gazzetta dello Sport*, 4 luglio 2019, p. 3.

37 Testimonianza rilasciata all’autrice da Maurizio Fabretto, 19 luglio 2019.

38 *La Gazzetta dello Sport*, 4 ottobre 2018, p. 41.

39 *Ibidem.*

40 *Ibidem.*

41 *La Gazzetta dello Sport*, 11 gennaio 2019, p. 31.

42 *Ibidem.*

43 Si veda http://www.alecipolliniteam.com. Ultimo accesso: luglio 2019.

44 *Ibidem.*

45 Testimonianza rilasciata all'autrice da Lucio Rigato, 22 febbraio 2019.

46 Testimonianza rilasciata all'autrice da Fabiana Luperini, 30 maggio 2019.

47 https://www.gazzetta.it/Fitness/Spazio_donna/08-02-2012/andare-bici-fa-bene-ma-occhio-pelle--81277226651.shtml. Ultimo accesso: giugno 2018.

48 Per una lettura sull'argomento: https://www.inbici.net/rivista-ciclismo/ciclismo-social-5. Ultimo accesso: giugno 2018.

49 *Corriere della Sera*, 24 dicembre 2018, p. 29

50 Testimonianza rilasciata all'autrice da Fabiana Luperini, 30 maggio 2019.

51 Testimonianza rilasciata all'autrice da Andrea Vidotti, 28 maggio 2019.

10

Quanto contano le donne?

Per pesare i cambiamenti avvenuti nel ciclismo femminile di questi decenni non si possono trascurare due elementi di valutazione: le norme e i numeri. Le prime ci indicano la strada che si è deciso di percorrere, e sono da un lato il termometro della situazione, dall'altro la sfida lanciata verso il raggiungimento di obiettivi più ambiziosi. I secondi ci permettono di verificare il percorso di questi progressi, misurandolo concretamente e pesandolo in base ai risultati raggiunti.

Le norme a tutela delle donne

Partendo dalle norme, il principio generale di uguaglianza e non discriminazione, riferito anche alla presenza delle donne all'interno della Federciclismo, è contenuto nello statuto della Fci,[1] che all'art. 1, comma 5 recita: «La Fci è retta da norme statutarie e regolamentari, sulla base del principio di democrazia interna e della partecipazione all'attività sportiva da parte di tutti, in condizione di parità, in adesione all'ordinamento sportivo nazionale ed internazionale, in conformità delle deliberazioni del Coni».[2]

Questo articolo, per quanto generico, assicura il requisito della parità di diritti, o se vogliamo della non discriminazione, indispensabile per l'appartenenza alla famiglia olimpica. Va ricordato che solo nel 1981 il Cio ha previsto l'adeguamento delle sue stesse norme per rendere obbligatorio il rispetto di questo principio per tutti i soggetti facenti parte del movimento olimpico. È in quell'anno, infatti, che il Cio non solo aggiunge la parola "sesso" alla lista delle condizioni che non devono dare origine a discriminazioni ma, per la prima volta, ammette le donne tra i propri membri, che fino ad allora erano stati sempre e solo uomini.

Questo per chiarire che, se timidamente le donne avevano imposto il loro diritto a praticare uno sport, la loro presenza in ruoli di leadership sportiva era ben altra cosa e comincia a prendere piede solo negli ultimi quarant'anni. Oggi l'art. 2, comma 7 della Carta olimpica sancisce anche che il Cio ha tra i suoi scopi quello di «incoraggiare e sostenere la promozione delle donne nello sport, a tutti i livelli e all'interno di tutte le strutture, con lo scopo di metter in pratica il principio di uguaglianza tra uomini e donne». È obbligatorio che questo principio sia applicato all'interno dell'organizzazione sportiva di ogni singolo paese. Deve perciò essere inserito all'interno di statuti e regolamenti sia dei comitati olimpici nazionali, sia delle federazioni sportive e di ogni altro soggetto che voglia ottenere il riconoscimento del Cio.

Ma una cosa è la teoria e una cosa è la pratica. Anche se dati del Coni[3] certificano che una delle trasformazioni più importanti degli ultimi decenni ha interessato proprio la presenza femminile nel mondo sportivo, i dati Istat confermano che mentre nella pratica sportiva le donne si avvicinano al pareggio con gli uomini, il gap aumenta in maniera rilevante quando si passa ai ruoli dirigenziali. Le percentuali rivelano che questi ruoli sono ricoperti prevalentemente da maschi, che occupano l'81,1 per cento dei ruoli dirigenziali societari, l'87,5 per cento di quelli federali, l'82,3 per cento dei ruoli di ufficiale di gara e l'80,3 per cento dei ruoli tecnici.

Le donne, soprattutto in passato, hanno scelto meno degli uomini lo sport come campo di realizzazione personale e professionale. Un dato significativo di questo atteggiamento è legato al basso tasso di permanenza nel mondo dello sport al termine della pratica agonistica: poche donne scelgono la carriera di allenatore, tecnico o dirigente dopo aver abbandonato lo sport attivo. Questo aspetto è stato frequentemente legato alla disparità creata dalla legge 91/81, a cui abbiamo già fatto cenno, e sarà interessante vedere come i provvedimenti assunti dal governo nell'agosto del 2019 si tradurranno nei decreti di attuazione, che di fatto andranno a riformare il quadro generale di riferimento del lavoratore sportivo.

Secondo Alessandra Cappellotto, vicepresidente dell'Associazione corridori ciclisti professionisti italiani: «Il vero tema non è tanto quello del professionismo. Se parliamo con le atlete scopriamo che la maggior parte di loro non vuole il professionismo così come viene inteso, ad esempio, nel calcio maschile. La cosa giusta da fare è ottenere il riconoscimento dello status di lavoratore sportivo, che dà l'opportunità di poter pagare i contributi pensionistici. Oggi questo non è possibile. L'Enpals che accoglie i lavoratori del circo, i cantanti, gli attori eccetera non accoglie le cicliste. La vera novità sta in questo».[4]

La scarsità di dirigenti donne nello sport italiano è stata in parte mitigata dalla norma che ha previsto l'ingresso di una "quota rosa" in rappresentanza degli atleti nella giunta e nel consiglio nazionale del Coni. Ciononostante, nella gestione dello sport federale e associativo «le donne sono mosche bianche con forti difficoltà di conciliazione tra i tempi di lavoro e i tempi delle riunioni. [...] La maggiore presenza di donne potrebbe favorire maggiore equità nella ripartizione degli investimenti per gli sport maschili e femminili, nel valore delle borse di studio federali e dei premi di risultato».[5]

Per colmare questo divario sono sorte negli anni varie iniziative, ma mentre in alcuni ambiti sono stati fatti passi da gigante, quello sportivo offre vuoti clamorosi ai vertici tecnici o dirigenziali. Tale disparità emerge con chiarezza anche da una ricerca su *Lo sport femminile tra promozione e diritti*,[6] secondo la quale il 77 per cento delle donne non riesce a raggiungere l'indipendenza economica con la sola pratica sportiva e per il 19 per cento il motivo alla base della disparità di trattamento risiede nella scarsa presenza di dirigenti donne all'interno di federazioni e società sportive.

L'impegno dell'Uci

Negli ultimi tempi, l'Uci ha dimostrato grande attenzione verso questi temi. L'anno di svolta, che segna il passaggio da iniziative sporadiche a un piano d'azione definito in obiettivi e scadenze, è il 2016 quando il nuovo presidente Brian Cookson vara la Women's

Commission, affidandola all'australiana Tracey Gaudry, che è anche la prima vicepresidente donna della storia dell'Uci. Gli altri componenti sono: Harald Tiedemann Hansen (Norvegia), Sarah Clark (Gran Bretagna), Noha Soliman (Egitto), Leeanne Grantham (Australia), Svetlana Denisenko (Russia) e l'italiana Daniela Isetti. La finalità della commissione è di coinvolgere maggiormente le donne nell'amministrazione dello sport, di far sentire la loro voce in seno a tutte le commissioni Uci e di promuovere in generale il ruolo delle donne nel ciclismo. Questo impegno riguarda tutte e cinque le discipline olimpiche (road, track, mountain bike, Bmx racing e Bmx freestyle), come pure il mondo giovanile, elemento decisivo per poter contare su un costante ricambio generazionale.

Per le giovani atlete si è sviluppato un programma di allenamenti presso l'Uci World Cycling Centre (Wcc) di Aigle (Svizzera), dove le cicliste possono contare sul supporto di un gruppo di allenatori esperti. Secondo l'Uci, un crescente numero di atlete che approdano alla categoria Élite, unito all'allargamento del programma di gare con la creazione del Women's WorldTour, dovrebbero consentire maggiori opportunità per le donne sia di competere sia di potersi affermare nel campo delle professioni ciclistiche. Già nel 2013, l'Uci organizza un corso allenatori per sole donne, con dieci iscritte provenienti da Finlandia, Sudafrica, Iran, Croazia, Azerbaijan, Giappone, Uganda, Hong Kong e El Salvador. L'iniziativa è ripetuta negli anni successivi al fine di formare nuovi allenatori in grado di sostenere e promuovere il ciclismo femminile nei rispettivi paesi di appartenenza, elevandone il livello. Per incoraggiare più donne a partecipare al corso, dal 2016 vengono offerte anche delle borse di studio.

Sempre dal 2016 queste azioni vengono documentate nell'*Agenda 2022* dell'Uci che, fedele al motto "il ciclismo di domani si costruisce oggi", fa il punto su quanto fatto e stabilisce un piano dettagliato di interventi.

Il documento, approvato all'unanimità nel 2018 durante il congresso dell'Uci, presenta il programma del nuovo presidente David Lappartient (in carica dal 2017) e delle 130 federazioni iscritte al massimo organo di governo del ciclismo mondiale.[7] Si parte dalla presa d'atto che il ciclismo femminile si è sviluppato in maniera rilevante in tutto il mondo, con l'organizzazione di gare di ottima qualità e progressi costanti nel livello tecnico, tutti elementi che vengono giudicati positivi anche per rafforzare l'impatto mediatico del ciclismo femminile: «Tuttavia, dovranno ancora essere compiuti notevoli sforzi per consolidare questo sport, al momento lontano dal poter competere con il suo omologo maschile».[8]

Tra le azioni per arrivare a questo risultato si elencano: migliorare l'attrattività e la visibilità mediatica dell'Uci Women's WorldTour; creare una piattaforma condivisa Over the Top dedicata al ciclismo femminile, senza trascurare la copertura televisiva attuale; invitare gli organizzatori dell'Uci WorldTour maschile a creare una competizione femminile; rendere finanziariamente sostenibili le squadre femminili affiliate; sollecitare una migliore organizzazione delle stesse offrendo un adeguato status sociale alle atlete; creare una corsa a tappe femminile di riferimento a livello mondiale; rivedere la struttura del calendario internazionale; aiutare le federazioni nazionali a implementare un piano d'azione per la diffusione del ciclismo femminile.

Non è stato dimenticato il ruolo delle donne nella governance del ciclismo. Qui, l'Uci rileva ancora «un coinvolgimento troppo debole delle donne nel governo del nostro sport, tanto all'interno dell'Uci quanto delle confederazioni continentali o delle federazioni nazionali».[9] Pertanto, seguendo le indicazioni che provengono dallo stesso Cio che intende realizzare l'obiettivo molto ambizioso del 50 per cento di donne in ruoli di governance entro il 2020, anche l'Uci si è dotata di uno specifico piano operativo,[10] che nel dettaglio prevede: il lancio di un programma rivolto a far emergere talenti femminili e a favorire il loro accesso a ruoli di responsabilità; la modifica dello statuto dell'Uci per imporre la presenza di almeno due donne europee fra i sette membri del Vecchio continente presenti nel comitato direttivo dell'Uci; l'imposizione di una rappresentanza femminile di almeno il 25 per cento per continente fra i 45 delegati con diritto di voto al congresso dell'Uci; l'integrazione dello statuto delle confederazioni continentali esplicitando l'obbligo di presenza di almeno il 25 per cento di donne all'interno del comitato direttivo; l'integrazione dello statuto dell'Uci esplicitando l'obbligo per le federazioni nazionali di assicurare una rappresentanza femminile nei loro organi direttivi; garantire la rappresentanza femminile fra i commissari e mirare a una percentuale del 25 per cento.

Oltre a queste azioni rivolte ad atlete e dirigenti, l'Uci ha previsto anche specifiche azioni per potenziare il ruolo della donna nella famiglia ciclistica, facendo di questa una «federazione trainante», un vero e proprio modello di buone pratiche. Anche qui l'*Agenda* elenca le azioni da intraprendere:[11] elaborare un documento che favorisca le pari opportunità (risorse umane, salari eccetera); elaborare un manifesto dal titolo *Le donne e il ciclismo*; accrescere il numero di donne fra i commissari in tutte le discipline; sviluppare linee guida per il podio, per favorire pari opportunità nel corso delle cerimonie protocollari; favorire l'istituzione di un punto di contatto che permetta alle donne, atlete o dipendenti a vario titolo, di avere un riferimento in cui confidare nei casi di molestie o abusi di cui possano essere vittime; rendere più chiaro il codice etico dell'Uci per lottare in modo più efficace contro le molestie e gli abusi che possono verificarsi nel mondo del ciclismo; sviluppare strumenti di comunicazione in favore delle donne che gravitano nell'universo ciclistico.

L'ultimo paragrafo dell'*Agenda*, che tratta nello specifico l'argomento donne, affronta il tema delle pari opportunità di accesso a uno sport che «si è sviluppato prevalentemente attorno alla pratica maschile».[12] Per questo vi sono azioni concrete da intraprendere, tra cui: garantire uguale accesso alle donne e agli uomini in occasione delle competizioni organizzate dall'Uci; cambiare la formula della staffetta a squadre ai Campionati del mondo di mountain bike, così da rispettare la parità uomini-donne fra i partecipanti; cambiare la formula della velocità a squadre su pista femminile, aumentando a tre il numero di componenti di ciascuna squadra; offrire alle donne le stesse possibilità di qualificazione ai Campionati del mondo; incoraggiare una convergenza progressiva di montepremi fra gare maschili e femminili; redigere un piano strategico in collaborazione con il Centro mondiale del ciclismo per introdurre corsi di formazione sui mestieri del ciclismo dedicati esclusivamente alle donne;

favorire l'accesso delle donne a tutte le professioni del ciclismo (meccanici, allenatori, direttori sportivi eccetera).

La programmazione stesa dall'Uci è impeccabile e la sfida sarà quella di andare a verificare la rispondenza dei risultati a questo ambizioso progetto che, se riuscirà a realizzarsi, porterà sicuramente dei cambiamenti significativi.

Le norme assunte dal Cio e dall'Uci sono destinate a produrre effetti a cascata anche a livello nazionale, in primo luogo nello statuto della Fci. Questo, fino al 2019, prevedeva una sola norma (art. 16) che riguardava le donne e i ruoli di leadership: «Dei due consiglieri federali rappresentanti degli atleti uno sarà di genere maschile e uno di genere femminile». Le atlete che fino a oggi hanno ricoperto questo incarico sono state Daniela Fusar Poli, Alessandra Cappellotto, Eleonora Soldo, Noemi Cantele ed Elena Valentini. Con l'entrata in vigore del nuovo statuto federale, nel 2019, l'art. 16 è stato modificato e, riferendosi alla composizione del consiglio federale,[13] prevede che «sul totale dei componenti il consiglio federale, almeno un terzo dovrà essere di genere diverso (nel calcolo non saranno considerate le frazioni decimali)». Si aggiunge inoltre che ai fini del computo «è escluso il membro espressione del settore professionistico dato che in tale ambito la Fci non regolamenta attività per entrambi i generi». Questo di fatto porta a prevedere la presenza di almeno tre donne in seno al consiglio federale.

Passando al tema della tutela delle atlete in attività, l'art. 4, comma 4 dello statuto recita: «Le atlete in stato di gravidanza o in maternità che esercitano, anche in modo non esclusivo, attività sportiva dilettantistica anche a fronte di rimborsi o indennità corrisposti ai sensi della vigente normativa, hanno diritto al mantenimento del rapporto con la società sportiva di appartenenza nonché alla salvaguardia del merito sportivo acquisito, con la conservazione del punteggio maturato nelle classifiche federali, compatibilmente con le relative disposizioni di carattere internazionale e con la specifica della disciplina sportiva praticata».

In merito al tema della maternità, va riconosciuto che un passo avanti è stato fatto grazie alla legge finanziaria del 2018,[14] che ha introdotto un fondo di sostegno al potenziamento dello sport italiano, includendo la tutela della maternità delle atlete non professioniste e la realizzazione di eventi sportivi femminili di rilevanza nazionale e internazionale. La norma ha permesso di costituire un fondo unico con una dotazione finalizzata a erogare un contributo di maternità, fino al massimo di dieci mensilità (di 1000 euro ciascuna) alle atlete richiedenti e aventi diritto.[15]

Quello della maternità è un tema importante. Secondo Alessandra Cappellotto è un elemento fondamentale da tenere in considerazione quando si parla di ciclismo femminile, perché l'età delle atlete si è spinta in avanti e con essa il rinvio della maternità, vissuto spesso come un limite e un sacrificio che si somma a quelli di tutti i giorni: «Il ciclismo è uno sport particolare. Non è possibile fermarsi per avere un bambino e tornare alle gare dopo poco tempo. Forse in altre discipline più tecniche è possibile, ma nel ciclismo è raro. Servono ore e ore di allenamento e preparazione atletica per tornare in forma, non basta la tecnica a sopperire eventuali carenze di preparazione. Così, quando si va avanti con l'età e la donna sente la voglia di maternità, è costretta a rinviare. E questo davvero oggi pesa moltissimo perché è vissuta come una rinuncia».[16]

Tornando alle norme della Fci, va segnalata l'esistenza anche di un codice etico dove troviamo un riferimento al principio di non discriminazione con riguardo alle procedure di selezione del personale (art. 149), laddove si precisa che «la selezione del personale dipendente e quella dei collaboratori esterni è effettuata senza discriminazione alcuna, secondo criteri di merito, competenza, professionalità e nel rispetto delle pari opportunità per tutti i soggetti interessati».

Oltre all'adeguamento normativo, la Fci, sulla scia dei risultati colti negli ultimi anni, si è impegnata per promuovere e valorizzare il ciclismo femminile anche su altri fronti, cercando di eliminare le disparità esistenti. Nel 2004, ad esempio, si è dotata di una commissione pari opportunità/donne affidata a Morena Tartagni, che già ricopriva questo ruolo (dal 2002) in seno al Consiglio del ciclismo professionistico italiano (Ccp). Oggi non è previsto un organo specifico all'interno della federazione con questo genere di compiti: «Non esiste una commissione donna o una commissione pari opportunità semplicemente perché nella nostra federazione non vi sono disparità di trattamento» ha spiegato la vicepresidente vicario Daniela Isetti. «Proprio di recente, il consiglio federale è intervenuto unificando l'importo dei premi e prevedendo la presenza di almeno un terzo di donne all'interno degli organi di governo. Direi che l'attività è assolutamente all'avanguardia anche nel settore femminile. Non vi sono discriminazioni e non sarebbero neanche giustificate visto il gran numero di medaglie che ci porta il settore femminile!».[17]

I numeri del ciclismo femminile

La previsione di norme specifiche che impongano la presenza delle donne in seno agli organi di governo, i risultati di alcune atlete di punta e le iniziative promozionali producono, o dovrebbero produrre, effetti diretti sui tesseramenti, per quanto concerne le attività sia agonistiche sia amatoriali.

Va precisato subito che per l'attività amatoriale non sempre è possibile disporre di riscontri esatti, che ne misurino le dimensioni reali. Non tutte coloro che usano la bicicletta sono infatti tesserate, anche se girando per le strade è possibile ricavare una percezione diretta del fenomeno. Di questo ci si può rendere conto anche dall'attenzione che viene rivolta al ciclismo amatoriale femminile da parte di enti di promozione sportiva e associazioni.

Tra questi, ad esempio, vi è l'Unione italiana sport per tutti (Uisp) che, come visto più sopra, era stata promotrice di eventi importanti riservati alle donne negli anni Cinquanta e che poi era tornata a occuparsi di ciclismo maschile.

L'Uisp, ad esempio, il 15 febbraio 2019 ha siglato una convenzione con la Federciclismo finalizzata a disciplinare le attività dei tesserati (2537 si precisa nel testo) che svolgono attività ciclistica. Il patto associativo, come si indica all'art. 1, riguarda il ciclismo «in tutte le sue specialità, maschile e femminile»,[18] dettagliando poi che si tratta di bike trial, footbike e settore amatoriale. Qui le iniziative rivolte alle donne non mancano. Ad esempio, nel 2018 la delegazione piemontese dell'Uisp ha lanciato il primo Campionato amatoriale di ciclismo femminile su strada, con due prove riservate alle donne. Nel presentare l'iniziativa, ha sottolineato che «l'obiettivo di questo campionato è di incrementare il numero e la presenza di atlete nel ciclismo su strada. Per questa ragione, si è scelto di programmare una gara riservata solo alle donne rispetto ad una mista, perché si rivela più adatta a chi si avvicina alla disciplina. Di solito le donne rappresentano solo il 5 per cento del totale e sono inserite in gare maschili dove prevale un agonismo esasperato, con tutti i rischi del caso. Le due gare permetteranno alle neofite di provare e alle più esperte di confrontarsi con un discreto dislivello. L'obiettivo principale della manifestazione sarà un cambio di passo culturale».[19]

Vi è poi lo Csain (Centri sportivi aziendali e industriali), ente di promozione sportiva riconosciuto oltre che dal Coni anche dal Comitato italiano paralimpico, dal Ministero del lavoro e delle politiche sociali e dal Ministero dell'interno, che ha come scopo la promozione delle attività sportive, culturali, assistenziali e ricreative del tempo libero. Questo ente ha recentemente avviato anche una politica di promozione del ciclismo femminile, che sostiene con queste motivazioni: «Lo Csain dal nord al sud Italia per il ciclismo femminile si fa in tre e punta fortemente sulle quote rosa. Si tratta di un movimento in ascesa dal punto di vista numerico. Sono sempre di più, infatti, le donne che cedono al fascino delle due ruote. Montare in sella ad una Mtb, infatti, permette a lavoratrici, casalinghe, madri più o meno impegnate, di avere una importante valvola di sfogo per fuggire dal tran tran cittadino e avventurarsi, per qualche ora, in sentieri naturali, per respirare aria pura e rigenerarsi nel corpo e nella mente. Sono tante le donne che amano questo sport e che, quotidianamente, con passione e spirito di sacrificio, si sottopongono a duri allenamenti con l'obiettivo di emergere anche sotto il profilo sportivo. La donna è al centro di tutto: nella casa, nella famiglia, nel lavoro. Vogliamo fortissimamente che lo diventi anche in questo sport, in grande ascesa negli ultimi anni, consci che ci sia la capacità di raggiungere risultati esaltanti nelle varie categorie. Naturalmente uno sguardo attento va alle escursioniste, a quella categoria che non ama gareggiare ma che desidera tanto immergersi nella natura incontaminata per scoprire sentieri mai battuti, al mare come in montagna. Vogliamo provare, vogliamo osare, vogliamo esserci, vogliamo vincere questa sfida».[20]

Anche il Centro sportivo italiano (Csi) ha una sezione dedicata al ciclismo femminile che prevede gare e campionati italiani. Secondo i dati forniti dalla direzione tecnica nazionale, le donne tesserate nella stagione 2002/03 erano 808 su un totale di 4120 tesserati complessivi, che sono passate a 521 nella stagione 2018/19 su un totale di 8063. Nella categoria cicloturismo sono passate da 279 su circa 2000 tesserati del 2002, a 222 su un totale di circa 2600 tesserati della scorsa stagione. Dal 2010 si svolgono anche dei campionati italiani dove non si sono mai superate le 18 concorrenti.[21] Va detto che l'impegno dell'ente è rivolto principalmente al settore amatoriale e non agonistico.

Per cercare di comprendere le dimensioni della diffusione del ciclismo amatoriale tra le donne, un altro indicatore è quello relativo al mercato delle biciclette da donna. Dati del Salone internazionale del ciclo e motociclo[22] confermano numeri in crescita sia per le bici da corsa sia per le mountain bike, e anche il recente ingresso delle biciclette a pedalata assistita ha contribuito a innalzare questi numeri. Curioso segnalare che quando, nel 2017, una nota azienda pubblicizzava questo tipo di biciclette sottolineandone le potenzialità soprattutto per il pubblico femminile (la ragazza che finalmente può seguire il fidanzato anche su percorsi più difficili), la campagna venne giudicata sessista e fece il "botto mediatico", tanto da costringere l'azienda a scusarsi con il pubblico e a ritirarla.

Al di là dei diversi giudizi, queste nuove biciclette restano un'opportunità per tutti e il loro successo è testimoniato anche dal fatto che nel 2019 l'ebike è entrata a far parte del paniere Istat, segno dei tempi che cambiano.

Parlando di biciclette da donna, negli anni non sono mancate i modelli di moda, come le Coppi dei fratelli Masciaghi, sulle quali correvano Luperini e Cappellotto, o le Pinarello usate dall'Acca Due O-Lorena di Alessandra Cappellotto. Nel 2018, il Salone del mobile di Milano, nella rassegna "Fuorisalone", ha proposto due giornate dedicate al tema "Biciclette ritrovate", con le bici dei campioni come quella di Alfonsina Strada, o le bici di lusso firmate dagli stilisti Mark

Badgley e James Mischka che mescolano design, arte e tecnologia. Si è vista così una bici da turismo con particolari in foglia d'oro nel reggisella e nelle forcelle, con cristalli Swarovski nel tubo sterzo o con il manubrio e la sella (Brooks) realizzati in pelle di razza in collaborazione con il marchio modenese Schedoni (già partner di Ferrari), e una bicicletta di soli 1990 grammi, con freni a disco, pedivella in fibra di carbonio con le corone integrate, pedali in legno di mogano, manubrio rivestito di cristalli Swarovski e catena d'oro.

Numeri alla mano, se negli ultimi anni il settore ha conosciuto una qualche flessione nelle vendite delle bici da uomo, resta invece in ascesa nel settore delle donne e, oggi più che mai, comprare una bicicletta ha anche un significato sociale importante: «I tempi sono propizi, l'era della bicicletta è appena cominciata. Abbiamo alle spalle quasi un secolo di vita, siamo piantati su antiche radici, eppure ci sentiamo partecipi del più giovane degli sport moderni. Se nei paesi in via di sviluppo la bicicletta è ancora l'utilitaria più diffusa, in quelli industrializzati rappresenta anche una risposta alla crisi energetica e, perché no?, alla crisi dei valori. Segnala ovunque il recupero della corporeità in un ritrovato rapporto con la natura. Ovunque pedalare è anche gioia di vivere, di stare insieme in uno spazio di libertà individuale e collettiva».[23]

Si parla ormai di un vero e proprio fenomeno bicicletta, che investe trasversalmente tutti i settori ed è oggetto di convegni, mostre ed eventi, a conferma di quanto già era emerso nel luglio 1981 da un sondaggio dell'Azienda Network, secondo il quale «il ciclismo riscuote un indice di gradimento superiore a ogni altra disciplina, escluso il calcio».[24]

I dati presentati al Cosmobike show 2018 vedono l'Italia paese trainante in Europa per produzione ed export (18%), consegnando anche un duplice messaggio: BICICLETTA=BELLEZZA e W LE DONNE. Secondo stime di Legambiente, nel 2018 il mercato della bicicletta vale sei miliardi di euro.[25] Anche nel *Rapporto Italia 2018* dell'Eurispes si parla di due ruote: per i benefici legati all'allungamento della vita, alla riduzione dell'inquinamento, al valore economico del comparto e alle politiche occupazionali.

Il Pib (prodotto interno bici) è un volano per l'intera economia.

Le donne tesserate

Come accade per molte altre federazioni sportive, che negli anni hanno perduto i propri archivi o non sono riuscite a traghettare i dati nei vari passaggi tecnologici, anche per la Federciclismo non è stato possibile effettuare una ricostruzione storica precisa dei tesseramenti delle donne dal 1962 al 2003.

Del resto, ancora nel 1979 un'inchiesta sul ciclismo femminile pubblicata dalla rivista *Bicisport* ci informava che «un censimento esatto non esiste, ci sono tesserate che vanno e vengono. Diciamo che in Italia ci sono 600 donne che fanno ciclismo agonistico»,[26] precisando che sono però «troppo frammentari i dati, scarse le certezze, mille le situazioni emotive. [...] Il ciclismo femminile oggi non ha né capo né coda».

Così è stato necessario procedere con una ricostruzione fondata su informazioni frammentarie rinvenute grazie a fonti diverse: talvolta federali (citazioni in documenti, relazioni, discorsi eccetera), altre volte giornalistiche. Da un articolo apparso sul *Corriere della Sera* nel 1967, per esempio, apprendiamo che le donne tesserate nella Federciclismo sono 57.[27] Un numero molto esiguo, coerente per una disciplina che aveva fatto il suo esordio solo qualche anno prima. Dalla relazione tecnico-morale e finanziaria del 1981-82 ricaviamo invece che rispetto alla precedente stagione i dati ufficiali sui tesseramenti vedono un incremento del 12 per cento quanto a società e del 32 per cento quanto ad atleti, anche se, analizzando più nel dettaglio i dati, la relazione precisa che «aumentano, seppure in minore misura, anche i dilettanti, le donne, i cicloamatori» senza ulteriori precisazioni.[28] Per questo periodo ci vengono in aiuto gli almanacchi *Ciclismo per tutti*,[29] in cui sono riportati anche alcuni dati sui tesseramenti. Viene riferito che nel 1981 le donne sono 149 nella categoria Junior e 149 anche nella Senior; nel 1982 sono rispettivamente 131 e 175, che diventano 175 e 165 nel 1983. Il volume del 1982 ci fornisce anche un quadro per regione, utile per capire la diffusione del ciclismo femminile sul territorio nazionale. Si scopre così che le Marche non hanno nessuna donna tesserata; una sola è presente in Basilicata e Molise; 2 in Umbria, Calabria e Campania; 5 in Friuli Venezia Giulia, Liguria, Lazio e Abruzzo; 8 in Sardegna; 9 in Puglia e Trentino Alto Adige; 10 in Piemonte, 11 in Toscana e 12 in Sicilia. Guidano (per distacco) la classifica due regioni: Lombardia e Veneto; ma mentre la prima ha ben 144 atlete, nel Veneto sono solo 46, numero comunque sufficiente per porre questa regione al secondo posto a livello nazionale.

Nel 1987 si parla di 527 donne tesserate per l'attività agonistica, che arrivano a 764 nel 1992.

L'*Almanacco del Ciclismo '96* riporta che le donne tesserate sono complessivamente 677, così suddivise: Esordienti 361, Junior 136, Senior 180.[30] Per offrire un termine di confronto con il peso del movimento maschile, basti pensare che i tesserati uomini nello stesso anno erano oltre 22.900, senza contare i cicloamatori (28.050) e i cicloturisti (16.490) dei quali non conosciamo la componente al femminile.

Nel 1997, come riporta *La Gazzetta dello Sport*, si raggiunge un altro massimo storico:[31] le donne agoniste sono salite a 897 e vi è l'auspicio di superare quota 1000 entro l'anno successivo. Risultano in crescita le Under 15 (298), le Esordienti e Allieve, categoria che fa il suo esordio nel 1996.

L'incremento del numero di donne tesserate obbliga la Fci a formulare una nuova proposta di calendario di gare, per evitare che molte donne siano costrette a correre con i maschi, come accedeva ancora in varie parti d'Italia, compresa la Sicilia, dove le Esordienti erano solo una ventina e le Junior ventitré. Se guardiamo i numeri dei maschi in questo stesso periodo il confronto è impietoso: 1891 Esordienti primo anno; 1798 Esordienti secondo anno; 3261 Allievi; 2269 Junior; 1618 Under 23 e 841 Élite.

Dal 2003 disponiamo invece di dati ufficiali forniti dalla Federciclismo, che ci permettono una rappresentazione precisa del fenomeno rosa degli ultimi quindici anni.

Tabella 2: donne tesserate nella Fci dal 2003 al 2018[32]

	2018	2017	2016	2015	2014	2013	2012	2011
Dirigenti e addetti vari	11	9	7	3	4	3	7	5
Categorie agonistiche fino a 23 anni								
Allievi	353	343	325	353	336	321	351	314
Junior	161	192	204	191	201	179	155	150
Esordiente	496	486	482	490	470	512	491	480
7 anni	216	258	260	282	270	263	258	292
8 anni	300	357	353	352	335	340	368	392
9 anni	355	373	393	384	376	379	424	403
10 anni	349	378	367	413	404	410	421	402
11 anni	360	340	386	403	403	367	394	437
12 anni	285	367	360	336	337	317	371	406
Junior sport	11	19	12	11	489	15	15	
Promozione giovanile	426	383	336	831	1108	591	774	517
Under 23								
Élite								
Donna Élite	297	265	289	234	193	185	210	206
Registrazione estero	22	19						
Categorie paralimpiche	62	58	57	52	43	41	42	34
Categorie amatoriali	2762	2552	2468	2372	2316	2150	1987	1969
Totale	6460	6507	6299	6708	6350	6073	6268	6007

	2010	2009	2008	2007	2006	2005	2004	2003
Dirigenti e addetti vari	4	4	4	5	5	7	6	
Categorie agonistiche fino a 23 anni								
Allievi	318	289	266	241	212	204	238	248
Junior	126	125	102	102	127	127	107	99
Esordiente	504	496	467	415	398	375	328	341
7 anni	299	349	302	278	236	250	253	293
8 anni	421	438	416	384	350	339	349	359
9 anni	415	510	454	417	399	392	378	357
10 anni	464	494	441	420	392	381	340	382
11 anni	469	428	439	435	401	369	319	360
12 anni	349	408	425	354	352	289	318	288
Junior sport								1
Promozione giovanile	375	174	92	2				
Under 23	1					1	8	
Élite								
Donna Élite	198	201	206	205	178	152	160	174
Registrazione estero								
Categorie paralimpiche	38	18						
Categorie amatoriali	1957	1962	1839	1666	1458	1303	1257	1228
Totale	5938	5897	5453	4924	4512	4189	4069	4131

L'evoluzione positiva del ciclismo femminile è messa in luce anche dalla *Gazzetta dello Sport* che, alla vigilia del via della stagione 2019, pubblica uno speciale dedicato ai numeri del ciclismo femminile in cui mette in evidenza il forte incremento del settore (+42 per cento di tesserate dal 2006 al 2018) a fronte del dimezzamento dei dati del maschile, dove si registra il crollo dei professionisti passati da 212 a 95.[33] Spiega questo successo il ct delle donne Savoldi: «Nelle donne è avvenuto l'identico effetto scatenante di altri sport: i successi della nazionale hanno trascinato lo spirito di emulazione delle ragazze. [...] Si sono creati i modelli da imitare. Si è visto nel ciclismo femminile una prospettiva di vita. Poi c'è stata l'equiparazione agli uomini come numero di specialità, aumentate, e medaglie. E ogni anno entrare in nazionale è sempre più difficile. Piuttosto soffriamo nelle squadre italiane di vertice: meno soldi, meno sbocchi per le nostre atlete top, che vanno all'estero».[34]

Questo incremento nel numero dei tesseramenti al femminile è frutto di un lavoro che parte da lontano e che è stato svolto in diverse direzioni. Per promuovere il ciclismo (maschile e femminile), la Fci ha investito molto nel settore promozionale e nel mondo della scuola. Nascono, negli anni Ottanta, progetti come "Il Gioco dell'Oca" (un Giro d'Italia con la bicicletta al quale partecipano oltre mille scuole elementari italiane, anche se qui non ci sono numeri specifici riferiti alle bambine) e il "Gran Premio Scolastico" (a cura del Comitato regionale Emilia Romagna, riservato alle scuole elementari, sul tema del giocare in bicicletta).

La Federazione collabora molto anche con il Ministero della pubblica istruzione, bandendo concorsi grafici per le scuole elementari per propagandare l'uso della bicicletta tra i più piccoli, bambini e bambine. Un progetto che mira anche a misurare il tipo di adesione del mondo scolastico e a far conoscere il ciclismo e divulgarlo a partire dai più piccoli. A dare una mano al settore promozionale concorrono anche discipline nuove, che prendono piede tra i giovanissimi e dove non manca la presenza femminile.

È il caso del 1° Trofeo Topolino, tricolore di Bmx che parte il 19 maggio 1985 e si conclude a Roma il 19 ottobre. È aperto a ragazzi e ragazze tra i sette e i diciannove anni e registra subito grandi numeri. Alla prima edizione vi partecipano 3000 piccoli atleti, suddivisi in 13 categorie riservate ai maschi e 5 alle femmine. E non mancano le sorprese, perché nel ripercorrere la cronaca delle giornate eliminatorie, il cronista di *Tuttociclismo* invita a rivolgere un caloroso applauso a «Francesca Durando, una vivace bambina che, alla faccia del sesso debole, mette in fila più volte i suoi giovani coetanei».[35] Francesca, classe 1976, si fa notare in alcune tappe «unica femminuccia su 56 concorrenti maschi: li infilza tutti, uno ad uno, arrivando sempre prima in ogni batteria, finale compresa».[36]

Le prime finaliste dei tricolori Bmx sono un gruppo di vivaci ragazze «che si sono battute con tanto impegno con i loro coetanei maschi: a parte Francesca Durando, meritano una menzione Cristina Filineri, Vanessa Durando e Ingrid Anghilleri, Anna Albonico e Paola Alescio. Brave ragazze!».[37]

Le ragazze che arrivano alla prima finale sono 24, mentre i maschi sono poco meno di 500.

Questi sono anche gli anni dell'esplosione del cosiddetto "ciclismo sociale", che nel 1987 ha il suo boom.[38] Due i settori emergenti: giovanile e cicloturismo. Per il primo un apporto fondamentale viene dalle innovazioni programmatiche introdotte dalla sezione giovanile nazionale: dalle proposte per i ragazzini di sette anni all'invenzione del campionato italiano giovanile di società. Inoltre, il Bmx attira come non mai i più giovani spericolati ciclisti. Se, infatti, le indagini di quegli anni sottolineano che l'88 per cento dei giovanissimi possiede una bicicletta, di questi il 95 per cento possiede una Bmx e anche qui non mancano le ragazze.[39]

Nel 1985 si registra anche l'istituzione delle prime gare di sprint su pista, la cui evoluzione ha poi portato la sezione giovanile della Fci a proporre al Coni l'istituzione di centri di formazione per ragazzi e ragazze, dai sette ai dodici anni, presso i velodromi italiani[40].

Ancora, nel 1988, tra le proposte di modifica allo statuto federale della Fci vi era quella di assegnare «un ulteriore voto alle società che per ogni stagione agonistica abbiano tesserato fra i propri atleti che svolgono attività venti tra esordienti, allievi, junior, dilettanti, donne esordienti, donne junior e donne senior».[41] Un intervento rivolto ad accrescere la base, in cui si tiene in debito conto anche il settore femminile.

Tra le attività promozionali vanno certamente ricordati anche i Giochi della gioventù, che negli anni Ottanta registrano un aumento di partecipanti (nel solo 1982 un +35 per cento rispetto all'anno precedente). Nel programma per il 1986, il consiglio della Fci decide di aprire la pista nella categoria C dei 12 anni anche alle bambine. Nel luglio del 1988 sono ben 148 i ragazzi e le ragazze che da tutta Italia convergono a Ostia Lido per affrontare le prove su pista di queste finali: «Uno stuolo di maschietti e femminucce per la prima volta messi insieme a vivere una straordinaria esperienza. [...] Anche le ragazze si dichiarano pronte a qualsiasi sacrificio. Sono anche più determinate e severe con sé stesse dei loro coetanei. Probabilmente proprio per le difficoltà aggiuntive della loro scelta. Perché si ha un bel dire, ma il ciclismo non è certo uno sport facile per una donna, anche se molte ci tengono a sottolineare la normalità della loro scelta. Francesca di Firenze dice: "Il ciclismo è come qualsiasi altro sport. Basta impegnarsi, poi qualunque persona può emergere. Non vedo che differenza ci sia tra ragazzi e ragazze"».[42]

In queste finali, le medaglie assegnate alle ragazze sono per le prove su strada, su pista, la combinata femminile e la combinata a squadre. Per regolamento, ogni squadra regionale dev'essere composta da 4 ragazzi e 4 ragazze. La curiosità riguarda gli accompagnatori perché ogni squadra deve averne 3: un dirigente, un tecnico per il gruppo maschile e «un tecnico donna per il gruppo femminile».[43]

Gare per ragazze sono comprese anche nei calendari delle attività della Bmx, giovane ed emergente specialità del ciclismo, anche questa da promuovere attraverso i Giochi della gioventù, coinvolgendo allievi e allieve di età compresa tra i sette e i quattordici anni.

Nel 1989 la novità è rappresentata dall'ingresso della mountain bike nelle scuole, con fasi provinciali, regionali e nazionali, da realizzare per il primo anno in via sperimentale. Un'iniziativa rivolta agli studenti delle scuole medie superiori (14-19 anni) maschi e femmine.

In questi anni la federazione riconosce che ancora «almeno per un buon 60 per cento sono i genitori degli atleti che – inseriti o meno nell'organizzazione sportiva – gestiscono di fatto l'attività dei loro ragazzi».[44] Insomma, come per il passato, il ciclismo resta ancora spesso una passione legata alla famiglia.

Le iniziative promozionali del ciclismo di base anche per le donne dovevano poi coordinarsi con le iniziative relative alle successive fasce di età. Negli anni Ottanta si parla anche di ristrutturazione dei centri di avviamento allo sport. La scuola nazionale di ciclismo, nel 1985, prevede due corsi per donne della categoria Junior e questi corsi sembra che diano subito i primi frutti perché «per la prima volta due donne junior sono andate ai mondiali nella velocità. Sarà stata una coincidenza? In ogni caso è un dato di fatto che le giornate della scuola, svoltesi prima dei Campionati italiani su pista, hanno avuto il loro rilevante peso».[45]

Nel febbraio 1985, il settore tecnico e il centro studi mettono in cantiere il corso per direttori sportivi delle squadre femminili: «Corsi che servono ad elevare il livello di questo settore che è ancora il "Cenerentolo" della Federciclismo. Grazie allo spirito che vi è sempre stato nel ciclismo in generale, infatti, la federazione ha preso a cuore il problema del settore femminile e da tempo cerca di dare un serio sviluppo a questo campo, proprio in funzione della grossa attività mondiale del settore. Non ultimo vi è il problema che, dalle prossime Olimpiadi in Corea, le prove di ciclismo saranno ampliate dalla sola prova su strada del ciclismo femminile: ci saranno anche la velocità e l'individuale a punti e così crediamo che dare impulso a queste attività non guasti. I corsi sul ciclismo femminile sono divenuti una esigenza perché durante quelli che si svolgono tradizionalmente, e che riguardano il ciclismo in generale, è difficile poter affrontare, in maniera ampia, il ciclismo femminile. Pertanto, essendoci l'esigenza di creare degli esperti, si lanciano questi corsi che sicuramente daranno dei frutti nel futuro. Crediamo che avendo aperto questa finestra ora non rimane che ampliare e spaziare con lo sguardo e poi riferirvi più dettagliatamente».[46]

Una svolta decisiva ai problemi del ciclismo femminile viene nel

1985. Il 25 novembre, a Roma, si riunisce la prima commissione riservata alla categoria femminile nell'ambito della Fiac. L'organo è presieduto dalla segretaria Carla Giuliani ed è composta da Maria Canins, Albertina Goncalves (Senegal), Ellen Gray (Gran Bretagna), Rose Mercier (Canada), Jean Pitallier (Francia), Galina Tsareva (Unione Sovietica), Rebecca Twigg (Stati Uniti), Dominique Raymond e Z. Rusin (Polonia). Dalla riunione emerge che «il settore femminile da qualche anno è in costante ascesa e siamo all'inizio di una serie di iniziative destinate ad aumentarne l'importanza nel quadro del ciclismo internazionale. Il Cio ha già ammesso nel programma olimpico, oltre alla gara su strada, la velocità su pista per le Olimpiadi di Seul, riconoscendo in tal modo l'espansione dell'attività in molti paesi del mondo. La tendenza è di una rappresentatività completa del ciclismo femminile al livello olimpico: un traguardo meno lontano di quel che si potrebbe credere. Intanto la Fiac ha creato questa commissione allo scopo di elaborare programmi di promozione e di sviluppo. I temi trattati nella riunione inaugurale sono quanto mai significativi: sono state definite le distanze chilometriche per la gara su strada olimpica e mondiale e per le corse a tappe in base alle indicazioni ricevute dalla Commissione medica. Si è così stabilito che la gara su strada olimpica e valida per il campionato del mondo sarà compresa tra i 60 e gli 80 chilometri, secondo le difficoltà del circuito. Le corse a tappe di dodici giorni (durata massima consentita) dovranno avere almeno due giornate di riposo. È stata consentita l'eccezione del Tour de France femminile classificato *hors catégorie*. Potrà fare quindici tappe con tre giorni di riposo. [...] Tra la partecipazione alla corsa a tappe e un'altra deve intercorrere almeno una settimana».[47]

Alla riunione viene ventilata l'idea di creare anche per le donne i Campionati mondiali Junior, includendoli in quelli maschili, come pure di inserire nel programma dei mondiali 1987 la cronosquadra femminile sulla distanza dei 50 chilometri.

Per le donne, insomma, si cominciano a intravedere nuovi positivi segnali, si gettano le basi per un allargamento della base, si prende atto che c'è un movimento che richiede attenzione e progettualità nuove.

Donne e ruoli di governance

Un indice del livello di emancipazione della donna è rappresentato da sempre dalla sua presenza in ruoli di governance. Analizzare questi dati aiuta a comprendere meglio quanto la sua posizione sia cambiata in seno al movimento ciclistico: più donne sono tesserate come atlete, più donne possiamo aspettarci di trovare all'interno delle strutture federali (periferiche o centrali) o impegnate in ruoli tecnici.

Si tratta di un rapporto che, tuttavia, non viaggia su binari di proporzionalità. Basti pensare, ad esempio, che nella storia delle federazioni sportive nazionali su circa 600 presidenti che si sono succeduti c'è stata una sola donna e rari sono, a tutt'oggi, anche i casi di donne che arrivano a ricoprire incarichi nazionali.[48]

Se ci sono voluti anni per smarcarsi dall'idea che le cicliste donne non fossero vere atlete e valessero tanto quanto i loro colleghi maschi, le cose non sono andate diversamente a livello dirigenziale. Una sintesi efficace della situazione fino a trent'anni fa ce la offre Daniela Isetti, oggi vicepresidente vicario della Fci, che nel 1988 firmava un articolo su *Tuttociclismo* in cui, partendo da considerazioni sul movimento ciclistico femminile dell'Emilia Romagna, scriveva: «Sta assumendo una maggiore rilevanza e una più marcata autonomia: l'attività in termini di praticanti e di manifestazioni si sta evolvendo… al quadrato, lasciando presagire a un allargamento "importante" della base ipotizzabile in tempi medi».[49]

La Isetti possedeva già una visione moderna e lungimirante dell'orizzonte femminile che, prima che possa «muoversi e imporsi con la propria forza»,[50] deve vedere alla base un'opera di incentivazione, a partire dai gradini più bassi: «Occorre infatti porre maggiore attenzione al reclutamento femminile, un atto che permetterebbe di cogliere, assieme ad una più completa valorizzazione della donna, un momento di massima collaborazione volta allo sviluppo dello sport, al passo con i tempi. L'inserimento delle donne nell'organizzazione e nella gestione delle società potrebbe significare una iniezione di linfa vitale per i nostri sodalizi retti sul volontariato. È necessario aumentare la presenza femminile nello sport (soprattutto nel momento in cui si assiste al calo dei tesserati per i motivi ormai risaputi) affinché a un certo impegno agonistico corrisponda un'adeguata presenza dirigenziale e anche una presenza ad alto livello tecnico a tutela e a supporto dell'agonismo femminile».[51]

Non c'è da stupirsi se, qualche lustro dopo, la Isetti sia andata a ricoprire un prestigioso incarico nella stessa federazione, peraltro una delle rare donne mai arrivata così in alto in una federazione sportiva italiana. Prima di lei, a rompere il ghiaccio in un universo fino ad allora declinato solo al maschile era toccato a Carla Giuliani, che nel 1988 entrava a far parte della commissione permanente dell'Uci con il presidente della Federciclismo Agostino Omini e il segretario generale Renato Di Rocco, diventando, nello stesso anno, responsabile della segreteria della Fiac. L'appoggio alla candidatura della Giuliani era stato espresso, con delibera del 22 agosto, dall'ufficio di presidenza della Fci, durante la permanenza in Cecoslovacchia per i mondiali che si svolgevano in quell'anno.[52]

La Giuliani, romana classe 1945, opera nel mondo del ciclismo da oltre vent'anni. Ha cominciato lavorando per la Federciclismo e per l'Uci nel 1965, quasi per caso: conosce quattro lingue, ha fatto un corso per segretariato e si offre di lavorare come traduttrice. Ricopre diversi incarichi: nella commissione del ciclismo femminile, nella commissione medica dell'Uci, è segretaria dello stesso organo e membro della commissione per la solidarietà ciclistica. Nel novembre 1992 si dimette dalla carica di segretario generale della Fiac «perché si era creata una situazione in cui la federazione era diventato un consiglio dilettantistico è quindi non c'era più spazio per una dirigenza del mio tipo»,[53] e decide di candidarsi alla carica di presidente della Federciclismo per scalzare Agostino Omini, che detiene quella poltrona da dodici anni. In questa candidatura, afferma, il sesso non conta: «L'importante è che una persona abbia le qualità e che, soprattutto, gli altri gliele riconoscano».[54].

Ha quarantasette anni ed è la carta a sorpresa del ciclismo italiano. Il suo programma mette in evidenza la volontà di combattere quei «manager del ciclismo che pensano solo ai loro interessi. Io voglio metterci il mio bagaglio di esperienza e il mio programma di rinnovamento e trasparenza a disposizione di tutti. E poi, diciamola tutta, come donna penso di avere il dovere di dimostrare che si può fare qualche cosa e che non è solo una questione di sesso. È importante per una donna raggiungere certe posizioni: può servire da esempio per le altre».[55]

Non ne fa una questione di femminismo: uomo o donna non importa, «sono la stessa cosa nel momento in cui uno sente il coraggio di fare certe scelte e si sente preparato per farlo». Per lei il ciclismo è cambiato, gli atleti hanno ormai tutti il diploma di scuola superiore, il vertice deve adeguarsi ai cambiamenti, pensare a strutture nuove, velodromi, piste, a una maggiore sensibilizzazione nelle scuole. Ma le elezioni non la premiano e Agostino Omini viene confermato.

Nella storia della Fci solo due donne si sono candidate alla presidenza, ed entrambe non sono riuscite nel loro intento. Alla Giuliani si è poi aggiunta Norma Gimondi, candidata nella tornata elettorale del gennaio 2017. Figlia del campione Felice, Norma è laureata in giurisprudenza, ha un master in management dello sport e pratica da avvocato civilista. È interessante leggere il suo programma elettorale, pubblicato all'epoca sul sito della Federciclismo: dodici pagine nelle quali si sofferma solo due volte sul tema donne. Il primo cenno è di nove righe e riguarda la pratica ciclistica e l'obiettivo di ottenere il raggiungimento di una pari dignità e visibilità per l'attività agonistica di un settore che al ciclismo italiano ha dato molti importanti risultati. Il secondo punto è rivolto all'auspicata revisione della legge 91/1981 sul professionismo sportivo. Nell'affrontare questo tema, la Gimondi sottolinea la necessità di una globale opera di riforma per una situazione che «danneggia uomini e donne: negli ultimi anni, poi, le donne del ciclismo italiano stanno ottenendo dei riconoscimenti impensabili ed è intollerabile che rimangano atlete di serie B. [...] La legge 91/1981 ha determinato – negli anni – situazioni di profonda criticità perché gli status giuslavoristici si sono profondamente modificati e hanno determinato un disagio che va anche oltre le differenze di genere, anzi riguarda entrambi gli ambiti».

Norma Gimondi non viene eletta. Il presidente uscente, Renato

Di Rocco, conquista il suo quarto mandato con 125 voti (58 per cento) contro i 79 della Gimondi, che oggi resta nel mondo del ciclismo come membro della commissione disciplinare dell'Uci.

Sul fronte del consiglio federale, la prima donna ad essere eletta è stata la campionessa Morena Tartagni, che ha fatto il suo ingresso nel 2001 sotto la presidenza di Gian Carlo Ceruti. Nella successiva tornata elettorale, nel 2005, è stata eletta consigliere in rappresentanza dei tecnici Daniela Isetti, che oggi, al suo terzo mandato, ricopre la carica di vicepresidente vicario dopo essere stata eletta con il 57,6 per cento dei voti. Classe 1963, Daniela Isetti ha una conoscenza e competenza di ciclismo e amministrazione a tutto tondo. Un master in management dello sport, un passato consolidato di dirigente sportivo e di amministratore, già assessore nel comune di Salsomaggiore Terme. La Isetti ha anche praticato il ciclismo ed è nata in una famiglia dove questo sport è di casa: dirigente il padre ma anche la mamma, Luciana Copelli, che è stata una delle prime donne dirigenti di club (Gc Camping Arizona). Ha ricoperto svariati incarichi in seno alla federazione, tra i quali quello di referente e coordinatore del centro studi della Federciclismo, organizzando importanti e innovativi corsi mirati alle nuove figure che andranno a operare in ambito ciclistico in Italia. Nel 2018 è stata nominata nella Women's Commission dell'Uci, presieduta dall'australiana Tracey Gaudry, che è anche la prima vicepresidente donna della storia della stessa Uci. La commissione è stata voluta dal nuovo presidente Brian Cookson nel 2016, anno in cui è stato introdotto il WorldTour in sostituzione della Coppa del mondo. Nelle intenzioni dei sostenitori del programma vi è quella di creare un vero e proprio percorso per portare le squadre a un livello superiore che sia caratterizzato da contratti più seri, pagamenti sicuri, stipendio e premi più alti, insomma un'organizzazione che si avvicini a quella degli uomini con conseguenze anche a livello mediatico. Avere un'italiana in questa commissione è senza dubbio un motivo di orgoglio e prestigio per l'intero movimento ciclistico nazionale, non solo femminile.

«Far parte di questa commissione» spiega la Isetti «consente di arricchirsi di un contributo di conoscenze ed esperienze diverso da quello che offre il nostro movimento, grazie alle possibilità di un confronto diretto con altre realtà. Questo favorisce una visione più ampia di quelle che possono essere le proposte e le attività di politica sportiva da sostenere. Va tuttavia ricordato che, in generale, l'Italia è un paese con una diffusa attività e un livello di sicurezza importante rispetto a molti altri. Certo, è possibile attingere da altre conoscenze su elementi importanti in termini di approccio all'evento, comunicazione e marketing, dove il confronto è sempre interessante, ma resta il fatto che l'Italia è l'unico paese al mondo che, oltre ad avere un Giro professionisti e un Under 23 maschili, ha anche un Giro femminile e un movimento paralimpico. L'Italia quindi è un punto di riferimento per tutto il movimento ciclistico, anche se le contaminazioni con esperienze di altri paesi sono sempre un arricchimento per tutti. La presenza in Uci è in tal senso preziosa».[56]

Quello di Daniela Isetti non è l'unico incarico nell'Uci a cui sia approdata un'italiana. Nel 2010, Maria Laura Guardamagna è stata nominata nella commissione disciplinare, e nel 2013 le si è affiancata Norma Gimondi. Vi sono poi le presenze di Elena Valentini (membro della Mountain bike commission dal 2017) e di Rossella Bonfanti. Anche la storia della Bonfanti, che di mestiere è tecnico di laboratorio all'Istituto per la ricerca sui tumori di Milano,[57] si lega alla passione di famiglia, perché il padre seguiva le corse come meccanico e lei spesso lo accompagnava. Da lì è nata una passione che nel 1979 la vede, appena maggiorenne, diventare giudice regionale in Lombardia e, nel 1997, giudice internazionale. Elena ama dire che la sua vita è a due velocità: una *slow*, quando è in laboratorio, e una *fast*, quando va alle corse. In entrambi i ruoli, equilibrio di giudizio e nel comportamento sono indispensabili.

Prima di lei, nel 1994, al ruolo di commissario Uci era approdata Tiziana Coccioni. Oggi, oltre alla Bonfanti, sono presenti anche Francesca Mannori (dal 2008), Valeria Laguzzi (dal 2015), Chiara Compagnin, Michela Vidori (dal 2019). Anche nel settore mountain bike la pattuglia di giudici italiani donne è nutrita: le prime sono state Roberta Barro, Pierangela Bensi, Monica Gasperotti, Ileana Simich e Fulvia Tos; dopo il 2009 approdano a questo incarico anche Federica Guarniero, Chiara Compagnin, Elisa

Marras, Francesca Martinelli, Daniela Rinco, Francesca Mannori e Annamaria Francinelli.

Sempre in tema di incarichi internazionali prestigiosi ricoperti da donne, va segnalato quello di Francesca Rossi, direttrice della Cycling Anti-Doping Foundation (Cadf) creata nel 2008. Romana, una laurea alla Sapienza e un passato nella Federazione internazionale di atletica leggera (Iaaf) e al laboratorio antidoping di Roma, dal 2010 Francesca è a capo dell'intera struttura che ha sede in Svizzera e agisce in totale indipendenza dall'Uci. La Cadf applica e gestisce il programma antidoping: la strategia per contrastarlo, il passaporto biologico di circa 1200 corridori, il programma di controlli, sia quelli fatti durante le gare sia al di fuori delle competizioni. Riferendosi alla sua esperienza, sottolinea che «bisogna distinguere tra ruoli dirigenziali che si occupano dello sport (sviluppo, marketing, nuove discipline eccetera) e ruoli dirigenziali in campi che lavorano per lo sport. Io lavoro *per* e non *nel* ciclismo, quindi non ho molto risentito del fatto di essere guardata con sospetto perché sono una donna, ma piuttosto perché mi occupo di antidoping, che è un argomento spinoso in generale. Non parlerei di sospetto, ma di timore».[58]

Dal suo osservatorio, l'invito che la Rossi fa alle cicliste italiane va in due direzioni: «Per prima cosa dico che il ciclismo è uno sport duro e bellissimo, e spero che le ragazze lo facciano per piacere e non come ragione di vita. Credo che bisogna sempre avere un piano B, anche se mi rendo conto che per gli sportivi di alto livello può sembrare il discorso della nonna, e forse lo è, ma dopo ventidue anni in questo settore posso dire che quelli che non avevano un'alternativa alla fine sono scesi a compromessi. In secondo luogo, la mia esortazione è a non aver paura di denunciare quello che vedono: solo così possono aiutare la Cadf nel suo lavoro e rendere le loro vittorie giuste e meritate. In questo auspico una differenza col ciclismo maschile, dove la diffusa omertà limita moltissimo i progressi della lotta contro il doping. Sicuramente dal prossimo anno l'antidoping si occuperà delle ragazze in maniera più sistematica, visto che esisterà un circuito WorldTour femminile, e dunque mantenere questo atteggiamento sarà importante»[59].

La presenza di donne italiane in ruoli importanti all'interno della famiglia ciclistica è stata riconosciuta come un segnale particolarmente positivo e con potenziali importanti ricadute dallo stesso presidente della Fci Renato di Rocco: «Se un tempo non troppo lontano il movimento femminile, trainato da alcune individualità eccezionali, era nel complesso molto ridotto, ai nostri giorni ha raggiunto il peso specifico e la massa critica, in numeri ed espansione planetaria, che lo mettono in grado di rivendicare con forza i propri diritti al più alto livello».[60]

Tornando all'interno dei confini nazionali e avvalendoci dei dati riportati dall'*Almanacco del Ciclismo*, scopriamo come, fino agli anni Novanta, qualunque fosse l'ambito, federale o associazionistico, riferito alle diverse componenti della famiglia del ciclismo (Accpi, Agsc, Aocc, Adspi eccetera), la presenza femminile poteva dirsi pressoché inesistente, salvo per qualche ruolo in piccoli club o per ruoli di segreteria, come ad esempio quello di Stella De Benedetto presso l'Accpi. Le prime presenze femminili in seno a organi nazionali della Fci si registrano nel 2001. Oltre alla Tartagni, entrano anche Loredana Grossi (presidente dei revisori dei conti) e Barbara Baratto (presidente della commissione federale d'appello). Si tratta di due incarichi legati ad ambiti professionali specifici, che richiedono un capitale di conoscenze e competenze ben individuato, più che un capitale di fiducia generico espresso attraverso il voto.

Dal 2001 si comincia a individuare anche qualche nome femminile negli elenchi che illustrano la governance delle diverse organizzazioni che si occupano di ciclismo. Nel 2002, nel Consiglio del ciclismo professionistico italiano (Ccp) viene istituita una commissione pari opportunità/donne affidata a Morena Tartagni, che due anni dopo, come già detto, rivestirà questo ruolo in seno alla commissione ad hoc costituita nella Fci. Nel 2003, Monica Baldi viene nominata presidente dell'Associazione gruppi sportivi ciclismo (Agsc).

Nel 2005 si registra l'immissione di una rilevante quota femminile in seno al consiglio federale della Fci, dove approda nel frattempo anche Maria Cristina Gabriotti che assume l'incarico di segretario generale: la prima donna dopo centoventi anni di uomini.[61] I nuovi ingressi sono quelli di Daniela Isetti, Barbara Baratto (in rappresentanza degli affiliati), Daniela Fusar Poli e Alessandra Cappellotto (in rappresentanza degli atleti). Come già sopra precisato, in quest'ultimo incarico sono state successivamente elette anche Eleonora Soldo, Noemi Cantele ed Elena Valentini.

Anche in seno alle commissioni federali le quote rosa aumentano. Nel settore della giustizia federale, con incarichi diversi, negli anni si è registrata una significativa presenza femminile: Sara Ciuffi, Marina Fiaccarini, Laura Dinolfi, Miriam Zanoli, Claudia Giusti, Ida Blasi, Elisabetta Antonini, Norma Gimondi, Alessia Beghini, Elisabetta Antonini, Laura Olivieri, Monica Villa, Barbara Baratto Vogliano, Martina Adami, Rosita Gervasio, Ida Blasi e Serenella Rossano.

Nel collegio dei revisori dei conti approda, nel 2016, Maria Assunta Protopapa, componente di nomina Coni, mentre Anna Bussolini entra a far parte della commissione vigilanza società professionistiche. Dal 2013 una donna ricopre l'incarico di giudice sportivo regionale. Si tratta della molisana Francesca Mite, alla quale dal 2016 si affianca Maria Tosco Rampi per il Piemonte e la Valle d'Aosta.

Nelle varie commissioni si sono avute diverse presenze femminili: Flavia Tortorella (commissione per la revisione dello statuto federale); Sara Mologni, poi sostituita da Antonella Manzoli (commissione abilità-settore fuoristrada); Barbara Baratto (sovrintendente al settore studi); Daniela Fusal Poli (atleti dilettanti); Stefania Francesca Muggiolu (commissione nazionale giudici di gara); Marinella Ambrosio e Lucia Trevisan (ciclismo paralimpico); Patrizia Biondini (componente settore giovanile); Elisa Michieletto (commissione fuoristrada); Serena Bria (commissione tutela della salute all'interno).

Passando ad altri incarichi, nel 1996 Marie Cristine Mariani figura quale collaboratrice al servizio radio informazione; nel 2009 tra gli operatori in vettura c'è Delphine Brunel, e nel 2013 troviamo per la prima volta una donna tra i medici addetti alle squadre nazionali: Raffaella Cardillo.

Non manca la presenza femminile all'interno del mondo della comunicazione. Da Daniela Petrucci, che vent'anni fa era responsabile della comunicazione dell'Org. Sportive Torre Alex, alle donne che hanno ricoperto in anni successivi altri incarichi: Laura Mora, presso l'ufficio stampa dei Ciclisti professionisti associati che ha sede in Svizzera; Ilenia Lazzaro, membro del World Press Cycling Championship Committee; Tina Ruggeri, già componente del gruppo di lavoro della Fci per l'analisi delle esigenze della comunicazione.

Nel 2013 Alessandra Cappellotto diventa vicepresidente dell'Accpi e, tra i rappresentanti di specialità, figura anche Elisa Longo Borghini. Ma bisogna attendere il 2017 per vedere una donna eletta al vertice di un comitato regionale della Fci: è Francesca Pellizzer, che oggi presiede il comitato regionale della Val d'Aosta. Il suo programma elettorale è incentrato su trasparenza, modernità, media e soprattutto sulla grande attenzione ai giovani.

Passando invece al mondo delle società sportive, abbiamo visto che in passato qualche presenza sporadica si era già registrata, in prevalenza grazie a ex cicliste rimaste nel mondo delle due ruote. Una pioniera in tal senso è Luciana Copelli, che la *Gazzetta di Parma* del 20 marzo 1980 segnala come unica donna ad aver fatto il corso per direttori sportivi e che è anche vicepresidente del Gs Ointer Man-Kuso Bagno Giovane dove c'erano tutte donne come consiglieri: Maria Lucia Costanzo, Flavia Marenzoni, Anna Tanzi, Angela Mancuso.[62] Il club ha come ds Maria Cressari e viene presentato con grande rilievo alla Sei Giorni di Milano da Daniele Piombi.

Nei primi anni del nuovo millennio, se andiamo a esaminare come campione rappresentativo le società organizzatrici di gare, possiamo intercettare un piccolo gruppo di donne dirigenti. Trascurando le presidenze a titolo onorario, come quella di Lauretta Binda (Sc A. Binda) e di Pasqua Tazzari Berardi (Sc F. Baracca), vi sono presidenze a tutti gli effetti come quella di Caterina Palmieri Colombo (Us Legnanese), a cui si aggiungono le vicepresidenze di Lina Ioppi (Gs Altogarda), Manuela Buldrini

(Ssgs Emilia), Stefania Sommariva (Gs Domus), e gli incarichi di consiglieri di Maria Rosa Banfi e Tina De Stefani (che allungano la lista di donne dirigenti nella Us Legnanese), Elisa Amici e Dialma Bellei (Ssgs Emilia), e Marina Gargantini (Gs Domus Bg). Abbiamo anche già visto che la Società Riviera di Martinsicuro nel 1988 aveva addirittura un direttivo tutto al femminile con Ulissea Massetti alla presidenza.

Cominciano poi a vedersi delle donne alla guida di team femminili. Abbiamo già ricordato Maria Cressary, Rossella Galbiati, Noemi Cantele, Sigrid Corneo e Giorgia Bronzini. In Italia, nel 2011, sono 5 su 16 le donne alla guida di un team: Patrizia Barchi di Forlì alla Kleo Ladies Team e poi alla Alfa Lum, Aurora, Let's go to Finland, FRW Gauss e Valdarno; la fiorentina Elisa Maggini al Vaiano Solaristech; Luisiana Pegoraro alla Gauss RDZ Ormu Unico1; Laura Pisaneschi alla Top Girl Fassa Bortolo; Diana Žiliūtė alla Diadora Pasta Zara.

Passando ai ruoli tecnici nazionali, fino a oggi possiamo registrare solo tre presenze femminili: Maria Cressari, prima donna ad assumere un incarico nazionale come preparatrice delle *pistards* nel 1983; Paola Pezzo, collaboratore tecnico nazionale per la mountain bike nel 2011, e l'ex atleta bresciana Silvia Epis, che nel 2019 è nominata direttore tecnico del settore nazionale giovanile.

Anche tra i direttori di corsa, a partire dal 2003, si segnalano presenze femminili con Maria Luisa Bianchi, Maura Macchi e Laura Bertinotti. Quest'ultima è anche direttore di organizzazione per gare professionisti. A loro, nel 2006, si aggiunge Paola Scoppolini.

Uno sguardo ai giudici di gara ci segnala che anche qui, dal 2000 a oggi, il numero delle donne è costantemente aumentato. Prima di allora sollevò un certo stupore la nomina di Flora Fiorilli, nel 1989, alla presidenza regionale dei giudici di gara in Emilia Romagna e allora la rivista *Tuttociclismo* sottolineò non a caso che si era trattato di un «piccolo primato per una terra che in fatto di ciclismo di primati e di successi ne vanta parecchi». Oggi la Commissione nazionale giudici di gara (Cngg) ha addirittura una maggioranza di donne tra i propri membri (3 su 4: Ilenia Menini, Michela Vidori e

Patrizia Pietra). Prima di loro era entrata Federica Guarniero. Sul fronte numerico, se tra i giudici di gara nazionali nel 1992 vi erano solo 9 donne su 213,[63] oggi le cose sono decisamente cambiate: in termini complessivi, nel 2019 le donne sono 351 e gli uomini 743.[64] Nella qualifica internazionale, poi, la maggioranza depone a favore delle donne perché nella categoria Uci Élite National sono ben 15 (gli uomini 7), mentre nella qualifica Uci International Commissaires sono 20 (gli uomini 8).

Sempre dati della Fci illustrano che la presenza femminile è in crescita costante in tutti gli eventi organizzati. Ad esempio, al Giro d'Italia maschile 2018, su 5 giudici, 3 erano le donne: Valeria Laguzzi, Elisa Dabbene (componente moto) e Chiara Lovat (giudice di arrivo). Anche ai Campionati mondiali di paraciclismo del 2018 erano presenti giudici italiani donne: Patrizia Pietra, Fabiana Constestabile, Francesca Dellacasa, Letizia Palma e Chiara Compagnin.

Ricordando il Giro d'Italia maschile 2019, poi, anche se non è italiana merita una citazione la spagnola Josune Murillo, allenatrice di Richard Carapaz: prima donna ad allenare un ciclista della categoria WorldTour.

Per concludere questa carrellata al femminile, rivolgiamo uno sguardo anche alla presenza di atlete del ciclismo in ambito Coni. Qui si segnala, nel 2002, l'elezione di Antonella Bellutti in giunta nazionale. La Bellutti viene eletta in quota atleti e nello sprint elettorale vince la volata su Antonio Rossi. Nel 2019 la giunta del Coni la inserisce anche tra i nuovi campioni della Walk of Fame, una via attigua al Foro Italico di Roma dedicata alle leggende dello sport italiano. Per il ciclismo erano già presenti molti atleti, ma tutti uomini: Ottavio Bottecchia, Alfredo Binda, Costante Girardengo, Learco Guerra, Gino Bartali, Fausto Coppi, Fiorenzo Magni, Antonio Maspes, Sante Gaiardoni, Felice Gimondi, Francesco Moser ed Ercole Baldini. La Bellutti è la prima donna ciclista inserita in questa prestigiosa lista, che nel 2018 vedeva presenti solo 17 donne su 118 atleti di tutti gli sport.[65]

Aggiungiamo un ultimo indicatore dei successi ottenuti dalle donne nel ciclismo, rappresentato dal conferimento del Collare d'Oro del Coni, la massima onorificenza che un atleta può ricevere per meriti sportivi. Le cicliste che hanno ricevuto questo riconoscimento sono state nove: Fabiana Luperini (1995), Paola Pezzo e Antonella Bellutti (1996), Alessandra Cappellotto (1997), Vera Carrara (2005), Tatiana Guderzo (2009), Giorgia Bronzini (2010), Francesca Porcellano (per ben due volte nell'handbike, 2017 e 2018) e Vittoria Bussi (2019).

E sempre in termini di donne e di numeri giova ricordare un dato su tutti: delle 80 medaglie vinte nel 2018 dalla Fci, 41 sono arrivate dal settore femminile, e dei 63 atleti andati a medaglia, 32 sono donne.

Ciclismo femminile a tutto tondo

La crescita del movimento ciclistico femminile ha reso possibili progetti e iniziative che non sempre, o non solo, hanno a che fare con le prestazioni agonistiche in senso stretto. Alcune sono davvero originali, o è perlomeno originale il modo in cui si sono sviluppate, a confermare che per le donne andare in bicicletta non ha mai significato solo pedalare, ma anche fare un'esperienza di libertà, emancipazione e talvolta solidarietà.

Tra le varie iniziative vi è la costituzione dell'associazione sportiva dilettantistica denominata "Cicliste.eu Promoitalia", che si impegna a promuovere il ciclismo e i suoi valori, con particolare attenzione al movimento femminile e alle problematiche che lo riguardano: sana cultura sportiva, fair play, ripudio di ogni forma di discriminazione e di violenza, corruzione, doping e di qualsiasi cosa possa arrecare danno allo sport e alle atlete. L'associazione ha un sito internet, Cicliste.eu, dedicato alle donne del ciclismo, che l'editore Walter Pettinati presenta come «un progetto di promozione del ciclismo femminile che coinvolge alcune giovani speranze delle due ruote [...] per sviluppare, insieme, un programma organizzato che faccia conoscere, attraverso di loro, il mondo del ciclismo in rosa».

Vi sono anche altri siti che si propongono di promuovere il

ciclismo femminile. La piattaforma Ciclismoinrosa.com, ad esempio, nasce per sostenere il movimento ciclistico delle donne «in tutte le sue sfumature (sportive, letterarie, mediatiche, solidali, culturali e beauty) nel nome del puro agonismo, quello che ci fa crescere come persone». Nasce nel 2008, grazie a Giacomo Montrasio e Carlo Ottolina, grandi appassionati di ciclismo. All'inizio è solo un progetto fotogiornalistico, che raccoglie un gruppo di amici amanti della fotografia (qualcuno è giornalista, qualcun altro fotografo pubblicitario o grafico) e delle due ruote, e che seguendo il Giro d'Italia, i mondiali e le grandi classiche si rendono conto che il mondo femminile del ciclismo, per quanto affascinante, è ancora indietro anni luce rispetto a quello maschile, in termini organizzativi, commerciali e di visibilità. Decidono quindi di fare qualcosa insieme e fondano un sito dedicato solo al ciclismo femminile, in cui pubblicare foto e notizie. Inoltre, quando seguono le corse si impegnano a fare anche un vero e proprio servizio stampa. Da subito il mondo del ciclismo femminile li accoglie bene: «Siamo sempre attesi e desiderati perché con le nostre foto cerchiamo di dare visibilità a questo sport, che ne ha bisogno».[66]

Con il tempo l'associazione ha cominciato a rivolgere una speciale attenzione ai risvolti concreti della quotidianità di questo sport, dando una mano in vari modi alle cicliste bisognose di un aiuto. Nell'ultima domenica di novembre, ad esempio, in quello che è stato chiamato il "Pink Day", l'associazione assegna un premio alla ciclista della categoria Élite che ha ottenuto i migliori successi stagionali, e un premio va anche a una giovane del paraciclismo. In passato ha aiutato un'atleta straniera a partecipare al Giro d'Italia, un'altra volta si è occupata del trasporto di una bicicletta in Svizzera (la squadra non aveva i mezzi per farlo), ha fondato l'Associazione ciclistica dilettantistica Ciclismoinrosa (con sede a Varese, presieduta da Caterina Barillà) e ha raccolto fondi per pubblicare volumi e organizzare mostre fotografiche sul ciclismo femminile. Attualmente l'associazione sponsorizza il Trofeo Giacomo Montrasio per ragazze Under 20 che si tiene nelle Marche e assegna la maglia bianca per la miglior giovane del

Giro di Toscana. «Rispetto agli inizi» racconta il fondatore Carlo Ottolina «ci stiamo concentrando forse meno sulla notizia e più su altri aspetti concreti perché, a parte poche di queste atlete, il mondo del ciclismo femminile è dilettantismo puro. È considerato uno sport minore al quale pochi dedicano attenzione, anche quando queste atlete vincono. Eppure, negli ultimi anni, le medaglie all'Italia sono soprattutto le donne a portarle».[67]

Tra le iniziative più originali degli ultimi anni vi è il blog Ladradibiciclette.it, creato nel 2017 da Mariateresa Montaruli, giornalista pugliese trapiantata a Milano. Grande amante della bicicletta, la Montaruli ha deciso di aprire un blog in cui mettere al servizio la sua passione di ciclista e il suo lavoro di giornalista (con anni di esperienza nel mondo del reportage di viaggi) per dar conto di un "lato bici" della sua visione del mondo. È nato così il primo blog in italiano dedicato a questo tema, come lei stessa racconta: «Il punto di vista femminile sulla bicicletta è molto diverso da quello maschile. Le donne hanno una visione a trecentosessanta gradi dell'universo bicicletta. Non si interessano solo alla dimensione sportiva, o tecnico-meccanica, che fanno parte della visione più maschile. Il loro approccio è più morbido e ampio. Le donne separano meno gli ambiti e tendono a percepire le cose in modo più rotondo. Per la donna la bicicletta non è solo una questione di performance, ma anche di riappropriazione di spazi, desideri, mobilità, modo di vestirsi, di allenarsi, e tanto altro. Mi interessava indagare questo universo a tutto tondo con un approccio femminile che secondo me mancava e, soprattutto, mi interessava scovare delle storie di donne che avevano a che fare con la bicicletta. Così ho trovato storie interessantissime di donne che disegnano cargo bike o progettano pulmini per il trasporto di bici e ciclisti; donne che hanno aperto bike café o che hanno contribuito a fare della bici uno strumento di *empowerment* e riappropriazione di libertà. Ho potuto portare qui tutta la mia esperienza di giornalista in riviste femminili per trasferire i temi del giornale femminile classico nel mondo della bici e viceversa. Il mio è stato il primo blog in italiano. All'estero invece ce ne sono molti, soprattutto nel mondo anglosassone e in Francia».[68]

Pian piano, Mariateresa ha guadagnato credibilità in questo campo. Oggi il suo blog vanta molti accessi unici al mese e il dato interessante è che gli uomini che la leggono superano le donne: «Sono circa il 42,3 per cento le donne e il 57,7 per cento gli uomini. All'inizio ci ho riflettuto su, pensando che forse avevo sbagliato target, ma in realtà va bene così. Del resto gli uomini che vanno in bicicletta sono più numerosi rispetto alle donne, a meno che non consideriamo anche la mobilità urbana, dove le cose cambiano. I dati ufficiali a livello europeo ci dicono che la percentuale media delle donne che usano la bici in città è di circa il 50 per cento. In Italia le cose variano da zona a zona. La bicicletta resta usata perlopiù nel Nord Italia dove ci sono zone, come Milano, in cui la comunità delle due ruote è molto forte (ben più della realtà infrastrutturale). Qui i dati sono diversi da quelli di Roma, Palermo o Bari, città da cui provengo. Non si può generalizzare, ma è certo che esistono città e ambienti urbani più evoluti, ad esempio le città emiliane, venete o friulane, e al tempo stesso luoghi ove tutto ciò è meno sviluppato. Lombardia, Toscana, Veneto ed Emilia Romagna sono regioni assolutamente pronte a veder circolare donne in bici da corsa o accogliere donne che vanno in mountain bike. Non ci fanno caso. In altre regioni, invece, è sempre una sorpresa vedere donne in bicicletta, ma è normale, perché qui sono di meno. Spesso però gli sguardi che attirano sono di simpatia, creano empatia e complicità. Sono sguardi lievi, che mirano all'amicizia. Posso dire che le donne come me, che usano la bici da corsa e aspirano anche a fare percorsi impegnativi e di gran fondo, non si ispirano ai modelli del professionismo. E questa è una differenza che noto tra uomini e donne. Sono gli uomini, infatti, a guardare ai ciclisti professionisti come modelli di comportamento, avvolti nel loro alone mitico. La donna invece vede il ciclismo come qualcosa che la rende felice, la fa star bene, la fa pedalare in gruppo e divertirsi. È meno solleticata dall'agonismo».[69]

La particolarità del suo blog è quella di essere totalmente indipendente (tanto che non vi appare pubblicità) e non legato ad alcun brand. In questo, Ladradibiciclette.it è molto diverso dal sito collegato al progetto "Donne Specialized" (Specialized.com), una *women's business unit* nata in California che ha cominciato a sviluppare prodotti specificatamente femminili partendo dall'applicazione della tecnologia Body Geometry per arrivare alla produzione di accessori e telai dedicati alla donna. L'azienda ha sviluppato politiche rivolte ad accrescere la comunità di cicliste affezionate al marchio, riunendo atlete di ogni livello, dalla neofita alla più esperta, e affidandosi alla presenza di "ambasciatrici" di cui racconta la storia (non necessariamente agonistica), organizzando eventi e pedalate: «Lavoriamo sulla sensibilizzazione, nel tentativo di far cadere quella specie di timidezza che talvolta trattiene le donne nei confronti dello sport. Lavoriamo per attutire l'attitudine, purtroppo ancora radicata, a considerare il ciclismo un fatto esclusivamente maschile».[70]

Tra i siti dedicati al ciclismo femminile nati negli ultimi anni vi è anche Pedalerosa.it, creato nel 2014, dove si possono trovare informazioni sulle attività della strada, della pista, del ciclocross e della mtb, con dirette dai ritiri, gallerie fotografiche e notizie varie. Vi sono poi siti più specializzati come Alecycling.com, che nel 2013 ha lanciato un marchio di abbigliamento tecnico e innovativo anche per donne: «Alé ha un'anima femminile. Per questo ha curato i capi per le donne come mai nessuno prima» scrive nella sua home page. Oppure come Elasticinterface.com, sito di un'azienda che si occupa di fondelli da ciclismo e che non trascura il settore femminile, riconoscendone «una crescita imponente. [...] Sempre più ragazze stanno abbracciando anche il mondo del ciclismo amatoriale, chi per semplice divertimento e chi per sfidare se stessa e cercare di andare oltre i propri limiti».[71]

Il fiorire di questi siti, specializzati o meno che siano, testimonia la maggior consapevolezza dell'universo femminile in bicicletta, che in anni più recenti si è affacciato al mondo anche con iniziative originali.

Bicicletta e diritti delle donne: una sfida che continua

La bicicletta non ha mai smesso di essere uno strumento di emancipazione. Piaccia o no, questo mezzo consente alle donne di muoversi in autonomia, e questa caratteristica è fondamentale in un percorso di *empowerment*. Potersi muovere da sole, non accompagnate, resta infatti per molte donne una conquista che apre orizzonti di libertà: uscire, incontrare altre persone, accompagnare i figli a scuola, recarsi sul posto di lavoro. Per questo molte associazioni in Italia e all'estero, legate soprattutto al mondo del volontariato, non hanno trascurato il tema della bicicletta nelle loro politiche di assistenza, soprattutto nei confronti di donne straniere, provenienti da paesi dove non solo non viene loro insegnato ad andare in bicicletta, ma spesso gli è persino vietato.

Il film *La bicicletta verde* (2012) testimonia il valore di questa conquista, raccontato con gli occhi di una bambina saudita di dieci anni che vive in un mondo tradizionalista e tenta di superare i limiti imposti dalla sua cultura attraverso la passione per questo mezzo proibito e il sogno di possederne una. La bicicletta è il simbolo di una ribellione che alla fine accomuna la figlia e la mamma, facendo capire a entrambe che le cose possono cambiare. La bicicletta è un simbolo di emancipazione: non è un caso che la regia del film sia di Haifaa Al-Mansour, prima regista donna dell'Arabia Saudita.

Non si sa se sia stato per l'effetto del film o altro, ma le donne saudite, nel 2013, si sono viste riconoscere il diritto di andare in bicicletta (il diritto di voto è arrivato nel 2011), ma solo a scopo ricreativo e di divertimento, non come mezzo di trasporto: «Le donne» scrive il quotidiano saudita *al-Yaum*, citando una fonte della commissione per la promozione della virtù e la prevenzione del vizio «sono libere di andare in bici nei parchi, sul lungomare e in altre aree a condizione che indossino abiti modesti e che sia presente un guardiano in caso di cadute o incidenti».[72] La stessa commissione ha anche precisato di non aver mai vietato la bicicletta alle donne straniere.

Ha attirato molte attenzioni anche il caso di Amirah al-Turkistani, rientrata nel 2015 in Arabia Saudita, a Jeddah, dopo gli studi universitari a Boston. Amirah ha portato con sé la sua bicicletta verde pistacchio e, benché inizialmente osteggiata dai connazionali, oggi, sposata e mamma, ancora pedala indossando l'*abaya*, l'abito lungo che lascia fuori solo la testa, le mani e i piedi, come richiesto dalla sua fede religiosa. Anche la pittrice Marina Jaber ha rotto il tabù per le donne di Baghdad di andare in bicicletta e, nonostante le iniziali difficoltà, ha trovato molte seguaci anche tra le egiziane di Go bike e il gruppo Yalla Let's Bike di Damasco.[73]

Più di recente, il documentario della regista americana Sarah Menzies intitolato *Afghan Cycles* (2018) testimonia la condizione di una nuova generazione di giovani cicliste in Afghanistan. Si tratta di un piccolo gruppo di donne che va in bicicletta nonostante le barriere culturali, la mancanza di infrastrutture e le minacce di morte. Attraverso di loro si racconta una storia di diritti delle donne perché il solo vederle in giro a pedalare costituisce una rivoluzione per questo paese e, per molti, un motivo di condanna. Il valore del loro gesto è stato così importante che, nel 2016, hanno ricevuto anche una candidatura al premio Nobel per la pace[74].

Sono molti i paesi che oggi utilizzano progetti legati alla bicicletta per proporre percorsi di emancipazione. Ne citeremo solo alcuni. In Germania, l'organizzazione non governativa tedesca Bikeygees, che ha sede a Berlino, dal 2015 offre corsi sull'uso della bicicletta alle donne rifugiate della città e il numero di iscritte è salito molto rapidamente. «In due anni Bikeygees ha insegnato a pedalare a più di 500 donne fra i quattordici e i sessantaquattro anni. Ad ogni corso partecipano circa 30 donne, che imparano a pedalare in uno spiazzo all'aperto su cui sono state installate delle riproduzioni dei cartelli stradali tedeschi. Grazie ad alcune donazioni, spesso i volontari sono in grado anche di fornire a queste donne bici, caschi, attrezzi per la riparazione e antifurto».

Il *Guardian* ha dedicato un articolo a questo progetto, raccogliendo le testimonianze di molte di queste donne. Emily, ventun anni, dall'Afghanistan: «Il corso mi ha fatto sentire libera e autosufficiente»; Morvarid, vent'anni, sempre dall'Afghanistan: «Alcuni uomini nel campo per rifugiati continuano a dire che le donne dovrebbero cucinare e pulire. È stato bellissimo vedere questa organizzazione tutta al femminile riuscire a creare un senso di fiducia, così che anche quegli uomini hanno cominciato a permettere alle loro mogli e figlie di venire. [Queste donne] hanno grandi obiettivi, vogliono uscire, lavorare fuori casa, affermare le loro idee, non quelle dei loro mariti, fratelli o padri. Anch'io vengo da una famiglia afgana, so quanto è difficile. Ogni volta che vedo una donna che pedala ringrazio Dio»; Rahima, ventidue anni: «Nella mia esperienza nei campi per rifugiati ho visto tanti uomini che si compravano cose belle, che uscivano tutto il giorno, e poi non permettevano alle donne di uscire. Mio padre e mia madre, quando eravamo in Iran e in Afghanistan, non mi permettevano di andare in bici, ma qui ho questa opportunità e voglio coglierla».[75]

A Lione è nata una scuola che insegna alle immigrate ad andare in bicicletta. Un'istruttrice affianca queste donne, giovani e meno giovani, per insegnare loro l'equilibrio, come si impugna il manubrio, come si regola il sellino. Le nuove utenti sono un insieme eterogeneo di donne di varie età. L'iniziativa fa capo all'associazione Pignon sur Rue, che ogni anno accoglie circa 350 aspiranti ciclisti, in maggioranza donne, che «imparando a pedalare si ritagliano uno spazio personale e, a volte, gettano le basi per una vita diversa. [...] La nuova autonomia aiuta, aumenta l'autostima e il coraggio, rende gli obiettivi più vicini. Per molte delle donne immigrate imparare ad andare in bici è un primo passo che spesso facilita altre conquiste. [...] Anche il lavoro diventa una prospettiva più concreta».[76]

La bici è un simbolo di libertà anche alla Fancy Women Bike Ride, evento al femminile nato nel 2013, che in Italia si è svolto per la prima volta a Milano il 23 settembre 2018 e che ha già coinvolto, nei suoi primi cinque anni di vita, oltre 70 città in tutto il mondo. La manifestazione è nata su ispirazione di un gruppo di donne attiviste turche di Izmir come strumento di lotta contro numerose difficoltà, diffondendosi poi a macchia d'olio. Una manifestazione allegra, che promuovendo l'uso del mezzo di trasporto più ecologico al mondo, vuole nel contempo chiedere più spazio per le donne in strada, in città e nella società facendole presentare al mondo esattamente come sono, senza obblighi di *dress code* e atletismi esasperati.

«La bicicletta» ha dichiarato Pinar Pinzuti, coordinatrice internazionale dell'evento, «è uno strumento formidabile per noi donne: è un mezzo per renderci visibili nello spazio pubblico, per essere accettate e incluse nelle decisioni. Questa pedalata ha unito donne di diversa estrazione sociale e culturale. Non devi essere di destra o di sinistra per pedalare, non c'è distinzione fra chi è islamica o cristiana, devi solo rappresentare te stessa per come ti piaci. Invece di usare un manifesto politico noi abbiamo detto: sii donna, sorridi e pedala».[77]

Ci sono poi donne che in bicicletta realizzano grandi imprese. Silvia Gottardi, ex cestista azzurra, e la graphic designer Linda Ronzoni, per esempio, si sono avventurate in un viaggio su due ruote in Patagonia, lungo la Carretera Austral, per raccontare in un blog, "Cicliste per caso", la loro passione per la bicicletta, ma anche per ripercorrere le storie delle grandi esploratrici del passato, anche loro esempio di emancipazione. Linda e Silvia hanno poi percorso il tragitto da Milano a Catania, sempre in bicicletta e, nel 2019, da Bari a Milano per completare un ideale Giro d'Italia sulle tracce di Alfonsina Strada.

Ci sono progetti come quello della vicentina Elena Martinello, tra le ideatrici di #Ridelikeagirl, progetto finalizzato a creare eventi sportivi per invogliare le ragazze a uscire in bici, privilegiando l'aspetto di comunità più che quello competitivo.

Emanuela Misciglia, invece, per premiare le sue allieve del corso di spinning, nel 2002 mette insieme le sue competenze di istruttrice di fitness e quelle di operatrice turistica e si inventa la Women Desert Ride: cicliste che in mountain bike sfidano il deserto, percorrendo chilometri tra le dune del Sahara in Tunisia (2002), a sud del Marocco (2004), in Libia (2006), in Giordania (2007) con percorsi che vanno dai 375 ai 500 chilometri.

Anna Mei, classe 1967, solido Dna sportivo (legato al tennis) e una vocazione tardiva per spinning, mountain bike e cross country, raccoglie una serie di titoli nazionali e mondiali prima di decidere, nel 2011, che la sua visibilità può aiutare qualcuno.[78] Da quel momento il suo nuovo obiettivo è sostenere progetti di sensibilizzazione e raccolta fondi per i cosiddetti "bambini farfalla", piccoli affetti da epidermolisi bollosa. Testimonial di Debra Sudtirolo, associazione che riunisce e sostiene le famiglie di questi bambini, Anna continua a correre e a macinare record su record, raccogliendo fondi per questa causa grazie alla sua visibilità. Per questo impegno, nel 2016 ha ricevuto il premio Gianni Brera, che ha riconosciuto il valore di questa atleta e delle sue prestazioni: «Un record atletico ma anche un grande record di collaborazione e di generosità per chi ne ha più bisogno».[79]

Altre cicliste come lei si dedicano a nobili cause. Valentina Scandolara, ciclista professionista, è famosa per le sue sfide pazze con la bicicletta. Per una scommessa ha percorso i 160 chilometri che da Ubatuba conducono a Rio de Janeiro, raccogliendo fondi per i bimbi delle favelas.

L'elenco delle donne cicliste che non si limitano solo a pedalare è reso ancora più ricco da Paola Gianotti, che ha maturato diverse esperienze di solidarietà insieme all'associazione Africa Mission Cooperazione e Sviluppo. Durante i suoi viaggi nei quattro angoli del mondo, Paola si adopera per la donazione di biciclette alle donne delle comunità locali in cui si imbatte. Tra i suoi progetti, quello intitolato "La speranza viaggia in bicicletta" ha permesso non solo di donare 73 bici ad altrettante donne ugandesi, ma anche di creare in Uganda una micro-officina in cui formare nuovi meccanici. La Gianotti è anche detentrice di tre record nel Guinness dei primati, tra cui la più veloce circumnavigazione del globo in bicicletta. Per questa impresa ha ricevuto anche il riconoscimento di "Sportiva dell'anno 2017", dichiarando: «La selezione è stata impostata nella ricerca di quanti abbiano lottato con tutte le proprie forze per realizzare il proprio sogno. Sono orgogliosa di portare i colori azzurri davanti agli occhi del mondo e spero di essere da sprone per coloro che ancora stanno lottando contro le difficoltà e per raggiungere i propri obiettivi. Questo è senz'altro il più grande onore della mia vita!».[80]

Nel 2018 Paola è stata protagonista di una nuova avventura: un Giro d'Italia parallelo a quello maschile percorso sulle orme di Alfonsina Strada insieme a Ilona Kamps, autrice olandese di un foto-progetto sulla pioniera del ciclismo femminile italiano. L'obiettivo era veicolare il messaggio della sicurezza in bicicletta e testimoniare con la macchina fotografica questa avventura. Insieme, le due donne hanno affrontano 18 tappe, con partenza da Agrigento. Arrivate a Trento, sono state protagoniste di un incontro pubblico sul tema della questione di genere insieme a Barbara Poggio, pro-rettrice alle politiche di equità e diversità dell'Università di Trento. Una fotografa, una ciclista e una docente universitaria insieme perché, in fondo, il loro Giro d'Italia è un esempio di emancipazione sulle orme di Alfonsina.

Bella anche la storia di Francesca Calia, che lavora all'Istituto per ciechi F. Cavazza di Bologna e sceglie di percorrere da sola 1743 chilometri su e giù per l'Italia. Parte il 22 luglio 2018 da Bologna, valica gli Appennini, il passo della Raticosa, attraversa Firenze, Arezzo, Orvieto, Roma, Sabaudia, Minturno, Pompei, Napoli, Agropoli, Ascea Marina, Sapri, Alì Terme, Giardini Naxos, Catania, Siracusa, fino a Capo Passera, il punto più a sud d'Italia, per chiudere il 17 agosto ad Agrigento. Alla fine di questo lungo viaggio di 27 giorni in sella alla sua bicicletta, dirà: «Un viaggio in bici è un arricchimento a trecentosessanta gradi. Non sei più la stessa persona che era partita, ma hai compreso il valore dell'essenziale».[81]

Infine, ricordiamo anche che ci sono squadre come la Born to win, team marchigiano nato per far correre ragazze come Claudia Cretti, miracolosamente salva dopo l'incidente del 6 luglio 2017 al Giro Rosa, quando perde il controllo della bicicletta a 90 km all'ora e rischia il buio per sempre. Claudia viene operata due volte e dopo meno di due anni rimonta in sella con il suo nuovo team: Nati per vincere.

Tutte queste storie, e altre che non possiamo inserire per ovvi motivi, aiutano a comprendere quanto ormai la bicicletta sia uno strumento al servizio di alti ideali quali l'affermazione di sé, la parità dei generi e l'estensione dei diritti. Lo testimonia anche la storia bellissima di una donna tenace come Francesca Porcellato, che in sella alla sua handbike ha collezionato una serie incredibile di successi, dimostrando che la determinazione sconfigge l'handicap. Classe 1970, nativa di Castelfranco Veneto (Tv), Francesca è un esempio di super woman. Tra atletica, sci e ciclismo paralimpico ha collezionato 14 medaglie olimpiche (partecipando ai Giochi sia estivi sia invernali), 11 medaglie mondiali e 9 europee. Alla bicicletta arriva dopo l'atletica e lo sci di fondo, gareggiando su handbike nella categoria H3. Nel 2015, al suo esordio iridato, vince subito due medaglie d'oro ai mondiali di Nottwil, in Svizzera, trionfando nella cronometro e nella gara in linea. Sempre nel 2015 vince un oro e due argenti in Coppa del mondo, e nel 2016 ai Giochi paralimpici di Rio de Janeiro conquistato 2 medaglie di bronzo.

Palmarès ricco anche quello di Francesca Fenocchio, classe 1978, nativa di Albaretto della Torre (Cn), che a soli diciannove anni subisce un intervento (l'asportazione di un tumore alla spina dorsale) che le cambia la vita. Ma Francesca è una di quelle che non si scoraggia e così è tra le prime a buttarsi a capofitto nell'avventura con le handbike e i risultati non tardano ad arrivare: argento alle paralimpiadi di Londra del 2012, campionessa del mondo whc 2007 a cronometro, quattro medaglie di bronzo ai Campionati del mondo, una Coppa del mondo nel 2013, 3 volte campionessa europea, 9 volte campionessa Italiana e vincitrice di 2 Giri d'Italia.

Tutti questi esempi testimoniano un legame profondo e anche un mutato rapporto della donna con la bicicletta, che ha imposto una diversa attenzione verso il movimento femminile. Sono sorte molte iniziative che non sempre hanno a che fare con il solo aspetto agonistico. Un esempio è Bici&Mimosa, manifestazione organizzata per alcuni anni dalla Cycling Sport Promotion che ha messo a confronto il ciclismo femminile passato con quello dei nostri tempi, sollecitando attenzione al tema.

Molte sono anche le mostre dedicate al ciclismo femminile, come quella del 2011, presso il Museo dei campionissimi di Novi Ligure, intitolata *A ruota libera.* La rassegna ha raccontato l'avventurosa storia del ciclismo femminile: da Alfonsina Strada alle grandi corse a tappe, alle nuove leve di oggi. Sono stati esposti filmati provenienti dagli archivi Rai, fotografie, documenti originali, biciclette, magliette e abbigliamento appartenuto alle atlete che hanno fatto la storia del ciclismo femminile. Tra i vari pezzi esposti, spiccano la maglia tricolore e quella azzurra di Luigina Bissoli, le maglie iridate di Tatiana Guderzo, Giorgia Bronzini, Francesca Galli e dei cimeli donati al Museo novese da Jeannie Longo. Molti cimeli sono anche al museo del Ghisallo, che ha recentemente aperto una sezione dedicata alle donne del ciclismo.

Riconoscendo l'unicità e la versatilità della bicicletta – mezzo di trasporto sostenibile, semplice, economico, affidabile, pulito e rispettoso dell'ambiente – il 12 aprile 2018 l'Assemblea generale dell'Onu ha deciso di dichiarare il 3 giugno Giornata mondiale della bicicletta.[82] Tra gli obiettivi dell'iniziativa: diffondere l'uso della bicicletta come mezzo per promuovere lo sviluppo sostenibile; rafforzare l'istruzione, compresa l'educazione fisica, per bambini e giovani; promuovere la salute; prevenire le malattie; facilitare l'inclusione sociale e una cultura della pace. L'assemblea ha accolto con favore le iniziative per organizzare gite in bicicletta a livello nazionale e locale come mezzo per rafforzare la salute e il benessere fisico e mentale, e sviluppare una cultura del ciclismo nella società. Gli Stati membri sono invitati a muoversi congiuntamente alle organizzazioni sportive e alla società civile per organizzare attività, mentre gli Stati sono sollecitati a migliorare la sicurezza sulle strade e a inserire la bicicletta e le infrastrutture a essa legate in un programma di mobilità integrata.

L'istituzione della Giornata mondiale della bicicletta è frutto della campagna condotta dall'European Cyclists' Federation e dalla World Bicycle Alliance. Il documento, che rientra in una serie di atti legati alla promozione degli ideali olimpici, nelle premesse sottolinea come si tratti di un testo che intende contribuire alla diffusione della bicicletta in uno spirito di pace, mutua comprensione, amicizia e tolleranza considerando inammissibile ogni genere di discriminazione.[83]

L'Uci ha già sostenuto l'iniziativa Cycling for Peace,[84] legata alla celebrazione della giornata del 6 aprile come International Day of Sport for Development and Peace, voluto proprio dalle Nazioni Unite. Il legame con le politiche Onu rivolte allo sport come strumento di pace e sviluppo è saldamente ancorato anche al tema dell'emancipazione femminile. La bicicletta è strumento per realizzare i Global Goals, ovvero gli obiettivi comuni della comunità internazionale e qui vi è anche il tema dell'emancipazione femminile giacché facilita l'accesso delle donne e delle ragazze all'acqua, alle scuole, ai mercati e ai posti di lavoro, che altrimenti potrebbero essere inaccessibili con i mezzi di trasporto disponibili.[85]

In Mozambico un programma delle Nazioni Unite per lo sviluppo[86] è partito proprio da un progetto di business inclusivo legato alla bicicletta, che prevede l'importazione di componenti per l'assemblaggio locale. I mezzi così creati vengono poi marchiati con i colori e i loghi delle singole aziende che poi distribuiscono le biciclette ai loro azionisti come mezzo di trasporto, bonus, incentivo, e vendendole ai consumatori finale a tariffe inferiori a quelle di mercato. Questi modelli "Made by Mozambicans. For Mozambicans" di fatto si stanno imponendo come primo servizio di trasporto del paese. La caratteristica del progetto è anche quella di prevedere una specifica formazione e assistenza post-vendita anche alle cicliste.

E tutto questo alla fine ci conforta nel pensare che, a distanza di anni da quando è apparsa, in fondo la bicicletta è stata la protagonista di una rivoluzione straordinaria che ha modificato usi e abitudini della gente, costumi e pratiche sociali e, nella sua semplicità, ha ritagliato spazi di libertà ed emancipazione per molte donne.

E il suo compito non è ancora finito.

Note del capitolo 10

1 Il nuovo statuto è stato approvato con delibera del Coni il 16 luglio 2019.

2 Il Coni ha sancito il principio di uguaglianza all'art. 2, comma 3 del proprio statuto, specificando che «il Coni detta principi per promuovere la massima diffusione della pratica sportiva in ogni fascia di età e di popolazione», mentre al successivo comma 4 afferma: «Il Coni, nell'ambito dell'ordinamento sportivo, detta principi contro l'esclusione, le disuguaglianze, il razzismo e la xenofobia e assume e promuove le opportune iniziative contro ogni forma di violenza e discriminazione nello sport».

3 Si veda il dossier *I numeri dello sport 2016* consultabile sul sito www.coni.it.

4 Testimonianza rilasciata all'autrice da Alessandra Cappellotto, 28 luglio 2019.

5 Luisa Rizzitelli, presidente dell'Associazione nazionale atlete, creata a Roma nel 2000. Intervista rilasciata a www.noidonne.org, 2006.

6 In www.kila.it/donne-e-sport.html.

7 L'Uci oggi ha affiliate ben 194 federazioni nazionali, con l'obiettivo di arrivare a 200 entro il 2022.

8 Uci, *Agenda 2022*, p. 43.

9 *Ibidem.*

10 *Ivi*, p. 44.

11 *Ivi*, p. 45.

12 *Ibidem.*

13 Tale organo è composto da un presidente, tre vicepresidenti e sette consiglieri.

14 Lettera d) comma 369 dell'art. 1 della legge dello Stato 27/12/2017, n. 205 (Legge di Bilancio).

15 Tra i requisiti richiesti vi sono: lo svolgimento esclusivo o prevalente di attività sportiva agonistica, non avere altri redditi derivanti da altre attività superiori a 15.000 euro annui, non appartenere a gruppi sportivi militari o altri gruppi che assicurino tutele previdenziali per la maternità. È inoltre richiesto che abbiano par-

tecipato ad almeno un evento sportivo internazionale (olimpiadi, mondiali, ecc.), o abbiano vestito la divisa azzurra.

16 Testimonianza rilasciata all'autrice da Alessandra Cappellotto, 28 luglio 2019.

17 Testimonianza rilasciata all'autrice da Daniela Isetti, 22 luglio 2019.

18 Il testo è disponibile all'indirizzo www.uisp.it. Ultimo accesso: maggio 2019.

19 http://www.uisp.it/ciclismo/blog/la-uisp-piemonte-lancia-il-primo-campionato-di-ciclismo-su-strada-per-sole-donne. Ultimo accesso: aprile 2019.

20 https://www.csainciclismo.it/csainciclismo-rosa. Ultimo accesso: aprile 2019.

21 Erano 8 nel 2011, 18 nel 2012, 13 nel 2013, 12 nel 2014, 18 nel 2015, 13 nel 2016 e 12 nel 2017 (tabulati gentilmente forniti dalla direzione tecnica del Csi).

22 Nel 1987, per la prima volta nella storia del Salone internazionale del ciclo e motociclo di Milano che celebrava la sua 50ª edizione, una giornata è stata dedicata alla donna: «Un omaggio, ma anche un riconoscimento del ruolo della donna nella società». *Tuttociclismo*, 29 ottobre 1987, p. 2.

23 *Tuttociclismo*, 27 gennaio 1983, p. 11.

24 *Ibidem.*

25 "La Silicon Valley a pedali. Produttori, campioni e un mare di appassionati", *Corriere Imprese*, 11 marzo 2019, p. 2.

26 S. Meda, "Per la donna in bici siamo ancora al Medioevo", in *Bicisport*, marzo 1979, pp. 42-47.

27 *Corriere dalla Sera*, 17 luglio 1967, p. 10.

28 *Tuttociclismo*, 27 gennaio 1983, p. 10.

29 R. Sioli (a cura di), *Ciclismo per tutti*, Coni-Fci, Bergamo, riferiti agli anni 1981, 1982 e 1983.

30 L. Righi, *Almanacco del Ciclismo '96*, Edimedia Edizioni, San Lazzero di Savena (Bo) 1996, p. 11.

31 http://archiviostorico.gazzetta.it//1997/ottobre/23/Grand_Italia_porta_gonna_ga_0_9710232379.shtml.

32 La tabella è stata costruita sulla base dei dati ufficiali sui tesseramenti 2003-2018 forniti dalla Fci, con il cui ausilio si è proceduto all'accorpamento di tutte le numerose categorie riferite al ciclismo paralimpico e al ciclismo amatoriale, al fine di presentare un dato unico facilmente confrontabile.

33 *La Gazzetta dello Sport*, 10 gennaio 2019, p. 35.

34 *Ibidem.*

35 *Tuttociclismo*, 10 ottobre 1985, p. 7.

36 *Ibidem.*

37 *Ibidem.*

38 *Tuttociclismo*, 30 aprile 1987, p. 24.

39 *Ibidem.*

40 Si veda la Relazione tecnico morale e finanziaria 1985-86 del presidente della Federciclismo Agostino Omini.

41 *Tuttociclismo*, 14 gennaio 1988, inserto speciale.

42 *Tuttociclismo*, 14 luglio 1988, p. 15.

43 Regolamento pubblicato in *Tuttociclismo*, 20 giugno 1988, p. 15.

44 "L'attività giovanile nel quadriennio 1985-1988", in *Tuttociclismo*, 22 dicembre 1988, p. 24.

45 *Tuttociclismo*, 25 aprile 1985, p. 3.

46 *Tuttociclismo*, 14 febbraio 1985, p. 8. I corsi si tengono il 22-23 febbraio e il 2-3 marzo 1985.

47 *Tuttociclismo*, 5 dicembre 1985, pp.1-2.

48 Nel 2013 Antonella Dallari è eletta presidente della Federazione italiana sport equestri.

49 *Tuttociclismo*, 17 marzo 1988, p. 14.

50 *Ibidem.*

51 *Ibidem.*

52 Verbale n. 12 dell'ufficio di presidenza Fci, Praga, 22 ottobre 1981.

53 Intervista rilasciata al quotidiano *l'Unità*, 4 gennaio 1993, p. 25.

54 *Ibidem.*

55 *Ibidem.*

56 Testimonianza rilasciata all'autrice da Daniela Isetti, 22 luglio 2019.

57 Una bella intervista alla Bonfanti si può trovare sul sito della Fci: www.federciclismo.it/it/article/2017/08/10/rosella-bonfanti-commissario-uci-una-vita-nel-ciclismo/e78b7c5a-ac24-4b3e-914d-39ead19360b2/

58 Testimonianza rilasciata all'autrice da Francesca Rossi, 2 luglio 2019.

59 *Ibidem.*

60 Marando, *op. cit.*, p. 12.

61 La Gabriotti è andata in pensione alla fine del 2019.

62 *La Gazzetta di Parma*, 4 aprile 1981.

63 Questi dati sono stati ricostruiti in base agli elenchi pubblicati nei volumi *Almanacco del Ciclismo*.

64 Intervento di Daniela Isetti al convegno "Leadership al femminile: le donne sanno vincere!", 19 marzo 2019, Centro di preparazione olimpica G. Onesti, Roma.

65 Al primo giugno 2019, le donne celebrate nella Walk of Fame erano: Ondina Valla, Irene Camber, Lea Pericoli, Sara Simeoni, Novella Calligaris, Gabriella Dorio, Paola Fantato, Manuela Di Centa, Josefa Idem, Stefania Belmondo, Alessandra Sensini, Giovanna Trillini, Deborah Compagnoni, Paola Pigni, Valentina Vezzali, Sara Anzanello e Antonella Bellutti.

66 Testimonianza rilasciata all'autrice da Giuseppe Baiocco (membro della redazione del sito), 2 maggio 2019

67 Testimonianza rilasciata all'autrice da Carlo Ottolina (fondatore del sito), 2 maggio 2019.

68 Testimonianza rilasciata all'autrice da Mariateresa Montaruli, 19 gennaio 2019.

69 *Ibidem*.

70 https://ladradibiciclette.it/tutte-le-donne-specialized. Ultimo accesso: maggio 2019.

71 https://www.elasticinterface.com/it/magazine/ciclismo-femminile. Ultimo accesso: maggio 2019.

72 http://www.ilgiornale.it/news/esteri/andare-bici-donne-saudite-conquista-storica-910964.html. Ultimo accesso: maggio 2019.

73 "La ciclista di Baghdad", *Corriere della Sera*, 12 dicembre 2016.

74 https://www.tolonews.com/index.php/afghanistan/afghan-female-cyclists-nominated-noble-peace-prize. Ultimo accesso: maggio 2019.

75 https://www.bikeitalia.it/2018/01/31/le-donne-rifugiate-la-bici-uno-strumento-liberta. Ultimo accesso: maggio 2019.

76 *Io Donna*, 22 agosto 2015, pp. 51-52.

77 http://www.mywhere.it/fancy-women-bike-ride-donne-bici. Ultimo accesso: maggio 2019.

78 Atleta agonista di mountain bike, gare di fondo e granfondo a livello nazionale, specialista nell'iron bike. Nel suo palmarès figurano: un titolo italiano 2007 Circuito 24h mtb Cup; un titolo italiano 2009 di 24h mtb, cat. Lady; due titoli italiani (2010 e 2011) ultracycling; due titoli mondiali (2009 e 2010) Adrenaline Cup 24h mtb, cat Age Group; il Record Woman 12 ore e 24 ore Outdoor Track 2011; una Coppa del mondo 24h ultracycling Umca (2012); il record del mondo 24 ore in pista (2013).

79 http://www.carlogiovannelli.eu/premio-gianni-brera-motivazioni-della-giuria-e-cerimonia-di-assegnazione. Ultimo accesso: maggio 2019.

80 https://www.iodonna.it/attualita/eventi-e-mostre/2018/01/08/743715/. Ultimo accesso: maggio 2019.

81 “Un viaggio in bici”, in *Vedere Oltre* (periodico dell’Istituto dei ciechi di Bologna F. Cavazza), p. 20.

82 Risoluzione dell’Assemblea generale dell’Onu A/72/L.43.

83 Per un approfondimento sui rapporti tra Onu e Comitato olimpico internazionale, si rinvia a A. Stelitano, *Le Olimpiadi all’Onu. Le Nazioni Unite e lo sport dall’embargo all’Olimpismo*, Cleup, Padova 2012.

84 https://www.uci.org/news/2018/cycling-for-peace-185856. Ultimo accesso: maggio 2019.

85 Nella versione originale del testo si legge: «It improves access for women and girls to water, schools, markets and jobs that may otherwise be inaccessible through available transport means», in https://www.unric.org/en/latest-un-buzz/31011-how-does-cycling-help-achieve-the-global-goals.

86 https://www.theguardian.com/sustainable-business/2015/nov/17/how-bicycles-are-creating-opportunities-and-employment-for-mozambicans. Ultimo accesso: maggio 2019.

LE IMMAGINI

DAGLI ANNI SETTANTA AI GIORNI NOSTRI

Maria Canins: dalle copertine delle principali riviste di ciclismo alle vignette satiriche. Ecco come appare in quella pubblicata dalla rivista *Tuttociclismo* il 25 giugno 1987.

1986, Paderno Dugnano (Mi): Maria Canins al centro, a destra Mara Mosole e a sinistra Imelda Chiappa. Foto gentilmente concessa da Mara Mosole.

Le azzurre del 1982. Da sinistra: il massaggiatore Pietro Piccinini, Emanuela Menuzzo, Bruna Cancelli, il ct Mario Malvicini, Francesca Galli, Lucia Pizzolotto, Bruna Luisa Seghezzi. Foto gentilmente concessa da Lucia Pizzolotto.

La squadra azzurra ai Campionati mondiali di Gap del 1972. La formazione completa era composta da: Morena Tartagni, Maria Cressari, Raffaella Micheletti, Elisabetta Maffeis, Marisa Bertacchini, Tosca Argentin, con le riserve Luigina Bissoli, Maria Teresa Baronchelli, Gianna Brovedani e il ct Rimoldi. Foto gentilmente concessa da Tosca Argentin.

1985: le azzurre al Giro della Norvegia. Da sinistra: Maria Canins, Roberta Bonanomi, Mara Mosole e Imelda Chiappa. Foto gentilmente concessa da Mara Mosole.

1987: la nazionale italiana in ritiro a Mel (Bl) prima dei mondiali di Villach. Da sinistra: Pietro Piccinini, Imelda Chiappa, Francesca Galli, Monica Bandini, Roberta Bonanomi, Bruna Luisa Seghezzi, Alessandra Cappellotto, Mara Mosole, Rosanna Piantoni. Foto gentilmente concessa da Mara Mosole.

Paola Turcutto. Foto gentilmente concessa da Giovanni Mattana.

1981: Fabiana Luperini a sette anni con papà Giovanni il giorno della prima vittoria per i colori del GS Ristorante Fratelli Vettori. Foto gentilmente concessa da Fabiana Luperini.

Michela Fanini e papà Brunello al Giro Donne del 1994. Foto gentilmente concessa da Brunello Fanini.

1997: il Giro d'Italia femminile a Montebelluna (Tv). Sul podio da destra: Tatiana Stiajkina, Katia Longhin, Rasa Polikevičiūtė, Joane Somarriba Arrola e Nicole Brändli. Foto gentilmente concessa da Maurizio Fabretto.

1997: la formazione dell'Accadue O-Lorena. Da sinistra: Zita Urbonaite, Cynthia Hardwich, Diana Žiliūtė, Edita Polikevičiūtė, Marion Clignet, Dino De Longhi, Zulfia Zabirova. Sigrid Corneo, Greta Zocca, Roberta Ferrero, Chiara Barbiero, Elisa Cerato. Foto gentilmente concessa da Maurizio Fabretto.

1986: la squadra azzurra ai Campionati mondiali di Colorado Springs (Usa). Da sinistra: Franesca Galli, Bruna Luisa Seghezzi, Roberta Bonanomi, Imelda Chiappa, Mara Mosole. Foto gentilmente concessa da Mara Mosole.

Sulla tomba di Michela Fanini ogni anno il passaggio delle cicliste. Foto gentilmente concessa da Maurizio Fabretto.

Fabiana Luperini, vincitrice di cinque Giri d'Italia, portata in trionfo dai suoi tifosi dopo la vittoria del 1996. Foto gentilmente concessa da Maurizio Fabretto

La formazione dell'Acca Due-O Lorena dopo la vittoria di Edita Pučinskaitė al Tour de France (1998). La prima a destra è l'immancabile nonna Marcella. Foto gentilmente concessa da Maurizio Fabretto.

Alessandra Cappellotto: prima medaglia d'oro italiana ai Campionati mondiali del 1997 a San Sebastián. Foto gentilmente concessa da Maurizio Fabretto.

Anni Novanta: istantanea dal Giro d'Italia femminile. Foto gentilmente concessa da Maurizio Fabretto.

Anni Novanta: istantanea dal Giro d'Italia femminile. Foto gentilmente concessa da Maurizio Fabretto.

Bici, donne e natura. Foto gentilmente concessa dal Csi.

Donne e mountain bike: un binomio che funziona. Foto gentilmente concessa dal Csi.

Le salite non fanno paura, neanche alle cicliste amatoriali. Foto gentilmente concessa da Mariateresa Montaruli.

Una donna, una bicicletta e puoi andare ovunque… anche tra le Saline di Gozo. Foto gentilmente concessa da Mariateresa Montaruli.

Nelle pagine successive:
Giro d'Italia femminile, Cornedo Vicentino (Vi), 11 luglio 2019.

Passano gli anni… ma la passione per la bici non passa mai: Giuditta Longari in sella alla sua bicicletta donata al Museo del Ghisallo. Foto gentilmente concessa da Giuditta Longari.

VIRTU

APPENDICE

Podi delle cicliste italiane nelle competizioni nazionali e internazionali

Giochi olimpici

Atlanta 1996			
Specialità	*Oro*	*Argento*	*Bronzo*
Strada Gara in linea	Jeannie Longo (Francia)	**Imelda Chiappa (Italia)**	Clara Hughes (Canada)
Pista Inseguimento individuale	**Antonella Bellutti (Italia)**	Marion Clignet (Francia)	Judith Arndt (Germania)
Mountain bike Cross country	**Paola Pezzo (Italia)**	Alison Sidor (Canada)	Susan DeMattei (Usa)

Sidney 2000			
Specialità	*Oro*	*Argento*	*Bronzo*
Pista Corsa a punti	**Antonella Bellutti (Italia)**	Leontien van Moorsel (Olanda)	Olga Sljusareva (Russia)
Mountain bike Cross country	**Paola Pezzo (Italia)**	Barbara Blatter (Svizzera)	Margarita Fullana (Spagna)

Pechino 2008			
Specialità	*Oro*	*Argento*	*Bronzo*
Strada Gara in linea	Nicole Cook (Gran Bretagna)	Emma Johansson (Svezia)	**Tatiana Guderzo (Italia)**

Rio de Janeiro 2016			
Specialità	*Oro*	*Argento*	*Bronzo*
Strada Gara in linea	Anna van Der Breggen (Olanda)	Emma Johansson (Svezia)	**Elisa Longo Borghini (Italia)**

Campionati mondiali strada Élite

Gara in linea			
Anno	*Oro*	*Argento*	*Bronzo*
1968	Keetie Hage (Olanda)	Bayba Tsaune (Urss)	**Morena Tartagni (Italia)**
1970	Anna Konkina (Urss)	**Morena Tartagni (Italia)**	Raisa Obodovskaya (Urss)
1971	Anna Konkina (Urss)	**Morena Tartagni (Italia)**	Keetie Hage (Olanda)
1976	Keetie van Oosten-Hage (Olanda)	**Luigina Bissoli (Italia)**	Yvonne Reynders (Belgio)
1978	Beate Habetz (Rep. Federale Tedesca)	Keetie van Oosten-Hage (Olanda)	**Emanuela Lorenzon (Italia)**
1982	Mandy Jones (Gran Bretagna)	**Maria Canins (Italia)**	Gerda Sierens (Belgio)
1983	Marianne Berglund (Svezia)	Rebecca Twigg (Usa)	**Maria Canins (Italia)**
1985	Jeannie Longo (Francia)	**Maria Canins (Italia)**	Sandra Schumacher (Rep. Federale Tedesca)
1989	Jeannie Longo (Francia)	Marsal Catherine (Francia)	**Maria Canins (Italia)**
1990	Catherine Marsal (Francia)	Ruthie Mathes (Usa)	**Bruna Luisa Seghezzi (Italia)**
1997	**Alessandra Cappellotto (Italia)**	Elisabeth Tadich (Australia)	Catherine Marsal (Francia)
2004	Judith Arndt (Germania)	**Tatiana Guderzo (Italia)**	Anita Valen (Norvegia)
2007	**Marta Bastianelli (Italia)**	Marianne Vos (Olanda)	**Giorgia Bronzini (Italia)**
2009	**Tatiana Guderzo (Italia)**	Marianne Vos (Olanda)	**Noemi Cantele (Italia)**
2010	**Giorgia Bronzini (Italia)**	Marianne Vos (Olanda)	Emma Johansson (Svezia)

2011	**Giorgia Bronzini (Italia)**	Marianne Vos (Olanda)	Ina-Yoko Teutenberg (Germania)
2012	Marianne Vos (Olanda)	Rachel Neylan (Australia)	**Elisa Longo Borghini (Italia)**
2013	Marianne Vos (Olanda)	Emma Johansson (Svezia)	**Rossella Ratto (Italia)**
2018	Anna van der Breggen (Olanda)	Armanda Spratt (Australia)	**Tatiana Guderzo (Italia)**
Cronometro individuale			
1996	Jeannie Longo (Francia)	Catherine Marsal (Francia)	**Alessandra Cappellotto (Italia)**
2009	Kristin Armstrong (Usa)	**Noemi Cantele (Italia)**	Linda Mélanie Villumsen (Danimarca)
Cronometro a squadre 50 km (non si disputa più dal 1995)			
1987	Urss	Usa	**Italia (Bandini, Bonanomi, Chiappa, Galli)**
1988	**Italia (Bandini, Bonanomi, Canins, Galli)**	Urss	Usa
1989	Urss	**Italia (Bandini, Bonanomi, Chiappa, Galli)**	Francia
1993	Russia	Usa	**Italia (Bandini, Cappellotto, Fanini, Luperini)**
Cronometro a squadre per club			
2014	Specialized Lululemon (Usa)	Orica-Ais (Australia)	**Astana Be-Pink (Italia)**
Nel 2015 Barbara Guarischi ha vinto l'oro con la formazione tedesca della Velocio Sram			
Nel 2018 Elena Cecchini ha vinto l'oro con la formazione tedesca della Canyon Sram Racing			

Campionati mondiali pista Élite

Velocità a squadre			
Anno	*Oro*	*Argento*	*Bronzo*
2018	Usa	Gran Bretagna	**Italia (Valsecchi, Guderzo, Paternoster)**
Americana (Madison, dal 2017)			
2018	Gran Bretagna	Olanda	**Italia (Confalonieri, Paternoster)**
Corsa a punti (dal 1988)			
1995	Svetlana Samochvalova (Russia)	**Nada Cristofoli (Italia)**	Nathalie Even-Lancien (Francia)
2002	Olga Sljusareva (Russia)	Lada Kozlíková (Rep. Ceca)	**Vera Carrara (Italia)**
2004	Olga Sljusareva (Russia)	**Vera Carrara (Italia)**	Belem Guerrero (Messico)
2005	**Vera Carrara (Italia)**	Olga Sljusareva (Russia)	Katherina Bates (Australia)
2006	**Vera Carrara (Italia)**	Olga Sljusareva (Russia)	Gema Pasqual (Spagna)
2008	Marianne Vos (Olanda)	Trine Schimdt (Germania)	**Vera Carrara (Italia)**
2009	**Giorgia Bronzini (Italia)**	Yumari González (Cuba)	Elizabeth Armitstead (Australia)
2011	Taccjana Šarakova (Bielorussia)	Jarmila Machačová (Rep. Ceca)	**Giorgia Bronzini (Italia)**
2013	Jarmila Machačová (Rep. Ceca)	Sofia Arreola (Messico)	**Giorgia Bronzini (Italia)**

Inseguimento individuale (dal 1958)			
1976	Keetie van Oosten-Hage (Olanda)	**Luigina Bissoli (Italia)**	Jane Mary Reoch (Usa)
1978	Keetie van Oosten-Hage (Olanda)	Anna Riemersma (Olanda	**Luigina Bissoli (Italia)**
1979	Keetie van Oosten-Hage (Olanda)	Anna Riemersma (Olanda	**Luigina Bissoli (Italia)**
1984	Rebecca Twigg (Usa)	Jeannie Longo (Francia)	**Rossella Galbiati (Italia)**
1995	Rebecca Twigg (Usa)	**Antonella Bellutti (Italia)**	May-Britt Vaaland (Norvegia)
1996	Marion Clignet (Francia)	Lucy Tyler-Sharman (Australia)	**Antonella Bellutti (Italia)**
Inseguimento a squadre (dal 2008)			
2018	Usa	Gran Bretagna	**Italia (Elisa Balsamo, Letizia Paternoster, Silvia Valsecchi, Tatiana Guderzo, Simona Frapporti)**
Keirin (dal 2002)			
2004	Clara Sanchez (Francia)	**Elisa Frisoni (Italia)**	Jennie Reed (Usa)
2005	Clara Sanchez (Francia)	**Elisa Frisoni (Italia)**	Yvonne Hijgenaar (Olanda)
Scratch (dal 2003)			
2017	**Rachele Barbieri (Italia)**	Elinor Barker (Gran Bretagna)	Jolien D'Hoore (Germania)
Omnium (dal 2009)			
2019	Kristen Wild (Olanda)	**Letizia Paternoster (Italia)**	Jennifer Valente (Usa)

Campionati mondiali mountain bike

Cross country Senior (dal 1990)			
Anno	*Oro*	*Argento*	*Bronzo*
1993	**Paola Pezzo (Italia)**	Jeannie Longo (Francia)	Ruthie Mathes (Olanda)
1996	Alyson Sidor (Canada)	Ruthie Mathes (Olanda)	**Maria Paola Turcutto (Italia)**
1997	**Paola Pezzo (Italia)**	**Nadia De Negri (Italia)**	Margerita Frullana (Spagna)
1999	Margerita Frullana (Spagna)	Alyson Sidor (Canada)	**Paola Pezzo (Italia)**
2000	Margerita Frullana (Spagna)	Alyson Sidor (Canada)	**Paola Pezzo (Italia)**
2011	Catherina Pendrel (Canada)	Maja Martyna Wloszczowska (Polonia)	**Eva Lechner (Italia)**
Downhill Senior (dal 1990)			
1993	**Giovanna Bonazzi (Italia)**	Brigitte Kasper (Svizzera)	Rita Burgi (Svizzera)
1994	Anne Caroline Chausson (Francia)	**Giovanna Bonazzi (Italia)**	Brigitte Kasper (Svizzera)
1995	Anne Caroline Chausson (Francia)	**Giovanna Bonazzi (Italia)**	Nina Aarrestad (Norvegia)
1997	Anne Caroline Chausson (Francia)	Nolvenn Le Caer (Francia)	**Giovanna Bonazzi (Italia)**
2015	Jana Bartova (Repubblica Ceca)	**Veronika Vidmann (Italia)**	**Eleonora Farina (Italia)**
2017	**Eleonora Farina (Italia)**	**Alia Marcellini (Italia)**	Marine Caborou (Francia)
2019	Camille Balanche (Svizzera)	Monika Hranstik (Slovenia)	**Veronika Vidmann (Italia)**

Campionati europei strada Élite (dal 2016)

Gara in linea			
Anno	*Oro*	*Argento*	*Bronzo*
2016	Anna Van Der Breggen (Olanda)	Katarzyna Niewiadoma (Polonia)	**Elisa Longo Borghini (Italia)**
2017	Marianne Voss (Olanda)	**Giorgia Bronzini (Italia)**	Olga Zabelinskaja (Russia)
2018	**Marta Bastianelli (Italia)**	Marianne Voss (Olanda)	Lisa Brennauer (Germania)
2019	Amy Pieters (Olanda)	**Elisa Cecchini (Italia)**	Lisa Klein (Germania)

Campionati europei pista Élite

(Dal 2001 al 2009 i Campioni Europei pista erano riservati solo alle Under 23. Dal 2010 è prevista anche la categoria Élite. La tabella dal 2009 riporta solo i risultati delle Élite.)

Omnium			
Anno	*Oro*	*Argento*	*Bronzo*
2001	Olga Sljusareva (Russia)	Iva Khovenkova (Russia)	**Vera Carrara (Italia)**
2004	Lyudmyla Vypyraylo (Ucraina)	Apollinaria Bakova (Russia)	**Eleonora Soldo (Italia)**
2009	Evgenia Romanyuta (Russia)	Jolien D'Hoore (Belgio)	**Monia Baccaille (Italia)**
2017	Katie Archibald (Gran Bretagna)	Kirsten Wild (Olanda)	**Elisa Balsamo (Italia)**
2018	Kirsten Wild (Olanda;)	Katie Archibald (Gran Bretagna)	**Letizia Paternoster (Italia)**

Inseguimento individuale			
2002	**Vera Carrara (Italia)**	Vera Koedooder (Olanda)	Neringa Raudonyte (Lituania)
2006	Tatiana Sharakova (Bielorussia)	Pascale Schnider (Svizzera)	**Tatiana Guderzo (Italia)**
2017	Katie Archibald (Gran Bretagna	Justyna Kakzkowska (Polonia)	**Silvia Valsecchi (Italia)**
Scratch			
2002	Mathilde Doutreluigne (Francia)	**Lisa Gatto (Italia)**	Vera Koedooder (Olanda)
2003	Yulia Aroustamova (Russia)	Sofiya Pryshchepa (Ucraina)	**Giorgia Bronzini (Italia)**
2004	**Eleonora Soldo (Italia)**	Yulia Arustamova (Russia)	Johanna Kostantinidou (Grecia)
2005	Pascale Schnider (Svizzera)	Svetlana Semchuk (Ucraina)	**Eleonora Soldo (Italia)**
2006	**Monia Baccaille (Italia)**	Alena Prudnikova (Russia)	Tatsiana Sharakova (Bielorssia)
2007	Elisabeth Armitstead (Gran Bretagna)	**Annalisa Cucinotta (Italia)**	Jarmila Machacova (Cecoslovacchia)
2014	Evgenia Romanyuta (Russia)	Laurie Berthon (Francia)	**Elena Cecchini (Italia)**
Corsa individuale a punti			
2002	Vera Koedoorer (Olanda)	**Giorgia Bronzini (Italia))**	Yulia Aroustamova (Russia)
2003	**Giorgia Bronzini (Italia)**	**Eleonora Soldo (Italia)**	Oxana Kostenko (Russia)
2005	Charlotte Beker (Germania)	**Giorgia Bronzini (Italia)**	Nina Kohn (Germania)
2009	**Marta Tagliaferro (Italia)**	Vikctoriya Kondel (Russia)	Lesya Kalitovska (Ucraina)

2014	Eugenia Bujak (Polonia)	Kelly Druyts (Belgio)	**Elena Cecchini (Italia)**
2018	**Maria Giulia Confalonieri (Italia)**	Ina Savenka (Bielorussia)	Guinaz Badykova (Russia)
2019	**Maria Giulia Confalonieri (Italia)**	Tatsiana Sharadova (Bielorussia)	Hanna Solovey (Ucraina)
500 mt			
2004	Abassova Tamilla (Russia)	**Elisa Frisoni (Italia)**	Clara Sanchez (Franchia)
2005	**Elisa Frisoni (Italia)**	Clara Sanchez (Francia)	Miriam Welte (Germania)
Velocità			
2004	Abassova Tamilla (Russia)	Clara Sanchez (Francia)	**Elisa Frisoni (Italia)**
2005	Christine Muche (Germania)	Clara Sanchez (Francia)	**Elisa Frisoni (Italia)**
Keirin			
2006	Jane Gerishc (Germania)	**Annalisa Cucinotta (Italia)**	Magdalena Sara (Polonia)
Inseguimento a squadre			
2014	Gran Bretagna	Russia	**Italia (Beatrice Bartelloni, Elena Cecchini, Tatiana Guderzo, Silvia Valsecchi, Simona Frapporti)**
2016	**Italia (Elisa Balsamo, Tatiana Guderzo, Francesca Pattaro, Silvia Valsecchi, Simona Frapporti)**	Polonia	Gran Bretagna

2017	**Italia (Letizia Paternoster, Silvia Valsecchi, Tatiana Guderzo, Elisa Balsamo)**	Gran Bretagna	Polonia
2018	Gran Bretagna	**Italia (Letizia Paternoster, Silvia Valsecchi, Marta Cavalli, Elisa Balsamo)**	Germania
2019	Gran Bretagna	Germania	**Italia (Elisa Balsamo, Martina Alzini, Marta Cavalli, Vittoria Guazzini, Letizia Paternoster)**
Eliminazione a punti			
2015	Katie Archibald (Gran Bretagna	**Annalisa Cucinotta (Italia)**	Ana Usabiaga (Spagna)
2017	Kirsten Wild (Olanda	Evgenia Augustinas (Russia)	**Maria Giulia Confalonieri (Italia)**
Derny			
2019	**Marta Cavalli (Italia)**	Marit Raajmakers (Olanda)	Romy Kasper (Germania)

Campionati europei mountain bike

Cross country Élite (dal 1992)			
Anno	*Oro*	*Argento*	*Bronzo*
1992	**Maria Canins (Italia)**	Chantal Russias (Svizzera)	**Nelly Scala (Italia)**
1994	**Paola Pezzo (Italia)**	Sophie Heglin Hosotte (Francia)	**Maria Paola Turcutto (Italia)**
1996	**Paola Pezzo (Italia)**	**Nadia De Negri (Italia)**	Silvia Furst (Svizzera)
1997	Chantal Daucourt (Svizzera)	Alla Epifanova (Russia)	**Annabella Stropparo (Italia)**
1999	**Paola Pezzo (Italia)**	Barbara Blatter (Svizzera)	Margarita Fullana (Spagna)
2000	Laurence Leboucher (Francia)	**Paola Pezzo (Italia)**	Caroline Alexandre (Gran Bretagna)
2010	Katrin Leumann (Svizzera)	Maja Martyna Wloszczowska (Polonia)	**Eva Lechner (Italia)**
2013	Tanja Zajelj (Slovenia)	**Eva Lechner (Italia)**	Maja Martyna Wloszczowska (Polonia)
2015	Jolanda Neff (Svizzera)	**Eva Lechner (Italia)**	Blaza Klemencic (Slovenia)
Cross Country Eliminator Élite			
2015	Kathrin Stirnemann (Svizzera)	**Anna Oberparleiter (Italia)**	**Chiara Teocchi (Italia)**
2016	Iryna Popova (Ucraina)	Anne Terpstra (Olanda)	**Anna Oberparleiter (Italia)**
2017	**Gaia Tormena (Italia)**	Coline Clauzure (Francia)	Magdalena Durán (Spagna)

Campionati italiana strada Élite

Gara in linea			
Anno	*Oro*	*Argento*	*Bronzo*
1963	Paola Scotti	Florinda Parenti	Annamaria Santini
1964	Maria Cressari	Paola Scotti	Elisabetta Maffeis
1965	Florinda Parenti	Elisabetta Maffeis	Annamaria Santini
1966	Elisabetta Maffeis	Florinda Parenti	Giuditta Longari
1967	Rosa D'Angelo	Morena Tartagni	Ivana Panzi
1968	Maria Cressari	Carla Bosio	Ivana Panzi
1969	Morena Tartagni	Maria Cressari	Carla Bosio
1970	Giuditta Longari	Morena Tartagni	Angela Marchesin
1971	Ivana Panzi	Morena Tartagni	Elisabetta Maffeis
1972	Maria Cressari	Elisabetta Maffeis	Morena Tartagni
1973	Maria Cressari	Morena Tartagni	Gianna Brovedano
1974	Carmen Menegaldo	Giuseppina Micheloni	Emanuela Menuzzo
1975	Luigina Bissoli	Maria Cressari	Morena Tartagni
1976	Bruna Cancelli	Patrizia Cassani	Rita Coden
1977	Luigina Bissoli	Bruna Cancelli	Adalberta Marcucetti
1978	Rossella Galbiati	Francesca Galli	Anna Morlacchi
1979	Francesca Galli	Giuseppina Micheloni	Cristina Minuzzo
1980	Michela Tomasi	Rossella Galbiati	Lorena Moscon
1981	Rosanna Piantoni	Rossella Galbiati	Adalberta Marcuccetti
1982	Maria Canins	Francesca Galli	Adalberta Marcuccetti
1983	Patrizia Spadaccini	Adalberta Marcuccetti	Bruna Luisa Seghezzi

1984	Maria Canins	Roberta Bonanomi	Adalberta Marcuccetti
1985	Maria Canins	Mara Mosole	Emanuela Menuzzo
1986	Bruna Luisa Seghezzi	Imelda Chiappa	Maria Canins
1987	Maria Canins	Monica Bandini	Imelda Chiappa
1988	Maria Canins	Imelda Chiappa	Monica Bandini
1989	Maria Canins	Elisabetta Fanton	Gabriella Pregnolato
1990	Elisabetta Fanton	Elisabetta Guazzaroni	Imelda Chiappa
1991	Lucia Pizzolotto	Valeria Cappellotto	Nadia Stramigioli
1992	Michela Fanini	Nadia Molteni	Valeria Cappellotto
1993	Imelda Chiappa	Michela Fanini	Sara Felloni
1994	Simona Muzzioli	Alessandra Cappellotto	Lucia Pizzolotto
1995	Roberta Ferrero	Alessandra Cappellotto	Nadia Molteni
1996	Fabiana Luperini	Imelda Chiappa	Alessandra Cappellotto
1997	Imelda Chiappa	Alessandra Cappellotto	Valeria Cappellotto
1999	Valeria Cappellotto	Sonia Rocca	Lucia Pizzolotto
2000	Gabriella Pregnolato	Greta Zocca	Sara Felloni
2001	Greta Zocca	Katia Longhin	Lisa Gatto
2002	Rosalisa Lapomarda	Katia Longhin	Luisa Tamanini
2003	Alessandra Cappellotto	Alessandra D’Ettorre	Katia Longhin
2004	Fabiana Luperini	Tania Belvederesi	Alessandra Cappellotto
2005	Silvia Parietti	Alessandra Grassi	Luisa Tamanini

2006	Fabiana Luperini	Gessica Turato	Silvia Parietti
2007	Eva Lechner	Luisa Tamanini	Giorgia Bronzini
2008	Fabiana Luperini	Tatiana Guderzo	Giorgia Bronzini
2009	Monia Bacaille	Laura Bozzolo	Giorgia Bronzini
2010	Monia Bacaille	Alessandra D'Ettorre	Lorena Foresi
2011	Noemi Cantele	Tatiana Guderzo	Silvia Valsecchi
2012	Giada Borgato	Silvia Valsecchi	Marta Bastianelli
2013	Dalia Muccioli	Giorgia Bronzini	Rossella Ratto
2014	Elena Cecchini	Valentina Scandolara	Maria Giulia Confalonieri
2015	Elena Cecchini	Elisa Longo Borghini	Dalia Muccioli
2016	Elena Cecchini	Elisa Longo Borghini	Anna Zita Maria Stricker
2017	Elisa Longo Borghini	Giorgia Bronzini	Soraya Paladin
2018	Marta Cavalli	Sofia Bertizzolo	Giorgia Bronzini
2019	Marta Bastianelli	Elisa Balsamo	Ilaria Sanguineti
Cronometro			
1987	Maria Canins	Patrizia Spadaccini	Roberta Bonanomi
1988	Maria Canins	Francesca Galli	Imelda Chiappa
1989	Maria Canins	Francesca Galli	Roberta Bonanomi
1990	Maria Canins	Monica Bandini	Francesca Galli
1991	Roberta Bonanomi	Maria Paola Turcutto	Imelda Chiappa
1992	Maria Paola Turcutto	Simona Muzzioli	Roberta Bonanomi
1994	Imelda Chiappa	Antonella Bellutti	Maria Canins
1995	Imelda Chiappa	Roberta Bonanomi	Maria Canins
1996	Gabriella Pregnolato	Imelda Chiappa	Antonella Bellutti

1997	Gabriella Pregnolato	Imelda Chiappa	Roberta Bonanomi
1998	Imelda Chiappa	Gabriella Pregnolato	Lucia Pizzolotto
1999	Gabriella Pregnolato	Giovanna Troldi	Linda Visentini
2000	Gabriella Pregnolato	Linda Visentini	Lucia Pizzolotto
2001	Alessandra Cappellotto	Vera Carrara	Luisa Tamanini
2002	Giovanna Troldi	Fabiana Luperini	Luisa Tamanini
2003	Giovanna Troldi	Luisa Tamanini	Tania Belvederesi
2004	Giovanna Troldi	Tatiana Guderzo	Anna Zugno
2005	Tatiana Guderzo	Anna Zugno	Silvia Valsecchi
2006	Silvia Valsecchi	Giovanna Troldi	Tatiana Guderzo
2007	Vera Carrara	Anna Zugno	Silvia Valsecchi
2008	Tatiana Guderzo	Anna Zugno	Silvia Valsecchi
2009	Noemi Cantele	Tatiana Guderzo	Silvia Valsecchi
2010	Tatiana Guderzo	Silvia Valsecchi	Noemi Cantele
2011	Noemi Cantele	Silvia Valsecchi	Tatiana Guderzo
2012	Tatiana Guderzo	Elisa Longo Borghini	Noemi Cantele
2013	Tatiana Guderzo	Elisa Longo Borghini	Silvia Valsecchi
2014	Elisa Longo Borghini	Elena Berlato	Vittoria Bussi
2015	Silvia Valsecchi	Tatiana Guderzo	Elena Berlato
2016	Elisa Longo Borghini	Tatiana Guderzo	Silvia Valsecchi
2017	Elisa Longo Borghini	Elena Cecchini	Silvia Valsecchi
2018	Elena Cecchini	Vittoria Bussi	Rossella Ratto

Campionati italiani pista Élite

Velocità			
Anno	*Oro*	*Argento*	*Bronzo*
1968	Giuditta Longari	Elisabetta Maffeis	Ivana Panzi
1969	Giuditta Longari	Elisabetta Maffeis	Gianna Brovedani
1970	Giuditta Longari	Morena Tartagni	Marilisa Riva
1971	Morena Tartagni	Ivana Panzi	Raffaella Micheletti
1972	Morena Tartagni	Luigina Bissoli	Ivana Panzi
1973	Luigina Bissoli	Tosca Argentin	Maria Pecchenini
1974	Luigina Bissoli	Carmen Menegaldo	Giuseppina Micheloni
1975	Luigina Bissoli	Giuseppina Micheloni	
1976	Luigina Bissoli	Carmen Menegaldo	Emanuela Lorenzon
1977	Luigina Bissoli	Rossella Galbiati	
1978	Luigina Bissoli	Rossella Galbiati	Adalberta Marcuccetti
1979	Luigina Bissoli	Rossella Galbiati	
1980	Rossella Galbiati	Michela Tomasi	Rosanna Piantoni
1981	Rossella Galbiati	Michela Tomasi	Roberta Ciceri
1982	Michela Tomasi	Patrizia Spadaccini	Rossella Galbiati
1983	Rossella Galbiati	Rosanna Piantoni	Patrizia Spadaccini
1984	Rossella Galbiati	Elisabetta Fanton	Mara Mosole
1985	Elisabetta Fanton	Rossella Galbiati	Michela Tomasi
1986	Elisabetta Fanton	Alessia Bufalini	Serenella Bortolotto
1987	Elisabetta Fanton	Ivana Cappelletto	Serenella Bortolotto
1988	Elisabetta Fanton	Moranda Sorgente	Serenella Bortolotto

1989	Elisabetta Fanton	Serenella Bortolotto	Alessia Bufalini
1990	Serenella Bortolotto	Alessia Bufalini	Sara Felloni
1991	Serenella Bortolotto	Alessia Bufalini	Federica Stanziai
1992	Serenella Bortolotto	Simona Muzzioli	Alessia Bufalini
1993	Alessia Bufalini	Sara Felloni	Samantha Costa
1994	Alessia Bufalini	Sara Felloni	Marica Berardi
1995	Giovanna Troldi	Alessia Bufalini	Serenella Bortolotto
1996	Giovanna Troldi	Evelyn Boschetto	Alessia Bufalini
1997	Antonella Bellutti	Giovanna Troldi	Alessia Bufalini
1998	Giovanna Troldi	Alessia Bufalini	Roberta Passoni
1999	Antonella Bellutti	Betty Monastra	Giovanna Troldi
2000	Annamaria Scafetta	Alessia Bufalini	Giovanna Troldi
2001	Alessia Bufalini	Annamaria Scafetta	Silvia Scarel
2002	Annamaria Scafetta	Marilisa Riva	Elisa Maggini
2003	Annamaria Scafetta	Monia Baccaille	Giovanna Troldi
2004	Elisa Frisoni	Annamaria Scafetta	Laura Pisaneschi
2005	Elisa Frisoni	Annalisa Cucinotta	Annamaria Scafetta
2006	Elisa Frisoni	Annalisa Cucinotta	Annamaria Scafetta
2007	Elisa Frisoni	Simona Frapporti	Erika Dal Piaz
2008	Elisa Frisoni	Valentina Alessio	Serena Mensa
2009	Elisa Frisoni	Valentina Scandolara	Maddalena Dinato
2010	Elisa Frisoni	Annamaria Scafetta	Valentina Scandolara
2011	Elisa Frisoni	Monia Bacaille	Annamaria Scafetta
2012	Elisa Frisoni	Annalisa Cucinotta	Sara Consolati
2013	Annalisa Cucinotta	Giorgia Bronzini	Barbara Guarischi

2014	Maila Andreotti	Annalisa Cucinotta	Nicole Maffietti
2015	Maila Andreotti	Daniela Magnetto-Allietta	Francesca Pattaro
2016	Maila Andreotti	Miriam Vece	Martina Alzini
2017	Maila Andreotti	Miriam Vece	Elena Bissolati
2018	Miriam Vece	Elena Bissolati	Gloria Manzoni
Inseguimento			
1966	Florinda Parenti		
1967	Morena Tartagni		
1968	Morena Tartagni		
1969	Morena Tartagni		
1970	Morena Tartagni		
1971	Morena Tartagni		
1972	Morena Tartagni		
1973	Maria Cressari		
1974	Maria Cressari		
1975	Luigina Bissoli		
1976	Luigina Bissoli		
1977	Luigina Bissoli		
1978	Luigina Bissoli		
1979	Luigina Bissoli		
1980	Luigina Bissoli		
1981	Rossella Galbiati		
1982	Rossella Galbiati		
1983	Rossella Galbiati		
1984	Rossella Galbiati		
1985	Rossella Galbiati		
1986	Imelda Chiappa		
1987	Rossella Galbiati		
1988	Francesca Galli		
1989	Maria Canins		

1990	Francesca Galli		
1991	Gabriella Pregnolato	Maria Canins	Maria Paola Turcutto
1992	Gabriella Pregnolato	Antonella Bellutti	Eloise Schiavetti
1993	Gabriella Pregnolato	Imelda Chiappa	Eloise Schiavetti
1994	Antonella Bellutti	Rebecca Hart	Samantha Costa
1995	Antonella Bellutti	Gabriella Pregnolato	Imelda Chiappa
1996	Antonella Bellutti	Alessandra Cappellotto	Valeria Bonaiti
1997	Antonella Bellutti	Roberta Ferrero	Claudia Marsilio
1998	Antonella Bellutti	Gabriella Pregnolato	Samanta Loschi
1999	Antonella Bellutti	Samanta Loschi	Giorgia Giacometti
2000	Antonella Bellutti	Luisa Tamanini	Giovanna Troldi
2001	*non disputato*		
2002	Vera Carrara	Alessandra Borchi	Emanuela Brigati
2003	Giovanna Troldi	Vera Carrara	Alessandra Borchi
2004	Giovanna Troldi	Silvia Valsecchi	Lisa Gatto
2005	Lisa Gatto	Rebecca Bertolo	Giovanna Troldi
2006	Silvia Valsecchi	Giovanna Troldi	Monia Baccaille
2007	Tatiana Guderzo	Silvia Valsecchi	Monia Baccaille
2008	Silvia Valsecchi	Monia Baccaille	Laura Doria
2009	Tatiana Guderzo	Silvia Valsecchi	Laura Doria
2010	Tatiana Guderzo	Silvia Valsecchi	Marta Bastianelli
2011	Silvia Valsecchi	Simona Frapporti	Tatiana Guderzo
2012	Simona Frapporti	Beatrice Bartelloni	Silvia Valsecchi
2013	Silvia Valsecchi	Tatiana Guderzo	Simona Frapporti
2014	Silvia Valsecchi	Tatiana Guderzo	Maria Giulia Confalonieri

2015	Silvia Valsecchi	Beatrice Bartelloni	Simona Frapporti
2016	Simona Frapporti	Silvia Valsecchi	Francesca Pattaro
Inseguimento a squadre			
2008	Laura Doria, Monia Baccaille, Marta Tagliaferro	Giorgia Bronzini, Annalisa Cucinotta, Alessandra D'Ettorre	Alessandra Borchi, Laura Basso, Annamaria Scafetta
2009	Maria Tagliaferro, Tatiana Guderzo, Monia Baccaille	Giada Borgato, Gloria Presti, Sivia Valsecchi	Alessandra Borchi, Giorgia Bronzini, Alessandra D'Ettorre
2010	Marta Bastianelli, Tatiana Guderzo, Monia Baccaille	Valentina Bastianelli, Gloria Presti, Silvia Valsecchi	Laura Basso, Laura Doria, Erica Olia
2011	Silvia Valsecchi, Gloria Presti, Simona Frapporti	Monia Baccaille, Tatiana Guderzo, Marta Tagliaferro	Giada Borgato, Alessandra D'Ettorre, Giulia Donato
2012	Maria Giulia Confalonieri, Chiara Vannucci, Beatrice Bartelloni	Giulia Donato, Simona Frapporti, Silvia Valsecchi	Marta Bastianelli, Elena Cecchini, Marta Tagliaferro
2013	Beatrice Bartelloni, Elena Cecchini, Tatiana Guderzo, Marta Tagliaferro	Maria Giulia Confalonieri, Simona Frapporti, Silvia Valsecchi, Chiara Vannucci	Laura Basso, Ana Maria Covrig, Alessandra D'Ettorre, Michela Pavin
2014	Beatrice Bartelloni, Elena Cecchini, Tatiana Guderzo, Marta Tagliaferro	Ana Maria Covrig, Simona Frapporti, Michela Maltese, Silvia Valsecchi	Arianna Fidanza, Maria Giulia Confalonieri, Francesca Pattaro, Annalisa Cucinotta

2015	Marta Bastianelli, Elena Cecchini, Simona Frapporti, Tatiana Guderzo, Marta Tagliaferro	Annalisa Cucinotta, Arianna Fidanza, Maria Giulia Confalonieri, Beatrice Bartelloni	Carmela Cipriani, Daniela Magnetto-Allietta, Francesca Pattaro, Maria Vittoria Sperotto
Individuale a punti			
1990	Francesca Galli		
1991	Eloisa Schiavetti	Elisabetta Guazzaroni	Francesca Galli
1992	Eloisa Schiavetti	Rossella Galbiati	Laura Calliope
1993	Simona Muzzioli	Imelda Chiappa	Sara Felloni
1994	Roberta Bonanomi	Robera Ferrero	Rebecca Hart
1995	Nada Cristofoli	Sara Felloni	Imelda Chiappa
1996	Simona Muzzioli	Alessandra Cappellotto	Roberta Bonanomi
1997	Antonella Bellutti	Giovanna Troldi	Alessandra D'Ettorre
1998	Gabriella Pregnolato	Giovanna Troldi	Nada Cristofoli
1999	Vera Carrara	Giorgia Giacometti	Giovanna Troldi
2000	Giovanna Troldi	Antonella Bellutti	Luisa Tamanini
2001	*non disputato*		
2002	Vera Carrara	Lisa Gatto	Katia Longhin
2003	Laura Pisaneschi	Milena Pirola	Giorgia Bronzini
2004	Emanuela Brigati	Silvia Valsecchi	Lisa Gatto
2005	Alessandra Borchi	Rebecca Bertolo	Giovanna Troldi
2006	Vera Carrara	Lisa Gatto	Giorgia Bronzini
2007	Vera Carrara	Alessandra D'Ettorre	Marina Romoli
2008	Giorgia Bronzini	Eleonora Soldo	Marta Tagliaferro
2009	Giorgia Bronzini	Silvia Valsecchi	Valentina Scandolara

2010	Giorgia Bronzini	Silvia Valsecchi	Monia Baccaille
2011	Monia Baccaille	Giorgia Bronzini	Gloria Presti
2012	Giorgia Bronzini	Marta Tagliaferro	Simona Frapporti
2013	Elena Cecchini	Barbara Guarischi	Tatiana Guderzo
2014	Tatiana Guderzo	Simona Frapporti	Annalisa Cucinotta
2015	Simona Frapporti	Elena Cecchini	Tatiana Guderzo
2016	Mariagiulia Confalonieri	Simona Frapporti	Silvia Valsecchi
Keirin			
2002	Annamaria Scafetta	Vania Rossi	Laura Betto
2003	Annamaria Scafetta	Vania Rossi	Monia Bacaille
2004	Elisa Frisoni	Annamaria Scafetta	Vania Rossi
2005	Elisa Frisoni	Annamaria Scafetta	Annalisa Cucinotta
2006	Elisa Frisoni	Annalisa Cucinotta	Annamaria Scafetta
2007	Annalisa Cucinotta	Elisa Frisoni	Laura Doria
2008	Elisa Frisoni	Annalisa Cucinotta	Annamaria Scafetta
2009	Elisa Frisoni	Federica Primavera	Barbara Guarischi
2010	Elisa Frisoni	Annamaria Scafetta	Laura Doria
2011	Elisa Frisoni	Monia Baccaille	Elena Cecchini
2012	Giulia Donato	Annalisa Cucinotta	Elisa Frisoni
2013	Giorgia Bronzini	Simona Frapporti	Marta Tagliaferro
2014	Maila Andreotti	Annalisa Cucinotta	Marta Bastianelli
2015	Matilde Giordani	Daniela Magnetto-Allietta	Maila Andreotti
2016	Maila Andreotti	Martina Alzini	Miriam Vece
2017	Maila Andreotti	Elena Bissolati	Miriam Vece
2018	Martina Fidanza	Francesca Selva	Miriam Vece
Scratch			
2002	Lisa Gatto	Alessandra D'Ettorre	Katia Longhin
2003	Giovanna Troldi	Giorgia Bronzini	Eleonora Soldo

2004	Annamaria Scafetta	Daniela Fusar Poli	Giovanna Troldi
2005	Lisa Gatto	Eleonora Soldo	Elisa Frisoni
2006	Alessandra D'Ettorre	Vera Carrara	Monia Baccaille
2007	Annalisa Cucinotta	Vera Carrara	Monia Baccaille
2008	Monia Baccaille	Alessandra D'Ettorre	Alessandra Borchi
2009	Elisa Frisoni	Giorgia Bronzini	Barbara Guarischi
2010	Giorgia Bronzini	Elisa Frisoni	Barbara Guarischi
2011	Tatiana Guderzo	Giorgia Bronzini	Elena Cecchini
2012	Silvia Valsecchi	Giulia Donato	Barbara Guarischi
2013	Annalisa Cucinotta	Marta Tagliaferro	Laura Basso
2014	Silvia Valsecchi	Annalisa Cucinotta	Marta Tagliaferro
2015	Silvia Valsecchi	Elena Cecchini	Arianna Fidanza
500 metri			
1995	Antonella Bellutti	Giovanna Troldi	Alessia Bufaldini
1996	Antonella Bellutti	Evelyn Boschetto	Giovanna Troldi
1997	Antonella Bellutti	Giovanna Troldi	Alessia Bufalini
1998	Antonella Bellutti	Giovanna Troldi	Alessia Bufalini
1999	Antonella Bellutti	Betty Monastra	Alessia Bufalini
2000	Antonella Bellutti	Annamaria Scafetta	Alessia Bufalini
2001	Silvia Scarel	Lisa Gatto	Alessia Bufalini
2002	Lisa Gatto	Annamaria Scafetta	Laura Betto
2003	Annamaria Scafetta	Monia Baccaille	Giovanna Troldi
2004	Elisa Frisoni	Silvia Scarel	Giovanna Troldi
2005	Elisa Frisoni	Annalisa Cucinotta	Lisa Gatto
2006	Elisa Frisoni	Lisa Gatto	Annalisa Cucinotta
2007	Elisa Frisoni	Annalisa Cucinotta	Laura Doria
2008	Elisa Frisoni	Maddalena Dinato	Laura Doria
2008	Elisa Frisoni	Maddalena Dinato	Valentina Scandolara

2010	Elisa Frisoni	Maddalena Dinato	Laura Doria
2011	Elisa Frisoni	Giulia Donato	Manuela Grillo
2012	Elisa Frisoni	Annalisa Cucinotta	Stella Tomassini
2013	Annalisa Cucinotta	Simona Frapporti	Chiara Vannucci
2014	Simona Frapporti	Annalisa Cucinotta	Maila Andreotti
2015	Maila Andreotti	Maria Vittoria Sperotto	Annalisa Cucinotta
2016	Miriam Vece	Maila Andreotti	Martina Alzini
Velocità a squadre			
2007	Elisa Frisoni, Lisa Gatto	Simona Frapporti, Laura Doria	Marina Romoli, Silvia Valsecchi
2008	Elisa Frisoni, Lisa Gatto	Valentina Alessio, Laura Doria	Alessandra D'Ettorre, Annamaria Scafetta
2009	Elisa Frisoni,Monia Baccaille	Federica Primavera, Laura Doria	Barbara Guarischi, Gloria Presti
2010	Elisa Frisoni, Monia Baccaille, Marta Tagliaferro	Maddalena Dinato, Annamaria Scafetta	Chiara Bortolus, Martina Corazza
2011	Elena Frisoni, Manuela Grillo	Elena Cecchini, Marta Tagliaferro	Annamaria Scafetta, Valentina Scandolara
2012	Giulia Donato, Simona Frapporti	Sara Consolati, Stella Tomasini	Beatrice Bartelloni, Annalisa Cucinotta, Chiara Vannucci
2013	Simona Frapporti, Silvia Valsecchi	Giorgia Bronzini, Annalisa Cucinotta	Beatrice Bartelloni, Barbara Guarischi
2014	Maila Andreotti, Annalisa Cucinotta	Simona Frapporti, Silvia Valsecchi	Beatrice Bartelloni, Marta Bastianelli
2015	Maila Andreotti, Simona Frapporti	Beatrice Bartelloni, Annalisa Cucinotta, Francesca Pattaro	Giulia Donato, Maria Vittoria Sperotto

2016	Marta Bastianelli, Simona Frapporti	Maila Andreotti, Rachele Barbieri	Maria Vittoria Sperotto, Miriam Vece
Omnium			
2009	Monia Bacaille	Valentina Scandolara	Marta Tagliaferro
2010	Monia Bacaille	Marta Tagliaferro	Gloria Presti
2011	Monia Bacaille	Simona Frapporti	Silvia Valsecchi
2012	Simona Frapporti	Maria Giulia Confalonieri	Annalisa Cucinotta
2013	Marta Tagliaferro	Annalisa Cucinotta	Giulia Donato
2014	Simona Frapporti	Annalisa Cucinotta	Tatiana Guderzo
2015	Simona Frapporti	Marta Bastianelli	Beatrice Bartelloni
2016	Simona Frapporti	Tatiana Guderzo	Francesca Pattaro
Derny			
2017	Francesca Pattaro	Simona Frapporti	Elena Cecchini
2018	Rachele Barbieri	Marta Cavalli	Letizia Paternoster
2019	Francesca Pattaro	Martina Alzini	Rachele Barbieri
Madison			
2018	Maria Giulia Confalonieri, Elisa Balsamo	Chiara Consonni, Marta Cavalli	Tatiana Guderzo, Simona Frapporti
Sprint			
2017	Maila Andreotti	Miriam Vece	Elena Bissolati

Campionati italiani ciclocross Élite

Anno	*Oro*	*Argento*	*Bronzo*
1996	Maria Paola Turcutto	Annabella Stropparo	Lucia Pizzolotto
1997	Maria Paola Turcutto	Annabella Stropparo	Lucia Pizzolotto
1998	Annabella Stropparo	Lucia Pizzolotto	Monica Squarcina
1999	Annabella Stropparo	Lucia Pizzolotto	Elisa Balduzzi
2000	Annabella Stropparo	Maria Paola Turcutto	Veronica Sala
2001	Annabella Stropparo	Veronica Sala	Maria Paola Turcutto
2002	Maria Paola Turcutto	Vania Rossi	Simonetta Marone
2003	Annabella Stropparo	Maria Paola Turcutto	Paola Bortolin
2004	Annabella Stropparo	Paola Bortolin	Claudia Marsilio
2005	Annabella Stropparo	Paola Bortolin	Claudia Marsilio
2006	Annabella Stropparo	Claudia Marsilio	Monica Brunati
2007	Vania Rossi	Milena Cavani	Francesca Cucciniello
2008	Vania Rossi	Annabella Stropparo	Daniela Bresciani
2008	Eva Lechner	Daniela Bresciani	Milena Cavani
2010	Eva Lechner	Vania Rossi	Evelyn Staffler
2011	Vania Rossi	Francesca Cucciniello	Eva Lechner
2012	Eva Lechner	Vania Rossi	Francesca Cucciniello

2013	Eva Lechner	Vania Rossi	Valentina Scandolara
2014	Eva Lechner	Nicoletta Bresciani	Roberta Gasparini
2015	Eva Lechner	Anna Oberparleiter	Elena Valentini
2016	Eva Lechner	Anna Oberparleiter	Alessia Bulleri
2017	Eva Lechner	Alice Maria Arzuffi	Alessia Bulleri
2018	Eva Lechner	Alice Maria Arzuffi	Alessia Bulleri
2019	Eva Lechner	Alice Maria Arzuffi	Chiara Teocchi

Campionati mondiali strada Junior

Gara in linea (dal 1987)			
Anno	*Oro*	*Argento*	*Bronzo*
1987	Catherine Marsal (Francia)	Aiga Zagorska (Urss)	**Elisabetta Guazzaroni (Italia)**
1991	Elsbeth van Rooy-Vink (Danimarca)	Sally Dawes (Gran Bretagna)	**Fabiana Luperini (Italia)**
1993	Elisabeth Chevanne (Francia)	**Cinzia Faccin (Italia)**	Karine Boitier (Francia)
1996	**Alessandra D'Ettorre (Italia)**	Oksana Saprykina (Ucraina)	**Martina Corazza (Italia)**
1999	Geneviève Jeanson (Canada)	Trixi Warrack (Germania)	**Cantele Noemi (Italia)**
2004	Marianne Vos (Olanda)	**Marta Bastianelli (Italia)**	Ellen Van Dijk (Olanda)
2006	Rasa Leleivytė (Lituania)	**Marina Romoli (Italia)**	**Eleonora Patuzzo (Italia)**
2007	**Eleonora Patuzzo (Italia)**	Cherise Taylor (Sudafrica)	**Valentina Scandolara (Italia)**
2008	Jolien D'Hoore (Belgio)	**Rossella Callovi (Italia)**	Hanna Amend (Belgio)

2009	**Rossella Callovi (Italia)**	Pauline Ferrand-Prévot (Francia)	**Susanna Zorzi (Italia)**
2010	Pauline Ferrand-Prévot (Francia)	**Rossella Ratto (Italia)**	Coryn Rivera (Usa)
2012	Lucy Garner (Gran Bretagna)	Eline Brustad (Norvegia)	**Anna Zita Maria Stricker (Italia)**
2014	Amalie Dideriksen (Danimarca)	**Sofia Bertizzolo (Italia)**	Agniezska Skalniak (Polonia)
2016	**Elisa Balsamo (Italia)**	Skylar Schneider (Usa)	Susanne Andersen (Norvegia)
2017	**Elena Pirrone (Italia)**	Emma Cecilie Jorgensen (Danimarca)	**Letizia Paternoster (Italia)**
Cronometro femminile (dal 1994)			
1994	**Chiara Mariani (Italia)**	Evi Gensheimer (Germania)	Ita Kryjanovskaja (Russia)
1995	**Linda Visentini (Italia)**	Christina Becker (Germania)	Tetjana Stjažkina (Ucraina)
1996	Rachel Linke (Australia)	Natasha Klewitz (Germania)	**Samantha Loschi (Italia)**
2002	**Anna Zugno (Italia)**	**Tatiana Guderzo (Italia)**	Claudia Hecht (Germania)
2016	Karljin Swinkles (Olanda)	**Lisa Morzenti (Italia)**	Juliette Labous (Francia)
2017	**Elena Pirrone (Italia)**	**Alessia Vigilia (Italia)**	Madeleine Fasnacht (Australia)
2018	Rozemarjin Ammerlaan (Olanda)	**Camilla Alessio (Italia)**	Elynor Bäckstedt (Gran Bretagna)

Campionati europei strada Junior (dal 2005)

Anno	*Oro*	*Argento*	*Bronzo*
2005	Aleksandra Burčenkova (Russia)	Ekaterina Novozhilova (Russia)	**Marta Bastianelli (Italia)**
2007	**Valentina Scandolara (Italia)**	Daria Gorbatovskaya (Russia)	**Gloria Presti (Italia)**
2008	**Valentina Scandolara (Italia)**	Valeriya Kononenko (Ucraina)	Jessie Daams (Belgio)
2009	**Elena Cecchini (Italia)**	Laura van der Kamp (Olanda)	Pauline Ferrand-Prévot (Francia)
2010	**Anna Trevisi (Italia)**	Pauline Ferrand-Prévot (Francia)	**Rossella Ratto (Italia)**
2011	**Rossella Ratto (Italia)**	Jessy Druyts (Belgio)	**Chiara Vannucci (Italia)**
2014	**Sofia Bertizzolo (Italia)**	Nicole Koller (Svizzera)	Daria Egorova (Russia)
2015	**Nadia Quagliotto (Italia)**	**Rachele Barbieri (Italia)**	Karina Kasenova (Russia)
2016	Liane Lippert (Germania)	**Elisa Balsamo (Italia)**	Sophie Wright (Gran Bretagna)
2017	Lorena Wiebes (Olanda)	Emma Cecilie Norsgaard Jørgensen (Danimarca)	**Letizia Paternoster (Italia)**
2018	Aigul Gareeva (Russia)	**Vittoria Guazzini (Italia)**	Hannah Ludwig (Germania)

Campionati europei strada Under 23 (dal 1995)

Gara in linea			
Anno	*Oro*	*Argento*	*Bronzo*
2000	**Alessandra D'Ettorre (Italia)**	Mirella van Melis (Olanda)	**Vera Carrara (Italia)**
2005	**Gessica Turato (Italia)**	Monica Holler (Svezia)	Modesta Vžesniauskaitė (Lituania)
2006	Marianne Vos (Olanda)	**Tatiana Guderzo (Italia)**	Monica Holler (Svezia)
2007	Marianne Vos (Olanda)	**Marta Bastianelli (Italia)**	Rasa Leleivytė (Lituania)
2008	Rasa Leleivytė (Lituania)	Lesja Kalytovska (Ucraina)	**Marta Bastianelli (Italia)**
2012	Evelyn Arys (Belgio)	**Barbara Guarischi (Italia)**	Kim de Baat (Olanda)
2013	**Susanna Zorzi (Italia)**	**Francesca Cauz (Italia)**	Hanna Solovey (Ucraina)
2014	Sabrina Stultiens (Olanda)	**Elena Cecchini (Italia)**	Annabelle Dreville (Francia)
2015	Katarzyna Niewiadoma (Polonia)	**Ilaria Sanguineti (Italia)**	Thalita de Jong (Olanda)
2018	Nikola Noskovà (Rep. Ceca)	Aafke Soet (Olanda)	**Letizia Paternoster (Italia)**
2019	**Letizia Paternoster (Italia)**	Marta Lach (Polonia)	Lonneke Uneken (Olanda)
Cronometro (dal 1995)			
2002	Olga Zabelinskaia (Russia)	**Vera Carrara (Italia)**	Vera Koedoorer (Olanda)
2004	**Tatiana Guderzo (Italia)**	Madaleine Sandig (Germania)	**Anna Zugno (Italia)**
2005	Madaleine Sandig (Germania)	**Tatiana Guderzo (Italia)**	**Anna Zugno (Italia)**

2006	Linda Mélanie Villumsen (Danimarca)	**Tatiana Guderzo (Italia)**	Bianca Knopfle (Germania)
2012	Anna van der Breggen (Olanda)	Mieke Kroger (Germania)	**Elisa Longo Borghini (Italia)**
2013	Hanna Solovey (Ucraina)	**Rossella Ratto (Italia)**	Kseniya Dobrynina (Russia)
2019	Hannah Ludwig (Germania)	Maria Novolodskaya (Russia)	**Elena Pirrone (Italia)**
Mixed team relay (dal 2019)			
2019	Olanda	Germania	**Italia (Vittoria Guazzini, Elisa Longo Borghini, Silvia Valsecchi con Edoardo Affini, Manuele Boaro, Davide Martinelli)**

Tour de France (1984-1989)

Anno	*Prima*	*Seconda*	*Terza*
1985	**Maria Canins (Italia)**	Jeannie Longo (Francia)	Cecile Odin (Francia)
1986	**Maria Canins (Italia)**	Jeannie Longo (Francia)	Inga Thompson (Usa)
1987	Jeannie Longo (Francia)	**Maria Canins (Italia)**	Ute Enzenauer (Germania)
1988	Jeannie Longo (Francia)	**Maria Canins (Italia)**	Elizabeth Hepple (Australia)
1989	Jeannie Longo (Francia)	**Maria Canins (Italia)**	Inga Thompson (Usa)

Tour EEC

Anno	*Prima*	*Seconda*	*Terza*
1991	Astrid Schop (Olanda)	Jeannie Longo (Francia)	**Roberta Bonanomi (Italia)**
1992	Leontien van Moorsel (Olanda)	Heidi van de Vijver (Belgio)	**Roberta Bonanomi (Italia)**

Tour Cycliste Féminin (dal 1992)

Anno	*Prima*	*Seconda*	*Terza*
1995	**Fabiana Luperini (Italia)**	Jeannie Longo (Francia)	Luzia Zberg (Svizzera)
1996	**Fabiana Luperini (Italia)**	Rasa Polikevičiūtė (Lituania)	Jeannie Longo (Francia)
1997	**Fabiana Luperini (Italia)**	Barbara Heeb (Svizzera)	Linda Jackson (Canada)

Grand Boucle Féminin Internationale (dal 1998)

Anno	*Prima*	*Seconda*	*Terza*
1998	Edita Pučinskaitė (Lituania)	**Fabiana Luperini (Italia)**	**Alessandra Cappellotto (Italia)**
2001	J. Somarriba Arrola (Spagna)	**Fabiana Luperini (Italia)**	Judith Arndt (Germania)

Bibliografia

Archivi e documenti

Archivi personali delle cicliste e dei dirigenti intervistati
Archivi de *La Compagnia del caffè,* Associazione di Sport e Cultura di Molinella (Bo).
Archivi della Federazione ciclistica ttaliana
Archivio Storico de *La Gazzetta dello Sport*
Archivio storico del *Corriere della Sera*.
Fci, delibera n. 39 del consiglio federale, 4-5 novembre 1983.
Fci, delibera n. 51 del consiglio federale, 26-27 settembre 1981.
Fci, delibera n. 93 del 6 novembre 1981.
Fci, verbale n. 12 dell'Ufficio di presidenza, Praga, 22 ottobre 1981.
Istat, "La pratica sportiva in Italia. Anno 2006", in *Statistiche in breve. Famiglia e società*, 20 giugno 2007.
Nazioni Unite, risoluzione dell'Assemblea generale dell'Onu A/72/L.43.
Nazioni Unite, *Women 2000 and beyond*, ECOSOC, New York 2007, p. 2.
Uci, *Agenda 2022*.
Uvi, Unione velocipedistica italiana, 28/5/1962, protocollo 4780 0/A.
Uvi, Unione velocipedistica italiana, 7/5/1962, protocollo 4023 0/A.

Volumi

Il Ciclismo, (a cura della F.C.I.), La Fiaccola, Roma 1967.
Almanacco dello Sport. La vita sportiva dell'Italia e dell'Estero in tutte le sue manifestazioni, anno I, 1914, Bemporad & Figlio, Firenze, 1914.
Annuario dello Sport 1953, Supplemento de *La Gazzetta dello Sport*, Edizioni S.e.s.s., Ist. Geografico De Agostini, Milano 1952.
Annuario dello Sport 1955, Supplemento de *La Gazzetta dello Sport*, Edizioni S.e.s.s., Unione Tipografica, Milano 1955.
Ina Sport, *Annuario 1968*.
D. Allegro, *E io pedalo. Donne che hanno voluto la bicicletta*, Edizioni del Loggione, Modena 2017.
G. Ambrosini, *Ciclismo. Prendi la bicicletta e vai*, Sperling & Kupfer, Milano 1974.
V. Baggioli, *Storia del ciclismo italiano*, De Carlo editore, Roma 1943.

M. Baronchelli, *La Bartalina*, 1991, stampato in proprio dall'autrice.
R. Beck e A. Madceuf (a cura di), *Divertissement set loisirs dans les sociétés urbaines à l'époque moderne et contemporaine*, Presse Universitaires Francois Rabelais, 2005.
E. Belloni, *Quando si andava in velocipede. Storia della mobilità ciclistica in Italia (1870-1955)*, Franco Angeli, Milano 2019.
N. Bertellini, *Da Coppi a Merckx*, Landoni, Legnano 1977.
N. Bertellini, *Scrittori della bicicletta*, Vallecchi, Firenze 1985
P.G. Bezzi, *Corridori di Romagna*, Essegi, Ravenna 1993.
A. Blondin, *Sur le Tour de France*, Mazarine, Parigi 1979.
O. Brambilla Pesce, *Il pane bianco*, Arterigere-Chiarotto editore, Varese 2010.
G. Brunamontini (a cura di), *Racconti di ciclismo*, Garzanti, Milano 1977.
G. Brunamontini, *Antologia della letteratura sportiva italiana*, Società Stampa Sportiva, Roma 1984.
P. Brunel, *Le Tour de France intime. Seigneurs et forçats de la route*, Calmann-Lévy, Parigi 1995.
M. Canella e S. Giuntini (a cura di), *Sport e Fascismo*, Franco Angeli, Milano 2009.
M. Canella, S. Giuntini e I. Granata (a cura di), *Donna e sport*, Franco Angeli, Milano 2019.
A. Capanni e F. Cervellati, *Dal velocipedismo a Gino Bartali*, Provincia di Firenze, 1998.
G. Capra e E. Groppetti, *Donne sotta la cupola*, Azzurra edizioni, Novara 2016.
D. Cassani, *Almanacco del Ciclismo 2005*, Gianni Marchesini Ed., San Lazzaro di Savena (Bo) 2005.
D. Cassani, *Almanacco del Ciclismo 2006*, Gianni Marchesini Ed., San Lazzaro di Savena (Bo) 2006.
D. Cassani, *Almanacco del Ciclismo 2007*, Gianni Marchesini Ed., San Lazzaro di Savena (Bo) 2007.
D. Cassani, *Almanacco del Ciclismo 2008*, Gianni Marchesini Ed., San Lazzaro di Savena (Bo) 2008.
D. Cassani, *Almanacco del Ciclismo 2009*, Gianni Marchesini Ed., San Lazzaro di Savena (Bo) 2009.
D. Cassani, *Almanacco del Ciclismo 2010*, Gianni Marchesini Ed., San Lazzaro di Savena (Bo) 2010.
D. Cassani, *Almanacco del Ciclismo 2011*, Gianni Marchesini Ed., San Lazzaro di Savena (Bo) 2011.
D. Cassani, *Almanacco del Ciclismo 2012*, Gianni Marchesini Ed., San Lazzaro di Savena (Bo) 2012.
D. Cassani, *Almanacco del Ciclismo 2013*, Gianni Marchesini Ed., San Lazzaro di Savena (Bo) 2013.
D. Cassani, *Almanacco del Ciclismo 2014*, Gianni Marchesini Ed., San Lazzaro di Savena (Bo) 2014.
D. Cassani, *Almanacco del Ciclismo 2015*, Gianni Marchesini Ed., San Lazzaro di Savena (Bo) 2015.
D. Cassani, *Almanacco del Ciclismo 2016*, Gianni Marchesini Ed., San Lazzaro di Savena (Bo) 2016.
D. Cassani, *Almanacco del Ciclismo 2017*, Gianni Marchesini Ed., San Lazzaro di Savena (Bo) 2017.
D. Cassani, *Almanacco del Ciclismo 2018*, Gianni Marchesini Ed., San Lazzaro di Savena (Bo) 2018.

A. Ceron (a cura di), "La famiglia trevigiana. Una storia per immagini", *Grande Guerra e fascismo*, vol. 2, Finegil Editroriale Spa, Pioltello (Mi) 2008.
P. Chany, *La fabuleuse histoire du cyclisme*, Nathan, Parigi 1988.
P. Chany, *La fabuleuse histoire du Tour de France*, La Martinière, Parigi 1995.
C. Chiericati e D. Franzetti, *Mondiali 1951-2008. Un secolo di storia*, Ed. Arterigere, Varese 2008.
S. Cigana, *Ciclismo femminile? Sì, grazie*!, Alba Edizioni, Meduna di Livenza (Tv) 2018.
M. Cionfoli, *Pedalare controvento, il ciclismo femminile nella storia*, Marcianum Press, Venezia 2013.
N. Cogliati, *Le mille e una corsa*, La Varesina grafica, Marnate (Va) 1975.
G. Colasante, *La nascita del movimento olimpico in Italia*, CONI, Roma 1996.
A. Congiu (a cura di), *Enciclopedia e annuario illustrato del ciclismo*, anno III, 1958, Ponzoni editore, Milano 1958.
B. Conti, *100 storie del Giro 1909-2009*, Graphot Editrice, Torino 2008.
B. Conti, *Le donne dei campioni. Le grandi storie d'amore degli assi del ciclismo, gli scandali, i drammi*, Ed. Eco, 2008.
B. Conti, *La grande storia del ciclismo*, Graphot Editrice, Torino 2016.
I. Cucci e I. Germano, *Tribuna stampa. Storia critica del giornalismo sportivo*, Il Minotauro, Roma 2003.
E. Curie, *Vita della signora Curie*, Mondadori, Milano 1988.
I. Da Ros, *Cosa comanda, sior capitano? Storie di gregari trevigiani*, De Bastiani, Vittorio Veneto (Tv) 1998.
B. Di Monte, S. Giuntini e I. Maiorella, *Di sport, ti racconto un'altra storia. Settant'anni di sport sociale in Italia attraverso la storia dell'Uisp*, ed. La Meridiana, Molfetta (Ba) 2008.
M. Diamant-Berger, *Histoire du Tour de France*, Gedalge, Parigi 1959.
R. Dineen, *Ciclopedia. Guida infografica al ciclismo*, Il Castello, Milano 2017.
Due ruote cento manifesti, catalogo della mostra organizzata dal comune di Treviso al museo Bailo (20 giugno-6 ottobre 1985), Ed. Società Industrie Tipografiche Sas, Dosson di Casier (Tv) 1985.
G. Ejnès et al., *Tour de France. Cent ans. 1903-2003*, *L'Équipe*, Parigi 2002.
F. Fabrizio, *Fuoco di bellezza. La formazione del sistema sportivo nazionale italiano 1861-1914*, Sedizioni, Milano 2013.
P. Facchinetti, *Gli anni ruggenti di Alfonsina Strada – Il romanzo dell'unica donna che ha corso il Giro d'Italia assieme agli uomini,* Ediciclo editore, Portogruaro (Ve) 2004.
P. Facchinetti, *Tour de France 1903, la nascita della Grande Boucle*, Ediciclo editore, Portogruaro (Ve) 2003.
R. Farina (a cura di), *Dizionario biografico delle donne lombarde. 568-1968*, Baldini & Castoldi, Milano 1995.
C. Ferretti, *Anni azzurri. Lo sport italiano dal dopoguerra a oggi*, Le Monnier, Firenze 1999.
A. Fiorin (a cura di), *Parole a pedali,* Ediciclo editore, Portogruaro (Ve) 2013.
A. Fiorin, *Pedalando sull'acqua. Cento anni di ciclismo a Venezia*, Ediciclo editore, Portogruaro (Ve) 2009.
M. Fossati et al., *La storia illustrata del ciclismo*, Casa dello sport, Firenze 1987-88.
M. Franzelli, *Il Giro d'Italia. Dai pionieri agli anni d'oro*, Feltrinelli, Milano 2013.

A. Galante, *Manuale del ciclista*, Ulrico Hoepli editore, Milano 1894.
G. Garatti, *Piccolo mondo dello sport trevigiano. Rassegna del 1968 e ricordi del passato*, SIT, Treviso 1969.
G. Garatti, *Sports e giochi nella Marca Trevigiana*, SIT, Treviso 1967.
A. Gardellin, *Pagine di gloria del ciclismo italiano*, Tip. del Messaggero di S. Antonio, Padova 1957.
F. Giannantonio e I. Paolucci, *La bicicletta nella Resistenza. Storie Partigiane*, Arterigere-Chiarotto editore, Varese 2007.
N. Giuliani, *Le grandi penne al Giro d'Italia*, tesi di laurea conservata nella Biblioteca della Fondazione Benetton Studi e Ricerche, n. 237.
S. Giuntini e M. Canella (a cura di), *Sport e Fascismo*, Franco Angeli, Milano 2009.
N. Grasso, B. Mallon e J. Heijmans, *Historical Dictionary of the Olympic Movement*, Rowman and Littlefield, Londra 2015.
C. Gregori, *aBiCi, L'alfabeto e la storia della bicicletta. Museo Toni Bevilacqua di Sergio Sanvido*, EditVallardi, Cassina de Pecchi (Mi) 2010.
D.V. Herlihy, *Bicycle. The History*, Yale University Press, New Haven (CT) e Londra 2004.
A. Huges, *Pedal Power. Inspirational stories from the world of cycling*, Summersdale, Chichester (UK) 2017.
S. Jacomuzzi, *Gli sports*, vol. III, Unione tipografica editrice torinese, Torino 1965.
S. Jacomuzzi, *Storia delle Olimpiadi*, Einaudi, Torino 1976.
S. Laget, *La légende du cyclisme*, Liber, Ginevra 1997.
O. Laurent, *L'igiene del ciclista*, Società editrice libraria, Milano 1898.
A. Lombardo, *Pierre de Coubertin*, Rai-Eri, Roma 2000.
M. Mafai, *Pane nero. Donne e vita quotidiana nella seconda guerra mondiale*, Mondadori, Milano 1987.
G. Maierhof e K. Schröder, *Ma dove vai bellezza in bicicletta?*, La Tartaruga Edizioni, Milano 1993.
P. Mantegazza, *L'igiene della bellezza*, Madella, Sesto S. Giovanni (Mi) 1912.
M. Marando, *La bici rosa*, Tagete Ed., Pontedera (Pi) 2016.
D. Marchesini, *L'Italia del Giro d'Italia*, il Mulino, Bologna 1996.
D. Marchesini, B. Mazzi e R. Spada, *Pàlmer, borraccia e via! Storia e leggende della bicicletta e del ciclismo*, Ediciclo editore, Portogruaro (Ve) 2001.
R. Mariani, *Il mondo su due ruote. La storia della bicicletta*, NES, Roma 1986.
S. Massini, *Un quaderno rosa,* Il Dondolo, Modena 2017.
R. Negri, *Ciclismo nel mondo*, Edizioni Landoni, Legnano 1983.
C. Nissirio (a cura di), *Parigi in bicicletta. Paris en Vélo*, catalogo realizzato in occasione della mostra celebrativa per i 110 anni del Tour de France al Museo Parigino di Roma, Tipografia Ceccarelli, Acquapendente (Roma) 2013.
G.P. Ormezzano, *Storia del ciclismo*, Longanesi, Milano 1985.
G. Ortalli, "Women, progress and the bicycle in Belle Époque France", in *Ludica*, rivista della Fondazione Benetton Studi e Ricerche, Treviso, nn. 17-18, 2011-12.
A.M Ortese, *Il cappello piumato*, Mondadori, Milano 1979.
A.M Ortese, *La lente scura. Scritti di Viaggio*, a cura di L. Clerici, Marcos y Marcos, Milano 1991.
T. Percivale, *Più veloce del vento*, Edizioni EL, Trieste 2016.
V. Pessini, *Racconti di bicicletta. Il ciclismo nella letteratura italiana del Novecento*, Edizioni Ensemble, Roma 2013.

G. Petrucci, *Dizionario del ciclismo italiano*, Bradipolibri, Torino 2003.
G., Petrucci e F. Rovati, *Una corsa lunga un secolo. Campioni e gregari del ciclismo italiano dal 1900 al 2000*, Geo, Empoli 2001.
T. Pilker, *Il gioco e lo sport nelle arti pittoriche. Dalle origini all'Ottocento*, Giropress, Roma 2011.
S. Pivato, *La bicicletta e il sol dell'avvenire. Sport e tempo libero nel socialismo della Belle époque*, Ponte alle Grazie, Firenze 1992.
S. Pivato, *Storia sociale della bicicletta*, il Mulino, Bologna 2019
S. Pivato, L. Veri e N. Cangi (a cura di), *In bicicletta. Memorie sull'Italia a due ruote,* il Mulino, Bologna 2009.
R. Puliero, *Ciclismo a Verona,* Assessorato allo Sport del Comune di Verona, Cierre Edizioni, Sommacampagna (Vr) 1998.
L. Righi, *Almanacco del Ciclismo '92*, Conti editore, San Lazzaro di Savena (Bo), 1992.
L. Righi, *Almanacco del Ciclismo 1993*, Conti editore, San Lazzaro di Savena (Bo), 1993.
L. Righi, *Almanacco del Ciclismo 1994*, Conti editore, San Lazzaro di Savena (Bo), 1994.
L. Righi, *Almanacco del Ciclismo '95*, Conti editore, San Lazzaro di Savena (Bo), 1995.
L. Righi, *Almanacco del Ciclismo '96*, Edimedia Edizioni, San Lazzaro di Savena (Bo), 1996.
L. Righi, *Almanacco del Ciclismo 1997*, Edimedia 2 Edizioni, San Lazzaro di Savena (Bo), 1997.
L. Righi, *Almanacco del Ciclismo '98*, Edimedia 2 Edizioni, San Lazzaro di Savena (Bo), 1998.
L. Righi, *Almanacco del Ciclismo '99*, Edimedia 2 Edizioni, San Lazzaro di Savena (Bo), 1999.
L. Righi, *Almanacco del Ciclismo 2002*, Edimedia 2 Edizioni, San Lazzaro di Savena (Bo), 2002.
L. Righi, *Almanacco del Ciclismo 2003*, Edimedia 2 Edizioni, San Lazzaro di Savena (Bo), 2003.
L. Righi, *Almanacco del Ciclismo 2004*, Edimedia 2 Edizioni, San Lazzaro di Savena (Bo), 2004.
S. Rossetto, *UC Trevigiani. Cento anni di ciclismo e la corsa continua*, Europrint, Quinto (Tv) 2013.
J. Seray, *Deux roues. La véritable histoire du vélo*, Rodez, Rouergue (Francia) 1988.
P. Sergent, G. Crasset e H. Dauchy, *World Encyclopedie Cycling*, 3 voll., Eecloonaar, Eeklo (Belgio) 2002.
L. Serra, *I giganti della strada. Il ciclismo eroico 1891-1914*, Diabasis, Reggio Emilia 1996.
R. Sioli (a cura di), *Ciclismo per tutti*, Coni-Fci, Press Service, Bergamo 1981.
R. Sioli (a cura di), *Ciclismo per tutti 82*, Coni-Fci, Press Service, Bergamo 1982.
R. Sioli (a cura di), *Ciclismo per tutti 83*, Coni-Fci, Graphicscalve, Bergamo 1983.
R. Sioli (a cura di), *Ciclismo per tutti 84*, Coni-Fci, Graphicscalve, Bergamo 1984.
A. Stelitano, Q. Bortolato e A.M. Dieguez, *Bicicletta società e chiesa ai tempi di Pio X*, Edizioni San Liberale, Treviso 2013.
A. Stelitano, Q. Bortolato e A.M. Dieguez (a cura di), *I Papi e lo sport. Da San Pio X a Papa Francesco oltre un secolo di incontri e interventi*, Libreria Editrice Vaticana, Città del Vaticano 2015.

A. Stelitano, *Le Olimpiadi all'ONU. Le Nazioni Unite e lo sport dall'embargo all'Olimpismo*, CLEUP, Padova 2012.
J. Tognon e A. Stelitano, *Sport, Unione Europea e diritti umani. Il fenomeno sportivo e le sue funzioni nelle normative comunitarie e internazionali*, Cleup, Padova 2011.
V. Verratti, *Società sportive e tessuto civile in Italia. Una storia istituzionale*, Bradipolibri editore, Torino 2012.
M.E. Ward, *Bicycling for ladies*, Read Books Ltd, Redditch (UK) 2003.
S. Wassong, R. Baka e J. Forsyth (a cura di), *Sport in the Global Society. Historical perspectives. Olympic Perspectives*, Routledge, New York 2017.
E. Weber, *La Francia "fin du siècle"*, il Mulino, Bologna 1990.
H. Zorn, *Guida al ciclismo agonistico*, Zanichelli, Bologna 1988.

Saggi in volumi e riviste

G. Capra, "Antonietta Gilardini pioniera del ciclismo", in *Novara mon amour*, ZEN iniziative, 2011.
G. Capra, "La donna novarese nello sport", in *Quaderni Novarasi*, a cura dell'Associazione Azzurri d'Italia, Matrix Novara, 2000.
G. Celati, "Storia della corridora e del suo innamorato", in *Narratori delle pianure*, Feltrinelli, Milano 1985.
L. Demofonti, "Il movimento sportivo cattolico in Italia fra Ottocento e Novecento", in *Studi Storici*, anno 51, n. 3, (luglio-settembre 2010).
L. Gavotti, "La regina Margherita al Crammont: ricordi di un alpinista", in *Rassegna Nazionale*, vol. 49, Firenze, primo ottobre 1889.
A. Gemelli, "La educazione fisica della donna", in *Fiamma Viva*, 1923.
H.M., "L'abbigliamento muliebre in Francia", in *Corriere dello Sport. La bicicletta*, anno VI, n. 104, 28 dicembre 1899.
M. Patruzi, "Un po' di galateo. Giochi e sports", in *Fiamma Viva*, 1929.
R. Rodolfi, "Un diavolo in gonnella. La bicicletta di Alfonsina Strada", in *Lancillotto e Nausica*, XX (2), 2003.
R. Rodolfi, "Alfonsina Strada" in *Donna e Sport*, a cura di M. Canella, S. Giuntini e I. Granata, Franco Angeli, Milano 2019.

Giornali e riviste (date e indicazioni all'interno dei capitoli)

Avvenire
Bicisport
Ciclismo
Ciclismo d'Italia
Corriere dalla Sera
Corriere dello Sport
Corriere Imprese
Cyclist

Fieramosca
Gazzetta ciclistica
Gazzetta Ufficiale del Regno d'Italia
Il Gazzettino
Il Nuovo Corriere
Il Progresso d'Italia
Io Donna
l'Unità
La Bicicletta
La Gazzetta dello Sport
La Gazzetta di Parma
La Illustrazione Ciclistica
la Repubblica
La Stampa
La Stampa Sportiva
La Tribuna di Treviso
Leggere Donna
Littorale della domenica
Oggi
Revue Cyclisme Nostalgia
Rivista mensile del Touring Club Italiano
Rivista Olimpia
Rivista Velocipedistica
Tuttociclismo
Vedere Oltre
Vie Nuove
Visto

Documentari e audiovisivi

1968. Sport e rivoluzione, documentario andato in onda per la serie *Atlantide* su LA7.
Sport femminile. Campionesse liguri, documentario dell'Istituto Luce, Settimana Incom 23/11/1949 in https://www.youtube.com/watch?v=dMoLGI9qPJA.
Le ragazze del '43 e la bicicletta, documentario Uisp-Udi realizzato in occasione del 70° anniversario della Liberazione.
"Alfonsina e la bici", di A. Ferrente e A. Satta con i Têtes de Bois, in *Goodbike*, Ala Bianca Records.
Video sulle ragazze della Resistenza in http://www.uisp.it/nazionale/pagina/le-ragazze-del-43-e-la-bicicletta

Siti internet consultati

https://archiviostorico.gazzetta.it
https://digilander.libero.it
https://giustizia.it
https://ilmanifesto.it
https://ladradibiciclette.it
https://paraciclismo.federciclismo.it
https://rouleur.cc
www.alecipolliniteam.com
www.alfonsinastrada.com
www.bikeitalia.it
www.bikemag.com/
www.bresciaoggi.it
www.carlogiovannelli.eu/
www.ciclismo.it
www.cicliste.eu
www.cinquantamila.it
www.cittaconquistatrice.it
www.comune.budrio.bo.it
www.comune.onano.vt.it
www.coni.it.
www.corriere.it
www.csainciclismo.it/csainciclismo-rosa
www.cyclemagazine.eu
www.cyclistmagazine.it
www.economiaesport.it
www.ediciclo.it
www.elasticinterface.com
www.enciclopediadelledonne.it
www.fashiontimes.it
www.federciclismo.it
www.fiabbari.it
www.gazzetta.it.
www.icbudrio.it
www.ilgiornale.it
www.ilpost.it
www.inbici.net
www.infodata.ilsole24ore.com
www.iodonna.it
www.jstor.org
www.kila.it
www.loccidentale.it
www.magpedia.com
www.michelafanini.com
www.money.it
www.museociclismo.it
www.olympic.org

www.rachelebarbieri.it
www.radiomarconi.com
www.repubblica.it
www.repubblicaletteraria.it
www.revolucionyhumanismo.blogspot.com
www.riccaricci.com
www.softrevolutionzine.org
www.swissinfo.ch
www.theguardian.com
www.tolonews.com
www.treccani.it.
www.tutteleprese.it
www.tuttobiciweb.it
www.uci.org
www.uisp.it
www.unric.org
www.unvs.it
www.unvsnews.it
www.varesenews.it
www.viv-it.org

Indice dei nomi

Altri titoli

Paolo Facchinetti
Gli anni ruggenti di Alfonsina Strada

Margherita Hack
La mia vita in bicicletta

Cecilia Gentile
Segui le donne

Mila Brollo
Biciterapia

Marco Pastonesi
I diavoli di Bartali

Gli angeli di Coppi

Spingi me sennò bestemmio

Marco Pastonesi con Alfredo Martini
La vita è una ruota

Paolo Facchinetti
Bottecchia

Paolo Viberti
I dannati del pedale

Paolo Viberti con Adriano Laiolo
Coppi l'ultimo mistero

Walter Bernardi
Il "caso" Fiorenzo Magni

Stampato in Italia
per conto di Ediciclo editore
www.ediciclo.it